O MAGO

UM SISTEMA COMPLETO DE
FILOSOFIA OCULTA

EM TRÊS LIVROS:

Contendo a Prática Antiga e Moderna da Arte Cabalística, da Magia Natural e Celestial, etc.; mostrando os resultados maravilhosos que podem ser obtidos pelo conhecimento das

Influências Celestes, das Propriedades Ocultas dos Metais, das Ervas e das Pedras,

e

A APLICAÇÃO DO ATIVO AOS PRINCÍPIOS PASSIVOS.

Apresentando

As Ciências da Magia Natural;

Alquimia ou Filosofia Hermética;

e também

A CRIAÇÃO DA NATUREZA E A QUEDA DO HOMEM;

Seus dons naturais e sobrenaturais; o poder mágico inerente à alma, etc.; com uma grande variedade de experiências raras em Magia Natural;

A PRÁTICA CONSTELATÓRIA OU MAGIA TALISMÂNICA;

A Natureza de Elementos, Estrelas, Planetas, Signos, etc.; a Construção e a Composição de Todos os Tipos de Selos Mágicos, Imagens, Anéis, Espelhos, etc.; a Virtude e a Eficácia de Números, Sigilos e Figuras dos bons e maus espíritos.

O MAGNETISMO E A MAGIA CABALÍSTICA OU CERIMONIAL;

Nos quais os mistérios secretos da Cabala são explicados; as utilizações dos bons e dos maus espíritos; de todos os tipos de Figuras Cabalísticas, Tabelas, Selos e Nomes, com o modo de uso deles, etc.;

AS ÉPOCAS, OS ACORDOS E OS LOCAIS À CONJURAÇÃO DOS ESPÍRITOS,

Aos Quais São Acrescentadas

A Antiga Biografia ou as Vidas dos mais eminentes Filósofos, Magos, etc.

Tudo ilustrado com uma grande variedade de
GRAVURAS CURIOSAS, FIC...
E CABALÍSTICAS,

Por Francis Barrett, F.R.C.
Professor de Química, de Filosofia Natural
e Oculta, de Cabala, etc., etc.

O MAGO

UM SISTEMA COMPLETO DE
FILOSOFIA OCULTA

Tradução:
Carlos Raposo

MADRAS®

Publicado originalmente em inglês sob o título *The Magus, or Celestial Intelligence*. em 1801. Direitos de tradução para todos os países de língua portuguesa. © 2022, Madras Editora Ltda.

Editor:
Wagner Veneziani Costa (*in memoriam*)

Produção e Capa:
Equipe Técnica Madras

Tradução:
Carlos Raposo

Revisão:
Ana Paula Luccisano
Maria Cristina Scomparini

**Dados Internacionais de Catalogação na Publicação
(CIP)(Câmara Brasileira do Livro, SP, Brasil)**

Barrett, Francis
O Mago: um sistema completo de filosofia
oculta / Francis Barrett; tradução Carlos Raposo. – São Paulo: Madras Editora, 2022.
Título original: The Magus, or Celestial Intelligence

ISBN 978-65-5620-033-0

1. lquimia 2. Magia 3. Ocultismo – Primeiros trabalhos até 1900 I. Título.

21-92871   CDD-133

Índices para catálogo sistemático:
1. Ocultismo   133
Aline Graziele Benitez – Bibliotecária – CRB-1/3129

Todos os direitos desta edição, em língua portuguesa, reservados pela

 **MADRAS EDITORA LTDA.**
Rua Paulo Gonçalves, 88 — Santana
CEP: 02403-020 — São Paulo/SP
Tel.: (11) 2281-5555 – (11) 98128-7754
www.madras.com.br

Prefácio

NESTA OBRA, a qual escrevemos principalmente à informação daqueles que são curiosos e infatigáveis em suas investigações sobre o conhecimento oculto, reunimos, à custa de vasto trabalho, tempo e desafios, tudo o que pode ser considerado peculiar e raro relacionado ao assunto de nossas especulações sobre Magia Natural, Cabala, Magia Celestial e Cerimonial, Alquimia e Magnetismo, dividindo-a em dois Livros, subdivididos em Partes, aos quais acrescentamos um Terceiro livro, contendo um relato biográfico das vidas daqueles grandes homens famosos e renomados por seu conhecimento, mostrando a autoridade e sobre quais princípios está fundamentada esta Ciência da Magia. Ao conjunto, anexamos uma grande variedade de notas, nas quais examinamos imparcialmente a probabilidade da existência da *Magia*, tanto aquela de boa quanto a de má espécie, seja nas mais antigas épocas do mundo, seja posteriormente. Expomos um vasto número de experiências raras no decurso deste Tratado, muitas das quais, apresentadas no início, são fundadas sobre a simples aplicação dos ativos aos passivos; as demais necessitam de maiores especulações.

Em nossa história da vida dos filósofos, etc., nada omitimos que possa ser considerado interessante ou satisfatório. Pegamos nossos personagens históricos dos autores mais merecedores de crédito; traçamos um esboço dos vários relatos que a tradição nos dá, aos quais anexamos notas, delineadas a partir do que parecia ser a provável verdade, descrevendo imparcialmente os temperamentos e ações deles; não nos inclinando nem para o lado daqueles que duvidam de tudo, nem para o lado daqueles cuja credulidade considera cada relato circunstancialmente verdadeiro.

Neste momento, as ciências abstratas da Natureza começam a ser mais investigadas do que por todo o século passado, durante o qual elas foram quase totalmente negligenciadas. Porém, os homens, tornando-se mais esclarecidos, começam a considerar os resultados extraordinários produzidos pelos filósofos antigos, em épocas então chamadas de obscuras. Por conseguinte, muitos refletiram sobre essa época, sobre a natureza, as causas e sobre os resultados, que sendo os mesmos, talvez nós, com as melhorias adicionais das artes mecânicas e liberais e com o *conhecimento da Natureza deles*, pudéssemos superá-los na produção de resultados maravilhosos. Por isso, muitos homens são naturalmente impelidos, sem educação ou outra vantagem, a mergulhar na contemplação da natureza; mas, sendo difícil o estudo do assunto, eles têm de recorrer a uma grande quantia de dinheiro na coleta de vários livros: para remediar tais inconveniências e despesas, este autor se comprometeu a compor *O Mago*, presumindo que estes trabalhos aqui fossem reunidos com a aprovação geral do noviço ou do adepto: para a utilização e instrução destes, esta obra é agora publicada.

Porém, voltando ao assunto do nosso Livro, na Primeira Parte explicamos integralmente o que é a Magia Natural e demonstramos que, pela aplicação dos ativos aos passivos, muitos dos efeitos maravilhosos produzidos são meramente naturais e feitos por operações manuais. Procuramos tudo o que era valioso e raro relacionado a esta seção de nossa obra, a qual apresentamos sob o título de Magia Natural, junto a uma variedade de nossas próprias experiências afins. De posse deste trabalho, o estudante laborioso e diligente encontrará um companheiro completo e prazeroso, de modo que aquele que tem buscado por anos num autor ou em outro, encontrará neste livro o âmago de todos eles.

Todavia, eu aconselharia que não dependêssemos excessivamente *de nossa própria sabedoria* para a compreensão desses mistérios, porque toda a sabedoria terrena é loucura às vistas de Deus; quero dizer, toda a sabedoria que o homem pretende tirar de qualquer outra fonte que não seja somente Deus.

A seguir vem a Segunda Parte do nosso Primeiro Livro, que trata da arte chamada *Prática Constelatória* ou *Magia Talismânica*, na qual demonstramos plenamente o poder e a eficácia dos talismãs, tão falados conquanto tão pouco compreendidos pela maioria dos homens. Portanto, da forma mais clara e inteligível, explicamos como e por quais meios os talismãs podem ser feitos para a realização de vários propósitos, e a partir de qual princípio eles se tornam vivificados, pois que são instrumentos visíveis capazes de resultados grandes e maravilhosos. Do mesmo modo, mostramos os períodos apropriados e convenientes para elaborá-los, sob quais constelações e aspectos planetários e os momentos nos quais eles agirão mais poderosamente; e, depois, ensinamos como o nosso próprio espírito é o veículo da atração celestial, por intermédio do qual a virtude celestial e espiritual é transferida para dentro de *Selos, Imagens, Amuletos, Anéis, Pergaminhos, Espelhos,* etc. Além disso, não nos olvidamos de dar o esclarecimento mais claro e racional a respeito da simpatia e antipatia – da atração e repulsa. Igualmente, demonstramos como as curas são realizadas em virtude de poderes e de medicamentos simpáticos – por intermédio de selos, de anéis e de amuletos, mesmo quando as distâncias são ilimitadas, curas das quais temos sido testemunhas e que são diariamente confirmadas pela fé correta e verdadeira. Sabemos como nos comunicar com qualquer pessoa e dar a ela uma sugestão de nosso intento, mesmo que a cem ou mil milhas de distância. Aqui, uma preparação é necessária e as partes envolvidas devem ter ocasião e período designados para esse propósito; igualmente, ambas devem ter constância mental afim, além de deverem ser discípulos ou irmãos na arte. Além disso, damos os métodos pelos quais um homem pode receber (por sonhos) um vislumbre verdadeiro e preciso a respeito de acontecimentos futuros ou, uma vez estando ele disposto a tal, sobre qualquer coisa que seja, desde que sua mente tenha previamente meditado a respeito. Da mesma forma, relacionamos vários métodos usados pelos antigos para a invocação de espíritos astrais por *círculos, cristais, etc.,* suas formas de exorcismo, encantamentos, orações, votos, conjurações; e damos uma visão geral dos instrumentos usados nessa arte, todos os quais foram retirados das obras dos mais famosos magos, como Zoroastro, Hermes, Apolônio, Simão do Templo, Tritêmio, Agrippa, Porta (o Napolitano), Dee, Paracelso, Roger Bacon e mais outros tantos, nas quais nós adicionamos nossas próprias anotações, procurando apontar a diferença entre essas artes, de modo a livrar o nome da Magia de qualquer imputação escandalosa, visto ser ela uma palavra originalmente significativa e sem qualquer viés relacionado ao mal, mas sim com a boa e louvável ciência, de forma que dela possa o homem auferir ganhos, tornando-se ao mesmo tempo sábio e feliz. Além disso, sua prática está longe de ser ofensiva a Deus ou ao homem, uma vez que a raiz ou o fundamento da própria magia se origina nas Sagradas Escrituras, a saber: "O temor a Deus é o princípio de toda a sabedoria", sendo a caridade o objetivo. Esse temor a Deus é o princípio da Magia, pois magia é sabedoria e, por causa disso, os sábios eram chamados de *Magi*. Os magos foram os primeiros cristãos, pois graças ao elevado e excelente conhecimento deles é que foi possível reconhecer que aquele Salvador prometido havia nascido entre os homens – que Cristo era nosso Redentor, Defensor e Mediador. Eles foram os primeiros a reconhecer sua glória e majestade; assim, que ninguém se ofenda com o título venerável e sagrado de Mago – título que todo homem sábio merecerá enquanto trilhar o caminho que o próprio Cristo trilhou, ou seja, da humildade, caridade, misericórdia, jejum, oração, etc.; pois o verdadeiro mago é o mais verdadeiro cristão e o discípulo mais próximo de nosso abençoado Senhor, que deu o exemplo que devemos seguir. Diz ele: "Se tendes fé, etc." e "Isto não se obtém pelo jejum e pela oração, etc." e "Vós pisareis escorpiões, etc."; e, novamente: "sede astuto como as serpentes e inofensivo como as pombas". Tais instruções são frequentemente dadas em muitos lugares das Sagradas Escrituras. Da mesma forma, todos os Apóstolos confessam o poder de operar milagres pela fé, em nome de Cristo Jesus, e que toda a sabedoria deve ser alcançada por intermédio dele; porque ele diz: "Eu sou a luz do mundo!".

Também achamos recomendável perquirir o poder dos números, sua simpatia com os nomes divinos de Deus. Como não há pouca eficácia nos números, visto que, aparentemente, todo o universo foi criado por número, peso e medida, nada mais claramente representará a Essência Divina para o entendimento humano do que os números; pois em todos os santos nomes Divinos ainda existe uma concordância com números, de modo que a conclusão deste nosso Primeiro Livro é composta por um sistema completo de magia matemática, no qual reuni um grande número de selos curiosos, tanto daquele famoso mago Agrippa quanto também de

Paracelso, particularmente testados pela verdadeira ciência; sendo que, aqui, incluí minha anotações na medida em que as considerei pertinentes.

O Segundo Livro é um tratado completo a respeito dos mistérios da Cabala e da Magia Cerimonial, sendo que, pelo seu estudo, um homem (que puder se apartar de objetos materiais, mortificar o apetite sensual, abster-se da embriaguez, da gula e de outras paixões bestiais e que puder viver puro e equilibrado, livre daquelas ações que degeneram um homem em alguém embrutecido) poderá se tornar um receptáculo da luz e do conhecimento Divinos, pelos quais poderá prever coisas do porvir, relacionadas a famílias em particular, ou a reinos, estados, impérios, batalhas, vitórias, etc.; e também será capaz de fazer muito bem aos seus semelhantes, como curar todas as desordens, e ajudar os infelizes e angustiados com os confortos da vida.

Em nossa Magia Cabalística, falamos bastante a respeito de sonhos proféticos e de visões, dando as tabelas da Cabala inteiramente preparadas para o conhecimento do sábio, sendo que algumas poucas coisas secretas foram reservadas por este autor apenas para seus alunos, pois estas não devem ser ministradas por meio de publicações.

O Terceiro Livro comporta uma completa Biografia Mágica, em grande parte fundamentada a partir de autores antigos e de alguns manuscritos raros e valiosos, os quais foram obtidos à custa de muito labor. Assim, os que desejarem se beneficiar destes estudos devem se livrar da sonolência da vaidade mundana, de toda a inútil leviandade, da preguiça, da intemperança e da luxúria, para que possam permanecer em quietude, limpos, puros e livres de qualquer distração e perturbação da mente, e usar dignamente o conhecimento que obterão de sua labuta.

Portanto, meu bom amigo, qualquer que sejas, que desejas realizar estas coisas, que tu sejas apenas persuadido a te aplicar à SABEDORIA ETERNA, rogando-lhe que te conceda entendimento, buscando conhecimento com diligência e que nunca te arrependas de teres tomado uma resolução tão louvável, e, então, tu desfrutarás de uma felicidade e serenidade secretas da mente, as quais o mundo jamais poderá roubar de ti.

Desejo-te todo sucesso imaginável em teus estudos e experimentos, esperando que uses os benefícios que receberes para a honra de nosso Criador e para a benesse de teu próximo, aos quais exercitarás sempre a satisfação de cumprir teu dever; lembra-te de nossas instruções de guardares silêncio: fala tão apenas com os que merecem a tua comunicação – não dês pérolas aos porcos; sê amigável com todos, mas não sejas excessivamente próximo a todos; porque muitos são, como as Escrituras mencionam, lobos em peles de ovelhas.

Francis Barrett

Índice

Advertência

Como Introdução ao Estudo da Magia Natural, achamos apropriado postular um breve discurso sobre a Influência das Estrelas e sobre a Magia Natural em geral, mostrando até que ponto as influências dos corpos celestes são úteis para nossos propósitos e, da mesma forma, até que ponto podemos admitir tais influências, rejeitando algumas especulações relativas às inclinações planetárias, na medida em que elas se referem a questionamentos abusivos, que nos parecem frívolos e inválidos, sem fundamento em quaisquer princípios da filosofia sadia ou sem corresponder à palavra de Deus nas Escrituras. Nesse discurso, estabelecemos plenamente nossas razões para rejeitar algumas partes da astrologia e admitir outras que são baseadas em bons princípios, os quais coincidem com as Escrituras e com a Filosofia Natural: nosso propósito é remover os erros da compreensão e nada impor, senão aquilo que pareça ser provado pela natureza, pela verdade e pelo experimento.

Introdução
ao
Estudo da Magia Natural

Das Influências das Estrelas

Tem sido tema de discussão bem antigo se as estrelas, como causas secundárias, governariam e influenciariam ou não o homem a ponto de ditar em sua natureza certas paixões, virtudes, propensões, etc., que nele se enraizariam no preciso e crítico momento de seu nascimento neste vale de miséria e desgraça. Da mesma forma, muito se discutiu se o lugar e a configuração das estrelas nesse momento revelariam as paixões e intenções futuras do homem; e se, por suas revoluções, trânsitos e aspectos particulares, as estrelas assinalariam especificamente os acidentes do corpo, o casamento, a doença, as preferências e demais acontecimentos de igual jaez. Isso é algo que tenho frequentemente e por muitos anos refletido a respeito, e sempre fui, em todos os momentos e lugares, um caloroso defensor da adivinhação estelar ou astrologia: assim, é sobremodo necessário que examinemos aqui até que ponto essa influência se estende ao homem, sendo que admito plenamente que o homem é dotado por Deus de um livre-arbítrio, o qual as estrelas não podem de modo algum contrariar. Como há no homem a capacidade de apreensão de toda adivinhação e de coisas maravilhosas, visto termos um sistema completo em nós mesmos, somos chamados de microcosmo ou de pequeno mundo, porque carregamos o céu em nós mesmos desde o princípio e porque Deus nos chancelou com a imagem de Si mesmo. De todos os seres criados, somos o epítome e, portanto, devemos ser cuidadosos para não confundirmos e misturarmos uma coisa com outra. No entanto, o homem, como um padrão do grande mundo, torna-se empático a ele de acordo com as estrelas que, conforme as Sagradas Escrituras, estabelecem as horas e as estações, mas não causam este ou aquele mal que porventura permeie reinos ou famílias em particular; e, embora os astros em algum grau os prevejam, não são de modo algum a causa deles. Logo, vejo a máxima que diz: "Estrelas governam os homens, mas um *homem sábio* governa as estrelas" de forma bem diferente do que geralmente é entendido pelas pessoas. Como réplica a isso, digo que as estrelas não governam os homens conforme afirma a opinião vulgar, como se elas lançassem homens a assassinatos, sedições, grilhões, luxúrias, fornicações, adultérios, embriaguez, etc., coisas que os astrólogos comuns proclamam como doutrinas sólidas e verdadeiras; porque, dizem eles, caso Marte e Saturno estiverem em conjunção, estes farão isso e muito mais, e muitas outras situações e aflições seriam causadas por esses dois grandes desafortunados (*como são chamados*), sobremodo quando planetas benevolentes como Júpiter, Vênus e Sol, por acaso, fossem prejudicados ou afligidos por eles; portanto, os astrólogos dizem que os homens influenciados por aqueles planetas estão certamente mais propensos aos vícios anteriormente nomeados. Todavia, um homem sábio pode, pela liberdade de seu livre-arbítrio, neutralizar esses impulsos e inclinações, e isso os astrólogos chamam de "Governar as estrelas"; mas, deixe-os saber, de acordo com o sentido daquilo aqui entendido, primeiro, não é do homem sábio resistir às inclinações do mal, mas sim da graça de Deus, e não chamamos ninguém de sábio, senão os que são dotados da graça; pois, como dissemos antes, toda a sabedoria terrena é loucura às vistas de Deus. Antes, não se entendia um homem sábio como aquele envolto em graça, porém, como ele governaria as estrelas se não temesse, em nenhuma ocasião, as inclinações dominadas? Portanto, por natureza, um homem sábio é tão sujeito à escravidão do pecado quanto os outros mais ignorantes do que ele mesmo, ainda que os astros não o predisponham ao pecado. Deus criou os céus sem mácula e os proferiu como sendo o bem, portanto é um absurdo dos maiores supor que as estrelas, por nos inclinar continuamente para este ou aquele ato malfazejo, devam ser nossas tentadoras, às quais nós, eventualmente, cedemos, mesmo quando admitirmos que elas causam inclinações. Todavia, saiba que não é de fora, mas do interior, pelo pecado, que as inclinações do mal surgem. Conforme as Escrituras: "Do coração do homem é de onde se originam os pensamentos maléficos, murmúrios, adultérios, roubos, assassinatos, etc.". Porque, como os céus e como a capacidade de apreensão de todas as virtudes celestes são outorgados por Deus na alma e no espírito do homem, do mesmo modo, quando o homem se deprava pelo pecado e pela condescendência de seu apetite grosseiro e carnal, ele se torna a fonte dos Poderes Infernais, que podem ser justamente considerados um inferno. Finalmente, a acepção corporal e carnal obscurece a pureza e a delicadeza brilhante do espírito, tornando-o instrumento de nosso inimigo espiritual no exercício de todas as luxúrias e paixões infernais.

Portanto, é bastante necessário que saibamos que devemos ter cuidado em atribuir ou acreditar em quaisquer efeitos das influências das estrelas mais do que os que elas naturalmente têm; porquanto, nesta nação, há muitos com quem conversei ultimamente, inclusive homens notáveis, que prontamente afirmam que as *estrelas* são as causas de quaisquer tipos de doenças, inclinações, fortunas e, da mesma forma, culpam as estrelas por todos os seus maus comportamentos e desfortuna.

Não obstante, com este discurso não visamos discordar ou negar toda influência exercida pelas estrelas; pelo contrário, afirmamos que há simpatia e antipatia naturais entre todas as coisas por todo o universo, e essa influência mostraremos por meio de uma certa variedade de efeitos e, da mesma forma, mostraremos que as estrelas, como sinais, previram grandes mutações, revoluções, mortes de grandes homens, governadores de províncias, reis e imperadores; assim como previram o tempo, tempestades, terremotos, dilúvios, etc., e isso em conformidade com a lei da Providência. A sina dos homens está nas mãos do Senhor, pois Ele é o fim e o princípio de todas as coisas. Ele pode remover coroas e cetros, desfazer os acordos e conselhos mais cautelosos do homem, o qual, ao se considerar mais seguro, tomba do trono do poder para rastejar na poeira.

Assim, nossos astrólogos, na maioria de suas especulações, buscam às escuras, pois entendem que tudo pode ser conhecido ou lido nas estrelas: se uma colher de prata rara for perdida, as inocentes estrelas serão obrigadas a dar conta disso; se uma solteirona velha perde seu cãozinho favorito, ela irá a um oráculo de adivinhação para obter informações sobre esse filhote. Oh! Vil credulidade pensar que aqueles corpos celestes tomam conhecimento, dando em suas configurações e aspectos informação constante a respeito das transações mais baixas e mais vis de certos caquéticos, as questões mais triviais e frívolas que alguns *aparentam* resolver por intermédio de uma leitura do diagrama dos eéus. Bem faz nossa legislatura ao condenar justamente tais enganadores e impostores, e todos aqueles vagabundos ociosos que infestam várias partes desta metrópole, os quais, à custa de um xelim ou de meia coroa, aproveitam-se das pessoas simples e insuspeitas, respondendo-lhes qualquer coisa ou circunstância como se fossem os vices-regentes de Deus na Terra e seus conselheiros particulares.

Eles sequer hesitam em ludibriar os pobres mortais da classe baixa ao mostrarem imagens em espelhos, como se conjurassem espíritos malignos: relatarei aqui um exemplo notável, que aconteceu bem recentemente nesta cidade. Dois franceses maltrapilhos, aproveitando-se da credulidade das pessoas comuns, as quais costumam ficar boquiabertas diante de tais bugigangas, inventaram um telescópio ou uma lente espelhada no qual várias letras e figuras eram refletidas de maneira obscura, mostrando as imagens de homens e mulheres, etc., de modo que, quando alguém vinha consultar esses enganadores, depois de lhes pagar a taxa usual, eles, de acordo com a urgência da consulta, produziam respostas por meio dessas figuras ou letras. A pessoa que via essas imagens no espelho ficava tão alarmada que passava a supor que em suas mãos havia alguma coisa demoníaca; permanecia plenamente convicta de ter de fato contemplado o grupo de pessoas que desejava ver, embora estas pudessem residir a muitas centenas de milhas distantes dali. Impressionadas pela ideia preconcebida de ser possível ver seus amigos por essa máquina ótica, as pessoas iam embora dali e, acrescentando inúmeras mentiras, relatavam terem testemunhado um milagre. Afirmo que esse tipo de fraude é apenas possível quando aplicada ao vulgo, que, no lugar de frear suas imaginações, engoliria as mentiras e os conceitos mais abomináveis. Por exemplo, quem suporia que qualquer ser racional pudesse ser persuadido de que uma criatura de tamanho e estatura mediana seria ser capaz de, por qualquer meio, enfiar seu corpo em uma garrafa? Tal coisa foi anunciada ao público por um malandro (sem acreditar que existissem tais tolos), que disse que o faria em um teatro. Mais de 600 pessoas se reuniram para contemplar o anunciado, sem nunca duvidar de que o sujeito manteria sua palavra, quando, para a grande mortificação e desgraça dessa audiência nada astuta, o prestidigitador surgiu em meio à agitação geral e de gritos de: "Sim, agora! Vejam! Agora! Vejam! Ele vai pular para dentro", e então lhes disse o prestidigitador: "De fato! Senhoras e senhores, não o farei, pois se vocês foram tão tolos a ponto de acreditar em tal absurdo, eu não sou sábio o suficiente para fazê-lo", e, assim, curvando-se, ele desapareceu, para o grande desconforto dos sabichões, que imediatamente se retiraram do teatro da melhor maneira que puderam.

Quanto aos mágicos do telescópio, eles foram levados sob custódia pelos senhores da delegacia, em Bow Street; nem mesmo os parentes deles tiveram a gentileza de lhes pagar a fiança.

Contudo, encerremos estas coisas que são indignas de nossa atenção como filósofos e sigamos aos temas de natureza superior. Ressalte-se, sobre aquilo que antes falamos a respeito das influências das estrelas, que Ptolomeu, em seu Quadripartido, ao falar de *generalidades*, aproxima-se bastante de nossas ideias sobre o assunto da influência planetária, da qual não duvidamos em nenhum momento, mas não admitimos (mais que isso, não é necessário, visto existir uma astrologia na Natureza) que cada uma das ações de nossa vida, nossas aflições, fortunas, acidentes sejam consequências dos efeitos influentes dos planetas: eles se originam em nós mesmos; mas admito que nossos pensamentos, ações, cogitações estejam em harmonia com as estrelas pelo princípio geral da simpatia. Novamente, há uma simpatia muito mais forte entre pessoas de constituição e temperamento semelhantes, pois cada criatura mortal possui um Sol e um sistema dentro de si; portanto, de acordo com a simpatia universal, somos afetados pela influência geral ou espírito universal do mundo, como o princípio vital em todo o universo: assim, não devemos olhar para as configurações das estrelas como se elas fossem a causa ou incitamento das inclinações bestiais dos homens, porquanto que os brutos têm suas inclinações específicas advindas da propagação de seu princípio hereditário, não do signo do horóscopo. Portanto, como o homem muitas vezes é capaz de ações e excessos naturais aos brutos, eles não podem acontecer a um homem naturalmente de qualquer outra fonte que não a seminal pertencente a sua composição. De modo equivalente, a alma, imortal e dotada de livre-arbítrio, age sobre o corpo e não pode ser inclinada por nenhuma configuração de estrelas nem para o bem nem para o mal; mas, a partir do seu próprio poder imortal, ela pode ser prontamente seduzida pelo pecado, isso a leva ao mal; mas, quando iluminada por Deus, a alma nasce para o bem; contudo, enquanto a alma estiver nesse corpo frágil, ela se alimenta de qualquer princípio, de acordo com sua tendência; porém, nesse ponto, o que mais preocupa a alma do homem é o que investigaremos completamente na magia natural da alma, na qual trataremos integralmente cada ponto de investigação que nos foi sugerido por nossa própria imaginação, e pelos experimentos da ciência que provaram sua virtude divina originalmente redimensionada pelo Criador.

Isso é bastante para voltarmos ao nosso tema relacionado à astrologia, sobremodo para saber qual parte dela é necessária para o nosso uso, da qual selecionaremos o que é puro e devido a nosso propósito, para o entendimento e efetivação de vários experimentos na sequência de nossas obras, pondo de lado o entediante cálculo dos nascimentos, as intermináveis controvérsias e cavilações de seus adeptos, as dissensões que surgem dos vários modos de exercê-la; tudo isso deixamos para aquele que elabora a carta astrológica, dizendo-lhe, a propósito, que seja o que for que ele considere poder prever a partir do horóscopo de uma data de nascimento, mediante longos, entediantes e fatigantes estudos e contemplações, eu digo que tudo que ele pode mostrar, respeitando mutações pessoais ou nacionais, mudanças, acidentes, etc., etc., tudo isso sabemos por um método muito mais fácil e mais rápido; e que pode, de forma mais abrangente, clara e inteligível, mostrar e apontar, na mesma carta, pela nossa Cabala, a qual sabemos ser verdadeira, sem desvio, malabarismo, falácia ou conluio, ou sem qualquer outro tipo de engano ou impostura. Essa Cabala ou astrologia espiritual, nós a extraímos da Fonte do Conhecimento, com toda a simplicidade, humildade e verdade; e não nos gloriamos de nós mesmos, mas Daquele que nos ensina pela sua divina misericórdia, pela luz de cujo favor vemos as coisas espirituais e divinas: pela posse da qual permanecemos salvos em meio às mais severas tempestades de ódio, malícia, orgulho, inveja, hipocrisia, leviandade, limitações, pobreza, aprisionamento ou qualquer outra circunstância externa; e, apesar de sermos ricos, sem nos faltar nada, de sermos alimentados com deliciosas carnes e desfrutarmos abundantemente de todas as coisas boas necessárias para o nosso sustento, não nos vangloriamos disso como algo figurativo, ideal ou quimérico; mas real, sólido e eterno, no qual exultamos e nos deleitamos, e louvamos o seu nome para todo o sempre: Amém.

Tudo o que declaramos publicamente ao mundo é pela honra de nosso Deus, estando sempre prontos a fazer toda a bondade que pudermos ao nosso semelhante pobre e, na medida em que permitir nossa condição, que possamos consolá-lo, esteja ele doente ou aflito; o que fazemos sem pedir recompensa: nos é suficiente poder fazê-lo, e que possamos ser aceitáveis para Aquele que diz: "Eu sou a luz do mundo; a quem, com o Pai e com o Espírito Santo, é atribuído todo poder, força, majestade e domínio: Amém".

Para o fiel e discreto Estudante da Sabedoria

Saudações:

Fica com nossas instruções: em tudo, pede conselho a Deus e Ele o dará a ti; diariamente, oferece a seguinte oração à iluminação de teu entendimento: em todas as coisas, dependes de Deus, a causa primeira, com quem, por quem e em quem são todas as coisas; que o teu primeiro cuidado seja te conhecer; e então, em humildade, dirige a tua oração da seguinte maneira.

Uma prece ou oração a Deus

Deus todo-poderoso e misericordioso, nós, teus servos, trêmulos e temerosos, nos aproximamos diante de Ti e com toda a humildade

pedimos muito sinceramente que perdoes as múltiplas e cegas trans-
gressões por nós cometidas a qualquer momento; e que nos permi-
tas, ó mais misericordioso Pai, pela graça daquele que morreu na
cruz, que nossas mentes possam ser iluminadas com o resplendor
divino de Tua santa sabedoria. Ó Senhor de poder, força, majestade e domínio, sabemos que, em razão de nossos corpos grosseiros e
materiais, somos pouco capacitados para receber as instruções espirituais que tão fervorosa e sinceramente desejamos. Abre, ó Espírito
abençoado, o olho espiritual de nossa alma, para que possamos ser
libertados desta escuridão que nos sobrestá por conta das ilusões dos
sentidos exteriores, a fim de que possamos perceber e entender as
coisas que são espirituais. Nós oramos a Ti, ó Senhor, acima de tudo
para fortalecer nossas almas e corpos contra nossos inimigos espirituais, pelo sangue e justiça de nosso abençoado Redentor, Teu Filho,
Jesus Cristo; e, por meio dele e em seu nome, nós Te pedimos para
iluminar as faculdades de nossas almas, para que possamos, clara
e compreensivelmente, ouvir com nossos ouvidos e entender com
nossos corações; e afasta de nós toda hipocrisia, trato enganoso, pro-
fanidade, inconstância e leviandade; para que possamos, em palavras
e atos, nos tornarmos Teus servos fiéis, e permanecermos firmes e
inabaláveis contra todos os ataques de nossos inimigos corporais e,
da mesma forma, sermos à prova de todas as ilusões causadas por
espíritos malignos, com os quais não desejamos comunicação ou temos interesse. Que sejamos instruídos no conhecimento das coisas
naturais e celestiais, do mesmo modo como Te agradou prender a
Salomão com toda a sabedoria humana e divina; e ele, desejoso desse saber, tanto agradou a Tua divina majestade que, em um sonho,
durante a noite, Tu o inspiraste com toda a sabedoria e conhecimento, os quais ele sabiamente deu preferência antes das riquezas desta vida. Assim, que nosso desejo e oração sejam por graça aceitos
por Ti; de modo que, por uma firme confiança em Tua palavra, nós
não poderemos ser levados a demandas vãs e ridículas dos prazeres
e deleites mundanos, pois que eles nem são duráveis, nem são de
qualquer valor para nossa felicidade imortal. Concede-nos, Senhor,
poder e força de intelecto para levar adiante esta obra, para a honra e
a glória do Teu santo nome, e para o conforto de nosso semelhante;
e que sem pretensão de ferir ou prejudicar a quem quer que seja,

que possamos prosseguir em nossos labores, por intermédio de Jesus Cristo, nosso Redentor: Amém.

SOBRE A MAGIA NATURAL EM GERAL

Antes de nos dirigirmos às especificidades, não será à toa abordar as generalidades; assim, como elucidação, mostraremos rapidamente quais ciências compreendemos como estando sob o escopo da Magia Natural; e para chegarmos logo a esse ponto, passaremos normalmente da teoria à prática; portanto, a Magia Natural, sem dúvida, abrange um conhecimento a respeito de toda a Natureza, à qual nós não podemos de modo algum chegar, senão buscando profundamente em suas riquezas, que são inesgotáveis. Assim, por intermédio de longos estudo, trabalho e prática, descobrimos muitos segredos e experimentos valiosos, os quais permanecem desconhecidos, enterrados que estão pela ignorância de nossos dias atuais. Os antigos sábios eram cientes de que os maiores segredos estavam escondidos na natureza e de que maravilhosas forças ativas ali ficariam adormecidas, a menos que fossem provocadas pela vigorosa faculdade da mente do homem. Contudo, como na época atual os homens se entregam quase inteiramente ao vício e à luxúria, o discernimento deles tende cada vez mais à depravação, até que, engolidos pelos sentidos mais grosseiros, eles se tornam totalmente inaptos às contemplações divinas e às especulações profundas sobre a natureza, visto sua faculdade intelectual estar afogada na obscuridade e no vazio, em razão do descaso, da intemperança ou dos desfastios sensuais. Os seguidores de Pitágoras ordenavam silêncio e proibiram o consumo da carne de animais. Isso porque eram cautelosos e conscientes da inutilidade dos frívolos balbucios e cavilações infrutíferas, ainda que estudassem o quanto podiam sobre o poder dos números. Proibiam o consumo de carne não exatamente por causa da transmigração, mas para manter o corpo em um estado saudável e equilibrado, livre de humores grosseiros. Por esses meios eles se qualificavam para assuntos espirituais e alcançavam até mesmo grandes e excelentes mistérios, mantendo o exercício das artes da caridade, bem como a prática de todas as virtudes morais: todavia, por serem gentios, não ascendiam à sabedoria e ao conhecimento superiores que inspiraram, e que foram concedidos aos Apóstolos e a outros após a vinda de Cristo; contudo, mesmo eles mortificavam suas concupiscências, vivendo de modo equilibrado, em castidade, de forma honesta e virtuosa, ministério este totalmente contrário à prática dos cristãos modernos, os quais vivem como se a palavra abençoada tivesse vindo sobre a Terra para lhes outorgar privilégios para pecar. No entanto, deixemos Pitágoras e seus seguidores, apressando-nos por voltar a nosso próprio trabalho em que, em primeiro lugar, explicaremos o fundamento da Magia Natural de maneira tão clara e inteligível quanto o tema permitir.

Os
Primeiros Princípios
da Magia Natural

LIVRO I – PARTE I

Capítulo I

Definição de Mágia Natural – Sobre o Homem – Sua Criação – A
Imagem Divina – Sobre a Virtude Espiritual e Mágica da Alma

COMO DISSEMOS, MAGIA Natural é um conhecimento que abarca toda a Natureza, pela qual procuramos conhecer suas operações secretas e ocultas por todo o seu vasto e imenso laboratório, e por intermédio da qual chegamos ao conhecimento das partes que compõem a Natureza, seus componentes, suas qualidades, suas virtudes, e aos segredos dos metais, das pedras, das plantas e dos animais. Observando a ordem normal da criação, o homem foi o trabalho do sexto dia, sendo todas as coisas preparadas à sua vice-regência aqui na Terra, as quais agradaram ao Deus onipotente, que depois de formar o grande mundo, ou macrocosmo, dizendo ser ele bom, então criou o homem à imagem expressa de si mesmo; sendo o homem, da mesma forma, um modelo exato do grande mundo. Descreveremos as características maravilhosas do homem, nas quais poderemos encontrar, em miniatura, a exata semelhança ou cópia do universo. Por esse artifício, facilitaremos a compreensão daquilo que pudermos declarar a respeito do conhecimento da natureza inferior, tais como animais, plantas, metais e pedras; pois, ao começar pela apresentação das qualidades ocultas e propriedades escondidas no pequeno mundo, isso servirá como chave para descerrar todos os tesouros e segredos do macrocosmo ou grande mundo: portanto, apressemonos agora em falar sobre a criação do homem e sua imagem divina. Do mesmo modo, falaremos sobre sua queda, consequência de sua desobediência, sendo essa a causa da sucessão de todos os males, pragas, doenças e misérias que foram impostas à sua posteridade por meio da maldição de nosso Criador, mas remitidos pela intervenção de nosso abençoado Senhor, o Cristo.

A CRIAÇÃO, A DESOBEDIÊNCIA E A QUEDA DO HOMEM

Conforme a palavra de Deus, que tomamos como guia para todas as coisas, no versículo 26 do primeiro capítulo de Gênesis é dito: "E disse Deus: Façamos o homem à nossa imagem, conforme a nossa semelhança; e que ele domine os peixes do mar, as aves dos céus e o gado, e toda a terra, e todo o réptil que se move sobre a terra". Aqui está a origem e o início de nossa frágil natureza humana, pois toda alma foi criada pela própria luz, a Fonte da Vida, de acordo com a expressão de sua própria imagem, igualmente imortal, em um corpo bonito e bem formado, dotado da mente mais excelente e do ilimitado domínio sobre o reino de toda a Natureza, sendo cada coisa submetida a seu governo ou comando, excluindo uma única criatura, que deveria permanecer intocada e, por assim dizer, consagrada ao mandato divino: "De toda a árvore do jardim comerás livremente, mas da árvore do conhecimento do bem e do mal, dela não comerás; porque no dia em que dela comeres, certamente morrerás" (Gên. 2: 16-17). Portanto, Adão foi formado pelo dedo de Deus, que é o Espírito Santo, cuja figura ou forma externa era bela e proporcional como a de um anjo, em cuja voz (antes que ele pecasse) todo som era a doçura da harmonia e da música: caso ele houvesse permanecido no estado de inocência no qual fora formado, a fraqueza do homem mortal em seu estado de depravação não teria sido capaz de suportar a virtude e o ressoo celestial de sua voz. Todavia, quando o *ardiloso* descobriu que o homem, pela inspiração de Deus, começara a cantar de modo tão vibrante e a repetir a harmonia celestial das hostes divinas, ele quis sabotar toda a engrenagem; e, vendo que sua ira contra o homem era vã, ficou tão aflito com isso que começou a pensar como poderia induzi-lo a desobedecer à ordem do Criador, coisa que lhe permitiria, por assim dizer, ridicularizar e zombar de sua nova criatura, o homem.

Van Helmont, em sua *Oriatrike*, cap. XCII, falando a respeito de como a morte havia se entranhado na natureza humana, etc., toca delicadamente no tema da criação e da desobediência do homem. De fato, as ideias dele coincidem tão perfeitamente com as minhas, que julguei oportuno transcrever sua filosofia aqui, visto ela explicar tão claramente o texto da Escritura, e tanto está a luz da verdade ao seu lado, que ela trará consigo a mais segura e positiva convicção a respeito do assunto.

"Sendo essencialmente criado conforme a imagem de Deus, depois disso, o homem imprudentemente presumiu poder gerar a imagem de Deus de si mesmo; de fato, não por intermédio de um certo monstro, mas por algo que era sombrio como ele mesmo. Entretanto, com a violação de Eva, ele não gerou a imagem de Deus naquilo que Deus, como ser divino, teria de inimitável, mas gerou tendências no sopro vital da semente, ansiando que a qualquer momento ela pudesse receber do Pai de Luz uma alma sensível, racional e vibrante, ainda que *mortal* e *perecível*. Contudo, o que ele normalmente gera, em razão de sua própria bondade, é o espírito substancial de uma mente revelando sua própria imagem: desse modo, o homem, a esse respeito, esforçou-se para gerar sua própria imagem, não como o fazem os animais grosseiros, mas pela cópula das sementes que, por fim, devem obter pela graça do Criador uma luz animada, a qual eles chamam de alma sensível.

A partir de então surgiu outra geração, concebida segundo o comportamento animal, mortal e incapaz de viver eternamente, conforme o modo dos animais, produzindo dores e sujeita a enfermidades e à morte; geração muito mais triste e cheia de miséria, na devida proporção da ousadia de nossos primeiros pais em querer inverter o desígnio de Deus.

Por esse motivo aquela inexprimível bondade os havia prevenido de que não deveriam provar daquela árvore; e, do mesmo modo, predisse que no mesmo dia morreriam a morte e que sentiriam todas as calamidades que acompanham a morte."

Assim, merecidamente, o Senhor privou nossos pais do proveito da imortalidade, ou seja, a morte surgiu como consequência da cópula conjugal e grosseira; nem mesmo o espírito do Senhor permaneceu no homem depois que ele passou a ser carne.

Indo além, por conta de a violação de Eva se propagar pela posteridade até o fim do mundo, o pecado do desprezo da advertência paternal e o desvio natural do caminho correto estão agora, entre outros pecados marcados pela impureza, presentes em uma geração invertida, carnal e quase grosseira, sendo aquilo verdadeiramente chamado de pecado original; ou seja, o homem, sendo concebido no prazer da concupiscência da carne, sempre colherá uma irremediável morte na carne do pecado; e, muito embora o conhecimento do bem e do mal que Deus colocou na maçã condenada contivesse em si uma virtude seminal da concupiscência da carne, isto é, uma conjunção oculta proibida, diametralmente oposta ao estado de inocência, esse estado não era um estado de estupidez; pois que o homem era aquele a quem, pela graça Dele e antes da corrupção da Natureza, as essências de todas as criaturas vivas eram conhecidas, criaturas estas que deveriam ser nomeadas de forma apropriada por ele, visto lhes conhecer as essências que as distinguiam: o homem, portanto, ao comer a maçã, obteve o conhecimento de que perdera sua inocência primeva; pois, antes de comer a maçã, ele não era nem tolo nem estupidificado a ponto de não se perceber nu; mas, por causa da vergonha e da grosseira concupiscência, pela primeira vez ele declarou que estava nu.

Por isso, o conhecimento do bem e do mal nada significa senão a concupiscência da carne, confòrme testifica o Apóstolo ao chamá-lo de lei e desejo de pecado. Ao Senhor do céu e da terra aprazia pôr na maçã um incentivo à concupiscência, o qual o homem era capaz de seguramente se abster por não comer da maçã, visto estar dissuadido disso, pois que ele jamais fora tentado de outro modo ou estimulado por seus órgãos genitais. Logo, sendo a maçã uma vez comida, uma propriedade oculta e natural enxertada no fruto fez com que o homem sentisse desejo e o pecado se tornou luxúria para ele, formando-se daí uma semente animal, a qual, agindo sobre as disposições anteriores ou precedentes da *alma sensível* e submetida à lei de outras *causas*, refletiu-se no espírito vital de Adão; e, assim como um fogo-fátuo, recebeu um *archeus* ou espírito governante e uma ideia animal, concebendo um poder de propagação de uma semente animal e mortal, resultando em vida.

Além disso, em muitas partes, o texto sagrado me levou a uma postura aperfeiçoada sobre Eva que a torna uma ajudante, como Adão; na verdade, isso não faz dela apenas o *nome* e o *lugar* da *esposa*, assim como é chamada logo após o pecado, porquanto ela era uma virgem na intenção do Criador para depois se encher de miséria. Até pelo contrário, como o estado de pureza se sobrepunha à inocência, a vontade do homem não a subjugaria. O homem no Paraíso pode ser entendido como outra condição de vida, bem diversa da condição de vida de um animal e, portanto, comer da maçã é uma expressão proba à concupiscência da *carne*, pois ela é o "conhecimento do bem e do mal", expressão esta que chama de ignorância o estado de inocência. Certamente, a obtenção desse supracitado conhecimento fomentou a mais dolorosa morte e uma privação irrevogável da vida eterna, e se o homem não tivesse provado da maçã, viveria sem concupiscência e, de Eva (uma virgem), surgiram descendentes pelo Espírito Santo.

Todavia, a maçã, tendo sido comida, fez com que "logo seus olhos se abrissem" e Adão começou a desejar a cópula com a virgem nua, acabando por macular o que Deus havia designado para ajudá-lo. Assim, por conta dessa estranha geração da carne pelo pecado, o homem desnaturou o propósito de Deus, corrompendo posteriormente sua natureza original, deixando a carne em pecado, acompanhada da concupiscência. O texto não traz nenhuma outra sugestão ou indicação do que seja o "*conhecimento do bem e do mal*", senão que "*eles souberam que estavam nus*" ou, falando mais apropriadamente, souberam que a virgindade havia sido corrompida, poluída e profanada pela luxúria animal. De fato, todo o "conhecimento do bem e do mal" deles estava incluído na vergonha que tinham de suas partes íntimas; por esse motivo é que, tanto no oitavo versículo do Levítico, quanto em muitos outros lugares das Sagradas Escrituras, as partes íntimas propriamente ditas não são chamadas por qualquer outra terminologia senão vergonha; e isso porque, desde a cópula da carne, seus olhos ficaram abertos, quando eles então souberam que o bem que estava sendo perdido lhes trouxera uma natureza degenerada, vergonhosa, visceral e inevitavelmente comprometida com a morte, algo que também seria legado a seus descendentes.

Na verdade, graças à concupiscência é que eles puderam entender por que Deus havia tão amorosamente proibido o consumo da maçã. Porém, era tarde demais. Ai! De fato, a verdade, estando em conformidade a si mesma, atesta a imundícia da impura geração adâmica; impureza esta recebida pelo contágio causado por quaisquer emissões naturais de menstruação ou seminal, a qual, mesmo que pelo simples toque, é considerada igual àquela impureza que gradativamente flui sobre uma pessoa que toca carcaças mortas e que deve ser expiada pelo mesmo ritual cerimonioso generosamente preceituado pelo texto. Uma vez que a morte começou pela concupiscência da carne, algo que estava escondido no fruto proibido, o único remédio de cura para tão grande impureza que fora contraída pelo toque também consiste, portanto, em se lavar, da mesma forma como ocorre no batismo quando água é vertida sobre nós e, semelhantemente, a fé e a esperança são fortalecidas.

Pois assim que Adão soube, graças ao fratricídio, que o primogênito entre os mortais, que ele havia gerado na concupiscência da carne, matara seu irmão, que era inocente e justo, previu que os erros pérfidos dos mortais dali iriam se suceder; além de perceber também as próprias misérias de si, certamente sabendo que todas aquelas calamidades lhe aconteciam por causa do pecado da concupiscência retirada da maçã, que inevitavelmente se manifestava em seu descendente. E ele pensou consigo que a coisa mais discreta que podia fazer era, a partir de então, abster-se totalmente de sua esposa, a quem ele havia violado; e, por isso, ele lamentou em castidade e na tristeza por inteiros cem anos, esperando que, pelo mérito daquela abstinência e por se opor à concupiscência da carne, ele não somente aplacasse a ira da Deidade indignada, mas também voltasse novamente ao antigo esplendor e majestade de sua *inocência* e *pureza* primevas. Porém, mesmo havendo arrependimento após se passarem todos aqueles anos, é muito provável que o mistério da encarnação de Cristo lhe tenha sido revelado, que o homem jamais poderia esperar retornar por mérito próprio ao brilho de sua antiga pureza e, muito menos, que ele mesmo pudesse livrar seus descendentes da morte; e que, assim, depois da queda o casamento passara a ser bem-vindo e permitido por Deus, pois que Ele havia determinado desse modo satisfazer sua justiça na plenitude dos tempos, o que deveria ser feito à glória de

Seu próprio *nome* e à ruína de Satanás, elevando a humanidade a um estado mais sublime e eminente de bem-aventurança.

A partir desse momento, Adão começou a se unir à sua esposa, ou seja, depois que ele tinha cem anos de idade, passou a povoar a terra, multiplicando-se de acordo com a bênção que lhe havia sido dada e conforme o que lhe ordenava a lei: "sê fértil e te multipliques". Desse modo, o matrimônio, em virtude da grande carência de reprodução, a qual, caso não existisse, tornaria impossível a sucessão rumo à geração divina e primeva, passou a ser admitido como um sacramento aos fiéis.

Nossos primeiros pais, depois de comerem a maçã, envergonharam-se e cobriram suas partes íntimas; ora, a vergonha é coisa que pressupõe e delata algo cometido contra a justiça, contra o propósito do Criador e contra sua própria natureza: por conseguinte, então, a geração adâmica nem era constituída de sua natureza primeva, nem era da intenção original do Criador. Portanto, quando Deus prediz que a terra produzirá espinhos e farpas, que o homem ganhará seu pão com o suor de sua testa, essas não são execrações, mas admoestações no sentido de que esses tipos de coisas seriam comuns na terra, pois os animais deveriam parir com dores, deveriam suar, comer a comida que é fruto do trabalho e do medo, e que a terra produziria muitas coisas fora da intenção do lavrador; e, por fim, também que aqueles que começaram a se reproduzir do mesmo modo como os rudes animais, que passassem a se nutrir como esses mesmos rudes animais.

Da mesma forma, é dito a Eva, após sua transgressão, que ela em dor deverá dar à luz. Assim, a dor do parto teria algo a ver com o consumo da maçã, visto a maçã ter agido sobre a concupiscência da carne e, por conseguinte, despertando-a à cópula, sendo que o Criador tentou dissuadi-la, exortando-a a não comer da maçã. Porém, por que os órgãos genitais das mulheres são punidos com as dores no nascimento da criança, se quem ofendeu foram os olhos ao verem a maçã, as mãos ao cortá-la e a boca ao comê-la? Não bastaria ser a vida castigada com a morte e a saúde com muitas doenças? Além disso, por que o ventre é atingido, como nos animais, pelo modo de se dar à luz, se a concepção, como feita pelos animais, não fosse proibida ao homem?

Portanto, depois de sua queda *seus olhos foram abertos e eles fica-ram envergonhados*; o que denota e significa que, por causa da imundí-cia da concupiscência, eles tiveram consciência de que a cópula da carne era proibida para o mais puro e inocente estado de castidade da nature-za, e que eles se tornaram repletos de vergonha, quando, ao abrirem os olhos, entenderam que tinham cometido a imundície mais detestável.

Contudo, a maldição incidiu apenas sobre a serpente e sobre o espírito maligno, e até mesmo em privilégio da mulher e da miste-riosa prerrogativa da bênção sobre a terra, isto é, que a semente da mulher feriria a cabeça da serpente. Desse modo, não seria possível que *dar à luz em dor* fosse uma maldição; pois, verdadeiramente, com a mesma voz, o Senhor profere a bênção sobre a mulher e a vitória sobre o espírito infernal.

Desse modo, Adão foi criado em posse da imortalidade. Deus não pretendia que o homem fosse uma criatura *animal* ou *sensível*, nem que nascesse, que fosse concebido ou que vivesse como um ani-mal; pois que, em verdade, ele foi criado para uma *alma vivente* e para a verdadeira imagem de Deus. Assim, ele diferiria da natureza de um animal como um ser imortal difere de um mortal, e como uma criatura divina difere de um animal.

Lamento que muitos dos nossos estudiosos desejem, mediante seus argumentos repletos de gritaria e orgulho, conceber o homem com uma natureza plenamente animal (e nada mais), traçando (pela sua lógica) a essência do homem meramente a partir de uma natu-reza animal; pois, apesar de o homem ter trazido a morte para si e para seus descendentes e, desse modo, portanto, pareça estar mais próximo da natureza das criaturas animais, ainda assim, não está em seu poder desvirtuar a espécie da imagem divina; como nem mesmo o espírito maligno faz um animal a partir de um espírito, embora ele, por ódio e vícios animalescos, esteja bem mais próximo da natureza de um animal. Assim, o homem permaneceu na própria espécie na qual foi criado; pois, tantas vezes quanto o homem é chamado de *animal*, ou criatura viva sensível, e ele é geralmente pensado como tal, tantas vezes isso é contraditado pelo texto que diz: "Mas a ser-pente era mais astuta do que todas as criaturas vivas que o Senhor Deus fez na terra"; porque Ele aqui fala da sutilidade e da capacidade natural daquele animal rastejante. Novamente, se essa proposição for verdadeira, o homem não teria sido direcionado no sentido de perpetuar sua *semente* ou sua *carne*, nem aspiraria a uma alma sensível; e, portanto, a alma sensível da geração adâmica não é de uma espécie animal, porque surgiu a partir de uma semente que queria tanto a ordenação original quanto a limitação de qualquer espécie; e, assim, como a *alma sensível* surgiu no homem fora da intenção do Criador e da Natureza, ela não é da espécie animal nem pode subsistir, a menos que esteja continuamente ligada à *mente*, a qual sustenta sua vida.

Portanto, como o homem não pertence às espécies animais, ele não poderá ser um animal por conta de sua mente e muito menos por conta de sua alma, a qual não pertence à espécie alguma.

Assim, saibam que nem o espírito maligno nem toda a natureza podem, por qualquer meio ou qualquer forma, mudar a essência que foi conferida ao homem por seu Criador, cuja presciência determinou que permanecesse continuamente como fora criado, embora ele, o homem, eventualmente e a partir do vício de sua própria vontade, tenha se entrajado com peculiaridades estranhas. Assim, do mesmo modo como é absurdo conceber o homem como um ente glorificado entre os animais, em razão de ele não estar consciente disso ou não o sentir, o fato de ser sensível não nos mostrará a inseparável essência de um animal.

Por conseguinte, vemos que nossos primeiros pais sentiram por todo corpo o efeito de comer a maçã, ou da concupiscência da carne em seus órgãos genitais, e uma vez que estavam no Paraíso, aquilo os envergonhou, pois seus genitais, os quais anteriormente podiam controlar como bem quisessem, passaram a ser impelidos pela devida luxúria.

Desse jeito, não só a mortalidade, por meio da concupiscência, passou a fazer parte do corpo humano, mas também logo em seguida uma geração foi assim concebida; e, no mesmo dia, eles foram expulsos do Paraíso, sendo que daí surgiu uma geração adúltera, lasciva, animalesca, demoníaca e claramente incapaz de entrar no reino de Deus, por ser diametralmente oposta à ordenação divina, algo que significa morte e, como punição, o perecimento se tornou inseparável do homem e de sua descendência. Assim, o pecado original foi efetivamente produzido pela concupiscência da carne, ocasionada pela maçã sendo comida e pelo desprezo da admoestação, do aviso de Deus, que sabia que o estímulo à concupiscência havia sido colocado na árvore proibida, uma propriedade luxuriosa, oculta, inserida e implantada radicalmente nela. Porém, quando Satanás (que tinha *esperança* de que nada impedisse o que viria a acontecer após o defloramento da virgem) viu que o homem não fora tirado do caminho, conforme o que ele havia previsto (visto ele não saber que o Filho de Deus havia se convertido em um aval para o homem, diante do Pai), mesmo assim ele de fato muito se regozijou, pois notou a natureza vil, corrompida e degenerada do homem, e viu também que fora retirado do homem o poder de se unir à infinita majestade de Deus. Contudo, essa alegria foi breve, pois, pouco a pouco, ele percebeu que o casamento fora legitimado pelos Céus, que a bondade divina ainda se inclinava para o homem e que as falácias e enganos dele mesmo, Satanás, haviam sido derrotados; e isso o levou a conjecturar a respeito do envio do Filho de Deus, talvez encarnado, para redimir todos os defeitos oriundos daquele contágio. Ele então se pôs a maquinar como e de que modo poderia conspurcar com uma alma mortal a ramificação que seria oriunda daquele matrimônio, para que ele pudesse tornar vã cada concepção de Deus; por isso e para que pudesse haver o mal abundante em todos os tempos, ele incitou não apenas o fratricídio e as pessoas notoriamente más, mas também tratou da fazer surgir o Ateísmo que, juntamente à Gentilidade, cresceria diariamente; e isso, pois, se era fato que ele não poderia impedir o enlace daquela mente imortal com a alma sensível, pelo menos destruiria a lei da natureza, trazendo o homem a um nível inferior, deixando-o sob um castigo infernal; ao mesmo tempo, haveria um cuidado especial dele no sentido de eliminar totalmente a mente imortal daquela ramificação ou descendência.

Assim, ele (*o Diabo*) até hoje instiga ateus libertinos às cópulas detestáveis; contudo, vendo que daí nada resultaria senão monstros embrutecidos ou selvagens abominados pelos próprios pais, e que a cópula com as mulheres era muito mais preferida pelos homens e que, por esse método, a geração de homens se perpetuaria constantemente, então ele se esforçou no sentido de impedir que a esperança fosse restaurada por um remanescente, ou seja, impedir a encarnação do *Filho de Deus*. Desse modo, ele tentou, pela aplicação de coisas ativas, moldar a descendência do homem conforme seu próprio desejo amaldiçoado; e mesmo quando ele viu que essa tentativa era vã e impossível, tentou novamente, porém uma fada ou bruxa não podia ser fertilizada pela sodomia; e quando viu que isso não condizia inteiramente com suas intenções, e ele viu que uma jumenta e um cavalo geravam uma mula que era mais próxima da mãe do que do pai e, de modo semelhante, quando viu que de uma coelha e de um arganaz um verdadeiro coelho era criado, embora distinto de sua mãe, pois tinha um rabo como o arganaz, ele abandonou essas tentativas, lançando-se a outros feitos, os quais, na verdade, eram dignos do sutil ofício do *Príncipe das Trevas.*

Logo, Satanás estabeleceu uma conjunção da semente do homem com a semente de uma bruxa ou feiticeira jovem, no ventre desta, para que ele pudesse privar esta nova e muito bem-feita concepção das características da mente imortal: assim, e usando as constelações, dispôs a semente do homem no sentido de gerar prodígios, tais como uma geração adúltera e lasciva de Faunos, Sátiros, Gnomos, Ninfas, Silfos, Díades, Hamadríades, Nereidas, Sereias, Sirenas, Esfinges, Monstros, etc.

Depois, entre todos aqueles, vendo que os Faunos e as Ninfas dos bosques eram os preferidos por serem os mais belos, ele permitiu que estes gerassem seus descendentes entre si e, finalmente, eles começaram a se unir aos homens, fingindo que, por essas cópulas, os homens obteriam tanto para eles quanto para seus descendentes uma alma imortal. Contudo, tais uniões apenas ocorreram graças a persuasões e ilusões de Satanás ao admitir a esses monstros a cópula carnal, a que os ignorantes facilmente sucumbiam; e é por isso que as Ninfas são chamadas de Súcubus. E muito embora Satanás depois tenha feito ainda pior, transformando-se com frequência e assumindo as feições de ambos os sexos, ou seja, dos Íncubos e dos Súcubos, apenas por meio das Ninfas que novos descendentes seriam gerados, e não pelos machos. Assim, vendo que os seus filhos (quais sejam, os homens) estavam agora, sem qualquer distinção e em muitos lugares, tomando as Ninfas como suas esposas, Deus se determinou a exterminar toda a raça gerada por essas núpcias infernais e detestáveis mediante um dilúvio de águas, no sentido de que o propósito do espírito maligno pudesse ser frustrado.

Daqueles monstros anteriormente mencionados, darei um exemplo impressionante, ao qual alude Helmont: ele afirma que um comerciante de Egina, seu compatriota, que por diversas vezes havia navegado às Canárias, fora convidado por Helmont para opinar seriamente a respeito de criaturas que os marinheiros costumavam levar sempre que iam à casa dele nas montanhas, criaturas que chamavam de Tude-squils,[1] ou seja, carcaças mortas e secas com comprimento de quase três pés, tão pequenas que um garoto poderia facilmente levar uma delas na palma da mão. E elas tinham uma exata forma humana, embora toda a carcaça morta fosse clara ou transparente como qualquer pergaminho e seus ossos flexíveis como as cerdas e, além disso, aos serem postas contra o Sol, suas entranhas e intestinos ficavam claramente visíveis, coisas as quais eu sabia ser verdade, pelos espanhóis dali nativos. Até hoje eu considero serem da raça destruída dos pigmeus, visto o Todo-Poderoso querer subjugar as expectativas do espírito maligno, apoiadas pelas ações abomináveis, vazias e vãs da humanidade, salvando-nos, portanto, da arte e da sutileza do Diabo, a quem os castigos eternos são devidos, até sua extrema e perpétua ruína, para a santificação eterna do Nome Divino.

Capítulo II

Das Maravilhas da Magia Natural, Expostas em uma Variedade de Operações Simpáticas e Ocultas, em Animais, Minerais e Vegetais; Tratados Diversos

MOSTRAREMOS QUE, SOB o título de Magnetismo, encontram-se por completo as maravilhas da Magia Animal. Aqui investigaremos por quais meios, instrumentos e efeitos devemos aplicar os princípios ativos aos princípios passivos, visando à produção de efeitos raros e incomuns, por *ações*, *amuletos*, *ligações* e *suspensões* ou *anéis*, *papéis*, *unções*, *sufumigações*, *fascinações*, *feitiçarias*, *encantamentos*, *imagens*, *luzes*, *sons* ou coisas semelhantes. Assim, para começar com as coisas mais simples: caso qualquer pessoa, com uma faca inteiramente nova, corte um limão, usando contundentes palavras de ódio,

---

1. Stude-quills ou Stew'd quills, literalmente, "ensopado de cálamos".

contumeliosas ou antipáticas, contra qualquer indivíduo, este, mesmo estando longe e a uma distância ilimitada, sentirá no coração certa angústia, inexprimível e lancinante, além de um resfriado e calafrios por todo o corpo; e o mesmo ocorrerá com animais vivos: se um pombo vivo tiver o coração cortado, isso fará com que o coração daquele que se quer afetar seja atingido por repentina falha e, do mesmo modo, o medo será incutido em alguém, caso suspendamos por um fio a imagem mágica dessa pessoa; e também acontecerão morte e destruição, mediante meios semelhantes a esses; e tudo isso graças a uma simpatia fatal e mágica.

Da mesma forma ocorre pelas virtudes dos animais simples, bem como com as operações manuais, das quais falaremos mais à frente: por exemplo, pela aplicação da gordura da lebre se arrancará um espinho; igualmente, qualquer um poderá curar a dor de dente usando uma pedra que estiver na cabeça do sapo; e, também, caso alguém capture um sapo vivo antes do nascer do Sol e cuspa na boca do sapo, essa pessoa será curada da asma; do mesmo modo, o olho direito ou esquerdo desse animal cura a cegueira; e a gordura de uma víbora cura sua própria mordida. O heléboro negro abranda a dor de cabeça, quando colocado na cabeça ou quando se aspira uma quantidade moderada de seu pó pelo nariz. O coral é um protetivo bem conhecido contra a feitiçaria e certos venenos. Atualmente usado ao redor do pescoço de crianças, permite-nos combater muitas doenças, às quais nas mais tenras idades as crianças são submetidas, e pelas quais elas geralmente são irresistivelmente vitimadas. Conheço como compor amuletos de coral, ou talismãs, os quais, ao serem suspensos mesmo que por apenas um fio, deverão nos prevenir (com o auxílio de Deus) contra todos os danos e acidentes violentos causados pelo fogo, pela água ou pela feitiçaria, além de ajudar as crianças a resistirem a todas as suas doenças.

Paracelso e Helmont concordam e eu também o digo que, no caso do sapo, embora tão grosseiro à vista do homem e tão nocivo ao toque, e embora seja de tão forte e violenta antipatia ao sangue do homem, e apesar de toda essa aversão, a Divina Providência o dotou de um remédio contra as múltiplas e mais hostis doenças à natureza humana. O sapo tem uma aversão natural ao homem, e essa imagem escamada de ódio ele traz em sua cabeça, em seus olhos e mais fortemente ainda em seu corpo: porém, o sapo pode ser muito bem usado na elaboração de um remédio simpático contra a praga ou outros distúrbios, como a malária, epilepsia e ainda vários outros. Para que o terror e o ódio inato natural que ele tem a nosso respeito possam ser mais fortemente incrementados, devemos pendurar o sapo no alto de uma chaminé pelas pernas e colocar debaixo dele um prato com cera amarela para receber qualquer coisa que, porventura, desça ou caia de sua boca, deixando-o ficar nessa posição, à nossa vista, por três ou quatro dias pelo menos, até que ele esteja morto; mas não devemos estar frequentemente longe da vista do animal, de modo que seus temores e o terror inato que tem de nós, a forte ideia de ódio, possam aumentar até a sua morte.

Então, desse único sapo, terás um remédio muito poderoso, suficiente à cura de 40 mil pessoas infectadas com a peste ou com a praga.

O método de Van Helmont para fazer um amuleto preventivo contra a peste é o seguinte:

"No mês de julho, à Lua minguante, eu apanhei sapos velhos, cujos olhos estavam repletos de vermes brancos com cabeças pretas que estavam ali pendurados, de modo que ambas as superfícies de seus olhos estavam totalmente tomadas por aqueles vermes, talvez cerca de 50 deles, compactados e com a cabeça para fora e, quando algum deles tentava sair, o sapo o impedia, usando uma das patas da frente. Esses sapos foram pendurados e os fiz vomitarem da maneira antes mencionada, juntando os insetos e outras coisas expelidas pelo sapo no prato de cera que ali coloquei; e quando a carcaça seca de cada sapo era reduzida a pó, eu misturava tudo com goma-dragão e moldava o resultado em trociscos, os quais, quando carregados sobre o peito esquerdo, afastaram rapidamente todos os miasmas, e também quando os aproximava de um lugar do corpo que estava afetado retirava-lhe o veneno, sendo que esses trociscos novos ficavam ainda mais potentes depois de serem usados diversas vezes. Considero-os o amuleto mais poderoso contra a praga, porque se a serpente comeu pó ao longo de todos os dias da sua vida, visto ela ser o instrumento do pecado, da mesma forma o sapo come a terra (que vomita) todos os dias da sua vida; e, de acordo com a filosofia dos Adeptos, o sapo carrega um ódio tão grande contra o homem, que ele infecta com seu veneno algumas ervas que são úteis ao homem, visando matá-lo. Porém, há uma diferença entre o sapo e a serpente: o sapo, quando vê um homem, graças a uma característica natural e intrínseca dele chamada antipatia, vivencia um grande terror ou espanto; e esse terror pelo homem imprime nesse animal uma força natural contra as imagens do *archeus* aflito no homem. Verdadeiramente, o terror do sapo mata e aniquila no homem as ideias do aflito *archeus*, pois o terror no sapo é natural e, portanto, radical."

Assim, o veneno da praga é vencido pelo veneno do sapo, não por uma ação primariamente destrutiva, mas por uma ação secundária; do mesmo modo como a ideia pestilenta de ódio ou terror destrói o fermento, por cuja ação o veneno da praga subsiste e passa a infectar; e como o veneno da praga é produzido pela imagem do *archeus* aterrorizado, sendo firmado numa fermentação, em odor putrefato e em atmosfera mumificante, essa mistura de fermentos faz com que o meio seja apropriado e, imediatamente, matéria do veneno é afastada.

Portanto, o antagonismo exercido pelo amuleto feito a partir do corpo do sapo, etc. afasta e impede os efeitos perniciosos e mais horríveis tanto do veneno pestilencial quando do fermento da peste.

Por isso, e uma vez que a ideia de seu terror seja veneno para o próprio sapo, conjectura-se que ele seja um animal destinado a nós por Deus, bem como um veneno de terror para nossa praga.

Ou seja, o sapo sente grande medo ao ver o homem e isso, combinado com o ódio que ele sente também contra o homem, forma o terror e uma imagem de um ser real ativo, não consistindo apenas em um confuso receio; daí acontece que um veneno surge no sapo que destrói o veneno pestilento do terror no homem; a saber, o *archeus* se revigora e percebe que a ideia pestilenta se extingue nele e, além disso, porque ele nota que algo que lhe é inferior se aterroriza, assusta-se e se evade. Dito novamente, o medo do sapo é tão grande que, se ele for colocado diretamente à nossa frente e nós o encararmos com um olhar propositadamente furioso por cerca de 15 minutos, sem que ele possa evitá-lo, ele morrerá, enlevado pelo terror e pelo espanto.[2]

---

2. Eu tentei este experimento com o sapo, bem como com outros répteis de mesma natureza, e atesto a veracidade dessa afirmação.

SOBRE A SERPENTE

Hipócrates, purificando a carne da víbora e pelo uso de algumas outras partes desse animal, obteve para si honras divinas, pois com elas curou pestilências e contaminações, tuberculoses e muitas outras doenças. Ele cortava fora a maior parte da cauda e da cabeça, arrancava a pele, descartando as entranhas e a bílis; das vísceras, ele reservava apenas o coração e o fígado, e retirava todo o sangue pela veia que descia pela espinha dorsal; depois, ele triturava a carne e as citadas vísceras com os ossos, secando tudo num forno quente até que o resultado pudesse ser transformado em pó, o qual era polvilhado sobre mel claro. Tudo era fervido até que ele notasse que a carne em ebulição havia deixado ali suas virtudes, tanto no caldo quanto nos vapores; quando, então, para encobrir seu segredo, ele acrescentava a esse eletuário as especiarias de seu país. Todavia, essa cura de doenças por intermédio da serpente contém um grande mistério, pois que, como nos tempos antigos fora a serpente que nos legou a morte, a capacidade de curar deveria ser reduzida pela morte da serpente; pois Adão, sabedor das características de todos os animais, não ignorava que a serpente era mais astuciosa do que as outras criaturas vivas, e que o supracitado bálsamo, o remédio da morte, jazia escondido nela. Assim, o espírito das trevas não poderia enganar mais perfidamente nossos primeiros pais do que sob a dissimulada forma da serpente astuciosa, visto que eles tolamente imaginaram que poderiam escapar da morte, imposta de forma tão severa por Deus, com o auxílio da serpente.

O âmbar é um amuleto: um pedaço de âmbar vermelho usado por alguém é uma proteção contra venenos e pestilência.

De maneira semelhante, uma pedra de safira é igualmente eficaz. Óleo de âmbar, ou âmbar dissolvido em "espírito de vinho" puro, apazigua o ventre desordenado, e muitos outros distúrbios dessa região são curados pela sufumigação feita com as verrugas da perna de um cavalo.

Do mesmo modo, o fígado e a bile de uma enguia, depois de secos e reduzidos gradualmente a pó, quando consumidos na quantidade de avelã dissolvida num copo de vinho morno, proporcionam às mulheres um trabalho de parto rápido e seguro. O fígado de uma serpente também tem o mesmo efeito.

O ruibarbo, graças à sua violenta antipatia à cólera, purifica-a de forma maravilhosa. A música é bem conhecida por curar a picada de uma tarântula ou de qualquer aranha venenosa e, da mesma forma, a água cura a hidrofobia. As verrugas são curadas ao serem aparadas; ou quando se enterram secretamente tantas pedrinhas quantas forem as verrugas que a pessoa tem. O mal do Rei pode ser curado pelo uso de um coração seco de sapo em volta do pescoço. O hipômanes, apenas tocado ou usado por alguém, fomenta a luxúria. Caso alguém cuspir na mão com a qual feriu outra pessoa, a ferida assim será curada; do mesmo modo, se alguém puser uma corda com a qual fora enforcado um malfeitor sobre a garganta de quem tiver amigdalite, certamente este será curado em três dias; e quanto à erva cinco folhas colhida antes do nascer do Sol, uma folha dela cura a febre de um dia; três folhas curam a de três dias; e quatro curam a de quatro dias. Sementes de colza, quando plantadas com maldições e imprecações, crescerão melhores e prosperarão mais; porém, se plantadas com elogios, o contrário ocorrerá. O suco da beladona, quando destilado e dado em quantidade adequada, fará uma pessoa imaginar quase tudo o que você escolher. Caso se aqueça a erva-gateira com a sua mão e depois se segure, com essa, a mão de outra pessoa, desde que se conserve consigo aquela erva, essa pessoa jamais o abandonará. As ervas arsemart, confrei, erva-de-linho, erva-de-dragão e língua-de-áspide, quando imersas em água fria e aplicadas por algum tempo sobre uma ferida ou uma úlcera, irão se aquecer e depois, caso sejam enterradas em um lugar lamacento, isso curará a ferida ou úlcera onde foram aplicadas. Novamente, se alguém arrancar as folhas de asarabacca, puxando-as para cima, isso purificará outra pessoa, mesmo que ela ignore o que está acontecendo, fazendo-a vomitar; mas, se as folhas forem puxadas para baixo, para a terra, então ela será purificada por meio da evacuação. Uma safira, ou uma pedra de cor azul-escura, caso seja esfregada em um tumor manifestado por uma praga (antes que a praga esteja avançada demais) e depois seja levada para longe do doente, a joia atrairá para si mesma todo o veneno ou epidemia que ali estavam. E, assim, já tendo dito o suficiente a respeito das virtudes ocultas naturais, sobre as quais falamos de maneira mista e diversa, chegamos agora a pontos mais distintos.

Capítulo III
Dos Amuletos, Feitiços e Encantamentos

O AGENTE DOS ENCANTADORES é um espírito de sangue puro, vívido e que respira, com o qual unimos ou atraímos as coisas que desejamos ou com as quais nos deleitamos; de modo que, por um sincero propósito em mente, apossamo-nos das faculdades de uma maneira não menos potente quanto aquelas dos vinhos fortes que enganam a razão e os sentidos daqueles que os bebem; portanto, encantar é enlear pelas palavras, nas quais há grande virtude, como declama o poeta:

"À vontade, as palavras três vezes ela proferiu, o que um doce sono causou, Aplacando as ondas revoltas e as profundezas ruidosas".

De fato, a virtude das palavras do homem é tão grande que, quando pronunciadas com uma constância fervorosa da mente, elas são capazes de subverter a Natureza, causando terremotos, borrascas e tempestades. Lá no campo, apenas proferindo algumas palavras, bem como utilizando algumas outras coisas, causei chuvas terríveis e estrondos de trovões. Sem as palavras, quase todos os encantos são impotentes, porque as palavras são o dito daquele que conclama, assim como são a imagem e o significado da coisa falada. Portanto, seja qual for o efeito maravilhoso pretendido, que ele seja realizado com a adição de palavras significativas da vontade ou desejo do operador; pois as palavras são uma espécie de veículo oculto da imagem concebida ou gerada e enviada por meio do corpo pela alma; assim, todo o poder convincente do espírito deve ser soprado com veemência e com desejo árduo e intenso; e eu sei juntar, falar e transmitir palavras, de modo que elas possam ser levadas para o ouvinte a uma grande distância, sem que nenhum outro corpo intervenha, coisa que tenho feito com frequência. Muitas vezes, as palavras também nos são confiadas durante nosso sono aparentemente por outras pessoas, com as quais pensamos falar e conversar; mas, nesse caso, nenhuma conversa vocalizada tem qualquer efeito, exceto quando provém de causas espirituais e ocultas: enquanto eu dormia, tais espíritos muitas vezes manifestaram coisas singulares para mim, a respeito das quais, quando então desperto, nada pensei até que, persuadido pela verdade, convenci-me e passei a crer em assuntos desse tipo. Na última troca de Governo, eu sabia, pelo menos cinco dias antes do anterior realmente terminar, que a troca seria como descrevi a alguns de meus amigos. Essas coisas não são igualmente manifestadas a todos; apenas, creio eu, àqueles que há muito tempo participaram seriamente das contemplações dessa natureza obscura; mas há aqueles que dirão que as coisas não ocorrem assim, simplesmente porque eles mesmos não podem compreendê-las.

No entanto, para não perder tempo, prossigamos. Existem vários encantamentos, os quais pus à prova, relativos às ocorrências corriqueiras da vida, ou seja, uma espécie de ligação para se obter o efeito que desejamos, seja quanto ao amor, seja quanto ao ódio, ou em favor daquelas coisas que amamos ou contra as que odiamos; em todas existirá uma simpatia mágica acima do poder da razão; portanto, estamos convencidos e refletimos a respeito daqueles assuntos obscuros que percebemos, atraindo-os para nosso uso. Falando aqui sobre essas coisas, apresentarei um amuleto bastante poderoso, capaz de parar imediatamente uma hemorragia, ousando empenhar minha própria vida (com fé) em seu sucesso e capacidade de cura completa.

Um Amuleto para a Hemorragia

"No sangue de Adão se originou a morte – no sangue de Cristo a morte é extinta – pelo mesmo sangue de Cristo eu te ordeno, ó sangue, que pares de fluir!"[3]

Nesta simples piedosa superstição será encontrado um remédio *rápido*, barato e fácil para aquele terrível distúrbio, a hemorragia, pelo qual um pobre miserável colherá reais benefícios do que em uma loja inteira de medicamentos de um farmacêutico. Essas palavras constituem um poderoso encanto ou amuleto contra a febre comum; da mesma forma, que elas sejam escritas em um pedaço de pergaminho limpo e novo, a qualquer hora do dia ou da noite, e propiciarão uma cura rápida, certa, muito mais eficaz do que a palavra *Abracadabra*: no entanto, como esse antigo feitiço ainda conta

---

3. Quem pronuncia essas palavras deve segurar a mão do outro.

com certa reputação (entre alguns que pretendem curar a febre, etc.), vou registrar aqui a forma e o modo de grafá-lo e, do mesmo modo, como deverá ser pronunciado ou falado, qual seja, na mesma ordem em que está escrito, sendo a intenção ou vontade do operador declarada ao mesmo tempo em que é feita.[4]

Capítulo IV
Dos Unguentos, Filtros, Poções e Suas Virtudes Mágicas

UNGUENTOS OU UNÇÕES, colírios, filtros, etc. transmitem as virtudes das coisas naturais para nossos espíritos, multiplicando-as, transformando-as, transfigurando-as e, por conseguinte, transmutando-as; e eles também transpõem para si as virtudes que estiverem nelas, para que não apenas atuem sobre o próprio corpo, mas também sobre o que estiver próximo ao corpo, afetando-o (pelos raios visíveis, por encantos e pelo toque) com alguma peculiaridade que lhe esteja em conformidade. Pois, já que nosso espírito é o vapor puro, sutil, lúcido, arejado e untuoso do sangue, nada é, portanto, mais apropriado para colírios do que os vapores similares, substâncias mais adequadas a nosso espírito, as quais, em razão de sua semelhança, despertam mais, atraem e transformam o espírito. Outras pomadas e preparados têm a mesma qualidade. Portanto, por intermédio do toque das mãos ou pelas roupas que são ungidas, muitas vezes se induz a praga, a doença, os desmaios, o envenenamento e o amor; e, do mesmo modo, muitas vezes, ao se beijar com determinadas coisas mantidas na boca, estimula-se o amor.

A respeito da visão, como percebe de modo mais puro e claro do que os demais sentidos, ela nos lega as marcas das coisas de maneira mais aguda e, acima de tudo e antes de todos os outros, combina-se com nosso espírito fantástico, como fica aparente nos sonhos, quando as coisas vistas se apresentam com mais frequência do que as

---

4. Particularmente, aqui deve ser observado por nós que, na concepção de um feitiço ou amuleto, ele não terá efeito algum, exceto quando a própria alma do operador estiver forte e intensamente dedicada e impregnada, bem como, por assim dizer, a imagem da ideia selada no feitiço ou no amuleto, pois, sem isso, todo o cuidado com o momento, as horas e as constelações terá sido tomado em vão. Portanto, achei oportuno mencionar isso de uma vez por todas, para que esteja como primeiro item da lista de cuidados e na mente do operador. Sem a observância disso, muitos que formulam selos, etc. ficam aquém do efeito desejado.

ABRACADABRA
BRACADABRA
RACADABRA
ACADABRA
CADABRA
ADABRA
DABRA
ABRA
BRA
RA
A

ouvidas, ou do que qualquer coisa sutil percebida pelos outros sentidos. Portanto, quando os colírios transformam os espíritos visuais, esse espírito afeta facilmente a imaginação, a qual, por diversas espécies e formas, transmite, pelo mesmo espírito, para o sentido externo da visão. Neste, acontece a percepção de tais espécies e formas, dessa maneira, como se fossem movidas por objetos externos, de que parece haver imagens terríveis de espíritos e coisas semelhantes. Existem alguns colírios que nos fazem ver as imagens de espíritos do ar ou de outros lugares; uns, eu posso fazer com a bílis de um homem, com os olhos de um gato preto e com algumas outras coisas. De modo igual, o mesmo pode ser feito a partir do sangue de quero-quero, morcego e bode; e se uma peça de aço brilhante e lustrosa for untada e defumada com o suco de artemísia, isso fará com que espíritos invocados apareçam. Há alguns perfumes ou sufumigações e unções que fazem os homens falarem durante o sono, além de andarem e fazerem coisas que são feitas quando estão acordados, bem como coisas, inclusive, que frequentemente eles não podem ou não ousam fazer quando acordados; outros, novamente, fazem os homens ouvirem sons horríveis ou deliciosos, e ruídos e coisas do gênero.

Em certa medida, essa é a causa pela qual homens loucos e melancólicos acreditam que ouvem e veem as coisas igualmente falsas e improváveis, caindo em ilusões mais grosseiras e lamentáveis, temendo onde não há o que se temer e se zangando onde não há ninguém a lhe provocar. Podemos induzir paixões tais quais estas por meio de vapores mágicos, confecções, perfumes, colírios, unguentos, poções, venenos, lâmpadas, luzes, etc.; de igual maneira, por espelhos, imagens, encantamentos, feitiços, sons e música; também por diversos ritos, observações, cerimônias, religião, etc.

Capítulo V
Das Suspensões e Ligações Mágicas.
Apresentando Como e com Que Poder Elas Recebem a Virtude e Como São Eficientes na Magia Natural

EMBORA A ALMA do mundo, por sua virtude, faça todas as coisas frutificarem (aquelas geradas natural ou artificialmente), selando e imprimindo nelas virtudes celestes mediante ação de algum efeito maravilhoso, as próprias coisas não devem ser aplicadas apenas por colírio, sufumigação, unguento ou por qualquer outro modo semelhante; mas devem também estar convenientemente presas, enroladas ou suspensas em volta do pescoço ou aplicadas de qualquer outra maneira, até mesmo por um contato superficial, desde que elas gravem sua virtude sobre nós: por essas ligações, etc., os acontecimentos do corpo e da mente são transformados em doença ou saúde, bravura, medo, tristeza ou alegria e coisas do gênero; elas tornam aqueles que os carregam graciosos, terríveis, aceitáveis, rejeitados, honrados, amados ou odiosos e abomináveis.

Hoje em dia, concebem-se esses tipos de paixões como infundidas não de outro modo senão por aquele como é feito o enxerto de árvores, em que a vida e a virtude vitais são passadas do tronco ao galho nele implantado, por meio do contato e da ligação. Assim, a palmeira feminina, quando se aproxima da masculina, seus galhos se dobram à masculina, os quais o jardineiro unirá por cordas, então a feminina se tornará reta, como se recebesse uma virtude procriadora masculina pela corda. Diz-se que se uma mulher pegar uma agulha e a lambuzar com esterco, colocando-a na terra em que a carcaça de um homem foi enterrada e depois carregá-la em volta em um pedaço de pano usado num funeral, nenhum homem poderá conspurcá-la enquanto ela estiver de posse disso.

Por meio desses exemplos vemos como pelas ligações de certas coisas, ou também pelas suspensões, ou pelo mais simples contato ou pela extensão de qualquer filamento, podemos ser capazes de receber algumas virtudes. Contudo, é necessário conhecer a regra correta da ligação e da suspensão mágicas, sendo que o modo exigido pela arte para fazê-lo é o seguinte: elas devem ser produzidas sob uma constelação adequada, devendo ainda serem feitas com arame, fios de seda ou tendões de certos animais, sendo que as coisas devem ser envoltas com folhas feitas de ervas ou de peles de animais, ou de pergaminhos membranosos, etc. Assim, caso se deseje obter a virtude solar de qualquer coisa, ela deve ser envolta com folhas de louro ou com pele de leão e pendurada no pescoço por um fio de ouro, seda, da cor púrpura ou amarela: desse modo, enquanto o Sol reinar nos céus, será dotado da virtude daquilo. Consequentemente, se for desejada uma qualidade ou coisa saturnina, deve-se pegar a mesma coisa enquanto Saturno reinar e envolvê-la na pele de um asno ou em um pano usado num funeral, especialmente se se quiser inferir a melancolia ou a tristeza, pendurando-a no pescoço com um fio de seda preta ou de cor triste, como cinza ou chumbo; e assim, da mesma maneira, deveremos prosseguir com o restante.

Capítulo VI
Das Antipatias

AQUI SE FAZ NECESSÁRIO falar a respeito das *antipatias das coisas naturais*, pois, à medida que prosseguimos, requer-se um conhecimento profundo dessa contrariedade obstinada da Natureza, onde qualquer coisa evita o seu contrário, mandando-o, por assim dizer, para longe de sua presença. Esse tipo de antipatia é o que a raiz de ruibarbo tem contra a cólera; o melaço contra o veneno; a *pedra de safira contra a fúria*, à febre e às doenças dos olhos; a *ametista* contra a embriaguez; o *jaspe* contra a hemorragia e contra a imaginação desagradável; a *esmeralda* e o *agnocasto* contra a luxúria; a *ágata* contra o veneno; a *peônia* contra a epilepsia; o *coral* contra a peste negra e contra as dores no estômago; o *topázio* contra as ânsias espirituais, como a cobiça, a luxúria e todo tipo de paixão excessiva. Também existe a mesma antipatia entre as formigas e o orégano, a asa de um morcego e o coração do quero-quero, cuja presença os faz fugir. Além disso, o orégano é contrário a uma determinada mosca venenosa que não resiste ao Sol e, embora resista a salamandras, detesta repolho com um ódio tão mortal que ela não pode suportar nem um nem outro. Do mesmo modo, dizem que os pepinos odeiam óleo; que a bílis do corvo faz até homens ficaram temerosos e os afasta do lugar onde estiver colocada. Um *diamante* destoa da *magnetita*, visto a presença dele fazer com que ela não atraia o ferro. As ovelhas evitam a salsa-brava como uma coisa mortal; e, o que é ainda mais maravilhoso, a Natureza retratou o sinal dessa antipatia nos fígados das ovelhas, nos quais a própria figura da salsa-brava aparece naturalmente. Os bodes odeiam manjericão, como se não houvesse nada mais maligno. Entre outros animais, ratos e doninhas se detestam; igualmente, um lagarto tem natureza contrária à dos escorpiões, induzindo grande terror nestes com sua simples presença; assim, estes são mortos com o óleo daquele e esse óleo também curará as feridas causadas por escorpiões. Há uma grande inimizade entre escorpiões e ratos; portanto, se um rato for aplicado sobre a picada de um escorpião, ele a curará. Nada é tão inimigo das cobras quanto os caranguejos; assim, se porcos forem feridos por elas, serão curados por caranguejos; também estando o Sol em Câncer, as serpentes serão atormentadas. Além disso, o escorpião e o crocodilo se matam; e se o pássaro íbis apenas tocar um crocodilo com uma de suas penas, ele permanecerá imóvel. O pássaro chamado abetarda voa para longe ao ver um cavalo; e o mesmo fará o cervo, se vir um carneiro ou uma víbora. Um elefante treme ao escutar o grunhido de um suíno; e assim fará o leão ao cantar do galo; e uma pantera não tocará os que estiverem ungidos com a gordura de uma galinha, especialmente se alho houver sido colocado nela. Há também uma inimizade entre raposas e cisnes; touros e gralhas. E alguns pássaros estão em diferença perpétua, como gralhas e corujas; pequenas aves de rapina e corvos; pombos e águias, etc. Já entre os animais aquáticos, há uma grande antipatia entre os golfinhos e os tubarões, a tainha e o lúcio, a lampreia e congro, o polvo e a lagosta, se bem que esta última, embora morra de medo ao ver aquele, é capaz de trucidar o congro. O civeta não é capaz de resistir à pantera; mas, se as peles de ambos forem penduradas uma contra a outra, a pele ou os pelos da pantera cairão. Apollo diz, em seus hieróglifos, que se alguém estiver usando a pele de um civeta poderá passar em segurança por meio de seus inimigos. O carneiro se distanciará do lobo; e, caso penduremos a pele ou a cabeça desse canino ao alto da cabeceira do ovil, não se poderá comer da carne dos carneiros, pois ela estará estragada pelo medo. E Plínio cita um pássaro chamado merlin, que quebra os ovos do corvo, cujos filhotes são incomodados pela raposa; o merlin também bica tanto os filhotes da raposa quanto a própria raposa; então, quando o corvo o vê, ajuda a raposa contra o pássaro, lutando contra um inimigo comum. O pintarroxo comum vive no meio dos cardos, comendo-os, e ele detesta o asno, pois este come os cardos e suas flores. Existe uma inimizade tão grande entre o passarinho chamado esalon e o asno, que o sangue deles não se mistura; e basta o mero zurrar do asno para que tanto os ovos quanto os filhotes do pássaro conjuntamente pereçam. Há também uma antipatia completa entre a oliveira e a meretriz, de modo que, caso esta plante aquela, a oliveira nem crescerá, nem florescerá, mas secará. Um leão teme tochas acesas e nada o domará mais rápido do que elas. O lobo não teme espada ou lança, mas teme uma pedra, pois os vermes se reproduziram na ferida causada por uma pedrada. Um cavalo tem tanto medo de um camelo que não consegue suportar a imagem daquele animal. Um elefante, quando se enfurece, aquieta-se ao ver um galo. Uma cobra tem medo de um homem despido, mas persegue o que estiver vestido. Um touro furioso é apascentado ao ser amarrado a uma figueira. O âmbar atrai todas as coisas, a não ser o manjericão e as coisas besuntadas de óleo, entre as quais há uma antipatia natural.

Capítulo VII
Das Virtudes Ocultas das Coisas, Que São Inerentes a Elas Somente Enquanto Vivas e Outras Que Permanecem Depois da Morte

É CONVENIENTE QUE saibamos que existem algumas coisas que retêm a virtude apenas enquanto estão vivas, enquanto outras, mesmo depois da morte. Desse modo, na cólica, caso um pato vivo seja posto sobre a barriga, ele tira a dor e morre. Se você tirar o coração de qualquer animal e, enquanto ele estiver quente, prendê-lo em alguém que tenha febre quartã, ele a afastará. Assim, se alguém engolir o coração de um quero-quero, uma andorinha, uma doninha ou uma toupeira, enquanto ainda estiver vivo e aquecido com o calor natural, isso melhora seu intelecto e o ajuda a lembrar, compreender e prever o que está por vir. Daqui, vem a regra geral: de que tudo o que for retirado de animais para usos mágicos – quer sejam caroços, membros, pelame, excrementos, unhas ou qualquer outra coisa

– deve ser tirado desses animais enquanto eles ainda estão vivos, e, se for possível, que permaneçam vivos depois. Se retirar a língua de um sapo, coloque o sapo novamente na água; sendo que Demócrito escreve que se alguém tirar a língua de um sapo-d'água, não deixando nenhuma outra parte do animal grudada nela, e colocá-la sobre o lugar onde bate o coração de uma mulher, esta será forçada, contra sua vontade, a responder a tudo o que a ela perguntar. Além disso, depois de se extraírem os olhos de um sapo, o que deve ser feito antes do nascer do Sol, o sapo cego deve ser levado para ser solto novamente na água; prenda-os ao amigo que estiver doente e ele será curado da febre terciária; e, também, esses mesmos olhos, quando presos à carne de um rouxinol e envoltos em pele de cervo, manterão a pessoa sempre desperta, sem dormir. Também, diz-se que a ova do peixe-garfo quando presa ao umbigo causa um parto fácil às mulheres, desde que se retirada do peixe vivo, sendo ele lançado novamente ao mar. Igualmente, o olho direito de uma serpente, sendo aplicado a olhos doloridos, irá curá-los, desde que a serpente seja solta com vida. Assim, de modo semelhante, o dente de uma toupeira, sendo retirado dela viva e depois deixada solta, cura a dor de dente; e os cães nunca latirão para aqueles que têm a cauda de uma doninha que escapou. Demócrito diz que, se a língua do camaleão for retirada com ele ainda vivo, ela trará êxito nas provações, bem como ajudará as mulheres em trabalho de parto; porém, ela deve ser pendurada em alguma parte do lado de fora da casa, caso contrário, se for trazida para dentro da casa, pode ser muito perigosa. Existem muitas propriedades que permanecem depois da morte; e essas são coisas em que a ideia da matéria é, *conforme Platão*, menos determinante, sendo que nelas, mesmo depois da morte, aquilo que lhes for imortal produzirá algumas coisas maravilhosas: como nas peles que aqui já mencionamos de vários animais selvagens, que se destroem e se devoram umas às outras após a morte; e também um tambor feito de peixe-foguete afasta todas as coisas rastejantes para tão longe quanto for possível escutar o seu som; e as cordas de um instrumento feito de tripas de lobo, sendo esticadas em uma harpa ou alaúde, juntamente a cordas feitas de tripas de ovelha, jamais estarão em harmonia.

Capítulo VIII
Das Maravilhosas Virtudes de Alguns Tipos de Pedras Preciosas

ENTRE OS MÁGICOS, é senso comum que as pedras guardam grandes virtudes, oriundas das esferas e da atividade das influências celestiais, recebidas por intermédio da alma ou do espírito do mundo. Os autores discordam bastante a respeito da probabilidade de elas realmente terem tais virtudes *in potentia*, sendo que alguns negam calorosamente que qualquer virtude oculta ou secreta possa estar no âmago delas; e outros, de modo igualmente caloroso, demonstram as causas e os efeitos dessas propriedades simpáticas. No entanto, deixemos essas argumentações insignificantes àqueles que amam mais do que eu as querelas e as contendas, pois não tenho tempo livre nem inclinação para entrar no rol de sofistas e filósofos falastrões. Assim, digo que essas virtudes ocultas estão dispostas em todos os reinos, animal, vegetal e mineral, por sementes ou ideias originalmente emanadas da mente Divina por espíritos supercelestiais e pela inteligência, os quais sempre atuam conforme suas próprias funções e governanças a eles atribuídas, cujas virtudes são infundidas, como dissemos antes, por meio do Espírito Universal, por uma simpatia e antipatia gerais e manifestas, estabelecidas na lei da Natureza. Entre uma variedade de exemplos, a magnetita é uma prova notável da simpatia e da antipatia a respeito das quais falamos. Contudo, vamos direto ao ponto. Entre as pedras, as que se assemelham aos raios do Sol, graças às suas luminescências douradas (como o fazem as brilhantes aetitas), evitam a epilepsia e agem contra os venenos, caso usadas no dedo; de igual modo, a pedra chamada *oculis solis*, ou olho do sol, tem uma figura semelhante à íris, da qual brilha um raio, conforta o cérebro e fortalece a visão; e o carbúnculo, que brilha à noite, possui virtude contra todos os venenos aéreos e vaporosos; a pedra de crisólita, de cor verde-clara, quando colocada contra o Sol, brilha nela um raio semelhante a uma estrela de ouro, e isso é excepcionalmente bom para os pulmões e na cura de problemas asmáticos; e, se ela for perfurada, sendo o buraco preenchido com a crina de um asno, para depois ser amarrada ao braço esquerdo, afugentará todas as imaginações tolas, ociosas, medos melancólicos, além de afastar a loucura. A pedra chamada íris, que tem a cor do cristal, sendo encontrada uma com seis cantos, quando mantida na sombra para logo depois lhe fazer passar um raio de Sol através dela, produzirá no ar um arco-íris natural. A pedra heliotrópio, verde, tal como o jaspe ou a esmeralda, envolta por manchas vermelhas, torna quem a usa constante, renomado e famoso, e conduz à vida longa; há, igualmente, outra propriedade maravilhosa nessa pedra, a qual é desorientar tanto os olhos dos homens, que torna o seu portador invisível; mas, então, nesse caso deve ser aplicada a ela a erva com o mesmo nome, ou seja, a heliotrópio ou flor do sol. Esses tipos de virtudes são citados nos textos de Albertus Magnus e William de Paris. O jacinto também possui a virtude do Sol contra venenos, pestes e vapores pestilentos; da mesma forma, torna seu portador agradável e aceitável; também o leva a ganhar dinheiro; quando simplesmente mantida na boca, essa pedra alegra maravilhosamente o coração e fortalece a mente. Depois, há a *pyrophilus*, de uma mistura vermelha; Albertus Magnus relata que Esculápio a menciona em uma de suas epístolas a Otávio César, dizendo: "Há um certo veneno, tão intensamente frio, que preserva o coração do homem, sendo retirado da queima, de forma que se for posto no fogo por algum tempo se transforma em pedra, cujo nome é *pyrophilus*": possui uma virtude maravilhosa contra o veneno; e infalivelmente torna seu portador renomado e terrível para seus inimigos. É relatado que Apolônio encontrou uma pedra chamada pantaura (que atrairá outras pedras, como a magnetita), mais poderosa contra todos os venenos: ela é manchada como a pantera e, portanto, alguns naturalistas deram a essa pedra o nome de *pantherus*: Aaron chama isso de *evanthum*; e alguns, por causa de sua variedade, chamam de "pantochras".

Capítulo IX
Das Misturas de Coisas Naturais, uma com a Outra, e a Produção de Monstros pela Aplicação da Magia Natural

MÁGICOS, ESTUDANTES E observadores das atividades da Natureza sabem como, pela aplicação de formas ativas sobre uma matéria adequadamente preparada e, por assim dizer, realizada em um meio adequado, reunindo isto e aquilo em benefício e em direção ao efeito que desejamos, efetuar muitas coisas maravilhosas e incomuns, que parecerão estranhas e acima da Natureza. No entanto, é evidente que todos os poderes e virtudes dos corpos inferiores não estão compreendidos em qualquer coisa específica, mas estão dispersos entre muitos dos compostos encontrados entre nós. Portanto, caso haja cem virtudes do Sol dispersas por tantos animais, plantas, metais ou pedras, será necessário congregar todos eles e colocá-los em uma só figura, na qual veremos reunido tudo o que foi chamado de virtude. Agora, há uma dupla virtude nesta reunião: uma, visto ter sido fixada em suas partes, é *celestial*; a outra é obtida por uma certa mescla artificial de coisas, misturadas entre si, segundo uma proporção adequada, sempre em concordância com os céus e sob determinada constelação; e essa virtude desce por causa de certa similitude ou semelhança entre as coisas que estão nelas, pelas quais são puxadas ou atraídas por seus superiores, tanto quanto a gradação correspondente àqueles que lá estavam anteriormente, quando ao passivo é aplicado o seu agente correspondente ativo. Portanto, de uma certa composição de *ervas*, *vapores* e semelhantes, feita de acordo com as regras da Magia Natural e Celestial, resulta determinada figura comum, a respeito da qual transmitiremos as regras e experimentos verdadeiros e infalíveis em nosso Segundo Livro, no qual escrevemos expressamente a respeito.

Da mesma forma, devemos compreender que quanto mais nobre e excelente for a figura de algo qualquer, tanto mais ela será propensa e apta para receber, bem como poderosa para agir. Assim, a virtude das coisas realmente se torna maravilhosa; ou seja, ocorre quando é aplicada aos materiais, os quais foram misturados e preparados em épocas adequadas, a vida, vida esta oriunda das estrelas, e com nosso próprio espírito cooperando poderosamente para isso; pois há tão grande poder nos materiais prontos, que vemos então eles ganharem vida, quando uma mistura perfeita de qualidades rompe a contrariedade anterior; pois tanto quanto mais as coisas recebem vida perfeita, tanto mais o temperamento e a composição delas permanecerão isentos de contrariedades. Agora, os céus, como uma causa dominante desde o início de todas as coisas (a serem geradas pela mistura e digestão perfeita da matéria), juntamente à vida, conferem influências celestiais e dons maravilhosos, de acordo com a capacidade daquela vida e alma sensível, no sentido de elas recebe-rem virtudes mais nobres e sublimes. Pois a virtude celestial, de ou-tra forma, permanece adormecida, como o enxofre mantido longe da chama; mas em corpos vivos ele sempre queima, como enxofre aceso, o qual, pelo seu vapor, preenche todos os lugares que estão próximos.

Existe uma obra chamada *Um Livro das Leis de Plutão*, que fala de gerações monstruosas, as quais não são produzidas de acordo com as leis da Natureza. Sabemos que essas coisas que se seguem são verdadeiras; nomeadamente, de vermes são gerados mosquitos; de um cavalo, vespas; de um bezerro e boi, abelhas. Pegue um ca-ranguejo vivo, com as pernas quebradas, enterre-o e um escorpião é produzido. Se um pato for seco até virar pó e depois for colocado na água, logo serão geradas rãs; mas, se for assado em uma torta, corta-do em pedaços e colocado em um lugar úmido sob a terra, geram-se sapos daí. Quanto ao manjericão, amasse essa erva, coloque-a entre duas pedras e escorpiões serão gerados. Dos cabelos de uma mulher menstruada, caso sejam colocados sob o esterco, nascerão serpentes; e o cabelo da cauda de um cavalo, posto na água, ganha vida e se transforma no verme mais pernicioso. E há uma arte pela qual uma galinha, pousada sobre ovos, poderá gerar algo com a forma de um homem, coisa que eu mesmo sei fazer, e que os mágicos chamam de mandrágora, e que contém virtudes maravilhosas.

Portanto, deve saber quais e que tipos de matérias são artifi-ciais ou naturais, quais são brutas e quais são trabalhadas, e quais são compostas por mais coisas, além de quais influências celestiais elas são capazes de receber. Pois uma congruência de coisas naturais é suficiente para receber a influência celestial, porque, nada impedin-do, os celestiais enviam sua luz sobre os inferiores que eles suportam, independentemente de eles serem destituídos de sua virtude.

Assim, toda matéria que seja perfeita e *pura* está, como disse-mos antes, capacitada para receber influências celestes; pois essa é a ligação e continuação da matéria da alma com o mundo, que flui diariamente sobre as coisas naturais e todas as coisas que a *Natureza preparou*, de modo que é impossível que uma matéria preparada ou uma figura mais nobre não receba vida.

Capítulo X
Da Arte da Fascinação, Amarração, Feitiçarias, Confecções Mágicas, Luzes, Velas, Lamparinas, etc., Sendo a Conclusão da Magia Natural[5]

ATÉ O MOMENTO, falamos a respeito das grandes virtudes e da maravilhosa eficácia das coisas naturais; por agora, resta-nos falar sobre o maravilhoso poder e faculdade da fascinação; ou, mais especificamente, sobre a amarração mágica e oculta dos homens, relacionada ao amor ou ao ódio, à doença ou à saúde; e, também, a amarração dos ladrões, de modo eles não possam roubar em lugar algum; ou para amarrá-los, de forma que eles não possam se mover e assim serem encontrados; e sobre a amarração de mercadores, para que eles não possam nem comprar nem vender; a amarração de um exército, para que ele não possa ultrapassar quaisquer limites; a amarração de navios, de modo que nenhum vento, por mais forte que seja, possa ser capaz de arrastá-los para fora do porto; a amarração de um moinho, que não poderá, por qualquer meio, ser colocado em funcionamento; a amarração de uma cisterna ou fonte, para que a água não possa ser tirada deles; a amarração da terra, de modo que não dê fruto ou que nada floresça nela e que também nada possa ser construído sobre ela; a amarração do fogo, a qual, embora seja sempre tão forte, não queimará qualquer coisa combustível que seja colocada próxima; e, também, a amarração de relâmpagos e tempestades, de modo que eles não farão mal; a amarração de cães, para que eles não possam latir; e, também, a amarração de pássaros e animais selvagens, para que eles não possam correr ou voar para longe; e sobre demais coisas parecidas a estas, as quais dificilmente são credíveis, embora conhecidas pela experiência. Agora, devemos saber como esses tipos de amarrações são feitas e levadas adiante. Elas são feitas assim: por feitiçarias, colírios, unguentos, poções, amarrando e pendurando talismãs, por amuletos, encantamentos, imaginações fortes, afeições, paixões,

---

5. A última parte deste capítulo serve como regra a ser observada na composição de todos os tipos de experimentos mistos; e é apropriada para os materiais coletados para talismãs, selos, etc., tratados em nossa *Magia Celestial*, Livro II . [F. B.]

imagens, personagens, imprecações, por luzes e por sons, números, palavras, nomes, invocações, juramentos, conjurações, consagrações e por outras coisas similares.

DAS FEITIÇARIAS

Indubitavelmente, a força das feitiçarias é bastante poderosa; na verdade, elas são capazes de confundir, subverter, consumir e mudar todas as coisas inferiores. Da mesma forma, existem feitiçarias pelas quais podemos suspender as faculdades dos homens e dos animais. Agora, como prometemos, mostraremos o que são alguns desses tipos de feitiços, o que, pelo exemplo dado por eles, abrirá caminho para que todo o assunto a respeito seja abordado. Destes, o primeiro é o sangue menstrual, o qual, em virtude de seu poder na feitiçaria, consideraremos agora: primeiro, se vier sobre vinho novo, ele o azedará; e, se tocar em uma videira, ele a estragará para sempre; e, com o seu próprio toque, todas as plantas e árvores se tornam estéreis, e aquelas recém-plantadas morrem; ele queima todas as ervas do jardim e faz com que as frutas caiam das árvores; escurece o brilho de um espelho, embota o gume de facas e navalhas, obscurece a beleza do marfim polido e enferruja o ferro; da mesma forma, enferruja o latão e tem um cheiro muito forte; pelo sabor, faz os cães enlouquecerem e, estando assim loucos, se uma vez morderem alguém, essa ferida é incurável; destrói colmeias inteiras de abelhas e as afasta, se apenas as tocar; o linho com ele fervido tornar-se-á preto; ao tocá-lo, as éguas expelem suas crias e com ele as mulheres abortam; torna os asnos estéreis, caso comam do milho tocado por ele. As cinzas das roupas de cama menstruadas lançadas sobre as vestes púrpuras, que devem ser lavadas, mudam de cor; e, também, tira a cor das flores. Também afasta as dores terciárias e quartãs, caso seja colocado na lã de um carneiro preto e amarrado em uma pulseira de prata, bem como também se as solas dos pés do paciente forem ungidas com isso, e especialmente se for feito pela própria mulher, sem o paciente saber o que usa. Também, cura a epilepsia; contudo, mais especialmente, caso apenas um pano menstrual for colocado debaixo do copo, curará aqueles que passam a ter medo de beber água depois de serem mordidos por um cachorro louco. De modo idêntico, caso uma mulher menstruada ande nua antes do nascer do Sol em um campo de milho alto, todas as coisas nocivas perecem; mas, caso o faça após o nascer do Sol, os grãos secam; também, esse sangue é capaz de afastar granizo, chuva, trovões e relâmpagos; e Plínio menciona ainda mais. Estejam cientes disso, que se os sangues menstruais vierem na Lua Minguante, eles são um veneno muito maior do que na Lua Crescente, e ainda muito maiores do que se eles acontecerem entre a minguante e a nova; porém, se acontecerem durante o eclipse do Sol ou da Lua, serão um veneno violento e incurável. Têm ainda mais força aqueles que acontecem quando dos primeiros anos da virgindade, os quais, então, se apenas tocarem os batentes da porta de uma casa, nenhuma injúria poderá ser feita dentro desta. E alguns dizem que os fios de qualquer peça de roupa com eles tocada não podem ser queimados e, se forem lançados ao fogo, este não se espalhará mais. Também é notado que a raiz de peônia, ministrada com rícino e untada com um pano menstruado, certamente cura a epilepsia.

Seguindo, asse o estômago de um cervo e ponha dentro dele um perfume feito com pano menstrual; isso tornará os arcos inúteis se matar em qualquer caça. Os cabelos de uma mulher menstruada, colocados sob o esterco, geram serpentes; e, se forem queimados, afastarão as serpentes com a fumaça. E existe neles um veneno tão grande e poderoso, que é potente até mesmo às criaturas venenosas.

A seguir, passaremos a falar dos hipômanes, aos quais, entre as feitiçarias, não é dada a devida importância: este é um pequeno pedaço de carne venenosa, do tamanho de um figo, preta, que se mostra na testa de um potro recém-parido, e que, a menos que a própria égua logo o coma, fará com que ela não cuide de seus potros ou os deixe mamar; e este é um filtro muito poderoso para provocar amor, se for pulverizado e bebido em um copo com o sangue daquele que está apaixonado: tal poção foi dada a Medeia por Jasão.

Existe outro feitiço que é chamado de hipômane, a saber, um licor venenoso que sai da égua no momento em que ela deseja o cavalo. O civeta também é infestado com feitiços; então, os batentes de uma porta quando tocados com seu sangue invalidam as artes dos malabaristas e feiticeiros, pois que os espíritos malignos deixam de poder ser chamados ou obrigados a falar com eles, de acordo com o relato de Plínio. Além disso, aqueles que forem ungidos com o óleo da pata esquerda do civeta, fervido junto às cinzas do osso do tornozelo dele, com o sangue de uma doninha, tornar-se-ão odiosos para todos. O mesmo também pode ser feito com o olho macerado. Se alguém tiver um pouco das entranhas desse animal em torno de si, amarrando-as ao braço esquerdo, isso se torna um amuleto; se ele apenas olhar para uma mulher, isso fará com que ela o siga em todas as oportunidades; e a pele da testa desse animal resiste à feitiçaria.

A seguir, passaremos a falar a respeito do sangue de um basilisco, o qual é denominado de sangue de Saturno pelos magistas. Por sua virtude, ele proporciona àquele que o carrega consigo bom êxito nas petições junto a homens de poder; da mesma forma, torna-o incrivelmente bem-sucedido na cura de doenças e na concessão de qualquer privilégio. Ao mesmo tempo, dizem que, se um carrapato totalmente preto for retirado da orelha esquerda de um cão, quem o retirou poderá se dirigir a um doente, posicionar-se aos pés deste e lhe perguntar sobre a doença; assim, caso o doente lhe responda, há certa esperança de vida; porém, ele morrerá se não lhe responder. Dizem, também, que uma pedra mordida por um cachorro louco causará discórdia, caso seja colocada na bebida; e, se alguém colocar a língua seca de um cachorro, ou um pouco de seu pó, em seu sapato, nenhum cachorro poderá latir para aquele que calçar esse sapato; e isso ficará ainda mais poderoso se pusermos junto a erva língua-de-cão. E a membrana da secundina de uma cadela fará o mesmo; da mesma forma, os cães não latirão para quem tiver um coração de cachorro no bolso.

O sapo vermelho (afirma Plínio), que vive em meio a sarças e espinheiros, é apinhado de feitiçarias e capaz de coisas maravilhosas: há um pequeno osso em seu lado esquerdo, que, sendo lançado na água fria, torna-a logo quente; pelo qual, também, o furor dos cães é contido, e sua afeição é conquistada; se for colocado na bebida deles, tornar-se-ão fiéis e prestativos; caso seja preso a uma mulher, desperta-lhe a luxúria. Pelo contrário, o osso que está do lado direito torna a água quente fria e impede qualquer calor de torná-la quente, enquanto nela permanecer. É uma cura certa às quartãs, se for preso ao doente com a pele de uma cobra; e, como sabido, cura todas as febres, como o fogo de Santo Antônio, e reprime o amor e a luxúria. E o baço e o coração são antídotos eficazes contra os venenos do dito sapo. Tudo conforme escrito por Plínio.

Também se diz que a espada com a qual um homem é morto tem um poder maravilhoso; pois, se a brida das rédeas, ou o freio, ou as esporas forem feitos dela, com estes, mesmo um cavalo sempre tão selvagem será domesticado e tornado dócil e obediente. Dizem que, caso mergulhemos uma espada, com a qual alguém foi decapitado, no vinho, dando-se de beber esse vinho ao doente, ele curará o quartã. Existe um licor pelo qual os homens se tornam bastante irados e furiosos, tal qual um urso, que faz com que eles se imaginem em todos os aspectos transformados nessa fera; e faz-se esse licor dissolvendo ou fervendo o cérebro e o coração daquele animal em vinho novo, e qualquer um deverá bebê-lo numa caveira, e, enquanto durar a força da beberagem, ele imaginará que cada criatura viva seja igualmente um urso; e nada poderá afastá-lo ou curá-lo disso até que os vapores e a virtude da bebida sejam inteiramente consumidos; ademais, nenhuma outra enfermidade será perceptível nele.

A cura mais certa para uma dor de cabeça violenta é tomar qualquer erva que cresça no topo da cabeça de uma imagem e amarrá-la ou pendurá-la na pessoa com um fio vermelho; logo ela se aliviará da dor violenta.

DAS LUZES MÁGICAS, VELAS, LAMPARINAS, ETC.

Existem alguns tipos de lâmpadas, tochas, velas e semelhantes, produzidos artificialmente a partir de alguns materiais específicos e apropriados, bem como de licores oportunamente recolhidos e coletados para esse propósito, os quais produzem alguns efeitos maravilhosos quando acesos para brilharem sozinhos. Há um *veneno* emanado das éguas após a cópula, o qual, sendo aceso em tochas compostas por sua gordura e seu tutano, revela nas paredes imagens de monstruosas cabeças de cavalo deformadas, coisa que é ao mesmo tempo fácil e agradável de se fazer: o mesmo pode ser feito com asnos e moscas. E a pele de uma serpente ou cobra, afogueada por uma lamparina verde, fará aparecer imagens dela mesma; e as uvas produzem efeito semelhante quando, se estiverem floridas, tomar um frasco cheio de óleo e o prender nas flores, deixando-as permanecer assim até que as uvas estejam maduras; então, quando o óleo for queimado numa lamparina, verá uma quantidade prodigiosa de uvas; e o mesmo ocorrerá em outras frutas. Se a centáurea for misturada ao mel e ao sangue do quero-quero, e se a mistura for posta numa lamparina, os que estão ao redor ficarão com estatura gigantesca; e, se for afogueada em uma noite clara, as estrelas ali parecerão dispersas ao redor.

A tinta da lula, ao ser posta numa lamparina, fará aparecer pessoas de pele escura. Assim, também, em uma vela feita de algumas coisas sombrias, como gordura e tutano de homem, gordura de um gato preto, miolos de um corvo ou gralha, sendo que se a chama dessa vela for extinta na boca de um homem recentemente morto, depois, sempre que ela for acesa sozinha, irá trazer grande terror e medo aos espectadores.

Hermes comentou longamente a respeito de *tochas, velas, lamparinas,* etc. (sobre as quais falaremos mais adiante em nosso livro sobre *Magnetismo e Fetiches*); e também Platão e Chyrannides; e, quanto a escritores posteriores, Albertus Magnus faz menção particular da verdade e eficácia delas, em um tratado sobre essas coisas particulares relativas às luzes, etc.

DA ARTE DA FASCINAÇÃO OU DE AMARRAÇÃO PELO OLHAR OU PELA VISÃO

Chamamos fascinação de amarração porque ela é feita por intermédio de um olhar, de um relance ou de uma observação, quando nos apossamos e dominamos o espírito daqueles que pretendemos fascinar ou sujeitar; pois vem por meio dos olhos a capacidade pela qual fascinamos ou prendemos um certo espírito, puro, lúcido, sutil, gerado do fermento do sangue mais puro e pelo calor do coração, unidos ao espírito firme, determinado e de vontade ardente da alma, que o dirige para o objeto antes alinhado a ser fascinado. Sempre se emitem raios ou fachos pelos olhos, que levam com eles um espírito ou vapor sutil e puro para o interior do olho ou do sangue daquele ou daquela para quem se olha. Assim, o olho, com uma imaginação forte, sendo aberto e concentrado sobre qualquer pessoa, lançará seus raios, que são o veículo do espírito, em tudo o que vamos afetar ou amarrar, cujo espírito atinge os olhos daqueles que estão fascinados, agitando o coração e a alma daquele que os envia, para possuir o peito daqueles que são atingidos, ferindo seus corações, infectando seus espíritos e, por fim, dominando-os.

Igualmente, saibam que, entre as bruxas, as que mais enfeitiçam são as que, muitas vezes, ao olharem, dirigem o canto dos olhos para o canto dos olhos daqueles que elas pretendem enfeitiçar ou fascinar, ato de onde nasceram expressões como "Mau-olhado, etc.". Pois, quando os olhos deles estão reciprocamente focados uns nos outros, quando facho é unido a facho, e luzes a luzes, então o espírito de um é unido ao espírito do outro e, assim, fortes ligações são produzidas; e o amor mais violento é despertado apenas com um olhar repentino, por assim dizer, com um olhar disparado, ou perfurando o mais íntimo no coração, de onde o espírito e o sangue amoroso, sendo assim feridos, levam adiante o amante e o feiticeiro. Nada diferente do que produzem o espírito e o sangue daquele que é assassinado, quando sobre o assassino, o qual, se estiver perto do corpo morto, fará o sangue dele fluir de novo, algo já reiterado por experimentos repetidos.

Há um poder tão grande presente na fascinação, que muitas coisas incomuns e maravilhosas são efetuadas, especialmente quando os vapores dos olhos são subservientes à afeição; portanto, colírios, unguentos, ligaduras, etc. são usados para afetar e corroborar o espírito desta ou daquela maneira: para induzir o amor, eles usam colírios venéreos, como hipômanes, sangue de pombas, etc. Para induzir medo, usam colírios marciais, como aqueles feitos de olhos de lobos, gordura de urso e de civeta. Para provocar miséria ou doença, usam colírios sombrios, e assim por diante.

Portanto, julgamos apropriado falar sobre a Magia Natural, a respeito da qual, como se pode notar, apenas abrimos a primeira câmara do armazém da Natureza. Na verdade, *deveríamos ter inserido muito mais coisas aqui*, mas, como elas cabem mais apropriadamente nos capítulos sobre *Magnetismo*, *feitiços*, etc., os quais indicamos a leitura, vamos por enquanto nos despedir do leitor para que possamos dar tempo para respirar e, da mesma forma, para digerir aquilo com o qual ele tem até aqui se deleitado; e, enquanto ele estiver se preparando para entrar nas câmaras destrancadas da Magia e da Natureza, nós lhe forneceremos um rico repasto com as mais deliciosas carnes, adequado para o viandante faminto e sedento que segue pelos vastos labirintos da sabedoria e da verdadeira ciência.

FINAL DA MAGIA NATURAL

Sob o título de Magia Natural, o Autor coletou e organizou tudo o que era curioso, escasso e valioso, bem como seus próprios experimentos, como aqueles em que ele foi infatigável em reunir da ciência e da prática dos Autores Mágicos, e os mais antigos e obscuros, como pode ser visto na lista no final do Livro, na qual ele dispôs os seus nomes, dos quais traduziu muitas coisas que ainda não foram publicadas na língua inglesa, particularmente de *Hermes, Tritêmio, Paracelsus, Bacon, Dee, Porta, Agrippa*, etc., dos quais ele não se envergonhou de pedir emprestado o que pensava e sabia ser valioso e gratificante para os filhos da Sabedoria, além de muitos outros experimentos raros e incomuns relativos a essa arte.

O
VERDADEIRO SEGREDO DA PEDRA DOS FILÓSOFOS;
OU
JOIA DA ALQUIMIA.
ONDE
O PROCESSO DE FAZER O GRANDE ELIXIR

é descoberto;

ONDE OS METAIS INFERIORES PODEM SER TRANSFORMADOS EM OURO PURO; CONTENDO AS INSTRUÇÕES MAIS EXCELENTES E VANTAJOSAS DA

ARTE HERMÉTICA;

DESCOBRINDO ESTE VALIOSO
E SECRETO
REMÉDIO DOS FILÓSOFOS,

Para tornar os homens saudáveis, sábios e felizes.

POR FRANCIS BARRETT,
ESTUDANTE DE QUÍMICA, FILOSOFIA NATURAL, etc.,
1801.

EPÍSTOLA A MUSEU

"Tu, ó Museu! Cuja mente está elevada,
Observa minhas palavras, lendo-as com os olhos
Que tais segredos em teu seio sagrado descansem,
E que em tua jornada penses somente em Deus;
O Autor de todas as coisas, que não pode morrer
De quem agora devemos falar ----------"

DIGO-TE AQUI, Museu, observa nossas palavras, lendo-as com os teus olhos, ou seja, com os olhos do teu entendimento; pois, sabes, há muitos que nos ouvem falar, embora não compreendam o significado de nossas palavras. Por que deverias contemplar esses mistérios com tanto foco mental, se não puderes encontrar neles algum grande bem mais desejável? Atenta, então, ó jovem, e escuta nossas palavras! Nós mostraremos a ti o precipício perigoso da vaidade e do desejo impetuoso; descreveremos a ti o querer teimoso e fatal de nossas paixões, e mesmo com lágrimas de contrição e sincera compaixão por tua inexperiência, nós te guiaremos, de mãos dadas, através daqueles labirintos do vício, pelos quais tu estás diariamente rodeado; e, por mais preconceituoso que puderes ser contra o recebimento de nossa doutrina, ainda assim, estejas certo de que temos em nossa posse a virtude e o poder mágicos de te vincular aos nossos princípios e de te tornar feliz, apesar de ti mesmo. Aqui está um grande segredo! Tu dirás: todo homem deseja ser feliz, algo com o qual concordo; mas minha resposta é: a maioria deles obsta sua própria felicidade; eles a destroem, ao se permitirem ser governados pelo princípio externo da carne, pensando que o *bem maior* está na satisfação de seus apetites carnais ou na acumulação de amontoados de riqueza, por meio da qual humilham os amansados e os pobres, elevando os padrões de Orgulho, Inveja e Opressão. Essas coisas são asseveradas pela experiência diária; e, indo além, existem alguns que são tão cegos que, ao possuírem bastante riqueza, pensam que não há nada além dela; tanto que se regozijam na *luxúria, opressão, vingança e rancor*. Porém, tu dirás, como é que o homem, visto ser ele sensato, poderia desistir do governo de si mesmo tão facilmente? Eu respondo: quando o homem é vítima da depravação causada por sua parte insensata e bestial, então ele imediatamente se torna um escravo (e a escravidão mais vil é aquela que priva o homem de suas virtudes sociais); pois, assim, embora na posse de grandes coisas mundanas, como casas, propriedades e todas as demais posses temporais, ele se torna um instrumento direto do Príncipe deste Mundo e dos Poderes das Trevas; e, caso soubesse que aquelas riquezas por ele herdadas lhe foram meramente confiadas nesta vida para suprir as necessidades dos outros e lhes propiciar confortos, os quais a ele mesmo não faltam, ele poderia, caso não estivesse cego por suas paixões e luxúrias, assegurar para si um tesouro eterno e imperecível. Contudo, aquele que possui tesouros e que não tem misericórdia, generosidade, bondade, caridade, etc., priva o Autor Eterno de todo o bem, da honra que lhe é devida e, resumidamente, está trabalhando a destruição de sua própria alma; assim, suas riquezas, no lugar de beneficiarem a si mesmo e aos outros, eventual e definitivamente delimitarão uma maldição: enquanto ele aqui viver, será um flagelo para a sociedade; e, depois disso, quanto a como será a sua situação e condição, é algo que já está prescrito de modo bastante claro no Novo Testamento.

Portanto, jovem, que tens apenas alguns anos de vida, estuda como obter a pedra sobre a qual ensinamos: ela prolongará a beleza da tua juventude, até mesmo se viveres por séculos; e ela sempre te fornecerá os meios para confortar os aflitos; de modo que, quando tiveres alcançado esse talismã verdadeiramente desejável e perfeito, tua vida se volverá em algo suave e agradável; onde nenhuma preocupação, nem dores lancinantes ou nenhum tormento íntimo jamais invadirão tua mente; nem ansiarás pelos meios com os quais se obtêm felicidades, pois, quanto à posse de bens nesta vida, estes tu terás em abundância. Porém, como e de que fonte todos eles virão, e a respeito de qual *coisa* ou *matéria* tu alcançarás o teu fim desejado, o estudo do Tratado que se segue te mostrará o suficiente.

Teu amigo, *F. B.*

PARA O LEITOR

APESAR DE NÃO arrogarmos, em nenhum ponto da ciência, a perfeição em nós mesmos, ainda assim, por experiência cara, por trabalho diligente e por estudo, alcançamos algo digno de ser comunicado na instrução ministrada tanto ao libertino licencioso quanto ao estudante sério – o observador da Natureza; e nossa Obra está concentrada em um *foco*: o qual é, por assim dizer, uma essência espiritual extraída de uma grande quantidade de matéria; pois podemos dizer com propriedade que este pequeno Tratado é verdadeiramente espiritual, além de imprescindível para a felicidade do homem: assim, para aqueles que desejarem ser felizes, com toda boa intenção recomendamos que esta Obra seja a companheira de constante estudo, no qual, caso perseverem, não falharão em seus desejos de obterem a verdadeira Pedra dos Filósofos.

Parte Primeira

Da Alquimia, Sua Origem Divina, etc., da Dificuldade de Se Obter uma Perfeição na Arte; O Que é um Adepto; da Cabala; Os Adeptos da Rosa-cruz; da Possibilidade de Ser um Adepto; A Existência da "Lapis Philosophorum" na Natureza, Fato Satisfatoriamente Comprovado pela Autoridade; Nem Todos os Alquimistas, Mesmo os Que Fingem Sê-lo, São Impostores; da Prova da Loucura das Escolas e a Loucura de Sua Sabedoria; O Triunfo da Filosofia Química ou a Arte Hermética Preferível a Qualquer Outra

NÃO É NECESSÁRIO entrar aqui, detalhadamente, em um debate sobre os méritos de Autores e Filósofos Alquímicos, bastando dizer que a Alquimia, a grande pedra de toque da sabedoria natural, é de origem Divina: foi trazida do céu pelo Anjo Uriel. Zoroastro, o primeiro filósofo que, pelo fogo, fez ouro puro de todos os sete metais, trouxe o Sol dez vezes mais brilhante do leito de Saturno e fixou-o à Lua, com a qual copulou, gerando uma numerosa descendência de natureza imortal, um Sol espiritual puro e vivo, flamejando na refulgência de sua própria luz divina uma semente de natureza sublime e ígnea, um progenitor vigoroso. Esse Zoroastro foi o pai da Alquimia, iluminado divinamente pelo alto; ele sabia tudo, embora parecesse nada saber; os preceitos de sua arte foram deixados em hieróglifos, mas de tal forma que ninguém, exceto os preferidos do Céu, jamais usufruiu dos benefícios deles. Ele foi o primeiro que gravou a Cabala legítima em ouro puríssimo e, quando morreu, confiou-a a seu Pai que vive eternamente, mas não o gerou: então, o Pai a deu a seus filhos, aqueles que seguem os preceitos da Sabedoria com vigilância, ingenuidade e diligência, e com uma mente pura, casta e livre.

Hermes Trismegistus, Geber, Artephius, Bacon, Helmont, Lully e Basil Valentine escreveram de forma mais profunda, embora abstrusamente, sendo que todos não declaram pelo que buscam. Alguns dizem que foram proibidos; outros afirmam que é óbvio que eles declararam, mas que a coisa é inteligível, e que alguns pequenos pontos eles guardaram para si mesmos. Por mais que eles nos afastem do ponto central, algo bem valioso pode ser drenado, por assim dizer, de cada um deles – disso esteja certo.

Geber é bom; Artephius é melhor; porém, Flammel é o melhor de todos; e melhor ainda do que esses são as instruções que damos, pois, com elas, a um homem (seguindo nossas instruções) jamais faltará ouro; portanto, ser um Adepto é possível, mas, primeiro, "buscai o reino de Deus, e todas essas coisas vos serão acrescentadas". Essa é a verdade incontestável, sendo que nela reside um vasto segredo – "busca e encontrarás" –, mas, lembra-te, tudo o que pedires, é isso que receberás.

A Cabala, em sua pureza máxima, está presente nos muitos preceitos transmitidos neste livro. A Cabala nos permite compreender, ou melhor, ela age em nossos entendimentos e faz com que eles atinjam o conhecimento; o conhecimento é que nos torna filhos de Deus, e Deus faz daqueles que Lhe agradam adeptos da sabedoria. Tornar-se um Adepto, de acordo com a vontade de Deus, não é um chamado que se possa desprezar.

Os nobres e virtuosos Irmãos da Rosa-cruz consideram esta verdade sagrada: "A virtude não se evade de ninguém"; portanto, quão desejável é essa coisa, a Virtude. Ela nos instrui, primeiro, a sabedoria; depois, a caridade, o amor, a misericórdia, a fé e a lealdade; e tudo isso pertence à Virtude. Assim, é fisicamente possível que qualquer homem bem inclinado se torne um Adepto, desde que deixe de lado seu orgulho da razão, toda a obstinação, a cegueira, a hipocrisia, a incredulidade, a superstição, a fraude, etc.

Desse modo, um Adepto é aquele que não apenas estuda para realizar a vontade de Deus na Terra, com respeito a seus deveres morais e religiosos, mas que também estuda e ora fervorosamente a seu benevolente Criador para que lhe conceda de forma plena sabedoria e conhecimento, que formam o seu tesouro; e ele medita dia e noite, a respeito de como poderá atingir a verdadeira *aqua vita* – ou de como poderá ser preenchido pela graça de Deus; coisa que o faz tão afortunado, que seu olho espiritual e interno se abre para uma perspectiva gloriosa de riquezas mortais e imortais: assim, ele não quererá *comida, vestimenta, alegria* ou qualquer outra coisa, pois estará cheio do espiritual maná celestial; e ele desfrutará do âmago das fartas coisas da terra; pisará as uvas no lagar, não por ira, mas pela *misericórdia* de Deus; ele, então, viverá à glória de Deus e morrerá dizendo: "Santo, santo, santo é o Senhor de Sabaoth! Bendito seja o teu nome, agora e para sempre! Amém".

Portanto, ser um Adepto, como sugerimos antes, é conhecer a si mesmo, temer a Deus e amar o próximo como a si mesmo; e, por isso, tu chegarás ao cumprimento de teus desejos, ó homem, e não por nenhum outro meio dentro do âmbito do Céu.

Quando tua alma estiver embriagada pelo divino néctar ambrosíaco, então tua compreensão será mais clara do que o Sol do meio-dia; então, por teu forte e espiritualizado olho intelectual, verás o grande tesouro da Natureza e louvarás a Deus com todo o coração; então, verás a loucura do mundo; e realizarás infalivelmente o teu desejo, e possuirás a verdadeira Pedra dos Filósofos, para a benesse de teu próximo. Eu declaro, assim tu o farás, de modo visível e sensato conforme tuas faculdades corporais; nada imaginário, nada ilusório, porém, real.

Helmont, um autor de reputação nada desprezível, afirma que realmente viu a pedra que converte metais inferiores em ouro; que ele a viu com seus olhos e a manipulou com seus dedos: isso foi retirado da própria narrativa dele sobre o fato; não obstante a declamação de Kircher contra a possibilidade de obtê-la, observando que todos os que professavam a alquimia formam um conjunto de impostores e prestidigitadores, sendo que Kircher não oferece melhor exposição de seu processo de transmutação do que: "Um Alquimista obtém ou deseja que lhe seja trazido um cadinho, onde porá chumbo ou qualquer outro metal inferior, o qual, enquanto em fusão, ele (o Alquimista) o mexerá com uma barra de ferro, e, então", segue dizendo, "ele deixa cair lá dentro, de entre seus dedos, um pouco de ouro; e depois de mexer por algum tempo mais, e o experimento for concluído, o ouro é encontrado". De fato, essa é uma forma bem capenga de se desmascarar a alquimia; porém, e apesar de tudo, vamos deixar Kircher tão às escuras quanto ele já estava, para te entregar a assertiva de Van Helmont, um filósofo de nota muito maior do que esse pseudoquímico Kircher. Van Helmont afirma: "Diversas vezes manuseei aquela pedra com minhas mãos e vi uma transmutação real de mercúrio comercializável com meus olhos, cuja proporção excedia em muito a do pó de ouro que ali era formado.

Era da mesma cor do açafrão, e quando o pó era pesado, mesmo quando deveria ser menos completamente comprimido, brilhava como vidro polido. Certa feita, foi-me dada a quarta parte de um grão (também chamo de grão a seiscentésima parte de uma onça). Envolvi esse pó com cera, cunhei nela uma certa letra, para que não se dispersasse pelas fumaças dos carvões ao ser colocado no cadinho; então, lancei a pelota de cera no vaso triangular de um cadinho sobre uma libra de mercúrio, quente e recém-comprado; e, logo, todo o mercúrio, fazendo um pouco de ruído, parou de escorrer e se solidificou como uma protuberância; mas o calor daquele *argent vive* era tanto que impossibilitaria o chumbo derretido de se coagular de novo. Imediatamente depois, o fogo foi aumentado pelo fole e o metal foi derretido; quando o vaso de fusão quebrou, encontrei ali oito onças de peso do mais puro ouro.

Portanto, conforme o cálculo feito, um grão daquele pó converte 19.200 grãos de metal impuro e volátil, obliterado pelo fogo, em ouro verdadeiro.

Pois aquele pó, ao se unir ao citado mercúrio, preservou-o imediatamente da ferrugem eterna, da putrefação, da morte e da tortura do fogo, por mais violento que fosse, tornando-o algo imortal, à prova de qualquer vigor ou indústria da arte e do fogo, e o trasmudou na pureza virgem do ouro, sendo que para isso se exige unicamente fogo de carvão".

Pelo que vemos, um filósofo tão erudito e profundo como Van Helmont não poderia facilmente ser levado a acreditar na possibilidade de transmutação de metais inferiores em ouro puro, sem que ele tivesse, de fato, comprovado isso por experiência.

Repetindo, que os constantes monumentos da generosidade liberal de Flammel aos pobres, obtidos dessa forma, que devem ser vistos em Paris todos os dias, sejam um testemunho da verdade da possibilidade existente de transmutação. Da mesma forma, Helmont menciona uma pedra que ele viu e esteve em sua posse que curava todas as doenças, incluindo-se a praga. Vou relatar o fato, usando suas próprias palavras, que são as seguintes:

"Havia um certo irlandês, cujo nome era Butler, que durante um bom tempo esteve próximo de James, rei da Inglaterra, e que foi detido na prisão do castelo de Vilvord; e, lá, apenou-se de Baillius, certo monge franciscano e um dos mais famosos pregadores galo-bretões, que também estava preso e tinha uma erisipela no braço; em uma noite, quando o monge estava quase desesperado, ele rapidamente, com uma colher, pôs uma pedrinha dentro do leite de amêndoa, retirando-a dali em seguida. Então, disse ele ao carcereiro: 'Entrega esta sopa àquele monge; pois tão logo ele a tome ficará são dentro de um curto momento de uma hora'. E foi, de fato, o que aconteceu, para grande admiração do carcereiro e do enfermo, os quais não sabiam de onde saíra aquela tão repentina saúde a brilhar sobre este último, visto que ele nada sabia a respeito do que havia tomado: pois seu braço esquerdo, antes muito inchado, curou-se de tal modo que podia ser confundido com o outro. Na manhã seguinte, fui requisitado por alguns homens importantes e me dirigi a Vilvord, como testemunha de seus feitos; e, assim, fiz amizade com Butler.

Pouco depois, vi uma mulher pobre e anosa, uma lavadeira que, desde os 16 anos, trabalhava e tinha um ferimento insuportável, ser curada na minha presença. Aliás, ele, a propósito, mergulhou de leve a mesma pedrinha em um colherada de azeite de oliva e, em seguida, limpou a mesma pedra, lambendo-a com a língua e a colocou em sua caixa de rapé; então, ele despejou aquela colherada em uma pequena garrafa de azeite, ordenando que uma única gota deste ungisse a cabeça da mulher mencionada, a qual, assim, foi imediatamente curada e permaneceu sã; e eu atesto que fiquei pasmo, como se ele tivesse se tornado outro Midas; mas ele, sorrindo, disse-nos:

'Meu muitíssimo querido amigo, caso venhas a te tornar capaz de curar *todas as doenças* por intermédio de um único remédio, tu permanecerás tão *jovem* como até aqui és, sem importar o quanto mais *velho* venhas a ser'. Eu rapidamente concordei com isso, porque já o havia aprendido com os segredos de Paracelso, ficando agora mais seguro e confiante a respeito, graças ao que presenciei.

Contudo, confesso de bom grado, esse novo modo de cura não usual era desconhecido para mim: eu, então, disse que um jovem Príncipe de nossa Corte, Visconde de Gaunt, irmão do Príncipe de Episuoy, oriundo de uma Casa muito grande, encontrava-se tão completamente prostrado pela gota, que permanecia deitado apenas sobre um lado, encontrando-se miseravelmente deformado por muitos inchaços. Butler, então, segurando minha mão direita, disse: 'Queres que eu cure o jovem? Vou curá-lo por tua causa'. Respondi: 'Mas ele tem aquela obstinação, de modo que prefere morrer a beber uma única poção medicinal'. Butler falou: 'Então, que assim seja! Nada mais exigirei senão que ele, todas as manhãs, toque nesta pedrinha, vê, com o topo da língua; assim, depois de três semanas a partir daí, deixa-o lavar tantos os inchaços doloridos quanto os indolores com a própria urina dele; e, logo depois, tu o verás curado e caminhando sadiamente. Vai e lhe comunica, com alegria, sobre o que eu te falei'.

Deste modo, bastante feliz, voltei a Bruxelas e lhe comuniquei o que Butler havia me dito.

Então, o Potentado respondeu: 'Vai, diz a Butler que se ele me recuperar a saúde como disseste, eu lhe darei quanto ele exigir; que ele diga o preço e eu, de boa vontade, renunciarei a ele, pagando-lhe em confiança'. No dia seguinte, quando eu comuniquei a coisa a Butler, ele ficou bastante irado e falou: 'Aquele Príncipe está louco, ou estúpido e miserável, e, portanto, jamais o ajudarei: não o faria pelo dinheiro dele, do qual não preciso; nem me submeto, nem sou inferior a ele'. Depois disso, não pude mais persuadi-lo a realizar o que antes ele havia prometido; então, comecei a duvidar das coisas que antes eu tinha visto, achando que elas eram sonhos.

Entrementes, ocorreu de um amigo excessivamente gordo, supervisor e mestre em uma fornalha de vidro em Antuérpia, enfaticamente solicitar a Butler que ele pudesse se safar de sua gordura; Butler lhe ofereceu um pequeno pedaço daquela pedrinha, para que ele pudesse lamber uma vez a cada manhã ou tocá-la rapidamente com o topo de sua língua: então, após de três semanas, eu vi seu peito ficar mais esguio, ou estreito, cerca de um palmo, o que fez com que ele passasse a viver melhor a partir de então. Portanto, comecei novamente a acreditar que o referido príncipe gotoso poderia ter sido curado, de acordo com o modo prometido por Butler.

Nesse ínterim, mandei um criado pedir um remédio a Butler, em Vilvord, pois acreditava que um veneno havia sido ministrado a mim por um inimigo secreto, pois eu sofria miseravelmente com todas as minhas articulações doendo; e meu pulso, ora acelerado, quando medido, tornou-se intermitente, minha mente estava enfraquecida e minhas forças estavam sendo perdidas.

Butler, ainda encarcerado, ordenou ao serviçal enviado por mim que imediatamente trouxesse uma pequena garrafa de óleo de azeitonas; e, com ele, tingiu sua pequena pedra como nas outras ocasiões, e ele enviou aquele óleo para mim; e ainda disse ao servo que eu, com uma única gota de azeite, deveria ungir tão somente o lugar da dor, ou todos os lugares, caso eu quisesse; o que eu fiz, embora isso não me provesse qualquer alívio. Nesse ínterim, meu inimigo, cumprindo sua sina e estando prestes a morrer, rogou a mim perdão pelo seu pecado; e, portanto, eu soube que de fato tinha tomado veneno, do que eu já suspeitava; e, então, também, procurei lentamente e com todo cuidado extinguir o veneno, do qual escapei, pela graça e pelo favor de Deus.

Posteriormente, vendo que muitas outras curas haviam sido realizadas em certas senhoras nobres, perguntei a Butler por que tantas mulheres puderam ser curadas, enquanto eu (que me encontrava em forte conflito contra a própria morte, padecendo com dores em todas as minhas articulações e órgãos) não senti qualquer alívio?

Então, ele me perguntou como eu havia lidado com a minha doença; quando ele entendeu que fora o veneno que tinha dado origem à enfermidade, disse que, como a causa viera de dentro para fora, o óleo deveria ter sido ministrado para dentro do corpo, ou a pedra ser tocada com a língua; porque a dor, sendo estimulada a partir de algo dentro do corpo, não era local ou externa. Além disso, ele também observou que o óleo, gradualmente, perde a eficácia da cura, pois a pequena pedra ao ser levemente molhada nele não foi capaz de reter vigorosamente o óleo por todo o seu corpo, embora tivesse sido apenas enobrecida por um delével ou obliterável borrifo de seu odor: verdadeiramente, aquela pedra trazia, aos olhos e à língua, o sal marinho espalhado em seu exterior, em pouca quantidade; e é bastante sabido que o sal não pode ser misturado totalmente com o óleo.

Esse mesmo homem também curou, tão somente por intermédio do toque da língua dela com esta pedra admirável, uma Abadessa, a qual, durante 18 anos, viveu com seu braço direito inchado, com privação total de movimentos, ficando seus dedos rígidos e imóveis.

Contudo, muitos que foram testemunhas presenciais dessas mesmas maravilhas suspeitaram de alguma feitiçaria oculta ou arte diabólica; pois o povo comum tem um antigo costume: de fazer com que qualquer coisa honesta que sua ignorância não compreenda, e para um particular benefício da própria ignorância, seja referida como o mero malabarismo de um espírito maligno. Entretanto, eu não poderia considerá-lo assim, porque o remédio era supostamente natural; pois que nem palavras, nem cerimônias, nem qualquer outra coisa suspeita eram necessárias. Pois nem é lícito, de acordo com o poder de compreensão do homem, referir-se à glória de Deus, mostrada na Natureza, sendo do Diabo. Nenhuma daquelas pessoas havia requerido a ajuda de Butler, como se ele fosse suspeito de necromancia; sim, a coisa foi inicialmente experimentada com certa ironia, sem fé e confiança; e mais, este método fácil de cura permanecerá por muito tempo sob suspeita por muitos; pois o inconstante e ocioso humor do vulgo consagra mais facilmente uma generosidade tão grande como a benesse da cura ao artifício diabólico do que à Bondade Divina, ao criador, ao amante, ao salvador, ao renovador da natureza humana e ao pai dos pobres. E esses vis preconceitos não são apenas próprios às pessoas comuns, mas também àquelas que são instruídas, que buscam precipitadamente os princípios da cura, sem ainda se instruírem a respeito ou sem observarem as rígidas regras comuns; pois que aquelas pessoas são sempre sábias, tanto quanto crianças que nunca ultrapassaram o limiar da mãe, e mais: que têm medo de todas as fábulas. Pois quem assim ataca são aqueles que até agora não conheceram toda a gama das doenças que atormentam o espírito de vida; e eles, daqui em diante, mesmo se lerem meus estudos a respeito delas, e mesmo se registrarem em si esse momento de preocupação com a cura, como já se acostumaram desde o início de seus estudos aos preceitos dos partidários do humorismo, eles facilmente, e por fim, se afastarão de mim e voltarão ao fanatismo favorito e às antigas opiniões das escolas".

Todavia, vamos agora nos debruçar sobre os necessários modos que qualificam um homem, no sentido de ele obter esses dons sublimes.

Da preparação que qualifica o homem à busca desse Tesouro e da Matéria-prima (Prima Materia) da Pedra

LIÇÃO I

A preparação para este trabalho é simplesmente esta: aprende a expelir de ti todas as afeições vis, toda a leviandade e a inconstância de espírito; que todos os teus procedimentos sejam livres de engano e hipocrisia; evita a companhia de jovens vaidosos; odeia toda a devassidão e a fala profana.

LIÇÃO II

Guarda os teus segredos e os de teus vizinhos; não cortejes os favores dos ricos; não desprezes o pobre, pois aquele que o faz será mais pobre do que o mais pobre.

LIÇÃO III

Dá aos necessitados e aos desafortunados o pouco que puderes dispensar, pois aquele que mesmo tendo pouco tudo dá ao miserável, Deus o recompensará amplamente.

LIÇÃO IV

Sê misericordioso com aqueles que te ofenderam ou que te feriram, pois o que deve ser do coração daquele homem, que se vingaria de uma ofensa leve? Perdoarás teu irmão até 70 vezes sete.

LIÇÃO V

Não te precipites em condenar as ações dos outros para que não caias, na próxima hora, no mesmo erro; despreza o escândalo e a fofoca; que tuas palavras sejam poucas.

LIÇÃO VI

Estuda dia e noite, e roga a teu Criador para que Ele se contente em te outorgar o conhecimento e a compreensão; e que os espíritos puros possam estar em comunicação contigo e te influenciar.

LIÇÃO VII

Não te deixes subjugar pela embriaguez; pois estejas certo que metade dos males que sucedem à humanidade se origina na embriaguez: pois uma quantidade muito grande de bebidas fortes priva os homens da razão; então, tendo perdido o uso da faculdade de seu julgamento, imediatamente se tornam o recipiente de todas as más influências, e eles assim são justamente comparados aos cata-ventos, que são impelidos para lá e para cá por toda rajada de vento; assim, aqueles que embotam o poder de raciocinar são facilmente persuadidos às buscas mais fugazes e frívolas e, a partir delas, aos vícios mais grosseiros e réprobos; pois os ministros das trevas jamais tiveram oportunidade tão favorável de se insinuarem na mente e no coração dos homens, como quando estes se encontrarem perdidos na embriaguez. Rogo-te que evites esse terrível vício.

LIÇÃO VIII

Evita a gula e todo o excesso, que é muito pernicioso e é do Diabo; essas são as coisas que constantemente tentam o homem e pelas quais ele sucumbe como presa de seu adversário espiritual, porquanto ele se torna incapaz de receber qualquer benesse ou presente divino. Além disso, os poderes ou essências divinas e angelicais não se deleitam em se familiarizarem com um homem que estiver eivado pelo fedor advindo da libertinagem e dos excessos.

LIÇÃO IX

Não cobices ouro em demasia, mas aprende a ficar satisfeito com o suficiente; pois desejar mais do que suficiente é ofender a Divindade.

LIÇÃO X

Frequentemente, lê estas dez lições preparatórias para te adaptares à grande obra e para receberes coisas superiores; pois, quanto mais puro fores de coração e da mente, muito mais rápido perceberás aqueles elevados segredos que ensinamos e que estão inteiramente ocultos ao discernimento de viciosos e depravados, porque nunca poderá acontecer que tal fonte de tesouro possa ser alcançada para meramente satisfazer nossos desejos e inclinações mais grosseiros, terrenos e vãos, porque, aqui, nada deve ser pensado para ser apreendido ou arrancado deste livro, senão para o cumprimento de um bom fim e propósito. Quando tu tiveres purificado teu coração tanto quanto dissemos, e isso é indispensável para receber todas as coisas boas, tu então verás com outros olhos, e não com os que agora veem; pois teu olho espiritual será aberto, e tu lerás os homens tão claramente quanto lerás nossos livros; mas, por tudo isso, não dependa da força de tua própria sabedoria, pois, mesmo então, quando pensamos que nossos corações estão seguros, se não os vigiarmos para que não durmam, o Diabo ou seus ministros, imediatamente, nos tomarão nesse momento desprotegido e nos tentarão a cometer um pecado ou outro: ou ele excita nosso apetite para a luxúria e concupiscência, ou qualquer outro pecado mortal; portanto, usando as palavras de nosso bendito Redentor: "O que eu digo a vós, a todos digo: vigiai!".

Eu não duvido, porém, talvez existam alguns que dirão, quando olharem para nossas obras, esse sujeito é um completo fanfarrão, um completo pregador; ele nos fala sobre o que já sabíamos antes, assim como ele mesmo. A esses eu digo que leiam nosso livro apenas duas vezes; se não reunirem algo que considerem precioso (ou melhor, estejam convencidos de que é precioso, para sua própria satisfação), queimarei estes escritos e não serão mais lembrados por mim.

Para concluir esta Parte: diremos que a Matéria-prima (*Prima Materia*) Adão a trouxe consigo do Paraíso, deixando-a como herança a nós, seus sucessores; se ele tivesse permanecido em sua pureza original, teria sido permitido que ele mesmo a usasse; mas o *fiat* eterno ocorreu, no sentido de que ele deveria "ganhar o pão com o suor de sua testa"; portanto, ele não poderia efetuar o que foi executado posteriormente por alguns de seus descendentes. Hermes Trismegistus, aquele antigo filósofo, escreveu a respeito da obtenção dessa pedra, que ele declarou ser para o completo benefício do homem, e uma das maiores bênçãos que ele poderia possuir; e, embora seus escritos contenham muito da excelência da verdade, eles estão envoltos em várias figuras simbólicas, algo que os torna extremamente difíceis de serem compreendidos; mas, caso sejam entendidos, eles, sem dúvida, contêm alguns segredos muito grandes dos quais o homem mortal pode se beneficiar.

Nesse momento, é de nosso objeto saber *o que* devemos extrair da matéria-prima dessa pedra, visando continuar com nosso processo, porque devemos ter materiais para trabalhar; pois todos os filósofos concordam que, uma vez encontrada a matéria-prima, poderemos prosseguir sem muita dificuldade. *Sobre a matéria-prima* (falarei o mais claramente possível), primeiro, a grande questão em debate é: onde ela pode ser encontrada? Afirmo que ela deve ser encontrada em nós mesmos. Todos nós possuímos essa primeira matéria, do mendigo ao rei; toda criança gerada por uma mãe a carrega consigo; e, se nossos engenhosos químicos pudessem encontrar um processo para a extração, quão bem todos os seus trabalhos seriam pagos. A próxima pergunta surge naturalmente: como devemos extrair ou atrair a matéria secreta dessa pedra para fora de nós mesmos? Não por meios comuns; e, ainda assim, a tarefa deve ser levada a cabo, e isso pelos meios mais simples, de uma forma que a obtenção da pedra filosofal logo a seguiria. Rogo-te, meu amigo, olha para dentro de ti mesmo e te esforça para descobrir em que parte de tua composição se encontra a *matéria-prima* da *lapis philosophorum*, ou de qual parte de sua substância poderá ser extraída a matéria-prima de nossa pedra. Dizes que deve estar no *cabelo*, no *suor* ou no *excremento*. Reitero que em nenhum desses jamais serás capaz de encontrá-la e, ainda assim, tu a acharás em ti mesmo.

Muitos grandes filósofos e químicos, que tenho o prazer de conhecer, afirmam que, admitindo a possibilidade de transmutação, ela (isto é, a *matéria-prima*) deve ser extraída do ouro mais puro. A respeito disso, afirmo que não; não tem nada a ver com ouro extrínseco. Eles dirão, então, que a substância do ouro puro pode ser extraída do próprio ouro. Verdade, pode ser; mas, então, eu perguntaria se eles poderiam produzir mais ouro do que aquele de onde a alma ou essência foi extraída; se o fizeram, eles de fato descobriram um segredo além dos poderes de nossa compreensão; porque é contra a razão supor que se uma libra de ouro produz um dracma de alma ou essência, isso só tingirá não mais do que uma libra de chumbo purificado, ou ☿, porque tentamos vários experimentos, e eu, em alguns de meus primeiros ensaios, transformei chumbo e mercúrio em ouro bom, todavia não mais do que a quantidade da substância ora extraída. Contudo, para não perdermos nosso tempo em disputas vãs e ridículas, saibam que todas as coisas ou experimentos prodigiosos já foram tentados com relação à matéria-prima pelos agentes externos, nos reinos mineral, animal ou vegetal, como são chamados; então, digo que em nós está o poder de todas as coisas maravilhosas, o qual o Criador supremo, em sua infinita misericórdia, implantou em nossas almas; e é de nossa alma que deve ser extraída a matéria-prima, o verdadeiro *argent vive*, o ☿ dos filósofos, a verdadeira substância do ☉, a saber, um ouro vivo espiritual, ou mercúrio aquoso, ou matéria-prima, que, por ser amadurecida, é capaz de transmutar mil partes de metal impuro em ouro bom e perfeito, que resiste ao fogo, à análise ou à copela.

Parte Segunda
Ensinando a Maneira de Extrair a *Prima Materia* do *Lapis Philosophorum* e Seu Uso na Purificação de Metais Imperfeitos, de Modo a Convertê-Los em Ouro de Boa Qualidade

LIÇÃO XI

Toma as instruções anteriores como o teu principal instrumento e sabe que nossa alma terá poder quando o corpo estiver livre de qualquer poluição, como dissemos antes, estiver com o coração vazio de malícia e ofensa; e digo que a alma, então, é um agente livre e com poder espiritual e mágico para agir sobre qualquer matéria; por isso que eu disse que a matéria-prima está na alma; e, ao extraí-la, colocamos em ação o poder adormecido do espírito e da alma eterna, que é puro, vivo e que respira. Atenta bem, todo agente tem seu poder de agir sobre seu paciente. Toda essência destilada é recebida em um recipiente, todavia esse recipiente deve primeiro ser limpo. O mesmo deve acontecer com a alma e o coração do homem: as afeições vis devem ser jogadas fora e esmagadas com os pés; então, serás capaz de prosseguir em tua obra, e faze dessa maneira.

LIÇÃO XII

O custo que deves ter à tua disposição será de apenas uma ninharia: todos os instrumentos necessários são apenas três, quais sejam, um cadinho, um ovo filosófico e uma retorta junto a seu recipiente. Separa um peso de cerca de 5 dwts. de ouro puro e o limpa um pouco; depois, coloca-o em seu ovo filosófico e despeja sobre ele o dobro do seu peso do melhor ☿ húngaro e fecha o ovo com um selo hermético; deixa-o por três meses em esterco de cavalo, tira-o no final desse tempo e vê qual forma o teu ouro e o ☿ assumiram; retira-o dali e despeja sobre ele metade de seu peso de uma boa essência de sal amoníaco, coloca-os no recipiente cheio de areia e sobre o fogo na retorta, deixa-os destilarem até que formem uma essência pura; ao obtido, adiciona duas partes de tua água da vida, ou *prima materia*, põe tudo em seu ovo filosófico e

LIÇÃO XIII

coloca-os em esterco de cavalo por mais três meses; então, tira-os e vê o que conseguiste: uma pura essência etérea, a qual é ouro vivo. Despeja esse licor espiritual puro sobre um dracma de bom ouro derretido, e encontrarás aquele segredo que irá satisfazer tua fome e tua sede; pois o aumento do teu ouro te parecerá miraculoso, como de fato é. Leva-o ao joalheiro ou ao ourives; deixa-o analisá-lo em tua presença e terás motivos para bendizer Deus por sua misericórdia para contigo. Cumpra teu dever como ele ordenou e usa todos os benefícios que receberás em ações dignas de tua natureza.

LIÇÃO XIV

Quando tua visão espiritual for aberta e começares a ver para que fim foste criado, não mais desejarás coisa alguma, seja ela necessária ao teu conforto, seja ao teu sustento; tão somente, segue as regras que prescrevemos no início deste pequeno tratado: teme a Deus e ama o próximo como a ti mesmo; não te apresses em desvelar quaisquer segredos que possam ser aprendidos, pois os bons espíritos, tanto os do dia quanto os da noite, serão teus instrutores e, continuamente, a ti revelarão muitos segredos. Não penses que poderás lucrar ou te beneficiar o bastante com a instrução daqueles que professam haver grandes vantagens na educação clássica e no ensino superior; tenhas certeza de que eles estão, em conhecimento espiritual, em plena treva: pois aquele que não deseja conhecimento espiritual não poderá alcançá-lo por meio algum, senão, antes de tudo, se for até Deus; e, depois, se purificar seu próprio coração; e, em terceiro lugar, submete-te à vontade do Espírito Santo, para guiar-te e dirigir-te em toda a verdade, para a obtenção de todo o conhecimento, tanto humano como divino; e nada arrogando ao nosso próprio poder ou força, mas referindo tudo à misericórdia e a bondade de Deus. *Amém.*

O
MAGO,
OU
INTELIGÊNCIA CELESTIAL,
CONTENDO
A PRÁTICA CONSTELATÓRIA,
ou
MAGIA TALISMÂNICA
Apresentando

As Verdadeiras Propriedades de Elementos, Meteoros, Estrelas, Planetas, etc., etc.; da mesma forma, a Natureza de Inteligências, Espíritos, *Daemons* e Diabos; a Construção e a Composição de Todos os Tipos de Selos Mágicos, Imagens, Anéis, Espelhos, Retratos, etc., etc.; o Poder e a Composição dos Números, Cálculos Matemáticos e Imagens dos Espíritos Bons e Maus.

TUDO ACIMA ILUSTRADO POR UMA GRANDE VARIEDADE DE

*Bonitas Figuras, Tipos, Letras, Selos, Imagens,
Sigilos Mágicos, etc.*

FORMANDO UM SISTEMA AGRADÁVEL E COMPLETO
DE CONHECIMENTO E CIÊNCIA OCULTA;
Garantindo-se que isto nunca antes foi publicado no idioma inglês.

POR FRANCIS BARRETT,
ESTUDANTE DE QUÍMICA, FILOSOFIA OCULTA,
CABALA, etc.
1801.

LIVRO I – PARTE II

Capítulo I

Dos Quatro Elementos e Suas Qualidades Naturais

PARA PODERMOS SER perfeitos quanto aos princípios e à base de nossos estudos sobre o Talismã ou sobre a Arte Mágica, antes é fundamental que conheçamos e compreendamos a natureza e a qualidade dos quatro elementos.

À vista disso, existem quatro elementos nos fundamentos originais de todas as coisas corpóreas, quais sejam, fogo, terra, água e ar, dos quais todos os corpos inferiores são compostos, não por estarem amontoados, mas por transmutação e união; e, quando são destruídos, os corpos são decompostos em elementos. Porém, nenhum dos elementos sensíveis é puro, conquanto estão, mais ou menos, misturados e passíveis de serem transformados um no outro: assim, a terra, sendo umedecida e dissolvida, torna-se água; mas esta, sendo feita espessa e dura, torna-se terra novamente; e aquela, sendo evaporada pelo calor, passa a ser o ar; e, sendo a terra queimada pelo fogo, o qual se extingue em pleno ar, sendo resfriada após a queima, torna-se terra novamente ou, então, pedra ou enxofre; e isso é claramente demonstrado por um raio. Ora, cada um desses elementos tem duas propriedades específicas: a primeira é aquela que é própria do elemento em si; a outra é como o elemento combina com o elemento que o segue. Assim, o fogo é quente e seco; a terra, fria e seca; a água, fria e úmida; o ar, quente e úmido. Dessa maneira, os elementos, sempre conforme suas duas qualidades contrárias, são opostos um ao outro: como o fogo é para a água e a terra é para o ar. Da mesma forma, os elementos são contrários um ao outro por outra razão: dois são pesados, como a terra e a água, e os outros são leves, como o fogo e o ar; portanto, os estoicos chamavam aqueles de passivos e estes de ativos. Por sua vez, Platão distingue os elementos de outro modo, atribuindo a cada um deles três qualidades, quais sejam: para o fogo, brilho, fineza e mobilidade; para a terra, escuridão, densidade e quietude; assim, conforme essas qualidades, os elementos fogo e terra são opostos. Agora, os outros elementos tomam emprestadas suas qualidades a partir deles, de modo que o ar recebe duas qualidades do fogo: fineza e mobilidade; e uma da terra, ou seja, escuridão. De forma semelhante, a água recebe duas qualidades da terra, escuridão e densidade; e, do fogo, recebe a mobilidade. Porém, o fogo é duas vezes mais fino que o ar, três vezes mais móvel e quatro vezes mais brilhante; o ar é duas vezes mais brilhante, três vezes mais rarefeito e quatro vezes mais móvel. Portanto, assim como o fogo está para o ar, o ar está para a água e a água para a terra; e, novamente, assim como a terra está para a água, a água está para o ar e o ar para o fogo. E essa é a raiz e o fundamento de todos os corpos, naturezas e obras maravilhosas; e aquele que puder conhecer e compreender completamente essas qualidades dos elementos, bem como suas misturas, realizará coisas maravilhosas e surpreendentes na magia.

Agora, cada um desses elementos tem três aspectos a serem considerados, de modo que, em número de quatro, eles perfazem o total de 12; e, passando pelo número de sete para dez, pode haver um progresso para a unidade suprema da qual dependem todas as virtudes e coisas maravilhosas. Na primeira ordem estão os elementos puros, que não são compostos, modificados ou misturados, mas são imperecíveis; porém, as virtudes de todas as coisas naturais que são postas em prática não vêm deles, mas POR MEIO deles. Nenhum homem é capaz de falar totalmente sobre essas virtudes, visto elas abrangerem e estarem sobre todas as coisas. Aquele que for ignorante a respeito disso, jamais será capaz de realizar qualquer evento maravilhoso.

Da segunda ordem fazem parte os elementos compostos, mutáveis e impuros; ainda assim, pela arte, estes podem ser reduzidos à sua pura simplicidade, cujas virtudes, quando assim reduzidas, e ainda mais do que todas as demais coisas, aperfeiçoam todas as operações ocultas e comuns da Natureza; e essas são as bases de toda a Magia Natural.

Da terceira ordem fazem parte os elementos que originalmente e por si mesmos não são elementos, mas são compostos duplos, variados e mutáveis um em outro. Estes são o infalível *medium* e denominados *natureza intermédia* ou alma da natureza intermédia; e são bem poucos os que entendem seus profundos mistérios. Por meio de certos números, graus e ordens, é neles que encontramos a perfeição de cada efeito em qualquer coisa, *natural, celestial* ou supercelestial: eles estão cheios de maravilhas e mistérios, e operam tanto na Magia natural como na divina.

Pois a partir deles, e por meio deles, procede-se à amarração, ao livramento e à transmutação de todas as coisas; ao conhecimento e à predição das coisas que estão por vir; e, também, à expulsão do mal e à obtenção de bons espíritos. Assim, sem esses três tipos de elementos e sem o verdadeiro conhecimento a respeito deles, tenha certeza de que ninguém poderá trabalhar qualquer coisa na Ciência Oculta da Magia e da Natureza.

Entretanto, quem souber como reduzir aqueles elementos de uma ordem em outra, o impuro em puro, o composto em simples, sem lhes dividir a substância, compreendendo a diferença entre a *natureza*, a *virtude* e o poder deles, em número, graus e ordem, este deverá facilmente atingir o conhecimento e operação perfeita de todas as coisas naturais, bem como os segredos celestiais; e esta é a perfeição da Cabala, que ensina tudo isso antes mencionado; e, pelo conhecimento perfeito disso, realizamos muitos experimentos raros e maravilhosos.

Capítulo II
Das Propriedades e a Maravilhosa Natureza do Fogo e da Terra

EXISTEM DUAS COISAS (conforme Hermes) que são suficientes para o funcionamento de todas as coisas maravilhosas, a saber, o fogo e a terra: o primeiro é ativo e o último é passivo. O fogo, seja em todas as coisas, seja por meio de todas as coisas, é brilhante tanto quando surge quando se esvanece; ele está em todas as coisas brilhantes, sendo, ao mesmo tempo, oculto e desconhecido. Por si mesmo (caso não esteja presente na matéria na qual deveria manifestar sua apropriada ação) é ilimitado e invisível; por si só, é suficiente para cada ação que lhe é própria; sendo que ele mesmo penetra todas as coisas; e, ainda, brilhando, também se espalhou pelos céus. Contudo, na região infernal, ele é estreito, escuro e atormentador; e, quando se encontra entre este e aquele lugares, torna-se partícipe de ambos. Está presente nas pedras, de onde pode ser arrancado pelo golpe do aço; está na terra, a qual o produzirá quando for escavada; está na água, onde aquece fontes e poços; está nas profundezas do mar e faz com que este, quando agitado pelos ventos, se torne morno; está no ar, onde faz incendiar (como frequentemente presenciamos). E todos os animais, como também vegetais, além de todas as coisas vivas, quaisquer que sejam, são mantidos pelo calor; e tudo que vive, vive em razão do calor que possui. As propriedades do fogo que se encontra mais acima compõem o calor, o qual torna fecundas todas as coisas; e uma luz celestial dá vida a todas as coisas. As propriedades do fogo infernal compõem um calor abrasante e obscuro, que consome todas as coisas, tornando-as estéreis. O fogo celestial e brilhante afasta os espíritos das trevas; ele também é obtido por aquele nosso fogo feito com madeira, na medida em que este é análogo ao *veículo* daquela luz superior; como também daquele que diz: "Eu sou a luz do mundo", que é o verdadeiro fogo, o Pai das luzes, de quem vem todo o bem que é dado; enviando a luz do seu fogo, comunicando-a inicialmente ao Sol e aos demais corpos celestes; e, então, por meio destes, como por instrumentos mediadores, aquela luz é enviada ao nosso fogo. Assim, como os espíritos das trevas são mais fortes na escuridão, os bons espíritos, quais sejam, os anjos de luz, são revigorados não apenas por aquela luz (que é divina, do Sol e celestial), mas também pela luz do nosso fogo comum. Foi por esse motivo que os primeiros e mais sábios fundadores das religiões e cerimônias instituíram que orações, cantos e todos os tipos de adorações divinas não deveriam ser realizados sem que velas ou tochas estivessem acesas: daí, também, vem o motivo daquele significativo axioma de Pitágoras: "Não fales de Deus se não tiveres uma luz!". E, igualmente, de quando estabeleceram que luzes e fogos fossem acesos para os cadáveres dos mortos, visando à expulsão dos espíritos iníquos, e que eles não fossem removidos e enterrados até que as expiações fossem devidamente realizadas de modo sagrado. Até mesmo o próprio grande Jeová, da antiga lei, ordenou que todos os seus sacrifícios fossem oferecidos com fogo e que o fogo sempre estivesse queimando sobre o altar, costume que os Sacerdotes do Altar sempre observavam e mantinham entre os romanos. Agora, a base e o fundamento de todos os elementos é a terra; porquanto esse elemento é o objeto, sujeito e receptáculo de todos os raios e influências celestes: nele estão contidas as sementes e as virtudes seminais de todas as coisas, portanto a terra é considerada animal, vegetal e mineral. A terra, fecundada pelos demais elementos e pelos céus, produz todas as coisas de si mesma. Ela recebe a abundância de todas as coisas e é, por assim dizer, a primeira fonte de onde todas as coisas brotam; ela é o âmago, o fundamento e a mãe de todas as coisas. Pega quanto quiseres de terra, deixa-a separada, lavada, depurada e sutilizada, e, depois, caso a deixes repousar ao ar livre um pouco, ela irá, por si só, visto ser cheia e abundante de virtudes celestiais, produzir plantas, vermes e outras coisas vivas; também pedras e faíscas brilhantes de *metais*. Nela estão grandes segredos: se a qualquer momento for purificada com a ajuda do fogo[6] e reduzida à sua natureza simples por uma lavagem apropriada, será a matéria primeira de nossa criação e o mais verdadeiro remédio que pode nos restaurar e preservar.

Capítulo III
Da Água e do Ar

OS DEMAIS OUTROS dois elementos, isto é, a água e o ar, não são menos eficazes do que os primeiros; tampouco a natureza quer fazer com que eles deixem de realizar coisas maravilhosas. A necessidade de água é tão grande que, sem ela, nada pode viver – nenhuma erva ou planta qualquer poderá ser produzida sem o umedecimento da água; nela está a virtude seminal de todas as coisas, em especial dos animais, cuja semente é manifestamente líquida. Também, as sementes de árvores e de plantas, embora sejam terrestres, não obstante, devem ser necessariamente decompostas em água antes que possam frutificar; devem ser embebidas com a umidade da terra, ou com orvalho, ou com a chuva, ou com qualquer outra água que lhes seja propositadamente ministrada. Por tal, Moisés escreveu que somente a terra e a água podem produzir uma alma vivente; porém, ele atribui à água uma produção dupla de coisas, quais sejam, de coisas nadando na água e de coisas voando no ar acima da terra; e que as produções feitas no interior e sobre a terra são parcialmente atribuídas à própria água, e a mesma escritura assim testifica, citando que as plantas e as ervas não cresceram, porque Deus não fez chover sobre a terra. Tamanha é a eficácia do elemento água, que a regeneração espiritual não pode ser feita sem ela, como o próprio Cristo testificou

---

6. Agrippa, aqui, ao falar do elemento terra sendo reduzido à sua maior simplicidade, sendo purificado pelo fogo e por uma lavagem apropriada, indica que é o primeiro e principal ingrediente necessário para a produção da Pedra Filosofal, seja de animais, seja de metais.

a Nicodemos. Ao mesmo tempo, bastante grande é a virtude dela na adoração religiosa a Deus, em expiações e purificações; na verdade, a necessidade dela não é menor do que a do fogo. Os benefícios e os seus usos são infinitos e diversificados, sendo que é em virtude dos quais que todas as coisas subsistem, são geradas, são nutridas e crescem. Daí foi que Tales de Mileto e Hesíodo concluíram que a água era o começo de todas as coisas; afirmaram-na como o primeiro de todos os elementos e o mais potente; e isso porque ela predomina sobre os demais. Pois, como dito por Plínio, "as águas engolem a terra, apagam os fogos, sobem ao alto e, alcançando as nuvens, desafiam os céus para si mesmas; depois, ao caírem, tornam-se a causa de todas as coisas que crescem na terra". Muitas são as maravilhas feitas pelas águas, de acordo com os escritos de Plínio, Solino e muitos outros historiadores.

Josefo também relata a natureza maravilhosa de um certo rio localizado entre Arcea e Rafanea, cidades da Síria, cujo canal corre cheio durante todo o dia de Sábado, mas, repentinamente, ele cessa, como se as nascentes estivessem sido fechadas, em todos os demais seis dias, quando se torna possível poder passar por cima dele sem sequer molhar os calçados; depois, novamente, ao sétimo dia, sem que qualquer homem saiba a razão disso, as águas voltam em abundância como antes! Portanto, os habitantes dali o chamavam de Rio do Dia do Senhor, visto o sétimo dia ser sagrado para os judeus. O Evangelho também dá testemunho da existência de um poço para pastoreio, onde a pessoa que primeiro pisasse em suas águas, depois de elas serem agitadas por um Anjo, seria curada de qualquer enfermidade que tivesse. Lemos também a respeito da mesma virtude e eficácia, as quais estavam presentes num manancial das Ninfas Jônicas, localizado nos territórios pertencentes à cidade de Elis, em uma aldeia chamada Heradea, perto do Rio Citheron, onde quem quer que lá se adentrasse completamente, caso padecesse de algum mal, seria curado de todas as suas doenças. Pausânias também relata que em Liceu, uma montanha da Arcádia, havia um manancial chamado de Agria, para o qual, sempre que a secura da região ameaçava os frutos de destruição, ia Júpiter, Sacerdote de Liceu; e, após a oferenda de sacrifícios, orando devotamente às águas do manancial, segurando um galho de carvalho na mão, colocava-o no fundo do manancial santificado; então, das águas agitadas subia um vapor para o ar, que era soprado às nuvens, as quais, uma vez unidas, cobriam todo o céu: um pouco depois, precipitavam-se em chuvas, banhando saudavelmente todo o país. Além disso, Ruffus, um médico de Éfeso, comparado a muitos outros autores, escreveu coisas estranhas sobre as maravilhas das águas, coisas as quais, pelo que eu sei, não são encontradas em nenhum outro autor.

Resta ainda que eu fale a respeito do ar. Este é um espírito vital que perpassa por todos os seres e dá vida e subsistência a todas as coisas, as quais move e preenche. Consequentemente, os doutos hebreus não o consideram entre os elementos, mas como um meio, ou unificador, algo que liga as coisas, como o espírito retumbante do instrumento do mundo. Ele imediatamente recebe em si a influência de todos os corpos celestes e, então, propaga-a aos demais elementos, bem como também a todos os corpos compostos. Além disso, ele recebe em si, como se fosse um espelho divino, as sensações de todas as coisas, tanto naturais quanto artificiais; como também de todos os tipos de exteriorizações, retendo-as, carregando-as com ele para depois entrar nos corpos dos homens e dos animais pelos seus poros, causando uma sensação sobre eles, tanto quando estão dormindo como quando estão acordados, além de fornecer substratos para diversos sonhos e adivinhações estranhas. Por conta disso, é o que dizem, é que um homem, ao passar por um lugar onde outro homem foi morto, ou passar por um lugar onde um cadáver foi recém-escondido, é tomado pelo medo e pelo pavor; porque o ar, naquele lugar, estando cheio das sensações terríveis do homicídio culposo, ao ser inspirado, move e perturba o espírito do homem com sensações semelhantes, o que faz com que ele se quede em medo. Tudo o que causa uma impressão repentina surpreende a Natureza. Isso é que fez com que muitos filósofos tivessem a opinião de que o ar é a causa dos sonhos e de muitas outras impressões da mente, por meio do desencadeamento de imagens, ou similitudes, ou sensações (que se originam de coisas e falas, multiplicados pelo próprio ar), que retornam aos sentidos e, então, à fantasia e à alma daquele que os recebe; a alma, uma vez sem proteções e de forma alguma impedida, receberá tal tipo de sensação por eles comunicada. Pois as sensações das coisas, embora seja de sua própria natureza serem levadas aos sentidos dos homens e de outros animais em geral, podem, não obstante, receber alguma impressão dos céus enquanto estiverem no ar; por isso, junto à aptidão e à predisposição daquele que os recebe, elas podem ser levadas à percepção de uma certa pessoa e não de outra. Portanto, naturalmente é possível, e longe de todo tipo de superstição (nenhum outro espírito interferindo), que o homem seja capaz, em um tempo muito curto, de expressar seu pensamento a outro homem, permanecendo assim por algum tempo e sendo a distância desconhecida dele – e embora ele não possa dar uma estimativa precisa do tempo que isso possa durar, ainda, por necessidade, não deve ser mais de 24 horas; e eu mesmo sei como fazer isso e o tenho feito frequentemente. Ainda no passado, o abade Tritêmio já sabia fazê-lo. Além disso, quando certas aparições (não apenas espirituais, mas também naturais) fluem das coisas, isto é, por um certo tipo de fluir de corpos a partir de corpos, e ganham força no ar, elas se mostram a nós tanto pela luz quanto pelo movimento – tanto para a visão quanto para os outros sentidos – e, às vezes, produzem coisas maravilhosas sobre nós, como Platonius prova e ensina. Notamos como o ar é condensado em nuvens leves pelo vento sul, nas quais, como acontece em um espelho, são refletidas a grande distância representações de castelos, montanhas, cavalos, homens e outras coisas que desaparecem, quando as nuvens se vão. Aristóteles, em seu *Meteorologia*, demonstra que um arco-íris é concebido numa nuvem do ar, como se ela fosse um espelho. E Albertus diz que as efígies de corpos podem, pela força da Natureza, ser facilmente representadas em um ar úmido; da mesma maneira que as representações das coisas estão nas coisas. E Aristóteles nos fala a respeito do que aconteceu a um certo homem, o qual, por causa da vista deficiente e visto que o ar estava perto dele, por assim dizer, tornou-se um espelho para si mesmo, pois o feixe óptico refletia sobre ele mesmo, de modo que ele não podia penetrar no ar, fazendo com que o homem, onde quer que fosse, pensasse ver a sua própria imagem diante dele, com o rosto voltado a si. Da mesma forma, por intermédio da artificialidade de certos espelhos, podemos produzir a distância, no ar, as imagens que quisermos; as quais, quando os homens ignorantes veem, eles pensam que veem as aparências de espíritos ou almas, quando, na verdade, elas nada mais são do que semelhanças sem vida deles mesmos. Algo conhecido é, caso haja um lugar bem escuro, sem luz, senão uma réstia de luz do Sol entrando por um pequeno orifício e atingindo um papel branco ou um espelho simples colocados contra a luz, sobre eles poderão ser vistas as coisas que estão no lado de fora e que estejam iluminadas pelo Sol. E há outro artifício ou truque ainda mais maravilhoso: caso alguém retrate imagens ou letras escritas, pintadas artificialmente, ao colocá-las em uma noite clara contra os raios da Lua Cheia, imagens semelhantes serão multiplicadas e lançadas para cima, pelo ar, e elas serão refletidas de volta com os raios da Lua, de modo que outro homem que estiver a par da coisa, mesmo a longa distância, as verá ou lerá, caso se mantenha ao alcance da luz da Lua; sendo que esta arte de se transmitir segredos é, de fato, muito proveitosa para vilas e cidades sitiadas e era algo que Pitágoras fazia há muito tempo, e que não é desconhecida por alguns atualmente; eu me incluo entre esses. Além de todas essas coisas, há ainda muito mais, e bastante maiores, tudo com base na própria natureza do ar, que tem suas razões e causas promulgadas pela matemática e pela ótica. E, do mesmo modo que essas imagens são refletidas de volta para a visão, também o são, às vezes, para a audição, como ocorre no eco. Todavia, há ainda muito mais artes secretas do que essas, pelas quais qualquer um poderá, a uma distância notável, ouvir e compreender distintamente o que outro fala ou sussurra.

Capítulo IV
Dos Corpos Compostos ou Mistos; de Que Modo Eles se Relacionam com os Elementos e Como os Elementos Correspondem às Almas, aos Sentidos e às Disposições dos Homens

DEPOIS DOS QUATRO elementos simples, os próximos na sequência são os quatro tipos de corpos perfeitos, os quais são compostos por aqueles elementos; corpos perfeitos são metais, pedras, plantas e animais; e, embora na geração de cada um deles todos os elementos se combinem na composição, ainda assim, cada um segue e se assemelha a um dos elementos que lhe é mais predominante; pois todas as pedras, sendo terrestres, são naturalmente pesadas e, assim, encontram-se endurecidas e ressecadas, não podendo ser derretidas; conquanto os metais são aquosos, podendo ser derretidos, algo que naturalistas e químicos demonstram ser verdadeiro, ou seja, que eles são compostos ou gerados a partir de uma água viscosa ou da aquosa *argent vive*. As plantas têm tal afinidade com o ar que, a menos que estejam lá fora e recebam seus benefícios, não florescem nem se desenvolvem. O mesmo acontece com os animais, como expressou belamente o Poeta:

"Têm, em suas naturezas, uma força mais ígnea,
E também brotam de uma fonte celestial:"

e o fogo é tão natural para eles que, sendo extinto, logo os animais morrem.

Agora, entre as pedras, aquelas escuras e pesadas são chamadas de terrenas; já aquelas que são transparentes, de *elemento aquoso*, como cristal, berilo e pérolas; aquelas que flutuam sobre a água e são esponjosas, como a pedra-pomes, a esponja e a "sophus" são chamadas de aéreas; e entre as que são atribuídas ao elemento fogo, do qual o fogo é extraído, ou que são dissolvidas em fogo, estão as pedras do trovão, pedras do fogo e amianto. Além disso, entre os metais, o chumbo e a prata são terrenos; mercúrio é aquoso; cobre e estanho, aéreos; ouro e ferro, ígneos. Ao mesmo tempo, nas plantas, as raízes lembram a terra; as folhas, a água; as flores, o ar; e a semente, o fogo, em razão de seu espírito multiplicador. Ademais, alguns são quentes, alguns frios, alguns úmidos, outros secos, emprestando seus nomes das qualidades dos elementos. Entre os animais, também, alguns são, em comparação com outros, terrenos, por conta de viverem nas próprias entranhas da terra, como vermes, toupeiras e muitos répteis; outros são aquosos, como peixes; enquanto outros, os que permanecem sempre no ar, são aéreos; já quanto a outros são ígneos, como salamandras, grilos e aqueles que possuem um calor ardente, como pombos, avestruzes, águias, leões, panteras, etc.

Ora, nos animais, os ossos se parecem com a terra; o espírito vital, com o fogo; a carne, com o ar; e os humores, com a água; e esses humores também se assemelham aos elementos, isto é, a bílis amarela ao fogo; o sangue ao ar; o catarro à água; e a bílis negra, ou melancolia, à terra. E, por último, na alma em si, a compreensão se compara ao fogo; a razão ao ar; a imaginação à água; e os sentidos à terra. Novamente, esses sentidos são divididos entre si, de acordo com os elementos: pois a visão é ígnea, visto não ser capaz de perceber sem a ajuda do fogo e da luz; a audição é aérea, pois um som é gerado pelo golpe do ar; o cheiro e o gosto se comparam à água, pois sem a umidade da qual é feita não haverá cheiro nem gosto; e, por último, o tato é totalmente terreno, porque ele toma corpos grosseiros como seu objeto. Também, tanto as ações quanto as obras do homem são governadas pelos elementos: assim, a terra significa um movimento lento e firme; a água, medo, lentidão e negligência no labor; o ar significa alegria e disposição agradável; enquanto o fogo, uma disposição feroz, ativa, rápida e suscetível. Portanto, os elementos são a matéria primeira e original de todas as coisas; e todas as coisas são deles, e de acordo com eles, e estão neles e por meio deles, e em todas as coisas difundem suas virtudes.

Capítulo V
Que os Elementos Estão nos Céus, nas Estrelas, nos Demônios, nos Anjos, nas Inteligências e, Finalmente, no Próprio Deus

No MUNDO ORIGINAL e primevo, todas as coisas estão em tudo; assim também é neste mundo corpóreo. Dessa maneira, os elementos não estão apenas nessas coisas inferiores; estão também nos céus, nas estrelas, nos demônios, nos anjos e, da mesma forma, no próprio Deus, o criador e fonte primordial de todas as coisas.

Agora, deve ser entendido que nesses corpos inferiores os elementos são grosseiros e perecíveis; entretanto, nos céus suas naturezas e virtudes estão dispostas de um modo celestial, mais excelente do que nas coisas sublunares: pois a firmeza da terra celestial está lá sem o peso da água; e a agilidade do ar não ultrapassa seus limites; o calor do fogo não queima, apenas brilha, dando luz e vida a todas as coisas por meio de seu calor celestial. Assim, entre as estrelas, ou planetas, alguns são ígneos, como Marte e o Sol; aéreos, como Júpiter e Vênus; aquosos, como Saturno e Mercúrio; e terrenos, como os que habitam o oitavo orbe e a Lua (que é, por muitos, considerada aquosa), visto que, como se fosse terra, atrai para si as águas celestiais, com as quais, sendo embebida, por causa de sua proximidade de nós, derrama e emana essas águas a nosso globo.

Do mesmo modo, entre os signos, há alguns de fogo, alguns aéreos, alguns aquosos e alguns terrenos. Os elementos também os regem nos céus, distribuindo a eles as quatro considerações ternárias de cada elemento, de acordo com suas triplicidades, a saber, começo, meio e fim.

Da mesma forma, os demônios são diferenciados de acordo com os elementos: alguns são chamados de demônios terrenos, outros de ígneos, alguns aéreos e outros aquosos. Daí, também, aqueles quatro rios infernais: o ígneo Flegetonte, o arejado Cócito, o aquoso Estige, o terreno Aqueronte. Também no Evangelho, podemos ler sobre comparações entre os elementos: como o fogo do inferno e o fogo eterno, para o qual deverão ser enviados os malditos; e, no Apocalipse, há um lago de fogo; em Isaías, ele fala sobre os condenados, dizendo que o Senhor os punirá com ar corrompido; e, em Jó, lemos que eles sairão das águas gélidas para o extremo calor; e, no mesmo livro, ainda lemos também que a terra é escura e coberta com as trevas da morte, as trevas miseráveis.

E esses elementos estão localizados nos anjos do céu e nas inteligências abençoadas: havendo neles a estabilidade de sua essência, que é uma virtude terrena, na qual está o firme alicerce de Deus. Eles são chamados de águas pelo Salmista, quando diz que: "é quem governa as águas que são mais altas do que o céu"; e, também, neles seu sopro sutil é ar e seu amor é fogo brilhante; por isso, são chamados nas Escrituras de asas do vento; sendo que, em outro lugar, o Salmista fala deles do seguinte modo: "é quem torna teus anjos, teus espíritos e teus ministros um fogo flamejante!". Ao mesmo tempo, conforme as diferentes ordens de espíritos ou anjos, alguns são ígneos, como serafins, autoridades e poderes; são terrenos, como querubins; são aquosos, como tronos e arcanjos; e são aéreos, como domínios e principados.

E quanto ao Criador original de todas as coisas, não lemos que a terra se abrirá e dará à luz um Salvador? Da mesma forma, é dito que este será uma fonte de água viva, que purifica e regenera, sendo o próprio espírito a respirar o alento da vida e o próprio *fogo que consome*, de acordo com o testemunho de Moisés e de Paulo.

Portanto, que os elementos são encontrados em todos os lugares e em todas as coisas, segundo o modo deles, é algo que nenhum homem ousará negar: primeiro, nos corpos inferiores, fétidos e grosseiros; depois, em celestiais, mais puros e claros; porém, nos supracelestiais, eles são vivos e abençoados em todos os aspectos. Por conseguinte, no mundo primevo, os elementos são ideias de coisas a serem produzidas; nas inteligências, eles são poderes distribuídos; nos céus, são virtudes; e, em corpos inferiores, são formas grosseiras.

Capítulo VI
Neste Capítulo é Demonstrado, para Além de Qualquer Discussão, Que a Sabedoria de Deus Atua por meio das Causas Segundas (Quais Sejam, pelas Inteligências, pelos Céus, por Elementos e por Corpos Celestiais)

DEVE-SE NOTAR que Deus, em primeiro lugar, é o fim e o começo de toda virtude: Ele dá o *selo das ideias* aos seus servos, *as inteligências*, as quais, como ministras fiéis, *firmam* todas as coisas que lhes são confiadas com uma *virtude ideal*; assim, os céus e as estrelas, como instrumentos, dispõem da matéria de modo que recebam as formas que residem na Divina Majestade, matéria que espera pelo que é veiculado pelas estrelas. E o Doador das formas as distribui pelo ministério de suas inteligências, as quais Ele ordenou como governantes e controladores de suas obras; para quem tal poder é dado, sobre as coisas que lhes são confiadas, para que todas as virtudes das pedras, ervas, metais e todas as outras coisas venham dessas inteligências, dos governadores. Destarte, a forma e a virtude das coisas vêm primeiro das ideias; depois, das inteligências ordenadas e governantes; posteriormente, vêm dos aspectos da disposição dos céus; e, por último, dos temperamentos dos elementos dispostos, respondendo às influências dos céus, pelas quais os próprios elementos são ordenados ou dispostos. Portanto, esses tipos de operações acontecem nas coisas inferiores por formas expressas; e, nos céus, pelas virtudes ordenadas; nas inteligências, mediando regras; na causa original, por ideias e formas originais; todos os quais devem estar, necessariamente, em anuência com a execução do efeito e da virtude de todas as coisas.

Por conseguinte, existe a atuação de uma virtude maravilhosa em cada erva e pedra, porém ela é ainda maior em uma estrela; e, além dessa, as coisas recebem e obtêm muito para si até mesmo das inteligências governantes, especialmente da Causa Suprema, com quem todas as coisas condizem mutuamente e de modo exato, assentindo uma harmoniosa consonância.

Então, não há *outra causa* para a necessidade de efeitos, pois existe a conexão de todas as coisas com a Causa Primeira, correspondendo com aqueles padrões divinos e com as ideias eternas, em que cada coisa tem seu lugar determinado e particular no mundo primevo, de onde ele vive e recebe seu ser original; e todas as virtudes de ervas, pedras, metais, animais, palavras, discursos e todas as coisas que são de Deus são colocadas ali.

Agora, a Causa Primeira (que é Deus), embora atue sobre essas coisas inferiores, por meio das inteligências e pelos céus, às vezes (pondo tais médiuns de lado, ou suspendendo seu ofício) opera essas coisas imediatamente por si mesma, e essas operações são então chamadas de milagres. Contudo, considerando que as causas secundárias, pelo comando e indicação da Causa Primeira, obrigatoriamente agem, e são necessárias para produzir seus efeitos; se Deus, não obstante, de acordo com sua vontade, assim os dispensar e suspender para que desistam totalmente da necessidade desse comando, então são chamados de os maiores milagres de Deus. Por exemplo: o fogo da fornalha da Caldeia não queimou as crianças; o Sol parou ao comando de Josué e se tornou retrógrado um dia inteiro; também, na oração de Ezequias, ele retrocedeu dez graus; e, quando nosso Salvador Cristo foi crucificado, escureceu, embora houvesse Lua Cheia.

Desse modo, a razão dessas operações não pode ser descoberta ou compreendida por meio de nenhum discurso racional, nenhuma magia ou ciência, oculta ou profunda, mas deve ser aprendida apenas pelos oráculos Divinos.[7]

Capítulo VII
Do Espírito do Mundo

Ora, a alma é a forma essencial, inteligível e imperecível, o primeiro motor do corpo, e movida por si mesma; porém, quanto ao

---

7. O capítulo VI, se bem assimilado, abrirá o intelecto para uma compreensão mais fácil da Ciência Mágica da Natureza, etc.; e facilitará, maravilhosamente, nossos estudos nesses mistérios sublimes.

corpo, ou matéria, ele é, por si mesmo, incapaz e impróprio para se mover, e, realmente, degenera bastante aquilo que vem da alma, fazendo parecer que é necessário haver um meio de maior excelência: assim, esse meio é concebido para ser o espírito do mundo ou aquilo que alguns chamam de quintessência, pois não faz parte dos quatro elementos, mas de uma certa *coisa primeira*, que fica próxima deles, porém acima. Consequentemente, há a necessidade da existência de tal tipo de meio, para que as almas celestiais possam ser unidas aos corpos grosseiros, de modo a lhes outorgar dons maravilhosos. Da mesma forma que nosso espírito está em nossos corpos, assim aquele espírito estará no corpo do mundo; pois, assim como os poderes de nossa alma são comunicados aos membros do corpo por intermédio do espírito, também a virtude da alma do mundo é difundida, por todas as coisas, pelo espírito universal; porquanto, não há nada a ser encontrado em todo o mundo que não tenha uma centelha de sua virtude. Ora, falando de modo aproximado, esse espírito é recebido nas coisas pelos raios das estrelas, na medida em que as coisas são dispostas ou tornadas recipientes próprios àquilo. Portanto, é por esse espírito que todas as propriedades ocultas são transmitidas às ervas, às pedras, aos metais e aos animais, por meio do Sol, da Lua, dos planetas e das estrelas que se encontram ainda mais altas do que os planetas. Ora, esse espírito poderia ser mais vantajoso para nós se soubéssemos como separá-lo dos elementos; ou, pelo menos, se soubéssemos usar principalmente aquelas coisas que são mais abundantes nele. Pois aquelas coisas de um corpo no qual o espírito está menos submerso, sendo menos controlado pela matéria, atuam com muito mais poder e perfeição, e também geram mais prontamente o que lhes agrada; pois nele estão todas as *virtudes geradoras* e *seminais*. Por essa razão, o alquimista é diligente no sentido de separar esse espírito do ouro e da prata, o qual, sendo corretamente separado e extraído, caso depois seja projetado sobre qualquer metal, transforma-o em ouro ou prata; algo que, de forma alguma, é impossível ou improvável, sobremodo quando consideramos que, pela arte, isso poderá ser feito em pouco tempo, coisa que a Natureza faria nas entranhas da terra (como em um útero), em um espaço de tempo bastante mais longo.

Capítulo VIII
Dos Selos e Sigilos Impressos pelos Celestiais sobre as Coisas Naturais

TODAS AS ESTRELAS têm suas naturezas, suas propriedades e suas condições peculiares, e também os seus selos e seus sigilos, os quais são produzidos por meio de seus raios, e até mesmo sobre essas coisas inferiores, quais sejam, nos elementos, nas pedras, nas plantas, nos animais e em seus membros; porquanto todas as coisas recebem, da estrela radiante que sobre elas brilha, e a partir de uma disposição harmoniosa, algum selo ou sigilo particular neles estampados, que é o representante daquela estrela ou seu harmônico, e que contém uma virtude peculiar, diferente de outras virtudes presentes na mesma matéria, tanto genérica quanto especificamente e, também, numericamente. Portanto, cada coisa tem seu sigilo impresso nela por sua estrela, causando-lhe algum efeito particular, especialmente pela principal estrela que a governa; e esses sigilos contêm as naturezas, virtudes e raízes particulares de suas estrelas e produzem efeitos semelhantes sobre outras coisas nas quais são refletidos; e eles estimulam e ajudam as influências de suas estrelas, sejam elas planetas, estrelas fixas ou constelações celestes, tão frequentemente quanto forem feitos os procedimentos adequados para tal, e nos momentos devidos e propícios; coisas que os antigos sábios (considerando que trabalharam bastante para descobrir as propriedades ocultas das coisas) registraram por escrito, a saber, as imagens das estrelas, suas figuras, selos, marcas, sigilos, tudo conforme descrito pela própria Natureza, por intermédio dos raios das estrelas incidindo nesses corpos inferiores: alguns em pedras, alguns em plantas, alguns nas juntas e nós de árvores, bem como em seus galhos, e alguns em vários membros de animais. De forma que o louro, o lótus e a calêndula são ervas solares, sendo que suas raízes e nós, uma vez cortados, mostram os sigilos do Sol; e, assim, nas pedras, o sigilo e as imagens das coisas celestiais são amiudadamente encontrados. Contudo, havendo uma diversidade tão grande de coisas, há apenas um conhecimento tradicional de algumas coisas que a compreensão humana é capaz de alcançar; portanto, bem pouco dessas coisas são conhecidas por nós, longe do que os antigos filósofos e quiromantes alcançaram, em parte pela razão e em parte pela experiência; e neles ainda estão escondidas muitas coisas, no tesouro da Natureza, que o estudante diligente e pesquisador sábio deverão contemplar e descobrir.

Capítulo IX
Tratando da Virtude e Eficácia dos Perfumes, ou Sufumigações e Vapores; e a Que Planetas Eles são Devida e Corretamente Atribuídos

ANTES DE CHEGARMOS à parte operativa ou prática da Magia Talismânica, é preciso mostrar as composições de fumigações ou vapores próprios das estrelas, que são de grande força para o oportuno recebimento de dádivas celestiais, advindas dos raios das estrelas, na medida em que atuam fortemente sobre o ar e a respiração; pois nossa respiração é muito alterada por esses tipos de vapores, caso ambos sejam assemelhados. O ar também é facilmente afetado pelos referidos vapores, ou infectado com as qualidades dos inferiores, ou dos celestiais (que diária e rapidamente penetram em nosso peito e em nossos órgãos vitais), convertendo-nos maravilhosamente às qualidades semelhantes daqueles. Que nenhum homem se pergunte quais são as grandes coisas que as sufumigações podem fazer no ar, especialmente quando eles deveriam, como o fez Porfírio, considerar que, por certos vapores exalados das sufumigações adequadas, os espíritos aéreos são elevados; e também, os trovões e os relâmpagos e os semelhantes: e, como o fígado de um cameleão sendo queimado no topo da casa ocasionará chuvas e relâmpagos; o mesmo efeito ocorrerá caso a cabeça e a garganta forem queimadas com madeira de carvalho. Existem algumas sufumigações que, sob a influência das estrelas, fazem com que imagens de espíritos apareçam no ar ou em outro lugar: pois, caso o coentro, o salsão, o meimendro e a cicuta forem fumegados, junto a certas invocações, logo os espíritos se reunirão, atraídos que são pelos vapores que lhes são mais congruentes com suas próprias naturezas; por isso, aquelas são chamadas de ervas dos espíritos. Também é dito que, se uma fumegação for feita com a raiz da erva férula pérsica, com suco de cicuta e meimendro, e com erva barsbaco, sândalos vermelhos e papoula preta, também fará aparecerem estranhas formas; mas, caso uma fumaça seja feita com o salsão, ela afugentará e destruirá suas visões. Novamente, se um perfume for feito de calaminta, peônia, hortelã e palma-de-cristo, ele afastará todos os espíritos malignos e imaginações vãs. Da mesma forma, por meio de certos vapores, os animais podem ser reunidos e postos em fuga. Plínio menciona a respeito da pedra *liparis*, com a qual e por meio de sua fumaça faz com que todos os animais sejam atraídos. Os ossos da parte superior da garganta de um cervo, sendo queimados, reúnem as serpentes; mas, quanto ao chifre do cervo, sendo queimado, a fumaça afastará as serpentes; e, igualmente, a fumaça provocada pelas penas de pavão fará o mesmo. Além disso, os pulmões de um asno, sendo queimados, porão em fuga todas as coisas venenosas; e a fumaça do casco queimado de um cavalo afastará os ratos; o mesmo se faz com o casco de uma mula; e com o casco do pé esquerdo, as moscas serão afastadas. E se uma casa, ou um de seus cômodos, for fumegada com a *bílis* de uma *lula*, preparada com estoraque vermelho, rosas e babosa, e, então, borrifando o local com um pouco de água do mar ou sangue, a casa inteira parecerá cheia de água ou sangue.

Por agora, devemos compreender que vapores como esses infectam um corpo, vertendo nele uma virtude que permanecerá por muito tempo, do mesmo modo como ocorre com o venenoso vapor da pestilência, que se mantém por dois anos nas paredes de uma casa, infectando seus habitantes; assim como ocorre o contágio da peste ou da lepra, escondida em uma vestimenta infectará aquele que a usar, mesmo muito tempo depois.

Ora, existem certas sufumigações que são usadas para quase todos os nossos instrumentos de magia (a respeito dos quais falaremos daqui em diante), tais como imagens, anéis, etc. Então, alguns magistas dizem que, se qualquer pessoa esconder ouro ou prata, ou qualquer outra coisa preciosa (mas quando a Lua estiver em conjunção com o Sol), e caso perfume o lugar com coentro, açafrão, meimendro, salsão e papoula preta, usando uma mesma quantidade de cada um destes, triturando-os juntos para depois temperá-los com suco de cicuta, aquela coisa que está escondida nunca será tirada dela, porquanto aquele espírito continuamente a guardará; e se alguém se esforçar para tirá-la à força, este ou será ferido ou será acometido de loucura. E *Hermes* nos diz que não há nada como a fumaça do espermacete para conclamar os espíritos; portanto, se um fumo for feito disso, de babosa, pimenta-do-mato, almíscar, açafrão e estoraque vermelho, temperados com o sangue de um quero-quero ou de um morcego, ele rapidamente trará espíritos aéreos para o local onde é usado; e, se for utilizado acima dos túmulos dos mortos, atrairá espíritos e fantasmas para lá.

Agora, a respeito da sufumigação, observa-se o seguinte: sempre que começarmos a fazer qualquer talismã, imagem ou semelhante, sob o governo ou domínio de qualquer estrela ou planeta, não devemos de forma alguma deixar de preparar a sufumigação apropriada a esse planeta, ou constelação, sob o qual desejamos causar qualquer efeito ou operação maravilhosa; por exemplo: quando dirigimos qualquer obra ao Sol, devemos nos sufumigar com coisas solares; se for para a Lua, com coisas lunares; e assim por diante. E devemos ter o cuidado de observar que, como há uma contrariedade, ou antipatia, entre as naturezas das estrelas e dos planetas e seus espíritos, isso também existe entre as sufumigações: pois há uma antipatia entre a babosa e o olíbano sulfúreo e o mercúrio; e os espíritos que são despertados pela fumaça da babosa são acalmados pela queima de enxofre. Assim, o erudito Proclo dá o exemplo de um espírito que apareceu em forma de leão, furioso e colérico: ao colocar um galo branco diante daquela aparição, ela logo desapareceu; porquanto há uma enorme contrariedade entre um galo e um leão; e que isso seja suficiente como uma observação geral a respeito desses tipos de coisas. Prosseguiremos mostrando distintamente a composição das várias fumigações apropriadas aos sete planetas.

Capítulo X
Da Composição de Alguns Perfumes Apropriados aos Sete Planetas

O Sol ☉

Nós fazemos uma sufumigação para o Sol do seguinte modo:

Pega quantidades iguais de açafrão, âmbar-gris, almíscar, babosa, bálsamo, fruto do louro, cravo-da-índia, mirra e olíbano; todos devem ser triturados e misturados, até que um odor adocicado seja produzido; devem ser acrescentados à mistura os miolos de uma águia ou o sangue de um galo branco e, então, formarem-se pílulas ou trociscos.

A Lua ☽

Para a Lua, fazemos uma sufumigação com a cabeça de uma rã seca e os olhos de um touro, junto a sementes de papoulas brancas, olíbano e cânfora, ao que deve ser acrescentado sangue menstrual ou sangue de ganso.

Saturno ♄

Para Saturno, pega a semente de papoula preta, meimendro, raiz de mandrágora, magnetita e mirra, e acrescenta-os ao cérebro de um gato e ao sangue de um morcego.

Júpiter ♃

Pega a semente do freixo, babosa, do estoraque, da goma do ben-joeiro, lápis-lazúli, as pontas das penas do pavão e acrescenta sangue de uma cegonha, ou andorinha, ou os miolos de um cervo.

Marte ♂

Pega *euphorbium*, bdélio, goma amoníaca, raízes de heléboros, magnetita e um pouco de enxofre, mistura-os completamente com os miolos de um cervo, o sangue de um homem e o sangue de um gato preto.

Vênus ♀

Pega o almíscar, âmbar gris, babosa, rosas vermelhas e coral--vermelho, e mistura-os com miolos de pardal e sangue de pombo.

Mercúrio ☿

Pega o mástique, o olíbano, o cravo-da-índia, a erva cinco-fo-lhas e a pedra ágata, e acrescenta a todos eles os miolos de uma rapo-sa ou doninha e o sangue de uma pega.

VAPORES GERAIS DOS PLANETAS

As raízes odoríferas são adequadas para os vapores de *Satur-no*: como raiz de erva-pimenteira, etc., e a árvore de olíbano. Para

Júpiter, todos os frutos odoríferos: como noz-moscada, cravo, etc. Para *Marte*, todas as madeiras odoríferas: como sândalo, cipreste, bálsamo e babosa. Para o *Sol*, todas as gomas: como olíbano, benjoeiro, estoraque, láudano, âmbar-gris e almíscar. Para *Vênus*, flores: como rosas, violetas, açafrão e assim por diante. Para *Mercúrio*, todas as lascas de madeira ou fruta: como canela, cássia, macis, casca de limão e loureiro, e todas as sementes que forem odoríferas. Para a *Lua*, as folhas de todos os vegetais: como a folha-malabar, a folha da murta e da árvore de louro. Sabes também que, de acordo com a opinião de todos os magistas, para toda matéria saudável (como amor, boa vontade, etc.) deve haver um bom perfume, odorífero e precioso; enquanto para matérias malévolas (como ódio, raiva, miséria e coisas semelhantes), deve haver um fumacê fedorento que não vale a pena.

Os 12 signos do zodíaco também têm suas próprias sufumigações, a saber: Áries, *mirra*; Touro, *erva-pimenteira*; Gêmeos, *mástique*; Câncer, *cânfora*; Leão, *olíbano*; Virgem, *sândalo*; Libra, *gálbano*; Escorpião, *opopânax*; Sagitário, *babosa*; Capricórnio, *benjoeiro*; Aquário, *eufórbio*; Peixes, *estoraque vermelho*. Porém, Hermes descreve como mais poderoso aquele vapor que é composto dos sete aromas respectivos aos poderes dos sete planetas: pois recebe de *Saturno* a erva-pimenteira; de *Júpiter*, a noz-moscada; de *Marte*, a babosa; do *Sol*, mástique; de *Vênus*, açafrão; de *Mercúrio*, a canela; e da *Lua*, a murta.

Por meio de uma estrita observação da ordenação das sufumigações apresentadas, com outras coisas, das quais falaremos a seguir (necessárias para a plena realização da Magia Talismânica), muitos efeitos maravilhosos podem ser causados, especialmente se tivermos em mente o que foi entregue na primeira parte de nossa Magia, isto é, que a alma do operador deve estar de acordo com isso. Caso contrário, serão em vão a sufumigação, selo, anel, imagem, quadro, vidro ou qualquer outro instrumento de magia: visto que não é apenas a disposição, mas também o ato da disposição, bem como a firme e poderosa intenção ou imaginação que deram o efeito. Devemos agora nos apressar a falar, de modo geral, da construção de anéis mágicos, bem como de suas virtudes e operações maravilhosas e potentes.

Capítulo XI
Da Composição e Virtude Mágica dos Anéis

ANÉIS, QUANDO APROPRIADAMENTE elaborados, exercem suas virtudes sobre nós de tal forma que afetam o espírito daquele que os portar, seja com alegria seja com tristeza; e irá torná-lo ousado ou temeroso, cortês ou terrível, amável ou odioso; na medida em que também nos fortalecem contra doenças,[8] venenos, inimigos, espíritos malignos e todo tipo de coisas nocivas; e muitas vezes, onde a lei não tem efeito, essas pequenas frivolidades auxiliam muito e corroboram o espírito perturbado do portador, e o ajudam, de maneira maravilhosa, a vencer seus adversários, enquanto estes ficam se perguntando como é que não conseguem empreender qualquer malefício contra aquele. Afirmo, essas coisas são de grande ajuda contra os homens irados, perversos e de mentalidade mundana, visto que elas aterrorizam, ferem e invalidam as maquinações daqueles que, de outra forma, causariam nossa miséria ou destruição. Tudo isso não temos nem medo nem vergonha de declarar, pois sabemos muito bem que essas coisas permanecem ocultas aos ímpios e profanos, de modo que eles não poderão usá-las para qualquer abuso ou maldade particular para com o próximo; e, por não querer jogar pérolas aos porcos, reservamos algumas coisas dessa arte para nós mesmos. Além disso, por mais simples e clara que possa ser nossa exposição de alguns experimentos e operações (de modo que os filósofos eruditos de boca grande possam murmurar ou zombar disso), ainda não há nada entregue neste livro, senão aquilo que podia ser, e, da mesma forma, o seu entendimento, uma vez levado a efeito, resultará em algum benefício. Porém, devemos prosseguir.

O modo de elaborar esses anéis é o seguinte: quando qualquer estrela (benéfica) estiver no ascendente do horóscopo, junto a um aspecto ou conjunção afortunada da Lua, pegamos uma *pedra* e uma erva, as quais estejam sob aquela estrela, e, da mesma forma, fazemos um anel do metal que corresponda à estrela; e pomos o anel e a erva

---

8. O autor se oferece para ensinar qualquer curioso nesses estudos, a saber, a composição particular dos anéis talismânicos, por meio da qual poderá ser habilitado a julgar os efeitos que devem ser produzidos pelos anéis.

ou raiz sob a pedra, não esquecendo de inscrever o *efeito*, a *imagem*, o *nome* e o *sigilo*, assim como também a devida sufumigação. Contudo, falarei mais sobre isso em outro lugar, onde comentarei sobre imagens e sigilos. Portanto, ao fazer anéis mágicos, essas coisas devem ser infalivelmente observadas na maneira como prescrevemos; se alguém estiver disposto a trabalhar qualquer efeito ou experimento em magia, a pessoa não deve de forma alguma negligenciar as circunstâncias necessárias que tão integralmente apresentamos. Em Filóstrato, li que Jarco, um príncipe indiano, presenteou Apolônio com sete anéis, todos marcados com as virtudes e os nomes dos sete planetas, dos quais ele usaria um a cada dia, trocando-os conforme o nome dos dias da semana; e graças ao benefício que lhe foi causado, ele viveu mais de 130 anos, sempre mantendo a beleza de sua juventude. Da mesma forma, Josefo afirma que Moisés, o Legislador e Governante dos hebreus, sendo proficiente em Magia Egípcia, fez anéis de amor e de esquecimento. Havia também entre os cireneus, como nos fala Aristóteles, um anel de Battas, o qual era capaz de lograr amor e honra. Lemos também que Eudamus, um certo filósofo, fazia anéis contra as picadas de serpentes, feitiços e espíritos malignos. Josefo relata o mesmo a respeito de Salomão. Em Platão também lemos que Giges, rei da Lídia, tinha um anel de virtudes maravilhosas e estranhas, cujo selo, quando era virado em direção à palma de sua própria mão, fazia com que ninguém pudesse enxergá-lo, embora ele pudesse ver todas as coisas. Foi graças a esse anel que ele violou a Rainha e matou o Rei, seu mestre, e também matou quem ele achava que estivesse em seu caminho; e ninguém podia vê-lo cometendo tais atrocidades; e, finalmente, foi graças a esse anel que ele se tornou rei da Lídia.[9]

---

9. Anteriormente, mostramos o poder e a virtude dos anéis mágicos; mas, a respeito dos sigilos, inscrições e imagens particulares a serem feitos neles ou sobre eles, remetemos o aluno ao capítulo que trata da composição de vários talismãs, no qual descrevemos exatamente os métodos precisos para aperfeiçoá-los.

Capítulo XII
Que as Paixões da Mente São Assistidas pelos Celestiais e que a Constância da Mente é Necessária em Cada Trabalho

As PAIXÕES DA mente são muito auxiliadas e auxiliam, tornando-se mais poderosas em virtude do céu, e conforme concordem com o céu, seja por qualquer conformidade natural ou voluntária; pois, como diz Ptolomeu, aquele que escolhe o que é melhor parece não diferir em nada daquele que já tem isso pela Natureza. Portanto, isso contribui bastante para que recebamos o benefício dos céus, em qualquer obra, caso queiramos, pelo céu, nos tornarmos adequados a ela em nossos pensamentos, afeições, imaginações, eleições, deliberações, contemplações, e assim por diante. Por conseguinte, tais paixões estimulam veementemente nosso espírito ao que lhe for semelhante, expondo, a nós e aos nossos, aos prepostos superiores de tais paixões; e, também, por causa de sua dignidade e proximidade para com os superiores, estes participam mais dos celestiais do que quaisquer coisas materiais; pois nossa mente pode, por meio da imaginação ou da razão, e ainda por uma espécie de imitação, ser tão adaptada a uma estrela qualquer, a ponto de ser subitamente preenchida pelas virtudes daquela estrela, como se fôssemos um receptáculo adequado da influência dela. Agora, a mente contemplativa, à medida que se afasta de todos os *sentidos, imaginação, natureza* e *deliberação*, chamando a si mesma de volta às coisas separadas, passa a efetivar diversas coisas pela fé, à qual há uma adesão firme, uma intenção fixa e aplicação veemente do operador ou receptor para aquele que coopera em qualquer coisa, dando poder ao trabalho que pretendemos fazer. Por assim dizer, é feita em nós a imagem da virtude a ser recebida e da coisa a ser feita em nós, ou por nós. Devemos, portanto, ao longo de todo trabalho e aplicação das coisas, *assumir* de forma *veemente*, imaginar, esperar e acreditar fortemente, pois isso será de grande ajuda. E é atestado entre os médicos que uma forte crença, uma esperança indubitável, além de afeto para com o médico, conduzem sim, e muito, à saúde, às vezes, até mais do que o próprio remédio; pois, assim como este funciona pela eficácia e virtude do próprio medicamento, o mesmo ocorre à forte imaginação do médico, o qual pode mudar as qualidades do corpo do doente, especialmente quando o paciente deposita muita confiança no médico, o que significa se dispor no sentido de receber a virtude e o remédio do médico. Portanto, aquele que opera com magia deve ter uma crença constante, ser crédulo e não duvidar quanto à obtenção do efeito; pois, assim como uma crença firme e forte produz coisas maravilhosas, até mesmo em atividades desonestas, a desconfiança e a dúvida dissipam e quebram a virtude da mente do operador, que é o meio entre os dois extremos; é quando acontece a frustração em relação à desejada influência dos superiores, a qual não poderia ser ordenada e unida a nossos trabalhos sem uma virtude firme e sólida de nossa mente.

Capítulo XIII
Como a Mente do Homem Pode se Juntar à Mente das Inteligências e dos Celestiais e, com Eles, Imprimir Certas Virtudes Maravilhosas sobre as Coisas Inferiores

Os FILÓSOFOS, SOBREMODO os árabes, dizem que a mente do homem, quando está bastante concentrada em um trabalho qualquer, liga-se à mente das estrelas e das inteligências por meio de sua paixão e eficácia e, estando assim unida, faz com que alguma maravilhosa virtude seja infundida em nossas obras e coisas; e isso porque nela existem a percepção e o poder sobre todas as coisas, porquanto todas as coisas lhe têm uma obediência natural e necessária, uma eficácia, que será maior à medida que forem desejadas mais fortemente pela mente. E, de acordo com isso, verifica-se o mesmo na arte dos sigilos, imagens, encantamentos e em alguns discursos, e em muitos outros experimentos maravilhosos, e em tudo o que a mente afeta. Desse modo, a mente daquele que se encontra veementemente amando será eficiente para causar amor em tudo; assim como a mente daquele que odeia fortemente será eficiente para ferir e destruir. O mesmo ocorre em outras coisas que a mente afeta com um forte desejo; pois todas aquelas coisas pelas quais a mente age e dirige, ou seja, por *sigilos, figuras, palavras, discursos, gestos* e *semelhantes*, ajudam a inclinar a alma no sentido de adquirir certas virtudes maravilhosas da alma do operador, naquela hora em que tal apetite o invadir; assim, da oportunidade e da influência celestial, move-se a mente desta ou daquela maneira: pois nossa mente, quando carregada sobre o grande excesso de qualquer paixão ou virtude, muitas vezes toma para si uma hora ou oportunidade forte, melhor e mais conveniente; algo que Tomás de Aquino, em seu terceiro livro contra os Gentios, admite. Assim, muitas virtudes maravilhosas tanto causam quanto seguem certas operações admiráveis, as quais são movidas por grandes simpatias àquelas coisas que a alma lhes dita naquela hora. Porém, saibas que tais coisas não conferem nada, ou conferem muito pouco, a não ser ao autor delas ou àquele que estiver envolvido com elas como se ele fosse o próprio autor; e é assim que sua eficácia é descoberta. Portanto, é uma regra geral que a mente que tiver mais excelência em seu desejo e em sua simpatia tornará tais coisas mais adequadas para si, como também as tornará mais eficazes para aquilo que deseja. Consequentemente, qualquer pessoa que deseja trabalhar com magia deve conhecer a *virtude*, a *extensão*, a *ordem* e o *grau* de sua própria alma em relação ao poder do universo.

Capítulo XIV
Demonstrando a Necessidade do Conhecimento Matemático e do Grande Poder e Eficácia dos Números na Construção de Talismãs, etc.

As DOUTRINAS DA matemática são tão necessárias e têm tamanha afinidade com a magia, que aqueles que a professam sem elas estão totalmente fora do caminho e trabalham em vão, e de maneira alguma obterão o efeito desejado. E isto porque todas as coisas existem e são feitas nessas virtudes naturais inferiores, todas são feitas e governadas por *número, peso, extensão, harmonia, movimento* e *luz*: e todas as coisas que vemos nesses inferiores têm raiz e fundamento nelas; e mais, sem as virtudes naturais das doutrinas matemáticas, apenas as obras tidas como naturais poderiam ser produzidas: como afirma Platão, uma coisa que não seja partícipe da verdade ou da divindade, senão de certas imagens parecidas com elas (como corpos que caminham ou que falam, ainda desejosos da faculdade animal), seria como aqueles que, entre os antigos, eram chamados de imagens de Dédalo, de αυτοματα, sobre as quais Aristóteles faz menção, ou seja, as imagens de trípodes de Vulcano e Dédalo se movendo, as quais, conforme Homero, saíram por conta própria para serem cultuadas; a respeito das quais, também lemos, caminharam até a festa de Iarbas, o mentor filosófico. Assim, são elaborados espelhos (alguns côncavos, outros em forma de coluna) que fazem com que as representações das coisas apareçam no ar como sombras a distância; daquele mesmo tipo, como Apolônio e Vitélio ensinam a fazer e a usar em seus livros *De Prospectiva* e *Speculis*. Também lemos que Pompeu Magno, com os despojos do Oriente, trouxe um certo espelho para Roma, no qual foram vistos exércitos de homens armados. E são feitos certos espelhos transparentes, os quais (sendo mergulhados em determinados sucos de ervas e iluminados com uma luz artificial) enchem todo o ar ao redor do local com visões. E sabemos produzir espelhos inversos, a partir dos quais, quando o Sol brilha, todas as coisas que foram iluminadas pelos seus raios são aparentemente vistas a muitos quilômetros de distância. Daí um magista (especialista em filosofia natural e matemática, que conhece as ciências intermédias, as quais reúnem, a saber, tanto a aritmética, a música, a geometria, a óptica e a astronomia, quanto as ciências relacionadas aos pesos, às extensões, às proporções, aos itens e aos conjuntos; sabendo, também, as artes mecânicas resultantes dessas) pode, sem nenhuma surpresa, caso ele supere os demais na arte e na inteligência, fazer muitas coisas maravilhosas, que os homens admiram bastante. Existem algumas relíquias vindas dos antigos, como os Pilares de Hércules e Alexandre; as portas de Cáspia, feitas de bronze e fechadas com vigas de ferro, de modo que não poderiam ser quebradas de maneira alguma; as pirâmides de Júlio César, erguidas em Roma, perto da colina do Vaticano; montanhas construídas pela arte no meio do mar; e, como vi na Inglaterra, torres e montes de pedras que foram reunidas graças a uma arte incrível. Porém, a gente vulgar, diante de qualquer visão maravilhosa, atribui-a como obra do Diabo; ou a pensa como um milagre, quando, na verdade, tratar-se-á apenas de uma obra de filosofia natural ou matemática. Entretanto, aqui é conveniente que saibas que, assim como por intermédio de virtudes naturais coletamos virtudes naturais, por meio das abstratas, matemáticas e celestiais, recebemos virtudes celestiais; como movimento, sentido, vida, fala, adivinhação e vaticínio, mesmo quando em matéria menos afim, como aquilo que não é feito pela natureza, mas tão somente pela arte. E, como dizem, foram feitas as imagens que falam e vaticinam coisas que estão por vir: como William de Paris relata a respeito de uma cabeça de bronze, feita sob a ascensão de Saturno, que, dizem, falava com voz de homem. Contudo, aquele que escolher uma matéria mais afim e mais adequada para receber, além de um agente mais poderoso, sem dúvida produzirá efeitos mais poderosos. Pois, segundo uma opinião geral dos pitagóricos, os quais, como os matemáticos, são mais formais do que naturais, também eles são mais eficazes quanto a seu funcionamento, pois têm menos dependência em seu ser. Então, dentre todas as coisas matemáticas, os *números*, como têm mais forma, também são mais eficazes para afetar tanto com o que for bom quanto com o que for mau. Todas as coisas, as que foram geradas pela natureza das coisas quando do início das eras, parecem ter sido formadas pela proporção dos números; porquanto, este era o principal padrão na mente do Criador. Daí é tirado o número dos elementos, daí o curso dos tempos e daí vêm o movimento das estrelas, a revolução dos céus e o estado de todas as coisas, que subsistem pela união dos números. Os números, assim, são dotados de virtudes grandes e sublimes. Por conseguinte e visto que existem tantas virtudes ocultas nas coisas naturais, apesar das operações manifestas, não é de se admirar que deva haver nos números virtudes ainda muito maiores e mais ocultas, e também mais maravilhosos e eficazes; pois, ainda que sejam mais formais, mais perfeitos e que sejam naturalmente dos celestiais, os números não se misturam com substâncias separadas; e, finalmente, acima de tudo, eles se combinam de modo simples com as ideias da mente de Deus, da qual recebem suas virtudes próprias e mais eficazes. Portanto, eles também são bastantes fortes e proporcionam de melhor modo a obtenção de dons espirituais e divinos, da mesma forma como nas coisas naturais as qualidades elementares são poderosas na transmutação de qualquer coisa elementar. Novamente, todas as coisas que existem são feitas, subsistem e recebem sua virtude dos números: pois, o tempo consiste em números; e, todo movimento e ação; e todas as coisas que estão submetidas ao tempo e ao movimento. Também a harmonia e as vozes têm seu poder e consistem em números e em suas proporções; e pela proporção que surge dos números é que são produzidos os pontos, linhas, sigilos e figuras; e estes são adequados para operações mágicas, pois formam o meio que se encontra entre ambos, em um ponto adequado entre os extremos, como ocorre quando do uso de letras. E, por último, todas as espécies de coisas naturais e aquelas que estão além da Natureza se encontram unidas por certos números, os quais Pitágoras, ao percebê-los, disse que esse número é aquele pelo qual todas as coisas subsistem, distribuindo cada virtude a cada número. Além dele, Proclo também afirma que o número sempre existe: há um na voz, outro na proporção dele, outro na alma e na razão, e outro nas coisas divinas. Porém, Temístio, Boécio e Averróis (o babilônico), com Platão, enaltecem os números de tal modo que são levados a pensar que nenhum homem pode ser um verdadeiro filósofo sem conhecê-los. Por meio dos números, é traçado um caminho para a busca e compreensão de todas as coisas conhecíveis; é por intermédio deles que se obtém o acesso ao vaticínio natural; e o abade Joaquim não procedeu de outra forma em suas profecias, senão pelo uso dos números formais.

Capítulo XV
As Grandes Virtudes dos Números, Tanto nas Coisas Naturais Quanto nas Sobrenaturais

DE MODO UNÂNIME, os mais eminentes filósofos ensinam que nos números existem eficácia e virtude maravilhosas tanto para o bem quanto para o mal, especialmente conforme Jerônimo, Austin, Orígenes, Ambrósio, Gregório de Nazianzo, Atanásio, Basílio, Hilário, Rubanas, Beda e muitos outros. Desse modo, Hilário, em seus comentários sobre os Salmos, testifica que foram 70 anciãos, de acordo com a eficácia dos números, que colocaram os Salmos em ordem. O *número natural* não é considerado aqui, mas a consideração *formal* que pertence ao número; e que guardemos em mente aquilo sobre o qual falamos anteriormente, ou seja, que esses poderes não estão no número vocalizado de comerciantes comprando e vendendo, mas no número racional, formal e natural; estes são os mistérios particulares de Deus e da Natureza. Porém, aquele que souber como unir os números vocalizados e naturais com os números divinos, além de ordená-los na mesma harmonia, será capaz de realizar e saber coisas maravilhosas por intermédio dos números, nos quais, a menos que houvesse um grande mistério, João não teria dito, no Apocalipse: "Aquele que tiver entendimento, que calcule o número do nome da besta, o qual é o número de um homem"; e este é o modo mais famoso de se contar entre os hebreus e cabalistas, como mostraremos mais tarde. Contudo, deves saber que números simples significam coisas divinas, isto é, números de dez; enquanto números celestiais são os de cem; e números terrestres são os de mil, relativos àquelas coisas que acontecerão em uma era futura. Além disso, percebe que as partes da mente estão de acordo com uma média aritmética, em razão da identidade ou igualdade de excesso; mas o corpo é composto, cujas partes diferem em sua grandeza, de acordo com uma média geométrica; mas um animal consiste em ambos, isto é, de alma e de corpo, de acordo com aquela média adequada à harmonia. Consequentemente, os *números* trabalham muito na *alma*, sobre as *imagens*, no corpo e na *harmonia* de *todo animal*.

Capítulo XVI
Das Escalas da Unidade

AGORA, TRATAREMOS, PARTICULARMENTE, dos próprios números; e, uma vez que o número nada mais é que a repetição da unidade, consideremos a princípio a própria unidade; pois a unidade simplesmente transpassa cada número, sendo sua medida comum, fonte e origem de todos os números; ela contém cada número unindo inteiramente em si mesma; ela é o princípio que inicia toda a multidão, sempre o mesmo princípio, imutável; de onde, também, sendo multiplicado em si mesmo, não produz nada além de si mesmo: é indivisível, vazio de todas as partes. Nada está antes do um, nada estará depois do um e, além deste, não há nada; e todas as coisas que são desejam aquele, porque todas as coisas procedem daquele um; e para que todas as coisas sejam iguais, é necessário que participem daquela: e como todas as coisas procedem de uma em muitas coisas, assim todas as coisas se esforçam para retornar àquele de onde procederam; e, nesse sentido, é preciso que se evite a multidão. Por um, portanto, referimo-nos ao Deus Altíssimo que, sendo um e incontável, continuamente cria inumeráveis coisas de si mesmo, e as contém em si mesmo. Há, portanto, um Deus, um mundo de um Deus, um Sol de um mundo, e também uma fênix no mundo, um rei entre as abelhas, um líder entre rebanhos de gado, um governante entre manadas de bestas, e garças a seguirem uma graça, e há também muitos outros animais honrando a unidade. Entre os membros do corpo, há um princípio pelo qual todos os demais são guiados; seja a cabeça, seja (como alguns o entenderão) o coração. Existe um elemento que supera e permeia todas as coisas, a saber, o fogo. Há algo criado por Deus que consiste na matéria de todas as *maravilhas* que estão na terra ou no céu, o qual é, de fato, animal, vegetal e mineral; que é achado em todo lugar, mas que é conhecido por poucos e nunca é chamado pelo seu nome real, porém é recoberto com figuras e enigmas, sem os quais nem a Alquimia, nem a Magia Natural poderiam atingir seu fim completo ou perfeição. De um único homem, Adão, todos os demais homens procedem; daquele Um, todos se tornaram mortais; naquele Jesus Cristo, eles são regenerados; e, como diz São Paulo, um Senhor, uma fé, um batismo, um Deus e Pai de todos, um Mediador entre Deus e o homem, um Criador Altíssimo, que é sobre todos, por todos e em todos nós. Pois há um só Pai, Deus, de onde todos viemos e onde todos estamos; um só Senhor Jesus Cristo, por quem todos existimos, e onde todos estamos; um Deus Espírito Santo, em quem todos estamos e vivemos.

A ESCALA DA UNIDADE

No Mundo Primevo	Jod	Uma Essência Divina, a fonte de todas as virtudes e poder, cujo nome é manifestado por meio de uma letra bastante simples.
No Mundo Intelectual	A Alma do Mundo	Uma Inteligência Suprema, a primeira criatura, a fonte da vida.
No Mundo Celestial	O Sol	Um Rei das Estrelas, fonte da vida.
No Mundo Elemental	A Pedra dos Filósofos	Um objeto e instrumento de todas as virtudes, naturais e sobrenaturais.

No Mundo Inferior	O Coração	Um primeiro viver e um último morrer.
No Mundo Infernal	Lúcifer	Um Príncipe da Rebelião, dos Anjos e da Treva.

Capítulo XVII
Do Número Dois e da Escala

O PRIMEIRO NÚMERO é o dois, porquanto ele é o primeiro múltiplo; não pode ser medido por nenhum outro número além da unidade, a medida comum de todos os números; não é composto de números, mas de uma unidade apenas; nem é chamado de número não composto, todavia, mais apropriadamente, de primo. O número três é chamado de primeiro número não composto. Porém, o número dois é o primeiro ramo da unidade e a primeira procriação; e é chamado o número da ciência, e da memória, e da luz, e o número do homem, e é chamado de outro no mundo inferior: também é chamado o número da caridade e do amor mútuo; do casamento e da sociedade. Como é afirmado pelo Senhor: "Dois serão uma carne única". E disse Salomão: "É melhor que dois estejam juntos do que apenas um, pois eles serão beneficiados por sua mútua associação: se um tombar, ele será sustentado pelo outro. Ai daquele que está sozinho, porque, quando ele tombar, não terá outro para ajudá-lo. E se dois dormirem juntos, eles se aquecerão; e como apenas um sozinho ficaria aquecido? E se alguém puder subjugar um, dois poderão lhe resistir". Também é chamado de número do casamento e do sexo; porquanto, existem dois sexos, masculino e feminino. E duas pombas chocam dois ovos; do primeiro deles, nascerá o macho, do segundo, a fêmea. É também chamado de intermédio, aquele que é capaz, que simultaneamente é bom e é mau, aquele que compartilha; e é o começo da divisão, da multiplicidade e da distinção; e significa matéria. Esse é também, às vezes, o número da discórdia, da confusão, do infortúnio e da impureza; daí, São Jerônimo, contra Joviano, ter afirmado "que, portanto, não foi falado no segundo dia da criação do mundo: 'e Deus disse que era bom'"; pois o número dois é mau.

Daí, também, que Deus ordenou que todos os animais imundos fossem para a arca em pares; porque, como eu disse, o número dois é um número de impurezas. Pitágoras, assim como nos relata Eusébio, disse que a unidade era Deus e um bom intelecto; mas essa dualidade era um demônio, e um intelecto mau, no qual há múltiplas matérias: por isso os pitagóricos dizem que o dois não é um número, mas uma certa confusão de unidades. E Plutarco escreve que os pitagóricos chamavam Apolo de unidade; e de dois, a contenda e a ousadia; e de três, a justiça, que é a mais alta perfeição e guarda muitos mistérios. Consequentemente, havia duas tábuas da lei no Sinai, dois querubins voltados para o propiciatório de Moisés, duas oliveiras derramando azeite, em Zacarias; duas naturezas em Cristo, divina e humana: daí Moisés viu duas aparições de Deus, quais sejam, seu rosto e a parte de trás; também dois Testamentos, dois mandamentos de amor, duas primeiras dignidades, duas primeiras pessoas, dois tipos de espíritos, bons e maus, duas criaturas intelectuais, um anjo e alma, duas grandes luzes, duas solsticiais e duas equinociais; dois polos, dois elementos, produzindo uma alma viva, isto é, a terra e a água.

A ESCALA DO NÚMERO DOIS

No Mundo Primevo	יה Yah אל El		Os nomes de Deus, manifestados em duas Letras.
No Mundo Intelectual	Um Anjo	A Alma	Duas Substâncias Inteligentes.
No Mundo Celestial	O Sol	A Lua	Duas grandes Luzes.
No Mundo Elemental	A Terra	A Água	Dois Elementos que produzem uma Alma vivente.
No Mundo Inferior	O Coração	O Cérebro	Os Dois principais Assentos da Alma.
No Mundo Infernal	Beemoth, pranto	Leviatã, ranger de dentes	Os Dois Chefes dos Demônios. As Duas coisas usadas por Cristo para ameaçar os condenados.

Capítulo XVIII
Do Número Três e da Escala

O NÚMERO TRÊS é um número não composto, primo, um número sagrado, um número de perfeição, um número muito poderoso: porquanto há três pessoas em Deus e existem três virtudes teológicas na religião. Daí é que esse número conduz às cerimônias de Deus e da religião, que pela solenidade, orações e sacrifícios são repetidos três vezes; pois as coisas corpóreas e espirituais consistem em três coisas, a saber, o começo o meio e o fim. Como afirma Trismegistus, em três o mundo se torna perfeito: na harmonia, na necessidade e na ordem, ou seja, a convergência de causas (por muitos chamada de destino), e a execução destas até o resultado, ao fruto, ou desenvolvimento, ou a uma devida distribuição do desenvolvimento. Toda a medida de tempo está encerrada no três, ou seja, o passado, o presente e o porvir; toda magnitude está contida no três, em linhas, em superfícies e no corpo; todo corpo consiste em três distâncias, o comprimento, a largura e a espessura. A harmonia possui três consonâncias no tempo: o diapasão, a hemiólia e o diatessarão. Existem também três tipos de almas: a vegetativa, a sensível e a intelectual. E como tal, fala o Profeta, Deus ordena o mundo por número, por peso e por medida; e o número três é delegado às suas formas ideais, já que o número dois é a matéria procriadora e a unidade é Deus, o criador. Os magistas constituem os três Príncipes do mundo: Oromasis, Mithris, Aramínis; ou seja, Deus, a mente e o espírito. Pelo sólido conhecido como triângulo retângulo, as coisas produzidas são distribuídas em três conjuntos de nove, quais sejam, no supercelestial, em nove ordens de inteligências; no celestial, em nove orbes; nos inferiores, em nove tipos de coisas geráveis e perecíveis. Por último, neste orbe eterno, isto é, de 27, estão incluídas todas as proporções musicais, tema a respeito do qual Platão e Proclo falam bastante; e o número três tem, em uma harmonia da quinta justa, a graça da primeira voz. Além disso, nas inteligências, há três hierarquias de espíritos angelicais. Existem três poderes atribuídos às criaturas intelectuais: a memória, a mente e a vontade. Existem três ordens de abençoados, isto é, os mártires, os confessos e os inocentes. Existem três quaternários de signos celestiais, a saber, os fixos, os móveis e os comuns; como também de casas, isto é, as centrais, as ascendentes e as descendentes. Existem, também, três faces e cabeças em cada signo, e três Senhores para cada triplicidade. Existem três fortunas entre os planetas. Na tripulação infernal, há três juízes, há três fúrias e há Cérbero de três cabeças: lemos, igualmente, a respeito de Hécate três vezes dupla. Três meses da Virgem Diana. Três pessoas na Divindade supersubstancial. Três ritmos: da natureza, da lei e da graça. Três virtudes teológicas: a fé, a esperança e a caridade. Jonas ficou três dias na barriga da baleia; e pelo mesmo tempo Cristo permaneceu no túmulo.

A ESCALA DO NÚMERO TRÊS

No Mundo Primevo	O Pai	Adai, o Filho	O Espírito Santo	O nome de Deus, manifestado em três Letras.
No Mundo Intelectual	Inocentes Supremos	Mártires Intermediários	Confessos Inferiores	Três hierarquias de Anjos. Três níveis de Abençoados.
No Mundo Celestial	Móveis, Recantos, Diurnos	Fixos, Progressivos, Noturnos	Comuns, Cadentes, Compartilhadores,	Três quaternários de Signos. Três quaternários de Casas. Três Senhores das Triplicidades.
No Mundo Elemental	Simples	Composto	Triplamente Composto	Três níveis de elementos.

	A cabeça, na qual cresce o intelecto, atende ao mundo intel-lectual	O peito, onde se encontra o coração, o assento da vida, atende ao mundo celeste	O ventre, onde está a faculdade de geração, e os órgãos genitais, atendem ao mundo ele-mental	Três partes, atendendo ao mundo tríplice.
No Mundo Inferior				
No Mundo Infernal	Alecto, Minos, Malévolos	Megera, Acaco, Após-tatas	Ctesifonte; Radamanto; Infiéis	Três Fúrias infernais. Três Juízes infernais. Três níveis de maldição.

Capítulo XIX
Do Número Quatro e da Escala

Os PITAGÓRICOS CHAMAM o número Quatro de Tectractis, pre-ferindo-o antes de todas as virtudes dos números, porquanto ele é o fundamento e a raiz de todos os demais números; e, também, é onde estão todas as fundações, as quais, tanto das coisas artificiais quanto das naturais e divinas, são quadrangulares, como mostraremos mais tarde, o que significa solidez, algo que também é demonstrado por uma figura de quatro quadrados; e mais, o número quatro é o pri-meiro plano quadrangular formado por duas proporções, das quais a primeira é de um para dois, e a outra, de dois para quatro; segui-das por uma dupla sequência e proporção, isto é, de um para um e de dois para dois, a começar na unidade para terminar numa qua-ternidade, cujas proporções são diferentes, conforme a Aritmética, porém, conforme a Geometria, são iguais. Portanto, o quádruplo é atribuído a Deus Pai; e ele também abarca o mistério de toda Trin-dade, pois, por sua proporção singular, a saber, a partir da primeira e de um a um, apresenta a unidade da substância paterna, da qual procede um Filho igual a Ele; e, pela próxima sequência, também singular, ou seja, de dois para dois, é representado (pela segunda se-quência) o Espírito Santo; então, a partir de ambos, teremos o Filho igual ao Pai, pela primeira sequência; e o Espírito Santo igual a ambos, pela segunda sequência. Consequentemente, aquele pré-excelente e grande nome da Divina Trindade em Deus é grafado com quatro letras, quais sejam, *Jod, He* e *Vau*. He, onde está a aspiração, significando que a procedência do Espírito vem de ambos; pois He, ao ser duplicado, encontrar-se-á ao final de ambas as sílabas, sendo que o nome inteiro é pronunciado como Jova, de onde, como alguns irão dizer, vem aquele Jove dos pagãos, que os antigos retrataram com quatro carruagens; de onde o número quatro desponta como a fonte e fator principal do todo, da Divindade. E os pitagóricos a chamam de fonte perpétua da Natureza: pois há quatro graus na escala da Natureza, quais sejam, *ser, viver, sentir, compreender*. Existem quatro movimentos na Natureza, ou seja, subir, descer, seguir à frente, circular. Existem quatro cantos no céu, isto é, ascendente, descendente, o meio e o fundo do Céu. Existem quatro elementos sob o céu, a saber, fogo, ar, água e terra; de acordo com estes, há quatro triplicidades no céu. Existem quatro primeiras qualidades sob o céu, quais sejam, frio, calor, secura e umidade; destes vêm os quatro humores: sangue, catarro, bílis e bílis negra. Além disso, o ano é dividido em quatro partes, que são primavera, verão, outono e inverno; e, também, o vento é dividido em leste, oeste, norte e sul. Existem, igualmente, quatro rios no Paraíso e outros quatro são infernais. E ainda mais além, o número quatro forma todo o conhecimento: primeiro, ele compreende cada progressão simples dos números com quatro termos, melhor dizendo, com um, dois, três e quatro, compondo, assim, o número dez. Ele preenche todas as diferenças entre os números: contém o primeiro par e o primeiro ímpar. Na música há o diatessarão, a graça da quarta voz; há também o instrumento que possui quatro cordas; e há um diagrama pitagórico onde se encontram em primeiro lugar delimitadas todas as melodias musicais e toda a harmonia da música: para duplo, agudo, quatro vezes duplo, um e meio, uma e um terço, uma concórdia de todas, uma concórdia dupla de tudo, de cinco, de quatro, e toda consonante está limitada dentro dos limites do número quatro. Ele também contém toda a Matemática em quatro termos, quais sejam, *ponto, linha, superfície* e *profundidade*. Compreende toda a Natureza em quatro termos, a saber, substância, qualidade, quantidade e movimento; e, também, toda a filosofia natural, na qual estão as virtudes seminais da Natureza, o germinar natural, a forma em crescimento e o *compositum*. Da mesma forma, a metafísica é compreendida em quatro limites, isto é, *ser, essência, virtude* e *ação*. A filosofia moral é compreendida por quatro virtudes, isto é, *prudência, justiça, fortaleza* e *temperança*. O quatro também tem o poder da justiça e, portanto, a lei é quádrupla: da *providência*, de Deus; *fatal*, da alma do mundo; da *natureza*, do céu; da *prudência*, do homem. Existem também quatro poderes judiciais em todas as coisas, quais sejam, intelecto, disciplina, opinião e bom senso. Além disso, há quatro rios do Paraíso. E, em toda a Igreja, há quatro Evangelhos recebidos por quatro Evangelistas. Os hebreus receberam o nome supremo de Deus escrito com quatro letras. Também egípcios, árabes, persas, magistas, maometanos, gregos, toscanos e latinos escrevem o nome de Deus com quatro letras: Thet, Alla, Sire, Orsi, Abdi, θεὸς, Esar, Deus. Concomitantemente, os lacedemônios costumavam pintar Júpiter por quatro asas. Ao mesmo tempo, na Divindade de Orfeu, é dito que as carruagens de Netuno são puxadas com quatro cavalos. Existem também quatro tipos de fúrias divinas provenientes de várias divindades, a saber, das Musas, de Dionísio, de Apolo e de Vênus. Além disso, o Profeta Ezequiel viu quatro bestas perto do Rio Quebar e quatro querubins em quatro rodas. Ademais, em Daniel, quatro grandes bestas subiram do mar e quatro ventos combateram-nas. E, no Apocalipse, quatro bestas cheias de olhos, na frente e atrás, estavam em volta do trono de Deus; e aos anjos que estavam nos quatro cantos da terra guardando os quatro ventos, foi dado o poder de ferir a terra e o mar, para que não soprem sobre a terra, nem sobre o mar, nem sobre qualquer árvore.

A ESCALA DO NÚMERO QUATRO

O nome de Deus com quatro letras	יהוה				No mundo primevo, de onde vem a lei da Providência
Quatro regentes dos elementos	⊠⊠⊠ Seraph	⊠⊠⊠⊠ Cherub	⊠⊠⊠⊠⊠ Tharsis	⊠⊠⊠⊠⊠ Ariel	
Quatro animais consagrados	O Leão	A Águia	Homem	Um Bezerro	
Quatro triplicidades das tribos de Israel	Dã, Aser, Naftali	Judá, Isaacar, Zebulom	Manassés, Benjamim, Efraim	Rúben, Simeão, Gade	
Quatro triplicidades dos Apóstolos	Matias, Pedro, Tiago Maior	Simão, Bartolomeu, Mateus	João, Filipe, Tiago Menor	Tadeu, André, Tomé	
Quatro Evangelistas	Marcos	João	Mateus	Lucas	
Quatro triplicidades dos signos	Áries, Leão, Sagitário	Gêmeos, Libra, Aquário	Câncer, Escorpião, Peixes	Touro, Virgem, Capricórnio	No mundo celeste, onde está a lei da Natureza.
As estrelas e os planetas relacionados aos elementos	Marte e o Sol	Júpiter e Vênus	Saturno e Mercúrio	As Estrelas fixas e a Lua	
Quatro qualidades dos elementos celestes	Luz	Diafaneidade	Agilidade	Solidez	

Quatro elementos	⬚ Fogo	⬚⬚ Ar	⬚⬚⬚ Água	⬚⬚⬚ Terra	
Quatro estações	Verão	Primavera	Inverno	Outono	
Quatro cantos do mundo	Leste	Oeste	Norte	Sul	
Quatro tipos per-feitos de corpos compostos	Animais	Plantas	Metais	Pedras	
Quatro tipos de animais	Que cami-nham	Que voam	Que nadam	Que raste-jam	No mundo ele-mentar, onde está a lei da gera-ção e da decom-posição.
O que cor-responde aos ele-mentos nas plantas	Sementes	Flores	Folhas	Raízes	
O que cor-responde aos ele-mentos nos metais	Ouro e ferro	Cobre e esta-nho	Mercúrio	Chumbo e prata	
O que cor-responde aos ele-mentos nas pedras	Brilhante e ardente	Leve e trans-parente	Claro e en-durecido	Pesado e escuro	

Os quatro elementos no homem	Mente	Espírito	Alma	Corpo	
Quatro poderes da alma	Intelecto	Razão	Fantasia	Juízo	
Quatro poderes judiciais	Fé	Ciência	Opinião	Experiên-cia	
Quatro virtudes morais	Justiça	Temperança	Prudência	Força moral	
O que corresponde aos elementos nos sentidos	Visão	Audição	Paladar e Olfato	Tato	No mundo inferior, isto é, o homem, de quem vem a lei da prudência.
Os quatros elementos no corpo do homem	Espírito	Carne	Humores	Ossos	
Um espírito quádruplo	Animal	Vital	Generativo	Natural	
Quatro humores	Cólera (Bílis)	Sangue	Catarro	Melancolia (Bílis Negra)	
Quatro tipos de compleições	Violência	Agilidade	Estupidez	Lentidão	

Quatro príncipes dos demônios, ofensivos nos elementos	⊠⊠⊠⊠ Samael	⊠⊠⊠⊠⊠ Azazel	⊠⊠⊠⊠ Azael	⊠⊠⊠⊠⊠ Mahazael	No mundo infernal, onde está a lei da ira e do castigo.
Quatro rios infernais	Flegetonte	Cócito	Estige	Aqueronte	
Quatro príncipes dos espíritos, sobre os quatro cantos do mundo	Oriens	Paymon	Egyn	Amaymon	

Capítulo XX
Do Número Cinco e da Escala

O NÚMERO CINCO não tem força reduzida, pois une o primeiro par e o primeiro ímpar, como se fosse uma mulher e um homem: porque um número ímpar é o homem e o par é a mulher; e vem daí a razão que faz com que os aritméticos chamem aquele de pai e este de mãe. Portanto, o número cinco não é de pequena perfeição ou virtude, visto proceder da mistura desses números; é, também, a metade exata do número universal, ou seja, do dez: pois, se você dividir o número dez, haverá nove e um, ou oito e dois, ou sete e três, ou seis e quatro, e cada grupo perfaz o número dez, e o meio exato é sempre o seu equidistante número cinco; e, por isso, ele é chamado pelos pitagóricos de número do casamento, como também da justiça, uma vez que divide o número dez em uma escala equilibrada. Existem cinco sentidos no homem: visão, audição, olfato, paladar e tato; cinco poderes na alma: vegetativo, sensível, concupiscível, irascível e racional; cinco dedos na mão; cinco planetas errantes nos céus, de acordo com os quais existem cinco termos em cada signo. Nos elementos, há cinco tipos de corpos mistos, a saber, pedras, metais, plantas, animais-plantas, animais; e tantos tipos de animais, como homens, as bestas de quatro patas, os que rastejam, os que nadam e os que voam. E há cinco tipos pelos quais todas as coisas são feitas de Deus, quais sejam, a essência, a equivalência, a diversidade, o sentido e o movimento. A andorinha dá à luz apenas cinco crias, as quais ela alimenta com equidade, a começar pela mais velha, e assim as restantes de acordo com a idade. Foi por esse número que o antepassado Noé obteve a graça diante de Deus, sendo preservado no dilúvio das águas. Em virtude desse número, Abraão, tendo cem anos de idade, gerou um filho de Sara (Sara tinha 90 anos e era uma mulher estéril, pois já havia passado da idade de engravidar), do qual nasceu um grande povo. Consequentemente, em tempo de graça, o nome da Onipotência Divina é invocado em cinco letras; em tempos de natureza, o nome de Deus foi invocado com três letras שׁדי, Sadai; no tempo da lei, o nome inefável de Deus era expresso com quatro letras אדני, embora em seu lugar os hebreus expressem יהוה, Adonai; em tempo de graça, o nome inefável de Deus foi escrito com cinco letras יהשוה, Yhesu, que é chamado não menos do que o mistério das três letras ישׁר.

A ESCALA DO NÚMERO CINCO

Os Nomes de Deus com letras. O Nome de Cristo com cinco letras		אליא אלהים יהשה	Elohi, Elohim, Jhesu			No mundo primevo.
Cinco substâncias inteligíveis	Espíritos da primeira hierarquia, chamados de Deuses, ou filhos de Deus	Espíritos da segunda hierarquia, chamados de Inteligências	Espíritos da terceira hierarquia, chamados de Anjos, os quais são enviados	Alma dos corpos celestiais	Heróis e almas abençoadas	No mundo intelectual.

Cinco astros errantes, senhores dos termos	Saturno	Júpiter	Marte	Vênus	Mercúrio	No mundo celestial.
Cinco tipos de coisas perecíveis	Água	Ar	Fogo	Terra	Um corpo misto	No mundo elemental.
Cinco tipos de corpos mistos	Animal	Planta	Metal	Pedra	Animal-planta.	
Cinco sentidos	Paladar	Audição	Visão	Tato	Olfato	No mundo inferior.
Cinco tormentos corporais	Amargura mortal	Gemido horrível	Treva terrível	Calor não extinguível	Fedor agudo	No mundo infernal.

Capítulo XXI
Do Número Seis e da Escala

SEIS É UM número de perfeição, visto ser o mais sem defeito na natureza, ao longo de toda a sequência dos números, de um a dez; e, em si, ele é tão perfeito que, na adição de suas partes, resultará sempre o mesmo, sem faltar nem sobrar; pois se as suas partes, quais sejam, a metade, o terço e a sexta parte, que são três, dois e um, forem reunidas, elas preenchem perfeitamente o corpo inteiro de seis, por cuja perfeição todos os demais números anseiam. Como consequência, é dito pelos pitagóricos que esse número deve ser totalmente aplicado à geração e ao casamento, sendo chamado de régua do mundo, pois o mundo é feito do número seis: sem faltar nem sobrar; assim, isso acontece, visto Deus ter completado o mundo no sexto dia; pois, ao sexto dia, Deus viu todas as coisas que haviam sido feitas e elas estavam *muito boas*;[10] e, desse modo, o céu e a terra e todo o seu exército foram terminados. Igualmente é chamado de número do homem, uma vez que no sexto dia[11] o homem foi criado. E é também o número de nossa redenção, pois foi no sexto dia que Cristo sofreu por nossa redenção, de onde vem a grande afinidade entre o número seis e a cruz, o trabalho e a servidão. Do mesmo modo, foi ordenado pela lei que em seis dias o maná deveria ser colhido e o trabalho concluído. Ao longo de seis anos o solo deveria ser semeado; e que o servo hebreu serviria a seu senhor por seis anos. Em seis dias, a glória do Senhor apareceu no Monte Sinai, cobrindo-o com uma nuvem. Os querubins tinham seis asas. Seis círculos existem no firmamento: Ártico, Antártico, dois Trópicos, Equinocial e Eclíptica. Existem seis planetas errantes: Saturno, Júpiter, Marte, Vênus, Mercúrio e Lua, vagando pela latitude do Zodíaco em ambos os lados da Eclíptica. Existem seis qualidades substanciais nos elementos, a saber, perspicácia, leveza, movimento; bem como seus contrários, entorpecimento, rudeza e inércia. Existem seis diferentes de posições: para cima, para baixo, frente, atrás, do lado direito e do lado esquerdo. Existem seis ofícios naturais, sem os quais nada pode vir a ser, isto é, magnitude, cor, forma, intervalo, permanência, movimento. Além disso, uma figura sólida qualquer composta por quadrados terá seis superfícies. Existem seis tons de toda a harmonia, quais sejam, cinco tons e dois meios-tons, os quais formam um tom, que é o sexto.

---

10. No sexto dia, a Sabedoria Eterna declarou que todas as coisas criadas por sua mão divina eram "muito boas".
11. De onde vem o mistério do número da besta, 666, sendo este o número de um homem – DCLXVI.

A ESCALA DO NÚMERO SEIS

No Mundo Primevo	אל נבראלותים						Nomes de seis letras.
No Mundo Inteligível	Serafins	Querubins	Tronos	Dominações	Poderes	Virtudes	Seis ordens de Anjos, que não são enviados aos inferiores.
No Mundo Celestial	Saturno	Júpiter	Marte	Vênus	Mercúrio	A Lua	Seis planetas vagando pela latitude do Zodíaco da Eclíptica.
No Mundo Elemental	Inércia	Leveza	Perspicácia	Entorpecimento	Rudeza	Movimento	Seis qualidades substanciais dos elementos.
No Mundo Inferior	Intelecto	Memória	Sentido	Movimento	Vida	Essência	Seis graus da mente.
No Mundo Infernal	Acteus	Megalesius	Ormenus	Lycus	Nicon	Mimon	Seis demônios, os autores de todas as calamidades.

Capítulo XXII
Do Número Sete e da Escala

O NÚMERO SETE tem vários e múltiplos poderes, pois é constituído de um e seis, ou de dois e cinco, ou de três e quatro; e possui uma unidade, sendo o sete o resultado da adição desta com dois três: e, como consequência, se considerarmos as várias partes, as quais, quando somadas, resultam em sete, sem dúvida confessaremos que esse número, tanto por suas partes quanto por sua plenitude em si, é o mais pleno de toda majestade. Chamam-no os pitagóricos de *veículo* da vida do homem não apenas pelo que ele recebe de suas partes, mas também pelo aperfeiçoamento provido diretamente do todo, propriamente dito, que abarca corpo e alma; pois o corpo, constituído de quatro elementos, é também dotado de quatro qualidades; e, do mesmo modo, o número três diz respeito à alma, em razão de seu poder triplo, ou seja, racional, irascível e concupiscível. O número sete, portanto, visto consistir no três e no quatro, une a alma ao corpo; e a virtude desse número se relaciona com a dos homens, pois faz com que o homem seja acolhido, formado, gerado, nutrido e, na verdade, faz com que viva plenamente para subsistir: assim, quando a semente genital é acolhida pelo ventre da mulher, caso aí fique por sete horas depois de sua emissão, certamente aí permanecerá para sempre; então, nos primeiros sete dias, coagula e estará preparada para receber a forma de um homem; em seguida, produzirá bebês maduros, os quais são chamados de bebês do sétimo mês, visto eles nascerem no sétimo mês; e, após o nascimento, a sétima hora predirá se o bebê viverá ou não, pois aquele que mantiver o sopro do ar após aquela hora, sabe-se que viverá; e, depois de sete dias, ele perde os restos do cordão umbilical; depois de duas vezes sete dias, sua visão começa a se mover conforme a luz; no terceiro sétimo, ele passa a virar livremente seus olhos e todo o rosto; depois de sete meses, cria dentes; após o segundo sétimo mês, ele se senta sem medo de cair; após o terceiro sétimo mês, ele começa a falar; após o quarto sétimo mês, ele se levanta de modo firme e caminha; após o quinto sétimo mês, começa a se abster de sugar sua ama de leite; depois de sete anos, seus primeiros dentes caem e novos são produzidos, mais adequados para a alimentação mais sólida, e sua fala é

aperfeiçoada; depois do segundo sétimo ano, os meninos amadure-
cem e, então, inicia-se a faculdade reprodutora no terceiro sétimo
ano, quando eles crescem em estatura e começam a ter pelos, e se
tornam capazes e fortes para se reproduzirem; no quarto setênio,
eles param de crescer e não ficam mais altos; no quinto sétimo ano,
eles atingem a plenitude de suas forças; no sexto sétimo ano, eles
mantêm sua força; no sétimo setênio, eles alcançam sua máxima dis-
crição e sabedoria, sendo a idade perfeita dos homens; porém, quando chegam ao décimo período de sete anos, em que o número sete é
considerado um número completo, eles chegam ao fim da vida: assim o disse o Profeta, que nossa idade é de 70 anos. A altura máxima
do corpo de um homem é de sete pés. Existem, também, sete graus
no corpo, que completam a dimensão de sua altitude de baixo para
cima, quais sejam, medula, osso, nervo, veia, artéria, carne e pele.
Conforme os gregos, são sete os órgãos chamados de membros ne-
gros: a língua, o coração, os pulmões, o fígado, o baço e os dois rins.
Existem, também, sete partes principais do corpo: a cabeça, o peito,
as mãos, os pés e os órgãos genitais. Relacionado ao fôlego e à carne,
fato é que a vida não se mantém acima de sete horas sem respirar; e
quanto aos que se encontram famintos, não viverão mais de que sete
dias de fome.[12] Também as veias e as artérias, como afirmam os médicos, são movidas pelo sétimo número. Além disso, as avaliações
das doenças são realizadas com maior frequência no sétimo dia, que
os médicos chamam de dia críticos, isto é, limítrofes. Além disso, de
sete porções Deus criou a alma; a alma, também, recebe o corpo em
sete estágios. Todas as diferentes vozes chegam a sete tons, após os
quais ocorre a mesma repetição. Novamente, há sete modulações de
vozes: *ditonus*, *semiditonus*, *diatesseron*, *diapente* com um tom, *diapente* com um meio-tom e *diapasão*. Nos celestiais há também um
poder bastante potente do número sete; pois que há quatro cantos do
Céu que são opostos diametralmente um para o outro, algo que de
fato é considerado um aspecto intenso e poderoso, e que consiste no
número sete, já que é feito com o sétimo signo, formando uma cruz,

12. Há algumas exceções quanto a essa afirmação, uma das quais chegou a meu conhecimento nos últimos anos: o dr. Edward Spry, de Plymouth Dock, filósofo, cabalista e médico,
viveu mais de dois anos se alimentando com uma groselha por dia, no verão, e um bolo de
aveia e três taças de vinho branco por dia, ao longo do restante da temporada: esse senhor
era particularmente abstêmio em sua dieta.

a figura mais poderosa de todas, da qual falaremos em seu devido lugar. Porém, não deves ignorar isso, visto que o número sete tem uma grande comunhão com a cruz. Pela mesma radiação e número, o solstício está distante do inverno e o equinócio de inverno do verão, tudo isso feito por sete signos. Há também sete círculos nos céus, de acordo com as longitudes do eixo terrestre. Existem sete estrelas no Polo Ártico, maiores e menores, chamadas Charles Wain (Ursa Maior); também sete estrelas chamadas Plêiades; e sete planetas, de acordo com aqueles sete dias que constituem uma semana. A Lua é o sétimo dos planetas, e está próxima de nós, celebrando esse número mais do que os demais, distribuindo o movimento e a luz dele; e, assim, em 28 dias ela gira em torno de todo o Zodíaco; o mesmo número de dias do número sete acrescido a seus sete termos, isto é, a soma de um a sete, o que resulta em vários números, adicionando-se aos seus antecedentes, e faz aquele giro em quatro vezes sete dias, nos quais a Lua percorre toda a longitude e latitude do Zodíaco. E sempre repetindo o giro com a mesma cadência: e a cada um dos mesmos sete dias ela distribui sua luz, mudando-a; durante os primeiros sete dias, a Lua aparece pela metade, por assim dizer, mostra o mundo dividido, depois, cresce; nos segundos sete dias, ela preenche com luz toda a sua esfera; já no terceiro, diminuindo, novamente ela se mostra como um orbe dividido; porém, após o quarto grupo de sete dias, ela se renova com o último minguar de sua luz; e nesses mesmos sete dias, ela dispõe a subida e a diminuição das marés: pois, nos primeiros sete dias do crescente da Lua, a maré diminui aos poucos; no segundo, o aumento é gradual; porém, no terceiro ocorre como no primeiro, e no quarto ocorre o mesmo que no segundo. Também, aplica-se o mesmo a Saturno, o qual, de baixo para cima, é o sétimo planeta, e que indica descanso, que é atribuído ao sétimo dia, que significa o sétimo milésimo, quando, como dito por São João, o dragão (que é o diabo) e Satanás estarão amarrados, permitindo que os homens descansem e levem uma vida serena. E o leproso que havia de ser purificado foi aspergido sete vezes com o sangue de um pardal; e Eliseu, o Profeta, como está escrito no segundo livro de Reis, disse ao leproso: "Vai, e lava-te sete vezes no Jordão, e tua carne ficará sã e tu serás purificado". Além disso, é um número de arrependimento e de remissão. E Cristo terminou com sete apelos seu discurso para nosso contentamento. Ele é chamado de o número da liberdade, visto ter sido no sétimo ano que o servo hebreu

obteve a liberdade para si mesmo. Igualmente, é o número mais adequado para louvores divinos; e, por tal, diz o Profeta que "sete vezes por dia
eu te louvo, por causa dos teus julgamentos corretos". Além disso, é
chamado de o número da vingança, como diz a Escritura: "e Caim será
vingado sete vezes". E o Salmista afirma: "Devolve aos nossos vizinhos,
sete vezes mais, o opróbrio com que te vituperaram". Assim, há sete
maldades, conforme declara Salomão; e sete espíritos são considerados
maus, de acordo com o que é lido no Evangelho. Significa, da mesma
forma, o tempo do círculo atual, porque este é concluído no espaço de
sete dias. Também é consagrado ao Espírito Santo, que o profeta Isaías
descreve como sendo sétuplo, de acordo com seu dom, ou seja, o espírito de sabedoria e compreensão, o espírito de conselho e força, o espírito
de conhecimento e santidade, o espírito de temor ao Senhor, e que é
chamado por Zacarias de *os sete olhos de Deus*. Há também sete anjos,
espíritos postados perante a presença de Deus, como é lido em Tobias e
no Apocalipse: sete lâmpadas queimaram diante do trono de Deus, e
sete castiçais de ouro, em meio dos quais havia alguém semelhante ao
Filho do Homem, e ele possuía sete estrelas em sua mão direita. Além
disso, havia sete espíritos diante do trono de Deus, e sete anjos estavam
perante o trono, e foram dadas a eles sete trombetas. E ele viu um Cordeiro, com sete chifres e sete olhos; e ele viu o livro selado com sete selos;
e, quando o sétimo selo foi aberto, fez-se silêncio no céu.

Então, levando em conta tudo o que foi dito, fica evidente que
o número sete, dentre os demais números, pode ser merecidamente
considerado o mais completo e eficaz. Além disso, o número sete
tem grande conformidade com o número 12, pois, assim como três e
quatro são sete, três vezes quatro são 12, que são os números dos planetas e os signos celestiais resultantes da mesma raiz, sendo que pelo
número três eles participam da Divindade e, pelo número quatro,
da natureza das coisas inferiores. Há nas Escrituras Sagradas uma
observância muito grande desse número, maior do que a de todos
os outros, e muitos e grandiosos são os seus mistérios: muitos deles
nós decidimos relatar aqui, repetindo-os das Escrituras Sagradas,
pelas quais facilmente parecerá que o número sete significa uma
certa plenitude de mistérios sagrados, pois, conforme lemos em
Gênesis, que o sétimo era o dia de descanso do Senhor e que Eno-
que, um homem piedoso e santo, fora o sétimo desde Adão; e que
havia outro sétimo homem após Adão, um homem iníquo, chamado

Lameque, o qual tinha duas esposas; e que o pecado de Caim deve ser abolido na sétima geração e que, conforme está escrito, Caim será punido sete vezes; e aquele que matar Caim será vingado sete vezes; algo ao qual o mestre da história acrescenta que houve sete pecados de Caim. Além disso, de todos os animais sete eram puros, e sete foram introduzidos na arca, como também de aves; e depois de sete dias o Senhor fez chover sobre a terra; e no sétimo dia as fontes do abismo se romperam e as águas cobriram a terra. Ademais, Abraão deu a Abimeleque sete cordeiras; e Jacó serviu sete anos por Lia, e mais sete por Raquel; e ao longo de sete dias o povo de Israel lamentou a morte de Jacó. Além disso, lemos, no mesmo lugar, a respeito de sete vacas; e de sete anos de milho; de sete anos de abundância e de sete anos de escassez. E, em Êxodo, Sabbath dos Sabbaths, o santo descanso para o Senhor é ordenado que seja no sétimo dia; também, no sétimo dia, Moisés parou de orar. No sétimo dia, haverá uma solenidade do Senhor; no sétimo ano, o servo sairá livre; por sete dias, o bezerro e o cordeiro ficarão com sua mãe; no sétimo ano, descansará o solo semeado por seis anos; o sétimo dia será um Sabbath sagrado e um dia de descanso; o sétimo dia, porque é o Sabbath, será chamado de santo. Em Levítico, o sétimo dia também é observado como o mais santo; e o primeiro dia do sétimo mês será um Sabbath de memória; durante sete dias serão oferecidos sacrifícios ao Senhor; sete dias serão celebrados como os dias santos do Senhor; sete dias em um ano, para sempre, ao longo das gerações. No sétimo mês, celebrarás festas e habitarás em tabernáculos por sete dias; sete vezes ele se aspergirá diante do Senhor que molhou seu dedo em sangue; aquele que foi purificado da lepra será mergulhado sete vezes no sangue de um pardal; aquela que estiver menstruada deverá ser lavada em água corrente por sete dias; sete vezes ele molhará o dedo no sangue de um boi; sete vezes vou feri-lo por seus pecados. Em Deuteronômio, sete povos possuíram a Terra Prometida. Também é lido que há um sétimo ano de remissão; e sete velas colocadas no lado sul dos castiçais. E, em Números, lê-se que os filhos de Israel ofereceram sete cordeiras imaculadas; e que por sete dias comeram pães ázimos; e que o pecado foi expiado com sete cordeiros e um bode; e que o sétimo dia foi celebrado e foi santo; e o primeiro dia do sétimo mês era observado e santificado; e sétimo era o mês da Festa dos Tabernáculos; e sete bezerros foram oferecidos no sétimo dia; e Balaão ergueu sete altares; em sete dias, Maria, a irmã de Aarão, saiu leprosa do acampamento; durante sete dias permaneceria impuro aquele que tocasse em um cadáver. Em Josué, sete sacerdotes levaram a arca da aliança diante do exército; e em sete dias circularam pelas cidades; e sete trombetas foram carregadas pelos sete sacerdotes; e, no sétimo dia, os sete sacerdotes tocaram as trombetas. E, no livro dos Juízes, Ibzã dominou Israel por sete anos; Sansão manteve suas núpcias por sete dias, e no sétimo dia ele propôs uma charada para sua esposa; depois, ele foi amarrado com sete vinhas verdes; e sete mechas de seu cabelo foram cortadas; durante sete anos, os filhos de Israel foram oprimidos pelo rei de Maden. E nos livros dos Reis, Elias orou sete vezes e na sétima vez viu uma pequena nuvem; sete dias os filhos de Israel ficaram acampados contra os sírios, unindo-se no sétimo dia da batalha; Davi foi ameaçado com sete anos de fome, por causa da murmuração do povo; e sete vezes espirrou a criança criada por Eliseu; e sete homens foram crucificados juntos, nos dias da primeira colheita; Naamã foi purificado por Eliseu com sete lavagens; no sétimo mês, Golias foi morto. E, em Ester, lemos que o rei da Pérsia tinha sete eunucos. E, em Tobias, sete homens se uniram a Sara, filha de Raquel. E, em Daniel, a fornalha de Nabucodonosor fora aquecida sete vezes mais quente do que costumava ser; e sete leões estavam na cova, e no sétimo dia veio Nabucodonosor. No livro de Jó, há menção a seus de sete filhos; e durante sete dias e sete noites os amigos de Jó se sentaram com ele na terra; e, no mesmo lugar, é dito que "depois de sete tribulações nenhum mal chegará a ti". Em Esdras, lemos sobre os sete conselheiros de Artaxerxes; e no mesmo lugar, a trombeta soou; no tempo de Esdras, no sétimo mês a Festa dos Tabernáculos ocorria enquanto os filhos de Israel estavam nas cidades; e no primeiro dia do sétimo mês, Esdras leu a lei para o povo. E, nos Salmos, Davi louvou ao Senhor sete vezes durante o dia; a prata é experimentada sete vezes; e ele devolve aos seus vizinhos sete vezes mais do que recebeu. Seguindo, Salomão disse que a Sabedoria talhou para si sete colunas; sete são os homens que podem apresentar uma razão; sete são as abominações que o Senhor execra; são sete as abominações que estão no coração do inimigo; são sete superintendentes; e são sete olhos que contemplam. Isaías enuncia sete dons do Espírito Santo; e sete mulheres tomarão conta de um homem. E, em Jeremias, caso aquela que deu à luz sete crianças desfalecer, ela irá falecer. Em

Ezequiel, o Profeta continuou triste por sete dias. Em Zacarias, há sete lâmpadas e sete tubos para cada uma dessas sete lâmpadas; e sete olhos correndo para lá e para cá por toda a terra; e sete olhos em uma pedra; e o jejum do sétimo dia se tornou alegria. E, em Miqueias, sete pastores se erguem contra os assírios. Além disso, no Evangelho, lemos sobre sete bênçãos; e sete virtudes, às quais sete vícios se opõem; sete apelos há na Oração do Senhor; sete palavras de Cristo na cruz; sete palavras da bem-aventurada Virgem Maria; sete pães distribuídos pelo Senhor; sete cestos de fragmentos; sete irmãos com uma esposa; sete discípulos do Senhor que eram pescadores; sete potes de água em Canaã, na Galileia; sete infortúnios com os quais o Senhor ameaça os hipócritas; sete demônios foram expulsos da mulher impura, e sete demônios ainda mais malévolos foram recebidos depois de aqueles terem sido expulsos; e, também, com sete anos Cristo fugiu para o Egito; e, na sétima hora, a febre deixou o filho do governador. Já nas epístolas canônicas, Tiago descreve sete graus de sabedoria; e, Pedro, sete graus de virtudes. E, nos Atos, enumeramos sete diáconos e sete discípulos selecionados pelos Apóstolos. Ademais, no Apocalipse, existem muitos mistérios relacionados a esse número; pois lá lemos a respeito de sete castiçais, sete estrelas, sete coroas, sete igrejas, sete espíritos diante do trono, sete rios do Egito, sete selos, sete marcas, sete chifres, sete olhos, sete espíritos de Deus, sete anjos com sete trombetas, sete chifres do dragão, sete cabeças do dragão, as quais tinham sete diademas; também sete pragas e sete pequenas jarras que foram dadas a cada um dos sete anjos, sete cabeças da besta escarlate, sete montanhas e sete reis sentados sobre elas e sete trovões proferiram suas vozes.

Outrossim, esse número tem muito poder, seja no cerimonial natural seja no sagrado, e também em outras coisas; desse modo, os sete dias foram aqui mencionados; e, também, os sete planetas, as sete estrelas chamadas Plêiades, as sete idades do mundo, as sete mudanças do homem, as sete artes liberais, bem como tantas outras maquinarias, além de outras proibidas; sete cores, sete metais, sete aberturas na cabeça de um homem, sete pares de nervos, sete montanhas na cidade de Roma, sete reis romanos, sete guerras civis, sete homens sábios no tempo de Jeremias, sete homens sábios da Grécia; e também Roma, queimada em sete dias por Nero; e sete reis, pelos quais foram mortos dez mil mártires: havia sete adormecidos; e sete são as igrejas principais de Roma.

A ESCALA DO NÚMERO SETE

No Mundo Primevo	Ararita	אדאריהא			Asser Eheie	אשר אהיה	O nome de Deus com sete letras.
No Mundo Intelectual	עמקאיל Zafkiel	עדקיאל Zadkiel	במאל Camael	רמאל Rafael	האביאל Haniel	מיבאל Miguel	נבדיאל Gabriel	Sete anjos que estão na presença de Deus.
No Mundo Celestial	שבהאי Saturno	עדק Júpiter	מאדים Marte	שמש O Sol	בינה Vênus	כוכב Mercúrio	לבבה A Lua	Sete planetas.
No Mundo Elemental	O quero-quero, o peixe choco, a toupeira, chumbo, o ônix	A águia, o golfinho, o cervo, estanho, a safira	O abutre, o lúcio, o lobo, ferro, o diamante	O cisne, a foca, o leão, ouro, o carbúnculo	A pomba, o salmão, o bode, cobre, a esmeralda	A cegonha, a tainha, o macaco, mercúrio, a ágata	A coruja; o peixe-gato; o gato; prata; cristal	Sete pássaros dos planetas. Sete peixes dos planetas. Sete animais dos planetas. Sete metais dos planetas. Sete pedras dos planetas.

No Mundo Inferior	O pé direito, o ouvido direito	A cabeça, o ouvido esquerdo	A mão direita, a narina direita	O coração, o olho direito	Os órgãos genitais, a narina esquerda	A mão esquerda, a boca	O pé esquerdo, o olho esquerdo	Sete membros integrais relacionados aos planetas. Sete aberturas na cabeça relacionadas aos planetas.
No Mundo Infernal	Inferno □□□□□	Os portais da morte □□□□□	A sombra da morte □□□□□□	O abismo da destruição □□□□□	O barro da morte □□□□□□	Perdição □□□□	A profundeza da terra □□□□	Sete habitações de infernais, conforme descritas pelo rabino Joseph de Castilia, no jardim das nozes.

Capítulo XXIII
Do Número Oito e da Escala

Os PITAGÓRICOS CHAMAM de Oito o número da justiça e da plenitude: primeiro, porque ele é, antes de tudo, divisível em números igualmente pares, isto é, em quatro; e essa divisão é, pela mesma razão, feita em duas vezes dois, ou seja, duas vezes duas vezes; e é por causa da igualdade dessa divisão que ele tomou para si o nome de justiça. Porém, o outro nome recebido por ele, plenitude, tem como razão a contextura de sua solidez corporal, visto ser o primeiro a formar um corpo sólido. Daí aquele vezo que Orfeu possuía de jurar pelas oito divindades, caso a qualquer momento ele suplicasse pela justiça Divina, cujos nomes são estes: Fogo, Água, Terra, o Céu, Lua, Sol, Fanes e a Noite. Existem somente oito esferas visíveis do céu. Além disso, pelo oito é representada a propriedade da natureza corpórea, que Orfeu compreende em oito de suas canções do mar: o oito também é chamado de aliança, ou circuncisão, estabelecida para ser feita pelos judeus no oitavo dia de vida.

Havia também, na antiga lei, oito ornamentos do sacerdote, quais sejam, uma couraça peitoral, um sobretudo, um cinto, uma mitra, uma túnica, um éfode, o cinto do éfode e uma lâmina de ouro. Esse é o número que pertence à eternidade e ao fim do mundo, porque segue o número sete, que é o mistério do tempo. Daí, também, é o número de bem-aventurança, como se pode atestar em Mateus. É igualmente chamado de número de segurança e conservação; porque é o mesmo número de almas dos filhos de Jessé, dos quais Davi fora o oitavo.

A ESCALA DO NÚMERO OITO

O nome de Deus com oito letras	Eloa Vadaath אלוה דרעת		No mundo primevo.
	Jehova Vedaath עזה דתצה		
Oito recompensas aos abençoados	Um reino	Alegria	No mundo intelectual.
Oito céus visíveis	O céu de Mercúrio	O céu da Lua	No mundo celestial.
Oito qualidades particulares	A secura do fogo	A frieza da terra	No mundo elemental.
Oito tipos de homens abençoados	Os pobres de espírito	Os que choram	No mundo inferior.
Oito castigos dos condenados	Tribulação	Angústia	No mundo infernal.

Capítulo XXIV
Do Número Nove e da Escala

EXISTEM NOVE ORDENS de anjos abençoados, a saber, Serafins, Querubins, Tronos, Dominações, Poderes, Virtudes, Principados, Arcanjos e Anjos, com as quais Ezequiel relaciona nove pedras, que são a safira, esmeralda, carbúnculo, berilo, ônix, crisólita, jaspe, topázio e sárdio. Esse número também possui um mistério grande e oculto relacionado à cruz, visto ter sido durante a hora nona que nosso Senhor Jesus Cristo expirou seu espírito. Os astrólogos também relacionam o número nove com as idades dos homens, não diferentemente de como é feito com o sete, as quais eles chamam de anos climatéricos, que são insignes por conta de acontecer alguma mudança notável. No entanto, às vezes, o nove significa imperfeição e incompletude, porque não alcança a perfeição do número dez, sendo menor em uma unidade, sem a qual é deficiente, como a interpretação que Austin faz sobre os dez leprosos. E também não deixa de ser misterioso o comprimento de nove côvados de Ogue, rei de Basã, que é um tipo de demônio.

A ESCALA DO NÚMERO NOVE

O nome de Deus com nove letras	Jehovah Sabboath יהות צבאוה			Jehovah Zidkenu ערלכו			Elohim Giber אלהים נפיר			No mundo primevo.
Nove grupos de anjos, nove anjos governando os céus	Serafins, Metatron	Querubins, Ofaniel	Tronos, Zafkiel	Dominações, Zadkiel	Poderes, Camael	Virtudes, Rafael	Principados, Haniel	Arcanjos, Miguel	Anjos, Gabriel	No mundo intelectual.
Nove esferas móveis	O *primum mobile*	O céu estrelado	A esfera de Saturno	A esfera de Júpiter	A esfera de Marte	A esfera do Sol	A esfera de Vênus	A esfera de Mercúrio	A esfera da Lua	No mundo celestial.
Nove pedras relacionadas aos nove grupo de anjos	Safira	Esmeralda	Carbúnculo	Berilo	Ônix	Crisólito	Jaspe	Topázio	Sárdio	No mundo elemental.
Nove sentidos, ao mesmo tempo internos e externos	Memória	Meditativo	Imaginativo	Senso comum	Audição	Visão	Olfato	Paladar	Tato	No mundo inferior.
Nove ordens de demônios	Espíritos falsos	Espíritos da mentira	Portadores de iniquidade	Vingadores da maldade	Prestidigitadores	Poderes irreais	Fúrias semeando estragos	Aqueles que espreitam ou testam	Aqueles que tentam ou enredam	No mundo infernal.

Capítulo XXV
Do Número Dez e da Escala

O número Dez é chamado de número total ou de um número universal, completo, significando o percurso completo da vida, pois, para além dele, não podemos numerar, senão por repetição; e isso ou implica que todos os números estão dentro dele, ou que ele os explica por si mesmo e por seus derivados ao serem multiplicados; portanto, ele é tido como possuidor de aspectos de religião e de poderes múltiplos, sendo aplicado à purificação das almas. Daí os antigos terem chamado as cerimônias de Decenárias, porque durante dez dias deviam ser expiados e oferecer sacrifícios, além de se absterem de certas coisas.

Existem dez partes repletas de energia no homem: a menstruação, o esperma, o espírito plasmático, a massa, os humores, o corpo orgânico, a parte vegetativa, a parte dos sentidos, a razão e a mente. Há, também, dez partes integrais simples que constituem o homem: osso, cartilagem, nervo, fibra, ligamento, artéria, veia, membrana, carne e pele. Existem, da mesma forma, dez partes nas quais um homem intrinsecamente é consistido: o espírito, o cérebro, os pulmões, o coração, o fígado, a bile, o baço, os rins, os testículos e o útero. Há dez cortinas no templo, dez cordas no saltério, dez instrumentos musicais com os quais os salmos eram entoados. Seus nomes são os seguintes: *neza*, para se entoarem as odes; *nablum*, o mesmo que órgão; *mizmor*, para os Salmos; *sir*, para os Cânticos; *tehila*, para as orações; *beracha*, para as bênçãos; *halel*, para os louvores; *hodaia*, nos agradecimentos; *asre*, para a felicidade de qualquer um; *aleluia*, para os louvores apenas a Deus e às contemplações. Havia também dez cantores de salmos, quais sejam, *Adão, Abraão, Melquisedeque, Moisés, Asafe, Davi, Salomão* e os três filhos de *Corá*. Existem, também, dez mandamentos. E, do mesmo modo, foi no décimo dia após a ascensão de Cristo que houve a descida do Espírito Santo. Finalmente, esse é o número com o qual Jacó venceu, ao lutar com o Anjo durante a noite toda, sendo que, ao nascer do Sol, foi abençoado e chamado pelo nome de Israel. Nesse número, Josué venceu 31 reis; e Davi venceu Golias e os filisteus; e Daniel escapou do perigo dos leões.

Assim como a unidade, esse número também é circular; pois, ao se somar, retorna em uma unidade, de onde teve seu início; e é o fim e a perfeição de todos os números e o início das dezenas. Assim como o número dez flui de volta para uma unidade, de onde ele procedeu, então, do mesmo modo, tudo que está fluindo retorna àquilo de onde teve o início de seu fluxo: portanto, a água retorna ao mar, de onde teve seu início; o corpo retorna à terra, de onde foi retirado; o tempo retorna à eternidade, de onde fluiu; o espírito voltará para Deus, que o concebeu; e, por último, toda criatura retorna ao nada, de onde foi criada.[13] Tampouco, ele é sustentado senão pela palavra de Deus, em quem todas as coisas estão ocultas, e todas as coisas com o número dez, e pelo número dez, retornam, como diz Proclus, partindo de Deus e terminando Nele. Deus, portanto (aquela primeira unidade ou o uno), antes de se comunicar com os inferiores, difundiu-se inicialmente no primeiro dos números, a saber, no número três; depois, no número dez, como em dez ideias e medidas, as quais perfizeram todos os demais números e todas as coisas, que os hebreus chamam de dez atributos e os contabilizam em dez nomes divinos, de cuja causa não pode haver outro número. Assim, todas as dezenas têm alguma coisa divina nelas, e na lei são exigidas como Suas, junto aos primeiros frutos, como o original de todas as coisas e início dos números, e cada décimo é como o fim dado a ele, que é o começo e o fim de todas as coisas.

ESCALA DO NÚMERO DEZ

---

13. Por fim, os elementos desistem de tudo o que já receberam; o mar desiste de seus mortos, o fogo desiste de seu combustível, a terra abandona a virtude seminal, etc.; e o ar renuncia a qualquer voz, som ou impressão que tenha recebido, de modo que nenhum juramento, mentira ou blasfêmia permanecerá em segredo, sendo que tudo aparecerá tão claro quanto a luz do meio-dia no grande dia de Deus.

A ESCALA DO NÚMERO DEZ

No mundo primevo	יהוהוהיהי O nome de Jehovah coletado com dez letras			ואו הא O nome de Jehovah com dez letras			יוד הא Estendido
	אהיה Eheie, כתר Kether	זידה Jod Jehovah, דכמה Hochmah	יהודאלים Jehovah Elohim, בינה Binah	אל El, דכך Hesed	אלהימגיבך Elohim Gibor, המה Geburah	אליה Eloha, הפארדה Tiphereth	יהוהעבאוה Jehovah Saboath, נעה Nezah
No mundo intelectual	Serafins, Hajothhakados, Metatron	Querubins, Ophanim, Jofiel	Thrones, Aralim, Zafkiel	Dominações, Hasmallim, Zadkiel	Poderes, Serafins, Camael	Virtudes, Malaquins, Rafael	Principados, Elohim, Haniel
No mundo celestial	Reschith ha-gallalim, o *primum mobile*	Masloth, a esfera do Zodíaco	Sabbathi, a esfera de Saturno	Zedeck, a esfera de Júpiter	Madim, a esfera de Marte	Schemes, a esfera do Sol	Noga, a esfera de Vênus
No mundo elemental	Uma pomba	Um lagarto	Um dra-gão	Uma águia	Um cavalo	Leão	Homem

No mundo inferior	Espírito	Cérebro	Baço	Fígado	Vesícula biliar	Coração	Rins
No mundo infernal	Falsos deuses	Espíritos que mentem	Portadores de iniquidade	Vingadores da maldade	Prestidigitadores	Poderes irreais	Fúrias semeando estragos

אלהימצבאוה O nome Elohim Sabaoth			O nome de Deus com dez letras.
אלהימצבאוה Elohim Saboath, חד Hod	שדי Sadai, יסד Jesod	אדני Adonai Melech; סלכוה Malchuth	Dez nomes de Deus. Dez Sefiroth.
Arcanjos. Ben Elohim, Miguel	Anjos, Querubins, Gabriel	Almas abençoadas; Issin; A alma do Messias	Dez ordens dos abençoados, de acordo com Dioniso. Dez ordens de abençoados, de acordo com as tradições dos homens. Dez anjos que governam.
Cochab, a esfera de Mercúrio	Levanah, a esfera da Lua	Holom Iesodoth, a esfera dos elementos	Dez esferas do mundo.
A raposa	Touro	Cordeiro	Dez animais consagrados aos deuses.
Pulmões	Genitais	Útero	Dez partes intrínsecas do homem.
Aqueles que espreitam ou testam	Aqueles que tentam ou enredam	Almas perversas, que controlam	Dez ordens dos condenados.

Capítulo XXVI
Dos Números Onze e Doze, e com a Escala Cabalística

O NÚMERO ONZE, por exceder o número dez, que é o número dos mandamentos, encontra-se aquém do número Doze, que é o da graça e da perfeição; portanto, é chamado o número dos pecados e do penitente. Agora, o número doze é divino, sendo aquele pelo qual os celestiais são medidos;[14] é, também, o número de signos no

---

14. O uso dessas escalas, na composição de talismãs, selos, anéis, etc., deve ser óbvio para todo estudante que for examiná-las e são indispensavelmente necessárias para a produção de qualquer efeito que o artista possa propor a si mesmo; pois, como observamos antes,

Zodíaco, sobre os quais há doze anjos como chefes, sustentados pela irrigação do grande nome de Deus. Em doze anos, também, Júpiter

todas as coisas foram formadas conforme a proporção dos números, parecendo ser este o padrão principal na mente do Criador; portanto, quando em qualquer momento iniciamos um trabalho ou experimento em Magia Celestial, devemos ter consideração especial com a regra dos números e das proporções. Por exemplo, se quisermos obter a influência celestial de qualquer estrela, devemos, antes de tudo, observar em quais horas essa estrela será poderosa nos céus, quero dizer, quando estiver em bom aspecto em relação aos benefícios, e quando do dia e da hora apropriados onde ela governa o planeta, e quando estiver em lugares afortunados da figura; então, devemos observar quais são os nomes divinos que estão governando as inteligências, ou espíritos, aos quais os ditos planetas estão sujeitos com seus sigilos (algo que poderás consultar de forma ampla nas Tabelas Mágicas de Números); depois, recorrendo às tabelas das escalas anteriores, poderemos ver, por inspeção, a quais números são atribuídos os nomes divinos e, sob eles, as ordens das inteligências, as esferas celestes, os elementos e suas propriedades, os animais, os metais e as pedras; os poderes da alma, os sentidos do homem, as virtudes, os príncipes dos espíritos malignos, os lugares de punição, os graus das almas condenadas, os graus de tormentos no futuro e tudo o que está no céu, ou na terra, ou no inferno; todos os nossos sentidos, movimentos, qualidades, virtudes, palavras ou obras encontram-se submetidos às proporções dos números, como podes ver plenamente exemplificado nas diferentes escalas dos números; e todas as coisas que são cognoscíveis são demonstráveis por eles e são atribuídas a eles; portanto, grande é o conhecimento e a sabedoria derivados dos números. Desse modo, o artista deve estar bem familiarizado com suas virtudes e propriedades; porquanto que por elas há um caminho aberto para o conhecimento e compreensão de todas as coisas; assim, deixe-o contemplar diligentemente essas escalas, e, da mesma forma, contemplar o que prescrevemos em nossos anteriores capítulos, o XIV e o XV, anteriores às escalas, nos quais explicamos, fundamentados em boa autoridade, suficientemente a extensão e a força dos números formais, que devem ser bem compreendidos e considerados atentamente, como a base e as fundações de todas as nossas operações nesta ciência, sem as quais somos defraudados do efeito desejado: portanto, sempre que pretendermos iniciar qualquer experimento, seja uma imagem, ou anel, ou placa, ou espelho, ou amuleto, ou qualquer outro instrumento, devemos observar primeiro o local, ordem, número e governo da inteligência e seu planeta, sua medida de tempo, revolução nos céus, etc.; e, da mesma forma, devemos gravar ou escrever nele seu número, inteligência ou espírito, conforme se deseje um efeito bom ou mau, com os sigilos e tabelas adequados; igualmente, o efeito ansiado, com os nomes divinos congruentes com ele, para que nossas operações sejam fortes, poderosas e adequadas à constelação e à estrela, tanto em tempo, número e proporção; com a devida e atenta observação de tudo o que escrevemos a respeito, sem o qual todas as nossas operações jamais poderiam ter o efeito desejado. Além disso, devemos ter em mente que sempre que tal instrumento é aperfeiçoado, ele se torna ainda mais poderoso quando o planeta ou constelação (sob a qual foi construído) for um governante potente nos Céus; pois, naquele momento, tudo o que desejamos levar à perfeição pelo dito Talismã, como um meio e instrumento, de forma alguma será impedido ou entravado. Portanto, considere isso uma regra geral, que todos os instrumentos mágicos, quaisquer que sejam, não têm poder em si mesmos, senão pelo modo como são formados sob as influências e de acordo com os tempos e números de suas próprias estrelas e constelações; daí é derivado o título que damos a este Livro, ou seja, da *Arte Constelatória* ou da *Magia Talismânica*. Aqueles que ainda desejarem tecer maiores considerações sobre o poder, a virtude, a extensão e a harmonia dos números, que leiam Pitágoras, Platão, Avicena, Averróis, etc., e também todos os demais que concordem sobre as virtudes que estão ocultas nos números, conhecimento que, quando ausente, nenhum homem poderá se tornar um verdadeiro filósofo.

perfaz sua órbita e a Lua passa diariamente por doze graus. Existem, igualmente, doze principais articulações no corpo do homem, a saber, nas mãos, cotovelos, ombros, coxas, joelhos e vértebras dos pés. Existe, também, um grande poder do número doze nos mistérios divinos. Deus escolheu doze famílias de Israel, sobrepondo-lhes doze príncipes; doze são as pedras que foram inseridas no meio do Jordão; e Deus ordenou que fosse colocado no peito do sacerdote esse mesmo número de pedras. Doze são os leões que carregaram o mar de bronze feito por Salomão; havia a mesma quantidade de fontes em Elim; e tantos quantos foram os apóstolos de Cristo estabelecidos sobre as doze tribos; e doze mil pessoas foram designadas e eleitas.

A ESCALA DO NÚMERO DOZE

O nome de Deus com doze letras			הוא Santo	כריד Abençoado	אקדש He	י
O grande nome retorna em doze insígnias	יהוה	חהי	יודה	חהי	היוה	דיה
Doze ordens de espíritos abençoados	Serafim	Queru-bim	Tronos	Domina-ções	Poderes	Virtudes
Doze anjos governando os signos	Malchi-dial	Asmodel	Am-briel	Muriel	Verchiel	Hamaliel
Doze tribos	Gade	Efraim	Manas-sés	Isaacar	Judá	Naftali

Doze profetas	Mala-quias	Ageu	Zaca-rias	Amós	Oseias	Miqueias
Doze signos do Zodíaco	Áries	Touro	Gêmeos	Câncer	Leão	Virgem
Doze meses	Março	Abril	Maio	Junho	Julho	Agosto
Doze plantas	Ginseng	Verbena vertical	Verbe-na pen-dente	Confrei	Beijo-de-moça	Calaminta
Doze pedras	Sárdio	Corna-lina	Topázio	Calcedônia	Jaspe	Esmeralda
Doze partes princi-pais	Cabeça	Pescoço	Braços	Tórax	Coração	Ventre
Doze graus de conde-nados e de demô-nios	Falsos deuses	Espíri-to que mentem	Porta-dores de ini-quidade	Vingadores da maldade	Prestidi-gitadores	Poderes irreais

		אבכוודזהחכדש Pai, Filho e Espírito Santo				No mundo primevo.
זחדי	יהה	יהוה	היהו	חזה	הוהי	
Principa-dos	Arcanjos	Anjos	Inocentes	Mártires	Confessos	No mundo intelectual.
Zuriel	Barbiel	Adna-chiel	Hanael	Gabriel	Barchiel	
Aser	Dã	Benja-mim	Zebulom	Rúben	Simeão	
Jonas	Abdias	Sofonias	Naum	Habacuc	Joel	
Libra	Escorpião	Sagitário	Capricórnio	Aquário	Peixes	No mundo celestial.
Setembro	Outubro	Novem-bro	Dezembro	Janeiro	Fevereiro	No mundo elemental.
Miosótis	Artemisa	Pimpine-la	Labaça-cres-pa	Serpentária	Aristolochia	
Berilo	Ametista	Jacinto	Crisoprásio	Cristal	Safira	
Rins	Genitais	Coxas	Joelhos	Pernas	Pés	No mundo inferior.
Fúrias semeando estragos	Aqueles que es-preitam ou testam	Aqueles que ten-tam ou enredam	Bruxas	Apóstatas	Infiéis	No mundo infernal.

Capítulo XXVII
Dos Apontamentos dos Hebreus e Caldeus, e Outros Apontamentos dos Magistas

Os SIGILOS HEBRAICOS têm valores de números atribuídos a eles, de modo bem mais esmerado do que em qualquer outra língua, uma vez que os maiores mistérios estão presentes nas letras hebraicas, como é tratado a respeito delas naquela parte da Cabala denominada Notariacon. Ora, as principais letras hebraicas estão em número de 22, das quais cinco delas recebem outros valores quando estiverem no final de uma palavra, sendo assim chamadas de as cinco letras finais, que, quando acrescentadas às demais mencionadas, perfazem um total de 27 letras; as quais, então, são subdivididaas em três graus, significando unidades, quando estiverem no primeiro grau; dezenas, quando estiverem no segundo grau; e centenas quando estiverem no terceiro grau. Desse modo, cada uma delas, caso seja grifada com um sigilo grande, significará tantos milhares, como aqui:

1000	2000	3000
א	ב	ג

As classes dos números hebraicos são as seguintes:

1	2	3	4	5	6	7	8	9
א	ב	ג	ד	ה	ו	ז	ח	ט
10	20	30	40	50	60	70	80	90
י	כ	ל	מ	נ	ס	ע	פ	צ
100	200	300	400	500	600	700	800	900
ק	ר	ש	ת	ך	ם	ן	ף	ץ

Às vezes, as letras finais não são usadas, mas as escrevemos assim:

500	600	700	800	900	1000
קת	תר	תש	תת	תתק	א

Portanto, com esses simples algarismos, e pela combinação deles, podemos descrever todos os demais números compostos, tais como 11, 12, 110, 111, somando-se ao número dez as unidades; e, da mesma maneira, assim fazemos com o resto; contudo, descrevemos o décimo quinto número não por dez e cinco, mas por nove e seis, ou seja, טו, e isso em honra ao nome divino יה, que significa 15, para que esse nome sagrado não seja usado para profanar as coisas. Igualmente, os egípcios, etíopes, caldeus e árabes têm suas marcas de números, que servem para a formação de sigilos mágicos; porém, os caldeus marcam seus números com as letras de seu alfabeto, à maneira dos hebreus. Eu encontrei, em um antigo livro de Magia, alguns sigilos muito elegantes, os quais reproduzi da seguinte forma:

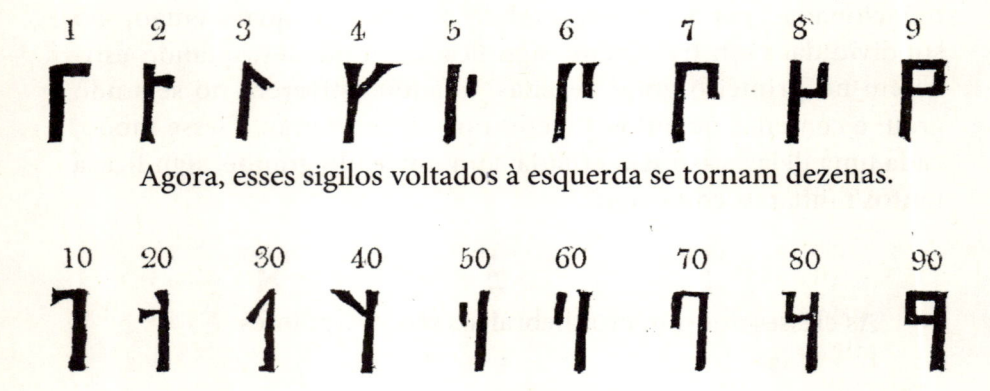

Agora, esses sigilos voltados à esquerda se tornam dezenas.

E esses sigilos virados para baixo e à direita perfazem centenas e, à esquerda, milhares, a saber:

E pela composição e pela mistura desses sigilos, outros números compostos são feitos com mais elegância, como é possível se perceber por estes poucos exemplos:

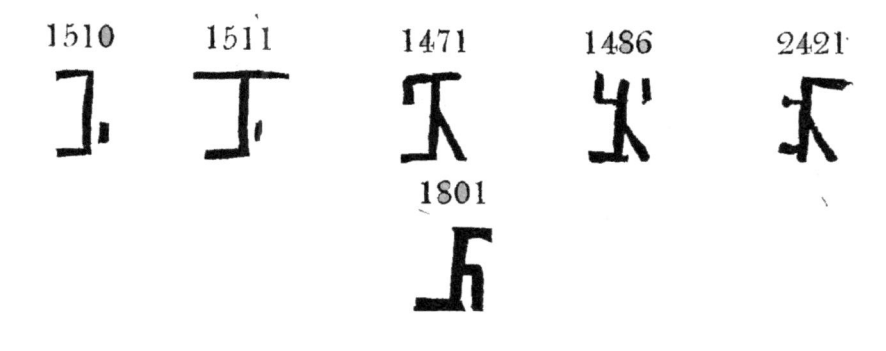

Capítulo XXVIII
As Tabelas Mágicas dos Planetas; Sua Forma e Virtude; Quais Nomes, Inteligências e Espíritos Divinos São Sobrepostos a Eles

EXISTEM CERTAS TABELAS mágicas de números distribuídos aos sete planetas, que são denominadas tabelas sagradas dos planetas, uma vez que, sendo corretamente formuladas, elas são dotadas de muitas grandes virtudes dos céus, de modo que representam a ordem divina dos números celestiais, impressa neles pelas *ideias* da mente divina, por meio da alma do mundo e pela doce harmonia desses raios celestiais; significando, de acordo com a proporção, inteligências supercelestiais, que não podem ser expressas de outra maneira senão pelas marcas de números, letras e sigilos; pois números e algarismos *materiais* nada podem fazer pelos mistérios das coisas ocultas, senão representativamente por números e algarismos *formais*, visto que essas coisas são partícipes e governadas por inteligências e enumerações divinas, que unem os extremos da matéria e do espírito com a vontade da alma elevada, recebendo (por ter grande afinidade com o poder celestial do operador) uma virtude e um poder de Deus, aplicados por meio da alma do universo e pela observação das constelações celestiais em uma *matéria* adequada para

Plate 1.

The Magic Tables Seals & Characters of the Planets their Intelligence & Spirits.

The Table of Saturn in his Compass ♄

4	9	2
3	5	7
8	1	6

The same Table in Hebrew

ד	ט	ב
ג	ה	ז
ח	א	ו

The Seal of Saturn — *Of the Intelligence of* ♄ — *Of the Spirit of* ♄

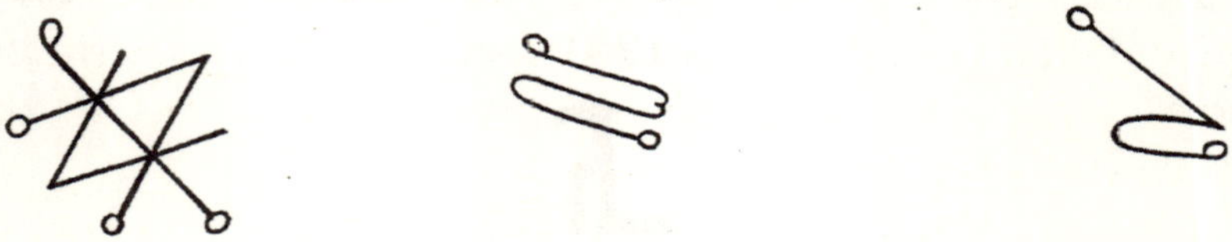

The Table of Jupiter ♃

4	14	15	1
9	7	6	12
5	11	10	8
16	2	3	13

In Hebrew

ד	יד	טו	א
ט	ז	ו	יב
ה	יא	י	ח
יו	ב	ג	יג

The Seal of Jupiter — *Of the Intelligence of* ♃ — *Of the Spirit of* ♃

The Table of Mars ♂

11	24	7	20	3
4	12	25	8	16
17	5	13	21	9
10	18	1	14	22
23	6	19	2	15

In Hebrew

יא	כד	ז	כ	ג
ד	יב	כה	ח	יו
יז	ה	יג	כא	ט
י	יח	א	יד	כב
כג	ו	יט	ב	טו

The Seal of Mars — *Of his Intelligence* — *Of his Spirit*

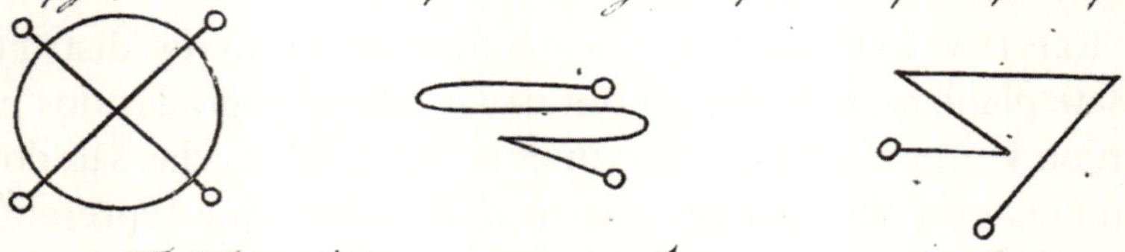

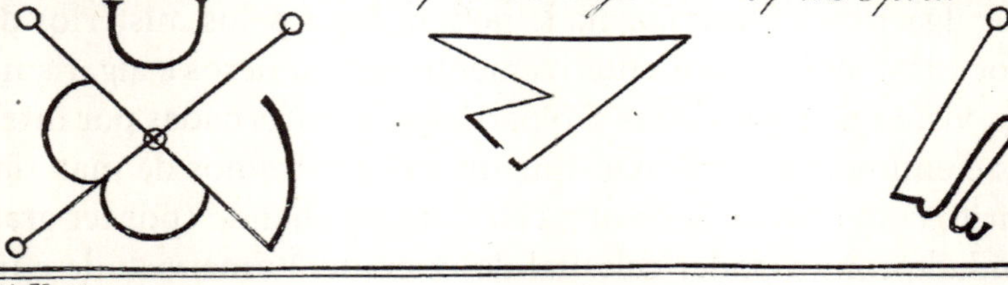

Designed by F. Barrett. — Pub. by Lackington Allen & Co. — Engraved by H. G.

uma forma, contanto que exista o meio adequadamente ajustado pela habilidade e diligência do magista.

Então, agora passaremos a explicar cada tabela, particularmente.[15] A primeira é atribuída ao planeta Saturno e consiste em um quadrado de três, contendo os primeiros nove números, sendo que a soma de cada linha de três, em todas as direções, e por meio de cada diâmetro, totalizará 15, e a adição total dos números é de 45; sobre isso são colocados nomes divinos, preenchendo os números com uma inteligência para o que for bom e com um espírito para o que for mal; e dos mesmos números são tirados o selo e o sigilo de Saturno, e de seus espíritos, como está atribuído abaixo da tabela.

Agora, gravando essa tabela em uma placa de chumbo quando houver aspectos favoráveis a Saturno, isso ajudará o parto; tornará qualquer homem seguro ou eficaz, obtendo sucesso em petições junto a príncipes e demais poderosos; porém, caso seja feita quando Saturno estiver desfavorável, atrapalhará construções, plantações e coisas do gênero, e um homem será privado de honras e dignidades, além de causar discórdia, briga e dispersar um exército.

A segunda é a tabela de Júpiter, que consiste em um quadrado desenhado sobre si mesmo, contendo os 16 números iniciais, dispostos de quatro em quatro e em cada linha e diâmetro, cuja soma perfaz 34 e a soma total é 136. Nele, há nomes divinos, com inteligência para o que é bom e espírito para o mal; e dele é extraído o sigilo de Júpiter e seus espíritos; caso seja gravada em uma lâmina de prata, quando Júpiter for poderoso e estiver governando os céus, ela propiciará o ganho de riquezas e favores, de amor, de paz e de concórdia, além de apaziguar os inimigos e de confirmar honrarias, dignidades e conselhos; e, também, dissolverá encantamentos se for gravada em um coral.

A terceira tabela pertence a Marte, feita de um quadrado de cinco, contendo 25 números, cinco deles dispostos em cada lado e no diâmetro, o que perfaz 65, enquanto a soma de todos é 325; e nele há nomes divinos com inteligência para o bem e espírito para

---

15. Para a figura das tabelas, selos, sigilos, etc. dos sete planetas, consulte as pranchas fornecidas neste capítulo.

o mal, e dele são extraídos os sigilos de Marte e de seus espíritos. Estes, sendo gravados em uma placa de ferro ou em uma espada, com *Marte* afortunado, torna um homem potente na guerra, nos julgamentos e nas petições, e terrível para seus inimigos; ele será vitorioso sobre eles; e se a gravação for feita na pedra cornalina, parará o sangue e a menstruação; mas, se for gravada em uma placa de bronze vermelho enquanto *Marte* estiver desfavorável, ele impede e atrapalha as edificações; ele privará os poderosos de dignidades, honras e riquezas; causará discórdia e ódio entre homens e animais; afastará abelhas, pombos e peixes, e impede que os moinhos funcionem, ou seja, eles serão travados; e, da mesma forma, torna os caçadores e lutadores infelizes; causa esterilidade em homens e mulheres, além de inflamar o terror em nossos inimigos, obrigando-os a se submeterem.

A quarta tabela é a do Sol, feita de um quadrado de seis, contendo os 36 primeiros números, dos quais seis em cada lado e diâmetro produzem a soma de 111, sendo 666 sua soma total; sobre ela há nomes divinos, com uma inteligência para o que é bom e um espírito para o que é mau, e dela é extraído o sigilo do Sol e de seus espíritos. Ao ser gravado em uma placa de ouro puro, quando o Sol estiver em aspecto favorável, o sigilo tornará aquele que o usa renomado, amável, aceitável, potente em todas as suas obras, igualando-o a um rei, elevando sua fortuna e permitindo que ele faça o que quiser. Porém, com um Sol com aspectos desfavoráveis, aquele se tornará um tirano, orgulhoso, ambicioso, insaciável e, finalmente, fadado a um final desditoso.

A quinta tabela é a de Vênus, compreendendo um quadrado de sete, desenhado em si mesmo, ou seja, de 49 números, dos quais a soma dos sete em cada lado e diâmetro perfaz 175, e a soma de todos é 1.225; e, dela, é extraído o sigilo de Vênus e seus espíritos; há, do mesmo modo, nomes divinos sobre ele, sendo uma inteligência para o bem e um espírito para o mal. Este, ao ser gravado em uma placa de prata, quando Vênus estiver favorável, promove a concórdia, põe fim à contenda, adquire o amor das mulheres, ajuda a concepção, é bom contra a esterilidade, confere a capacidade de procriação, dissolve encantamentos, induz a paz entre homem e mulher, e torna fértil

Magic Tables Seals & Characters of the Planets their Intellegences & Spirits.

The Table of the Sun in his Compass

6	32	3	34	35	1
7	11	27	28	8	30
19	14	16	15	23	24
18	20	22	21	17	13
25	29	10	9	26	12
36	5	33	4	2	31

The same in Hebrew

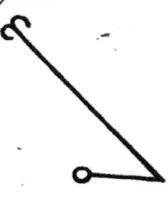

Character of the Seal of the Sun

His Intelligence

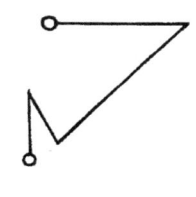

His Spirit

The Table of Venus in her Compass

22	47	16	41	10	35	4
5	23	43	17	42	11	29
30	6	24	49	81	36	12
13	31	7	25	43	19	37
38	14	32	1	26	44	20
21	39	8	33	2	27	45
46	15	40	9	34	3	28

in Hebrew

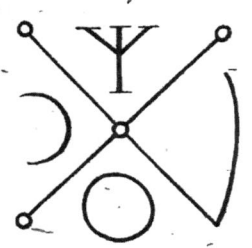

The Seal of Venus

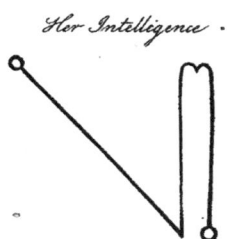

Her Intelligence

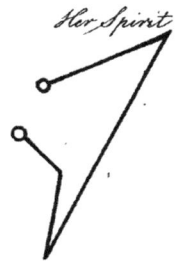

Her Spirit

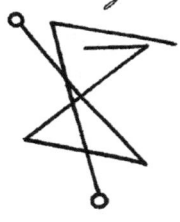

Her Intelligences

...ett Del.   Pub. by Lackington & Allen   R. Griffith Sculp.

The Magic Tables Seals & Characters of the Planets their Intelligences & Spirits

The Table of the Moon in her Compass

37	78	29	70	21	62	13	54	5
6	38	79	30	71	22	63	14	46
47	7	39	80	31	72	23	55	15
16	48	8	40	81	32	64	24	56
57	17	49	9	41	73	33	65	25
26	58	18	50	1	42	74	34	66
67	27	59	10	51	2	43	75	35
36	68	19	60	11	52	3	44	76
77	28	69	20	61	12	53	4	45

Table of the ☽ in Hebrew Notes

ה	מה	יג	סב	כא	ע	כט	עא	לז
מו	יד		עג	כב	עא	ל	עח	ו
יה	נה	ז	עג	כט	עבלא	פ	רט	טו
נו	כר	סד	רב	פא	פאמ	ה	מה	יד
כה	סת	רג	עג	מא	מאט	מט	ין	נז
סו	לד	ערמב	א	ן	יח	נה	כן	
לה	עה	מג	ב	נא	י	נט	כו	סז
עו	מר	ג	בב	יא	ס	יט	סה	רו
מה	ר	נג	יבפא	כל	כמטח	עז		

The Seal or Character of the Moon

Character of the Spirit of ☽

of the Spirit of the Spirits of the Moon.

of the Intelligence of the Intelligences of the Moon

et Del.   Pub. by Lackington & Allen.   R. Griffit.

te 3.

The Magick Tables, Seals & Characters, of the Planets, their Intelligences & Spirits.
The Table of Mercury in his Compass.   The same in Hebrew

8	58	59	5	4	62	63	1
49	15	14	52	53	11	10	56
41	23	22	44	48	19	18	45
32	34	38	29	25	35	39	28
40	26	27	37	36	30	31	33
17	47	46	20	21	43	42	24
9	55	54	12	13	51	50	16
64	2	3	61	60	6	7	57

סא	ד	סנ	נ	סן	א
נב	נג	יא	י	נד	
מד	כג	כב	יט	מה	יח
כט	לח	לח	דר	כה	לט
מב	מג	כ	כז	לג	לא
יבד	נג	נא	יד	נ	
ס	סא	כ	ז	נו	

☿

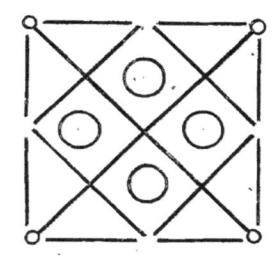

The Seal
or
Character
of
Mercury

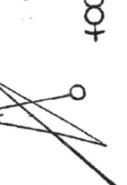

The Character
of the
Intelligence of Mercury

☿

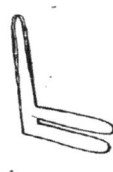

The Character
of the
Spirit of Mercury

☿

Pub. by Lackington Allen & Co.

todos os tipos de animais, tal como o gado; e, caso seja colocado dentro de uma pomba ou dentro de um pombal, causará prosperidade; da mesma forma, afasta as indisposições causadas pela melancolia e provoca alegria; e esse sigilo, sendo transportado por viajantes, torna-os afortunados. Todavia, se for formado sobre latão e com Vênus com aspectos desfavoráveis, age ao contrário a tudo o que foi dito.

A sexta tabela é a de Mercúrio, resultante de um quadrado de oito desenhado em si mesmo, contendo 64 números, dos quais oito em cada lado e por ambos os diâmetros perfazem 260, e a soma de todos é 2.080; e, dela, é extraído o sigilo de Mercúrio e seus espíritos, e sobre ele são colocados nomes divinos, com uma inteligência para o bem, com um espírito para o mal; e se, com a sorte de Mercúrio, você gravá-lo em prata, estanho ou latão amarelo, ou grafá-lo em um pergaminho virgem, torna o portador grato, aceitável e afortunado de fazer o que lhe agrada: traz ganho e impede a pobreza; ajuda a memória, a compreensão e na adivinhação, e serve para o entendimento das coisas ocultas, por intermédio dos sonhos; porém, com um Mercúrio desfavorável, faz tudo contrário a isso.

A sétima e última tabela é a da Lua: corresponde a um quadrado de nove, tendo 81 números em cada lado, e diâmetro nove, produzindo 369; e a soma de todos é 3.321. Nela há nomes divinos, com inteligência para o bem e espírito para o mal; e dela são extraídos os sigilos da Lua e seus espíritos. Assim, se a Lua estiver com aspectos favoráveis e eles forem gravados em prata, torna quem os portar amável, agradável, alegre e honrado, removendo toda malícia e má vontade; causa segurança na jornada, aumento de riquezas e saúde corporal, afasta inimigos e outras coisas más de qualquer lugar onde desejares que sejam expulsos. Porém, se a Lua desfavorável e o sigilo for gravado em uma placa de chumbo, onde quer que seja enterrada, tornam-se infelizes aquele lugar e seus habitantes, como também navios, rios, fontes e moinhos; e, caso isso seja feito diretamente contra um homem específico, este se tornará infeliz e o fará abandonar seu lugar de residência (e até mesmo seu país), caso nela o sigilo seja escondido; e também atrapalha médicos e oradores, e todos os homens em seus escritórios, contra os quais ele for direcionado.

Agora, o pesquisador sábio que examinar e compreender essas tabelas descobrirá facilmente o modo como os selos e os sigilos dos planetas são extraídos delas.

Aqui seguem os nomes divinos correspondentes aos números dos planetas, com as designações das inteligências e *daemons*, ou espíritos, subordinados a esses nomes.

Deve ser entendido que as inteligências são os anjos bons que estão colocados sobre os planetas, dirigindo-os; mas os espíritos ou *daemons*, com seus selos de nomes, ou sigilos, nunca são inscritos em qualquer talismã, exceto para executar um resultado maligno qualquer, e que estão subordinados às inteligências ou bons espíritos; e, dizendo-o novamente, quando os espíritos e seus sigilos são usados, será mais eficiente para se obter o resultado se for adicionado algum nome divino adequado ao efeito que desejamos.

Nomes correspondentes aos Números de Saturno

ħ

Números	Nomes Divinos	Nomes Divinos em Hebraico
3	Ab	אב
9	Hod	הד
15	Yah	יה
15	Hod	הוד
45	Yehovah por extenso	יוד־הא־ואו־הא
45	Agiel, a Inteligência de Saturno	אגיאל
45	Zazel, o Espírito de Saturno	זאזל

Nomes correspondentes aos Números de Júpiter

בצ

Números	Nomes Divinos	Nomes Divinos em Hebraico
4	Aba	אבא
16		חוח
16		אתי
34	El Ab	אלאב
136	Yohphiel, a Inteligência de Jú-piter	יהפיאל
136	Hismael, o Espírito de Júpiter	תסמאל

Nomes correspondentes aos Números de Marte

♂

Números	Nomes Divinos	Nomes Divinos em Hebraico
5	He, a letra do nome santo	ת
25		יד
65	Adonai	אדני
325	Grafiel, a Inteligência de Marte	גאסיאל
325	Barzabel, o Espírito de Marte	ברצאבאל

Nomes correspondentes aos Números do Sol

☉

Números	Nomes Divinos	Nomes Divinos em Hebraico
6	Vau, a letra do santo nome	י

6	He, expandido, letra do santo nome	תא
36	Eloh	אלה
111	Nachiel, a Inteligência do Sol	נביאל
666	Sorath, o Espírito do Sol	סיה

Nomes correspondentes aos Números de Vênus

♀

Números	Nomes Divinos	Nomes Divinos em Hebraico
7	Aha	אהא
49	Hagiel, a Inteligência de Vênus	הגיאל
175	Kedemel, o Espírito de Vênus	קדמאל
1225	Bne Serafim, a Inteligência de Vênus	בנישרפים

Nomes correspondentes aos Números de Mercúrio

☿

Números	Nomes Divinos	Nomes Divinos em Hebraico
8	Asboga, oito expandido	אובנה
64	Din	דין
64	Doni	טיריאל
260	Tiriel, a Inteligência de Mercúrio	טיריאל
2.080	Taphtharharath, o Espírito de Mercúrio	הפתרחוה

Nomes correspondentes aos Números da Lua

☽

Números	Nomes Divinos	Nomes Divinos em Hebraico
9	Hod	הד
81	Elim	אלים
369	Hasmodai, o Espírito da Lua	השמראי
3.321	Schedbarschemoth Scharta-than, o Espírito dos Espíritos da Lua	שדברשהמשרתתי
3.321	Malcha betharsisim hed beruah schehalim, a Inteligência das Inteligências da Lua	קלבאבהדשימערבדחשהקם

Capítulo XXIX
Da Observação dos Celestiais, Necessária em Todo Trabalho Mágico

TODA VIRTUDE NATURAL opera coisas muito mais maravilhosas quando não apenas estiver composta por uma dimensão natural, mas quando também possuir uma atenção selecionada dos celestiais, oportuna para isso (ou seja, quando o poder celestial estiver mais forte para o efeito que desejamos, e quando também estiver ajudado por muitos celestiais), submetendo inferiores aos celestiais, como fêmeas adequadas para serem fecundadas por seus machos. Além disso, em todo trabalho, devem-se observar a situação, o movimento e o aspecto das estrelas e planetas, nos signos e nos graus, e como todos eles se posicionam em relação à longitude e à latitude daquela atmosfera; porquanto são variadas as qualidades dos ângulos formados pelos raios dos corpos celestes sobre a imagem da coisa traçada, na qual as virtudes celestes são infundidas. Portanto, quando estiveres trabalhando em qualquer coisa que pertença a qualquer planeta, deves colocá-la em suas dignidades favoráveis e poderosas e que estejam regendo a configuração do céu naquela hora do dia. Nem esperes que o alcance do trabalho seja poderoso, caso não tiveres observado se a Lua está favoravelmente direcionada a ele, pois nada farás sem o auxílio da Lua. E caso tenhas mais modelos de seu trabalho, observa-os todos quando estarão mais poderosos, considerando-os quando estiverem com aspectos favoráveis, um em relação ao outro; caso não possas ter tais aspectos, será conveniente pelo menos que os considere angulares. Porém, deves aproveitar a Lua quando ela estiver de frente a ambos ou quando estiver unida a um deles e de frente para o outro, ou quando ela passar da conjunção ou aspecto de um para a conjunção ou aspecto do outro; porquanto isso, creio eu, não deve de forma alguma ser omitido. Além disso, deves, em cada trabalho, observar Mercúrio, pois ele é um mensageiro entre os deuses superiores e os deuses infernais: quando ele se dirige ao bem, aumenta sua bondade; quando segue para o mal, influencia sua maldade. Nós chamamos de signo ou planeta desfavorável quando seu aspecto está em oposição ou em quadratura a Saturno ou, especialmente, a Marte, pois esses são os aspectos de inimizade; todavia, caso seja uma conjunção, um trígono e um sextil, estes são aspectos de amizade, existindo entre estes haverá uma combinação ainda maior; porém, verifica se observaste por meio de um trígono o planeta em questão, pois aqui ele será entendido como em conjunção. Agora, todos os planetas temem a conjunção do Sol, regozijando-se quando, com este, eles se encontram em trígono e em sextil.

Capítulo XXX
Quando a Influência dos Planetas é Mais Poderosa

ORA, TEREMOS os planetas poderosos quando eles estiverem numa casa que eles governem, ou em exaltação, ou em triplicidade, ou em conjunção, ou em oposição, sem tumultuar o que é ordenado pelo desenho dos céus, isto é, quando estiverem em certos ângulos, especialmente no ascendente, ou na décima casa, ou nas casas que se sucedem, ou em seus domicílios; mas devemos tomar cuidado para que eles não estejam nos limites ou sob o domínio de Saturno ou de Marte, para que não estejam em graus obscuros, em abismos ou vazios. Deverás observar que os ângulos do ascendente, da décima e da sétima casa são favoráveis; como também o regente do ascendente, bem como

o lugar onde estiverem o Sol e a Lua, e o lugar onde estiverem a
fortuna e seu regente, e também o regente da conjunção e do obstáculo anteriormente citados. Porém, que aqueles ângulos do planeta
maligno sejam desfavoráveis, a menos que eles sejam indicadores
venturosos à tua obra, ou que possam ser de alguma vantagem para
ti, ou que tenham sido relevantes em tua revolução ou nascimento,
pois nesse caso eles não podem de forma alguma ser desvalorizados.
Agora, teremos a Lua poderosa quando ela estiver em sua casa, ou
em exaltação, ou em triplicidade, ou em oposição, ou em grau conveniente para o trabalho desejado; e se ela estiver numa mansão, dentre
aquelas 28, que for adequada a si mesma e ao trabalho, que ela não seja
queimada no caminho,[16] que não seja vagarosa em seu curso, que não
seja eclipsada ou queimada pelo Sol e, a menos que ela esteja em unidade com o Sol, não a deixe descer à latitude sul, quando ela se afasta
da queimação, nem a deixe ser oposta ao Sol, nem privada de luz, e que
ela não seja obstruída por Marte ou por Saturno.

Capítulo XXXI
Observações sobre as Estrelas Fixas, Seus Nomes e Naturezas

A MESMA CONSIDERAÇÃO deve ser feita às coisas concernentes
às estrelas fixas. Sabes que todas as estrelas fixas têm o significado
e a natureza dos sete planetas; porém, algumas têm a natureza de
um planeta, enquanto outras, de dois. Consequentemente, sempre
que qualquer planeta se une a qualquer uma das estrelas fixas de sua
própria natureza, o significado dessa estrela se torna mais poderoso
e a natureza do planeta é ampliada; mas, se uma estrela possuir duas
naturezas, a natureza dela que for a mais forte prevalecerá em significado: por exemplo, se a estrela for das naturezas de Marte e de
Vênus, se Marte ficar mais forte com isso, a natureza de Marte prevalecerá; contudo, caso seja Vênus o mais forte, a natureza de Vênus
deve superar. Agora, as naturezas das estrelas fixas são descobertas
por suas cores, conforme combinem com determinados planetas a
elas atribuídos. As cores dos planetas são as seguintes: de Saturno,
azul e chumbo brilhantes; de Júpiter, citrino claro e quase fosco; de

---

16. *Via Combusta.*

Marte, vermelho e ígneo; do Sol, amarelo e, quando de seu nascente, vermelho, depois cintilante; de Vênus, branco e brilhante, branco pela manhã e avermelhado ao entardecer; de Mercúrio, brilhando; da Lua, claro. Sabes, também, ainda sobre as estrelas fixas, quanto mais brilhantes, maiores e aparentes elas forem, tanto maior e mais forte será seu significado: tais são aquelas estrelas chamadas pelos astrólogos de primeira e de segunda magnitude. Citarei algumas destas que possuem a faculdade de serem as mais potentes, quais sejam, o centro de Andrômeda, no 22º grau de Áries, da natureza de Vênus e de Mercúrio, que alguns chamam de jovial e saturnino; a cabeça de Algol, no 18º grau de Touro, da natureza de Saturno e de Júpiter; as Plêiades também estão no 22º grau, uma estrela lunar por natureza e de compleição marcial; também Aldebaran, no terceiro grau de Gêmeos, é da natureza de Marte e da compleição de Vênus, embora Hermes a coloque no 25º grau de Áries; a estrela Capella, no 13º grau de Gêmeos, é da natureza de Júpiter e de Saturno; a estrela do Cão Maior está no sétimo grau de Câncer é de natureza venérea; a estrela Cão Menor está no 17º grau da mesma, e é da natureza de Mercúrio e compleição de Marte; a Estrela do Rei, que é chamada de Coração do Leão, está no 21º grau de Leão e tem a natureza de Júpiter e de Marte; a cauda da Ursa Maior está no 19º grau de Virgem, e é venérea e lunar. A estrela que é chamada de Asa Direita do Corvo está no sétimo grau de Libra; e no 13º grau do mesmo signo está a Asa Esquerda, e ambas têm a natureza de Saturno e de Marte. A estrela chamada Spica está no 16º grau também de Libra, é venérea e mercurial. Ainda no mesmo signo, no 17º grau está Alcameth, da natureza de Marte e de Júpiter; será deste quando o Sol lhe estiver em completo bom aspecto e daquele quando do contrário. Elepheia, no quarto grau de Escorpião, da natureza de Vênus e de Marte. O coração do Escorpião está no terceiro grau de Sagitário, sendo da natureza de Marte e de Júpiter. A Lira está no sétimo grau de Capricórnio, comedido, mercurial e venéreo. A cauda de Capricórnio está no 16º grau de Aquário, da natureza de Saturno e de Mercúrio. A estrela chamada Ombro do Cavalo está no terceiro grau de Peixes, da natureza de Júpiter e de Marte. Para ti, deve ser uma regra geral esperar pelos dons característicos das estrelas enquanto elas regem;

além de se prevenir a respeito, quando elas estiverem desfavoráveis, como é mostrado; pois os corpos celestes, à medida que são afetados de modo favorável ou desfavorável, assim também eles nos afetam, nossas obras e as coisas que usamos, de maneira favorável ou desfavorável. E, embora muitos efeitos procedam das estrelas fixas, eles são atribuídos aos planetas porque estando mais próximos de nós, sendo-nos mais nítidos e conhecidos, é por isso que eles realizam tudo o que as estrelas superiores lhes transmitem.

Capítulo XXXII
Do Sol e da Lua, e Suas Importâncias Mágicas

O SOL E A Lua adquiriram a função de governarem os céus e todos os corpos sob os céus. O Sol é o senhor de todas as virtudes elementares; e a Lua, por causa do Sol, é senhora da geração, do crescimento ou do decrescimento. Albumsar diz que, pelo Sol e pela Lua, a vida é infundida em todas as coisas; são aquilo que Orfeu chama de olhos vivificantes do céu. O Sol dá luz a todas as coisas por si mesmo e em abundância, não apenas a todas as coisas no céu e no ar, mas também na terra e nas profundezas. Qualquer bem que tenhamos, diz Jamblicus, o recebemos somente do Sol; ou dele por intermédio de outras coisas. Heráclito chama o Sol de fonte de luz celestial; e muitos dos platônicos colocaram a alma do mundo principalmente no Sol, como aquele que, enchendo todo o globo do Sol, emite seus raios por todos os lados, como se fosse um espírito por todas as coisas, distribuindo vida, sentido e movimento para o universo. Por essa mesma razão, os antigos naturalistas chamavam o Sol de o próprio coração do Céu; e os caldeus o colocavam como o centro entre os planetas. Os egípcios também o puseram no meio do mundo, isto é, entre os dois cincos do mundo, ou seja, acima do Sol eles colocam cinco planetas e, abaixo dele, a Lua e quatro elementos. Assim, ele, entre as demais estrelas, é a imagem e estátua do grande Príncipe de ambos os mundos, a saber, terrestre e celestial; a verdadeira luz e a imagem mais exata do próprio Deus, cuja essência se assemelha ao Pai; a luz, ao Filho; o calor, ao Espírito Santo. De modo que os platônicos não têm nada para expor como a essência divina mais manifestamente, senão ele. O Sol dispõe até mesmo sobre o próprio espírito e mente do homem, algo que Homero diz, sendo ratificado por Aristóteles, que existem na mente movimentos semelhantes aos que o Sol, o príncipe e moderador dos planetas, nos traz todos os dias; porém a Lua, mais próxima da Terra, é o receptáculo de todas as influências celestiais e, pela celeridade de sua órbita, está ligada mensalmente ao Sol e a outros planetas e estrelas; e, recebendo os feixes e influências de todos os outros planetas e estrelas, como se fosse uma concepção, ela os traz para o mundo inferior, e também para mais perto de si mesma; pois todas as estrelas têm influência sobre ela, a qual, por ser a derradeira receptora, depois transmite a influência de todos os superiores aos esses inferiores, espargindo-os sobre a Terra, agindo mais manifestamente sobres esses inferiores do que os demais astros. Portanto, seu movimento deve ser observado antes do movimento dos outros astros, como a origem de todas as concepções que diversamente ela emite aos inferiores, de acordo com a compleição, movimento, situação e diferentes aspectos dos planetas e de outras estrelas; e, embora receba poderes de todas as estrelas, especialmente do Sol, tão frequentemente quanto estiver em conjunção com este, é repleta de virtude vivificante; e, conforme seu aspecto, empresta a todos a compleição do Sol. A partir dela, os corpos celestes começam aquela série de coisas que Platão chama de cadeia de ouro, pelo qual todas as coisas e causas, estando ligadas umas às outras, dependem do superior, mesmo até que possa ser levado à causa suprema de todas, da qual todas as coisas dependem; daí que, sem a intermediação da Lua, não podemos em nenhum momento atrair o poder dos superiores; portanto, para obter a virtude de qualquer estrela, pegue a pedra e a erva desse planeta quando a Lua lhe for favorável ou estiver formando um bom aspecto com essa estrela.

Capítulo XXXIII
Das 28 Mansões da Lua e Suas Virtudes

POR PERCEBEREM QUE A LUA perfaz todo o espaço do Zodíaco no tempo de 28 dias, foi daí que os sábios *hindus*, bem como a maioria dos astrólogos antigos, concederam 28 mansões à Lua, as quais, sendo fixadas na oitava esfera, desfrutam (como diz *Alpharus*) de diversos nomes e propriedades, dos vários signos e das estrelas que estão contidos neles, pelos quais, enquanto a Lua vagueia, ela obtém muitos outros poderes e virtudes; mas cada uma dessas mansões, de acordo com a opinião de *Abraão*, continha 12 graus e 51 minutos e quase 26 segundos, cujas denominações, e também quando de seus primórdios no Zodíaco, na oitava esfera, são as seguintes: a primeira se chama *Alnath*, isto é, os chifres de Áries: seu início é a partir da cabeça de Áries, da oitava esfera: causa discórdias e jornadas. A segunda é chamada *Allothaim* ou *Albochan*, isto é, a barriga de Áries; e seu início é a partir do 12º grau do mesmo signo, 51 minutos, 52 segundos completos: conduz à descoberta de tesouros e aos cativos retentores. A terceira é chamada *Achaomazon* ou *Athoray*, isto é, inundação ou Plêiades: seu começo é a partir do 25º grau de Áries completo, 42 minutos e 51 segundos; é lucrativa para marinheiros, caçadores e alquimistas. A quarta mansão é chamada de *Aldebaran* ou *Aldelamen*, ou seja, o olho ou cabeça de Touro: seu início é do oitavo grau de Touro, 34 minutos e 17 segundos do mesmo Touro sendo excluído: causa a destruição e obstáculos de edifícios, fontes, poços, minas de ouro, o afastamento de coisas rastejantes, e gera discórdia. A quinta é chamada *Alchatay* ou *Albachay*; o início é após o 21º grau de Touro, 25 minutos, 40 segundos: ajuda no retorno de uma viagem, a instrução de estudiosos; fortalece edifícios, dá saúde e boa vontade. A sexta é chamada *Athanna* ou *Alchaya*, isto é, a pequena estrela de grande luz: seu início é após o quarto grau de Gêmeos, 17 minutos e nove segundos; leva à caça e ao cerco de cidades e à vingança de príncipes: destrói a colheita e os frutos, e impede a operação do médico. A sétima é chamada de *Aldimiach* ou *Alarzach*, isto é, o braço de Gêmeos, e começa no 17º grau de Gêmeos, oito minutos e 34 segundos, e dura até o final do signo; ratifica o ganho e a amizade; é lucrativa para os amantes e destrói magistraturas: e, assim, completa-se um quarto do céu com essas sete mansões, e na mesma ordem de número de graus, minutos e segundos seguem as mansões restantes em cada um dos demais trimestres, tendo seus vários inícios dispostos de modo que no primeiro signo desse trimestre três mansões nele comecem; enquanto nos outros dois signos, estarão duas mansões em cada; portanto, as sete mansões seguintes começam em Câncer, cujos nomes são *Alnaza* ou *Anatrachya*, isto é, enevoado ou nublado, sendo a oitava mansão, que causa amor, amizade e colaboração entre companheiros de viagem: afasta ratos e aflige os cativos, confirmando a prisão deles. Depois disso vem a nona, chamada *Archaam* ou *Arcaph*, ou seja, o olho do Leão: atrapalha a colheita e os viajantes, e provoca a discórdia entre os homens. A décima é chamada *Algelioche* ou *Albgebh*, isto é, o pescoço ou a testa de Leão: fortalece edifícios, promove amor, benevolência e ajuda contra inimigos. A 11ª é chamada de *Azobra*, ou *Ardaf*, isto é, a juba do leão: é boa para viagens, para o lucro dos mercadores e para redenção de cativos. A 12ª é chamada *Alzarpha*, ou *Azarpha*; essa é a cauda de Leão: dá prosperidade à colheita e às plantações, mas atrapalha os marinheiros; e é boa para o aperfeiçoamento de servos, cativos e companheiros. A 13ª chama-se *Alhaire*; isto é, estrelas das constelações dos Cães (Maior e Menor) ou as asas de Virgem: proporciona benevolência, ganho, viagens, colheitas e liberdade de cativos. A 14ª é chamada por uns de *Achureth* ou *Arimet* e, por outros, de *Azimeth*, *Athumech* ou *Alcheymech*; ou seja, a espiga da Virgem ou espiga volante: causa o amor dos casados, cura os enfermos, dá lucro aos marinheiros, mas dificulta as viagens por terra; e, nessas mansões, completa-se o segundo quadrante do céu. As outras sete se seguem: a primeira das quais começa na cabeça de Libra, a saber, a 15ª mansão, e seu nome é *Agrapha*, ou *Algrapha*, isto é, coberto ou voo coberto: é propícia para extrair tesouros, para cavar fossas, para ajudar no divórcio, na discórdia e na destruição de casas e de inimigos, e atrapalha os viajantes. A 16ª é chamada de *Azubene* ou *Ahubene*, isto é, os chifres de Escorpião: atrapalha viagens e casamento, colheita e mercadoria; propícia para a redenção dos cativos. A 17ª é chamada *Alchil*, ou seja, a coroa de Escorpião: melhora a má sorte, torna o amor duradouro, fortalece os edifícios e ajuda os marinheiros. A 18ª é chamada *Alchas* ou Altob, isto é, o coração de Escorpião: causa discórdia, sedição, conspiração contra príncipes e poderosos, e vingança de inimigos; porém, liberta cativos e ajuda edifícios. A 19ª é chamada de *Allatha* ou *Achala* e, por outros, de *Hycula* ou *Axala*, ou seja, a cauda de Escorpião: auxilia no cerco e na tomada de cidades, e na expulsão de homens de seus lugares, e para a destruição de marinheiros e perdição de cativos. A 20ª é chamada *Abnahaya*, ou seja, uma trave: ajuda para domar os animais selvagens, para fortalecer as prisões; destrói a riqueza das sociedades, compele um homem a ir a um determinado lugar. A 21ª é chamada de *Abeda* ou *Albeldach*, que é um deserto: é boa para a colheita, lucro, edifícios e viajantes, e causa divórcio; e esse é o terceiro quadrante do céu completado. Restam as sete últimas mansões que completam o último quadrante do Céu: a primeira das quais, seguindo em ordem, a 22ª, começa pela cabeça de Capricórnio, chamada *Sadahacha* ou *Zodeboluch*, ou *Zandeldena*, isto é, um pastor: promove a fuga de servos e cativos, para que possam escapar; e ajuda na cura de doenças. A 23ª é chamada *Zabadola* ou *Zobrach*, isto é, engolir: serve para o divórcio, liberdade dos cativos e saúde para os enfermos. A 24º é chamada *Sadabath* ou *Chadezoad*, ou seja, a estrela da fortuna: é propícia para a benevolência dos casados e para a vitória dos soldados; prejudica a execução do governo e impede que seja exercido. A 25ª é chamada *Sadalabra* ou *Sadalachia*, isto é, uma borboleta ou algo que se espalha: favorece o cerco e a vingança; destrói inimigos e causa divórcio; fortalece prisões e edifícios, apressa mensageiros; conduz a feitiços contra a cópula e assim prende todos os membros do homem de tal modo que o impede de cumprir seu dever. A 26ª é chamada *Alpharg* ou *Phragal Mocaden*, ou seja, o primeiro esboço: causa união, saúde dos cativos, destrói prédios e prisões. A 27ª é chamada de *Alchara Alyhalgalmoad* ou o segundo esboço: aumenta colheitas, receitas, ganhos e cura enfermidades, mas atrapalha edifícios, prolonga prisões, causa perigo para os marinheiros e ajuda a inferir travessuras a quem quiseres. A 28ª e última é chamada *Albotham* ou *Atchalcy*, isto é, Peixes: aumenta a colheita e as mercadorias; protege viajantes em lugares perigosos; contribui para a alegria das pessoas casadas; além de fortalecer as prisões e causar a perda de tesouros. E nessas 28 mansões estão escondidos muitos segredos da sabedoria dos antigos, pelos quais operaram maravilhas em todas as coisas que estão sob o círculo da Lua; e eles atribuíram a cada mansão suas semelhanças, imagens e selos, e suas inteligências que as presidem, trabalhando de diferentes maneiras em virtude deles.

Capítulo XXXIV
Como algumas Coisas Artificiais (como Imagens, Selos e Artefatos Semelhantes) Podem Obter Alguma Virtude dos Corpos Celestiais

O ALCANCE, A extensão, o poder e a eficácia dos corpos celestes são tão grandiosos que não apenas as coisas naturais, mas também as artificiais, quando devidamente expostas àqueles, de fato são modificadas pelo agente mais potente, obtendo assim uma vida maravilhosa. Os magistas afirmam que não somente pela mistura e aplicação de coisas naturais, mas igualmente por imagens, selos, anéis, espelhos e alguns outros instrumentos, desde que oportunamente elaborados sob uma determinada constelação, alguns esclarecimentos celestiais podem ser obtidos e algumas coisas maravilhosas podem ser recebidas; porquanto, os feixes dos corpos celestiais sendo animados, vivos, sensuais, trazendo consigo dons admiráveis e um poder mais impetuoso, imprimem, mesmo num breve momento e ao primeiro toque, poderes maravilhosos nas imagens, embora a materialidade delas seja menos capaz. Ainda assim, eles conferirão virtudes mais poderosas às imagens caso elas sejam elaboradas não de qualquer jeito, mas de uma certa matéria, a saber, cuja virtude natural, mas também específica, seja compatível com o trabalho e a figura da imagem for semelhante à do celestial; pois tal imagem, tanto em relação à matéria naturalmente congruente com a operação e influência celestial, quanto por sua figura ser semelhante à dos céus, estará mais bem preparada para receber as operações e os poderes de corpos e figuras celestiais, recebendo instantaneamente o dom celestial em si; embora trabalhe de forma constante em outra coisa, e outras coisas prestem obediência a ela.

Capítulo XXXV
Das Imagens do Zodíaco e Quais Virtudes Recebidas das Estrelas São Gravadas Nelas

NOS CÉUS, SÃO diversas as imagens celestiais, das quais imagens semelhantes e de igual tipo servem como moldes; algumas são

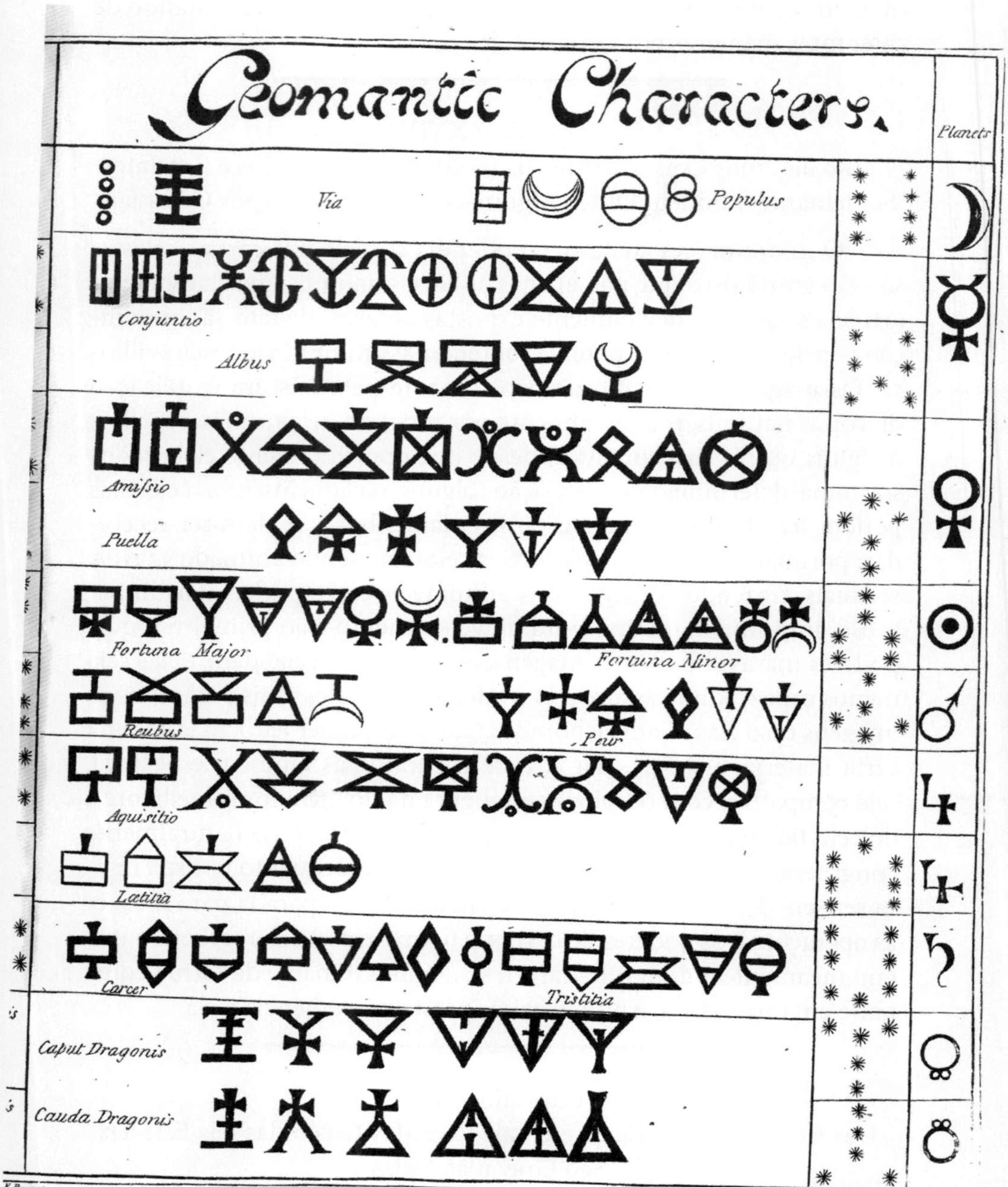

Geomantic Characters.
Planets
Via
Populus
Conjuntio
Albus
Amissio
Puella
Fortuna Major
Fortuna Minor
Reubus
Peur
Aquisitio
Lætitia
Carcer
Tristitia
Caput Dragonis
Cauda Dragonis
Pub. by Lackington Allen & Co.

visíveis e conspícuas; outras, apenas imaginárias, concebidas e estabelecidas pelos antigos *egípcios*, *hindus* e *caldeus*. E suas partes se encontram ordenadas de modo que mesmo as figuras de algumas delas se distingam de outras; por isso puseram no círculo do Zodíaco 12 imagens genéricas, em conformidade com o número dos signos; entre estes, os que constituem Áries, Leão e Sagitário, a triplicidade ígnea e oriental. Relata-se serem proveitosos contra febres, paralisia, hidropisia, gota e todas as enfermidades do frio e fleumáticas; e que tornam aquele que leva sua imagem consigo alguém aceitável, eloquente, engenhoso e honrado, visto que são as casas de Marte, Sol e Júpiter. Também fizeram a imagem de um leão se opondo às fantasias melancólicas, hidropisia, peste e febres, bem como para expulsar doenças; na hora do Sol, o primeiro grau do ascendente do signo de Leão, que é a face ou o decanato de Júpiter; porém, contra a pedra e as doenças dos rins, e contra as feridas dos animais, fizeram a mesma imagem com o Sol no coração do leão, alcançando o meio do céu. Igualmente, Gêmeos, Libra e Aquário constituem a triplicidade aérea e ocidental, sendo as casas de Mercúrio, Vênus e Saturno, a respeito das quais dizem que fazem fugir doenças, conduzem à amizade e à concórdia, prevalecem sobre a melancolia e induzem saúde; e, também, eles relatam que especialmente Aquário cura a febre quartã. Além disso, dizem que Câncer, Escorpião e Peixes, por constituírem a triplicidade aquosa e setentrional, prevalecem contra as febres quentes e secas, também contra a tuberculose e todas as paixões coléricas; porém, dizem que Escorpião, porque entre seus pares é aquele que diz respeito às partes íntimas, provoca a luxúria. Todavia, elaboraram-no com esse propósito, e com sua terceira face em ascendente pertencendo a Vênus; e fizeram o mesmo com sua segunda face ascendente, que é a face do Sol, e o decanato de Júpiter, contra serpentes e escorpiões, venenos e espíritos malignos; e afirmam que aquele que o carregar se tornará sábio e de cor sã; e dizem que a imagem de Câncer será mais eficaz contra serpentes e veneno quando Sol e Lua estiverem em conjunção nele, e ascenderem na primeira e na terceira faces; pois esta é a face de Vênus e o decanato da Lua; porém, a segunda face da Lua é o decanato de Júpiter. Os antigos relatam, também, que as serpentes são atormentadas quando o Sol está em Câncer; e, da mesma forma, que Touro, Virgem e

Capricórnio, por constituírem a triplicidade terrestre e meridional, curam enfermidades quentes e prevalecem contra a febre sincopal; e tornam aqueles que os carregam agradecidos, aceitáveis, eloquentes, devotos e religiosos. Por estar nas casas de Vênus, Marte e Saturno, diz-se que Capricórnio também mantém os homens em segurança, e seguros os lugares, porque é a exaltação de Marte.

Capítulo XXXVI
Das Imagens de Saturno

ENTÃO, AGORA PASSAREMOS às imagens que eles atribuíram aos planetas. Apesar de os antigos sábios terem escrito tomos bastante grandes sobre essas coisas, de modo que não haveria necessidade de declará-las aqui, mesmo assim eu enumerarei algumas delas; portanto, eles as elaboraram a partir das operações de Saturno, com *Saturno* ascendendo, gravando numa pedra, chamada de magnetita, a imagem de um homem com o semblante de cervo e com pés de camelo, sentado em uma cadeira ou talvez em um dragão, segurando na mão direita uma foice e, na esquerda, um dardo, imagem que, segundo eles, seria proveitosa para o prolongamento da vida; pois Albumasar, no seu livro *Sadar*, atesta que Saturno contribui para o prolongamento da vida; e nesse livro ele também diz que em certas regiões da Índia, sujeitas a Saturno, os homens têm uma vida muito longa e não morrem a não ser de extrema velhice. Eles fizeram também, por dias e na hora de Saturno, uma imagem de Saturno em uma safira, quando *Saturno* ascendia ou quando lhe havia um aspecto favorável, cuja figura era um velho sentado em uma cadeira alta, com as mãos levantadas acima da cabeça, e nelas segurando um peixe ou foice, calcando sob seus pés um cacho de uvas, sua cabeça coberta com um pano preto ou de cor escura, e com todas as suas vestes pretas ou escuras. Eles também usavam essa mesma imagem contra a doença de pedras nos rins, a saber, imagem feita na hora de Saturno, com *Saturno* ascendendo com a terceira face de Aquário. Utilizavam igualmente, a partir das operações de Saturno, uma imagem para o aumento do poder de Saturno ascendendo em Capricórnio, cujo desenho era um homem velho apoiado em um cajado, que tinha em sua mão uma foice torta e estava vestido de preto. Também faziam uma imagem em cobre derretido, quando Saturno ascendia ao primeiro grau de Áries, ou primeiro grau de Capricórnio, a respeito da qual eles afirmam falar com uma voz de homem. Ademais, a partir das operações de Saturno e também de Mercúrio, faziam uma imagem de metal fundido, como um homem bonito, que, diziam, preveria coisas que estavam por vir; e se fazia isso no dia de Mercúrio, na terceira hora de Saturno, com o signo de Gêmeos em ascendente, sendo a casa de Mercúrio significando profetas; e com Saturno e Mercúrio em conjunção em Aquário, na nona casa do céu, que também é chamada de Deus. Além disso, observa que Saturno deve ter um aspecto trígono no ascendente, e o mesmo para a Lua, e o Sol deve ter um aspecto em conjunção no local; e Vênus deve estar em algum ponto poderoso e ocidental; e que Marte seja incendiado pelo Sol, mas que não faça aspectos com Saturno e com Mercúrio; pois, diziam eles, assim o esplendor dos poderes dessas estrelas era difundido sobre essa imagem, a qual, então, falava aos homens, declarando-lhes as coisas que são proveitosas.

Capítulo XXXVII
Das Imagens de Júpiter

Partindo das operações de Júpiter e visando ao prolongamento da vida, os sábios, na hora de Júpiter, com Júpiter em sua exaltação e em aspecto favorável e ascendente, fizeram uma imagem em uma pedra clara e branca, cuja figura era um homem coroado com vestimentas cor de açafrão, montado em uma águia ou dragão, tendo na mão direita um dardo prestes a acertar na cabeça dessa mesma águia ou dragão. Eles também fizeram outra imagem de Júpiter, nas mesmas convenientes circunstâncias, em uma pedra branca e clara, mais especificamente, um cristal; e era um homem nu coroado, tendo ambas as mãos juntas e levantadas, por assim dizer, suplicando por algo, sentado em uma cadeira de quatro pernas, carregada por quatro meninos alados; e eles afirmam que essa imagem aumenta a felicidade, a riqueza, as honras e confere benevolência e prosperidade, bem como liberta dos inimigos. Eles fizeram, igualmente, outra imagem de Júpiter para uma vida religiosa e gloriosa, e para o avanço da fortuna, cuja figura era um homem com cabeça de leão ou carneiro e pés de águia, vestido com roupas cor de açafrão.

Capítulo XXXVIII
Das Imagens de Marte

Partindo das operações de Marte, eles fizeram uma imagem na hora de Marte (Marte ascendendo na segunda face de Áries) em uma pedra marcial, mais especificamente, em um diamante, cuja forma era um homem armado, montado em um leão, tendo em sua mão direita uma espada desembainhada e erguida, carregando em sua mão esquerda a cabeça de um homem. Eles relatam que uma imagem desse tipo torna um homem poderoso no bem e no mal, de modo a ser temido por todos; e a quem quer que a carregue será conferido o poder do encantamento, de forma que ele deve aterrorizar e entorpecer os homens com sua aparência, quando estiver com raiva. Eles fizeram outra imagem de Marte para obter ousadia, coragem e boa fortuna em guerras e contendas, cuja forma era um soldado, armado e coroado, cingido com uma espada, carregando na mão direita uma longa lança; e eles fizeram isso na hora de Marte, ascendendo na primeira face de Escorpião.

Capítulo XXXIX
Das Imagens do Sol

Partindo das operações do Sol, eles fizeram uma imagem na hora do Sol, a primeira face de Leão ascendendo com o Sol, cuja forma era um rei coroado, sentado em uma cadeira, tendo um corvo em seu peito, e sob seus pés um globo: ele está vestido com roupas cor de açafrão. Dizem que essa imagem torna os homens invencíveis e honrados, e ajuda a dar um bom desfecho aos negócios e a afastar sonhos vãos; também na prevenção contra febres e pragas; e eles a gravavam em uma pedra balanita, ou em um rubi, na hora do Sol, quando ele, em sua consagração, ascende de modo favorável. Eles fizeram outra imagem do Sol em um diamante, na hora em que o Sol ascende em sua exaltação, cuja figura era uma mulher coroada, com o gesto de quem dança e ri, em pé numa carruagem puxada por quatro cavalos, tendo na mão direita um espelho ou broquel, na esquerda um bordão apoiado no peito, carregando uma chama de fogo em sua cabeça. Eles dizem que essa imagem torna um homem afortunado, rico e amado por todos; e também fizeram essa imagem sobre uma pedra cornalina, na hora em que o Sol ascendeu na primeira face de Leão, contra as paixões lunáticas, que procedem da combustão da Lua.

Capítulo XL
Das Imagens de Vênus

PARTINDO DAS OPERAÇÕES de Vênus, eles fizeram uma imagem que servia para proteção e benevolência, na mesma hora em que ascendia a Peixes, cuja forma era a figura de uma mulher com cabeça de pássaro, pés de águia e segurando um dardo na mão. Gravaram outra imagem de Vênus no lápis-lazúli, com o propósito de obter o amor das mulheres, feita na hora de Vênus, com *Vênus* ascendendo em *Touro*, cuja figura era uma donzela despida, com os cabelos espalhados para fora, tendo um espelho na mão e uma corrente amarrada no pescoço; perto dela, um jovem bonito, segurando a corrente com a mão esquerda, mas com a mão direita arrumando o cabelo dela, e os dois se olham amorosamente, um para o outro, e ao redor deles está um garotinho alado, segurando uma espada ou dardo. Eles fizeram outra imagem de Vênus, quando da primeira face de Touro, Libra ou Peixes, ascendendo com Vênus; a figura era uma pequena donzela, com os cabelos espalhados, vestida com roupas longas e brancas, segurando na mão direita uma maçã laureada, ou flores, enquanto na esquerda um pente: diz-se que torna os homens agradáveis, alegres, fortes, alegres, e que proporciona a beleza.

Capítulo XLI
Das Imagens de Mercúrio

PARTINDO DAS OPERAÇÕES de Mercúrio, eles fizeram uma imagem de Mercúrio quando ele ascendia em Gêmeos; a forma era um jovem bonito, barbudo, tendo na mão esquerda uma vara, em volta da qual uma serpente estava enroscada; na mão direita ele carregava um dardo, tendo seus pés alados. Dizem que essa imagem confere conhecimento, eloquência, diligência nas mercadorias e lucro; ademais, serve para obter paz e concórdia, além de curar febres. Eles fizeram outra imagem de Mercúrio, quando ascendente em Virgem, cujas benesses eram boa vontade, inteligência e memória, e cuja forma era um homem sentado em uma cadeira, ou montado em um pavão, tendo pés de águia e, na cabeça, uma crista, segurando um galo com a mão esquerda.

Capítulo XLII
Das Imagens da Lua

PARTINDO DAS OPERAÇÕES da Lua, eles fizeram uma imagem para os viajantes, contra o cansaço, na hora da Lua, a Lua ascendendo em sua exaltação; essa figura era de um homem apoiado em um cajado, com um pássaro na cabeça e uma árvore florida diante dele. Eles fizeram outra imagem da Lua para o aumento dos frutos da terra, e contra os venenos e enfermidades das crianças, na hora da Lua, ela ascendendo na primeira face de Câncer; nessa figura havia uma mulher cornuda, montada em um touro, ou num dragão com sete cabeças ou num caranguejo, e ela tinha na mão direita um dardo, na esquerda um espelho, estava vestida de branco ou verde, e tinha em sua cabeça duas serpentes com chifres entrelaçados, e em cada braço uma serpente enroscada, e também em cada pé havia do mesmo modo outra serpente. Por conseguinte, já pode ser considerado suficiente o que foi até aqui falado sobre as figuras dos planetas.

Capítulo XLIII
Das Imagens da Cabeça e Cauda do Dragão da Lua

ELES TAMBÉM FIZERAM a imagem da cabeça e da cauda do Dragão da Lua semelhante a uma serpente com a cabeça de um falcão, dispondo-a entre um círculo aéreo e um círculo ígneo, e trançada neles como se fosse a grande letra Teta. Os antigos a fizeram quando Júpiter, como o mais importante, conquistava o meio do céu; sendo que eles afirmam ser essa imagem útil para o sucesso das petições, designando um gênio bom e afortunado, representado pela serpente desta imagem; pois os egípcios e fenícios exaltam essa criatura acima de todas as outras, e diziam que ela é uma criatura divina e que tem uma natureza divina, porque há nela um espírito mais vívido e um fogo maior do que em qualquer outra criatura, que se manifesta por seu movimento rápido, tanto sem pés quanto sem mãos ou quaisquer outros instrumentos; e também que, com frequência, renova sua idade por meio de sua pele, tornando-se jovem novamente; assim, eles faziam a imagem da cauda quando a Lua estivesse eclipsada na cauda, ou desfavorecida por Saturno ou por Marte, e faziam isso visando à angústia, à enfermidade e ao infortúnio: nós o chamamos de gênio do mal.

O TALISMÃ DA CABEÇA DO DRAGÃO

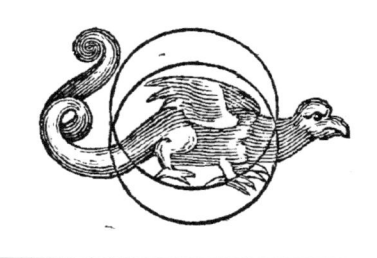

Capítulo XLIV
Das Imagens das Mansões da Lua

Os sábios também fizeram imagens para cada uma das mansões da Lua do seguinte modo:

Na primeira mansão, visando à destruição de alguém, eles gravaram em um anel de ferro a imagem de um homem negro, que trajava uma túnica feita de pele, cingido, lançando uma pequena lança com a mão direita: eles selaram isso com cera negra, perfumada com estoraque líquido, e desejaram que acontecesse algum mal.

Na segunda, contra a ira do príncipe e para se reconciliar com ele, selaram a imagem de um rei coroado com cera branca e mástique, e a perfumaram com babosa.

Na terceira, eles gravaram em um anel de prata, cuja prancha superior era quadrangular, a imagem de uma mulher bem-vestida, sentada em uma cadeira, com a mão direita levantada sobre a cabeça; e o selaram e o perfumaram com almíscar, cânfora e cálamo aromático. Eles afirmaram que isso confere boa sorte e tudo o que for bom.

Na quarta, para vingança, separação, inimizade e má vontade, eles selaram, com cera vermelha, a imagem de um soldado montado em um cavalo, segurando uma serpente na mão direita: perfumaram-na com mirra vermelha e estoraque.

Na quinta, para se ter o favor de reis e de ministros e para uma boa diversão, eles selaram em prata a imagem da cabeça de um homem, perfumando-a com sândalos vermelhos.

Na sexta, para conseguir o amor entre duas pessoas, selaram com cera branca duas imagens se abraçando e as perfumaram com babosa e âmbar.

Na sétima, para obter todas as boas coisas, eles cunharam em prata a imagem de um homem bem-vestido, erguendo as mãos para o céu, o qual, por assim dizer, se encontrava orando e suplicando, e o perfumaram com bons aromas.

Na oitava, para a vitória na guerra, fizeram um selo de estanho com a imagem de uma águia com o rosto de um homem, perfumando-a com enxofre.

Na nona, para causar enfermidades, fizeram um selo de chumbo com a imagem de um homem que carece de suas partes íntimas, cobrindo os olhos com as mãos; e eles o perfumaram com resina de pinheiro.

Na décima, para facilitar a gravidez e curar os enfermos, fizeram um selo de ouro com a imagem de uma cabeça de leão, e o perfumaram com âmbar.

Na 11ª, para gerar temor, reverência e adoração, eles gravaram um selo em uma placa de ouro com a imagem de um homem montado em um leão, segurando a orelha do animal com a mão esquerda e, na direita, segurando um bracelete de ouro; e eles a perfumaram com bons aromas e açafrão.

Na 12ª, para a separação dos amantes, eles gravaram um selo em chumbo negro com a imagem de um dragão lutando com um homem; e eles o defumaram com os pelos de um leão e de uma assafétida.

Na 13ª, para a concordância dos casados e para dissolver todos os encantos contra a cópula, eles gravaram em um selo as imagens de ambos (do homem, feita de cera vermelha, e da mulher, de cera branca), e os fizeram se abraçarem um ao outro; e perfumaram o selo com babosa e âmbar.

Na 14ª, para divórcio e separação do homem e da mulher, fizeram um selo de cobre vermelho, com a imagem de um cachorro mordendo o rabo; e eles o defumaram com os pelos de um cachorro preto e um gato preto.

Na 15ª, para obter amizade e boa vontade, fizeram a imagem de um homem sentado, redigindo cartas, e a perfumaram com olíbano e noz-moscada.

Na 16ª, para lograrem êxito nos negócios, gravaram um selo em prata com a imagem de um homem sentado em uma cadeira, segurando uma balança na mão; e eles o perfumaram com especiarias bem cheirosas.

Na 17ª, contra ladrões e salteadores, selaram com um selo de ferro a imagem de um macaco e a perfumaram com odor de macaco.

Na 18ª, contra febres e dores de barriga, fizeram um selo de cobre com a imagem de uma cobra com a cauda elevada acima da cabeça; e eles o perfumaram com chifre de veado-vermelho; diz-se também desse mesmo selo que ele afasta as serpentes e todas as criaturas venenosas do local onde ele estiver enterrado.

Na 19ª, para facilitar o parto e provocar a menstruação, fizeram um selo de cobre com a imagem de uma mulher com as mãos no rosto; e eles o perfumaram com estoraque líquido.

Na 20ª, para ajudar na caça, fizeram um selo em estanho com a imagem do Sagitário, meio homem e meio cavalo; e eles o perfumaram com a cabeça de um lobo.

Na 21ª, para a ruína de alguém, eles fizeram a imagem de um homem com um duplo semblante, um na frente e outro atrás; e a perfumaram com enxofre e azeviche, e a colocaram em uma caixa de latão, com enxofre e azeviche e com os cabelos daquele a quem pretendiam fazer mal.

Na 22ª, para a segurança dos fugitivos, eles gravaram um selo em ferro com a imagem de um homem com asas nos pés e com um elmo na cabeça; e eles perfumaram com *argent vive*.

Na 23ª, para destruição e desgaste, fizeram um selo de ferro, sendo colocada a imagem de um gato com uma cabeça de cachorro; e o perfumaram com pelo de cachorro tirado da cabeça, e o enterraram no lugar onde pretendiam fazer mal.

Na 24ª, para multiplicar rebanhos bovinos, eles pegaram o chifre de um carneiro, touro ou cabra, ou daquela espécie de gado que eles desejavam aumentar, e o marcaram a fogo, queimando, com um selo de ferro, a imagem de uma mulher amamentando seu filho; e, depois, penduraram no pescoço da rés que liderava o rebanho, ou, daquele modo, selaram o chifre desta.

Na 25ª, para preservação das árvores e colheita, selaram na madeira de uma figueira a imagem de um homem plantando e a perfumavam com as flores da figueira, e a penduraram na árvore.

Na 26ª, por amor e favor, eles selaram, em cera branca e mástique, a figura de uma mulher lavando e penteando os cabelos; e eles o perfumaram com bons odores.

Na 27ª, para destruir fontes, fossos, águas medicinais e banhos, eles fizeram, de terra vermelha, a imagem de um homem alado, segurando em sua mão um vaso vazio e perfurado; e sendo a imagem queimada, colocaram no vaso assafétida e estórax líquido, e o enterraram no lago ou fonte que iriam destruir.

Na 28ª mansão, para juntar os peixes, fizeram um selo de cobre, sendo nele gravada a imagem de um peixe; e perfumaram-no com pele de peixe marinho e lançaram-no na água onde queriam que os peixes fossem recolhidos.

Além disso, junto às imagens mencionadas, eles escreveram também os nomes dos espíritos e de seus personagens, e invocaram e oraram por aquelas coisas que pretendiam obter.

Capítulo XLV
Que Imprecações Humanas Gravam Seus Poderes Naturalmente sobre as Coisas Externas e Como a Mente do Homem, por Meio de um Grau de Subordinação, Ascende ao Mundo Inteligível e se Torna Semelhante aos Espíritos e Inteligências Mais Sublimes

As ALMAS CELESTES enviam suas virtudes aos corpos celestes, que as transmitem a este mundo sensível, pois as virtudes do orbe terrestre não procedem de outra causa senão da celestial. Consequentemente, o magista que irá trabalhar por elas usa uma hábil invocação dos superiores, com palavras misteriosas e um certo tipo de linguagem engenhosa, atraindo uma ao outro; ainda que, por uma força natural, por meio de um certo acordo mútuo entre eles, as coisas possam acontecer por si mesmas ou, às vezes, sejam arrastadas a contragosto. Por isso Aristóteles afirma, no sexto livro de sua *Filosofia Mística*, "que quando alguém, por amarração ou encantamento, invoca o Sol ou outras estrelas, rogando-lhes ajuda para o trabalho desejado, o Sol e outras estrelas não ouvem suas palavras; porém, eles são forçados, de certa maneira, por determinada conjunção e encadeamento que lhes são mútuos, onde as partes do mundo estão mutuamente subordinadas umas às outras, e têm um consentimento mútuo, em virtude de sua grande união: como ocorre no corpo de um homem, onde um membro se move ao perceber o movimento de outro; e como em uma harpa, quando uma corda se move quando do movimento de outra corda. Portanto, quando qualquer um deles mover alguma parte do mundo, outras partes serão movidas graças à percepção desse movimento". Dessa forma, o conhecimento da subordinação das coisas, umas com as outras, é o fundamento de toda operação maravilhosa, o qual é necessário para o exercício do poder de atrair virtudes superiores. Ora, decerto, as palavras dos homens são coisas naturais e as partes do mundo se atraem mutuamente; então, um magista que invocar por intermédio de palavras trabalhará pelos poderes próprios da Natureza, conduzindo alguns pela afeição que um tem por outro; ou atraindo outros, dada a razão de um seguir o outro; ou repelindo, por causa da inimizade entre eles, visto haver contrariedade e diferença nas coisas, além da multiplicidade de virtudes, as quais, embora sejam contrárias e diferentes, ainda assim são perfeitas em suas partes. Às vezes, também, o magista compele as coisas por meio da autoridade, pela virtude celestial, porque ele não é um estranho aos céus. Um homem, portanto, caso receba o efeito de uma amarração ou de um encantamento, não o receberá de acordo com a alma racional, mas segundo sua alma sensitiva; e se ele sofrer em alguma parte, sofrerá conforme sua parte animal; pois não se pode atingir pela razão um homem conhecedor e inteligente, mas este poderá receber aquele efeito pelos sentidos, visto que o espírito animal do homem é, pela influência dos celestiais e pela cooperação das coisas do mundo, afetado além de sua disposição anterior e natural. Assim como o filho força o pai a trabalhar para sustentá-lo e mantê-lo, mesmo que este não queira e embora esteja cansado, o desejo de governar é forçado pela raiva e outros labores para se obter o domínio; a indigência da natureza e o medo da pobreza levam o homem a desejar riquezas; os ornamentos e a beleza das mulheres são incitamentos à concupiscência; a harmonia de um músico sábio força seus ouvintes a várias paixões, das quais alguns seguirão voluntariamente conforme a consonância da arte, enquanto outros, embora relutantes, obedecerão a gestos, visto seus sentidos estarem cativados, ainda que sua razão não esteja voltada a essas coisas. Consequentemente, estão errados os que pensam que essas coisas se encontram acima da natureza ou que são contrárias à natureza, pois, de fato, elas são da natureza e de acordo com a natureza. Portanto, devemos saber que todo superior move aquele que lhe for imediatamente inferior, segundo seu grau e ordem, não apenas nos corpos, mas também nos espíritos: assim, a alma universal move a alma individual; o racional atua sobre o sensitivo e este age sobre o vegetal; e cada parte do mundo age sobre a outra, e cada parte pode ser movida por outra. E cada parte deste mundo inferior está submetida aos céus, de acordo com sua natureza e aptidão, do mesmo modo como uma parte do corpo animal está submetida a outra. E o mundo intelectual superior força todas as coisas abaixo de si mesmo; e, de certa forma, contém todos os mesmos seres, do primeiro ao último, que estão no mundo inferior. Os corpos celestes, portanto, movem os corpos do mundo elementar, os quais são compostos, geráveis, sensíveis (desde a circunferência até o centro), por intermédio de essências superiores, perpétuas e espirituais, dependentes do intelecto primário, que é o intelecto atuante, mas, sempre por meio da virtude anteposta pela palavra de Deus; palavra que os sábios caldeus da Babilônia chamam de Causa das Causas; porque dela são produzidos todos os seres: o intelecto atuante, que é a segunda causa, dela depende, em virtude da união da palavra com o Autor Primeiro, de quem todas as coisas são verdadeiramente produzidas: a palavra, portanto, é a imagem de Deus; o intelecto atuante, a imagem da palavra; a alma é a imagem desse intelecto e nossa palavra é a imagem da alma, pela qual ela atua sobre as coisas naturais de forma natural, porque a natureza é obra daquilo. E cada um desses aperfeiçoa seu subsequente: como um pai faz a seu filho; e nenhum dos que vêm depois existe sem que exista o que vem antes; pois eles são dependentes entre si, numa espécie de dependência ordenada; de modo que, quando o que vem depois perece, é devolvido ao próximo que estava antes dele, até que chegue aos céus; e, depois, para a alma universal; e, por último, chega ao intelecto ativo, pelo qual todas as outras criaturas existem; e ela mesma existe no Autor Primeiro, que é a palavra criadora de Deus, à qual, finalmente, todas as coisas retornam. Nossa alma, portanto, se vai trabalhar alguma coisa maravilhosa nesses inferiores, deve ter respeito ao seu início, para que seja fortalecida e iluminada por isso e para que receba do Autor Primeiro o poder de agir em cada grau. Portanto, devemos ser mais diligentes em contemplar as almas das estrelas e, então, seus corpos, e o mundo supercelestial e intelectual; e, depois, o celestial e o corpóreo, porque este é o mais nobre; e, também, o caminho até isso é excelente, sem o qual a influência do superior não poderia ser alcançada. Por exemplo, o Sol é o rei das estrelas, mais cheio de luz; sendo que ele a recebe do mundo inteligível, acima de todas as outras estrelas, porque sua alma é mais apropriada ao esplendor inteligível. Portanto, aquele que desejar atrair a influência do Sol deve contemplar o Sol e não apenas refletir sobre sua luz exterior, mas também sobre a interior. E homem algum poderá fazer isso, a menos que ele retorne à alma do Sol, tornando-se semelhante a ela, compreendendo sua luz inteligível com uma visão intelectual, do mesmo modo como o olho corpóreo faz com a luz sensível; e, assim, este homem será preenchido com aquela luz, luz que ele recebe para si, a qual é de um tipo menor emitida pelo orbe supremo; e, com seu intelecto dotado desta iluminação e estando verdadeiramente assemelhado a ela, e sendo assistido por ela, enfim ele alcançará aquele brilho supremo, e todas as formas lhes serão partícipes; e quando ele tiver recebido a luz do grau supremo, então sua alma chegará à perfeição e será feita semelhante aos espíritos do Sol, e atingirá as virtudes e as iluminações da virtude supernatural, e desfrutará do poder delas, caso ele tenha fé no Autor Primeiro. Assim, inicialmente, devemos implorar pela ajuda do Autor Primeiro; e, orando, não apenas com a boca, mas também com uma atitude religiosa e com uma alma suplicante, e, da mesma forma, de modo profuso, incessante e sinceramente, para que ilumine nossa mente e remova as trevas que crescem em nossas almas por causa de nossos corpos.

Capítulo XLVI

A Conclusão da Prática Constelatória ou Magia Talismânica, na Qual Está Incluída a Chave de Tudo o Que Foi Escrito sobre Este Assunto; Mostrando a Prática de Imagens, etc., por meio de Exemplo, e Assim Como as Observações sobre os Celestiais, Necessárias para a Perfeição das Operações Talismânicas

IREMOS AGORA TE mostrar observações sobre os corpos celestes, que são necessárias para a prática dessas coisas, observações que são, resumidamente, as seguintes:

Para tornar afortunado qualquer um, em certo momento fazemos uma imagem na qual o *significador da vida*, o *doador da vida* ou *Hyleg*, os *signos* e os *planetas* estejam favoráveis: quando os regentes do ascendente e do meio céu forem favoráveis, bem como também o lugar do Sol e da Lua; faze a imagem antes dos nascimentos destes, na região da fortuna e com o regente da conjunção ou impedimento, de modo a enfraquecer os planetas malignos, ou seja, aproveitando os momentos em que eles estão debilitados. Porém, caso queiramos fazer uma imagem para causar miséria, devemos realizar o contrário; e aqueles que antes considerávamos favoráveis, devemos agora tornar desfavoráveis, tomando as estrelas malignas quando elas estiverem regendo. E os mesmos procedimentos devemos usar para tornar infeliz qualquer lugar, região, cidade ou casa. Contudo, se quisermos fazer infeliz qualquer pessoa que tenha feito mal a ti, que seja feita uma imagem sob o ascendente dessa pessoa a quem queres deixar infeliz; e usamos o regente da casa de sua vida quando ele estiver desfavorável, bem como o regente do ascendente da Lua, o regente da casa da Lua, o regente da casa do regente do ascendente e o regente da décima casa. Agora, para a construção, sucesso ou ajuste de qualquer lugar, coloca aspectos favoráveis em seu ascendente; e também na primeira e na décima, na segunda e na oitava casa, pois, assim, tornarás favoráveis o regente do ascendente e o regente da casa da Lua. Mas, para afugentar (de qualquer lugar) certos animais que são nocivos a ti, para que eles não possam procriar ou habitar nesse lugar, faze uma imagem à semelhança daquele animal que tu queres afugentar ou destruir e coloca-a sob o teu descendente; agora, por exemplo,

Magick Seals, or Talismans.

Plate Fig 1st

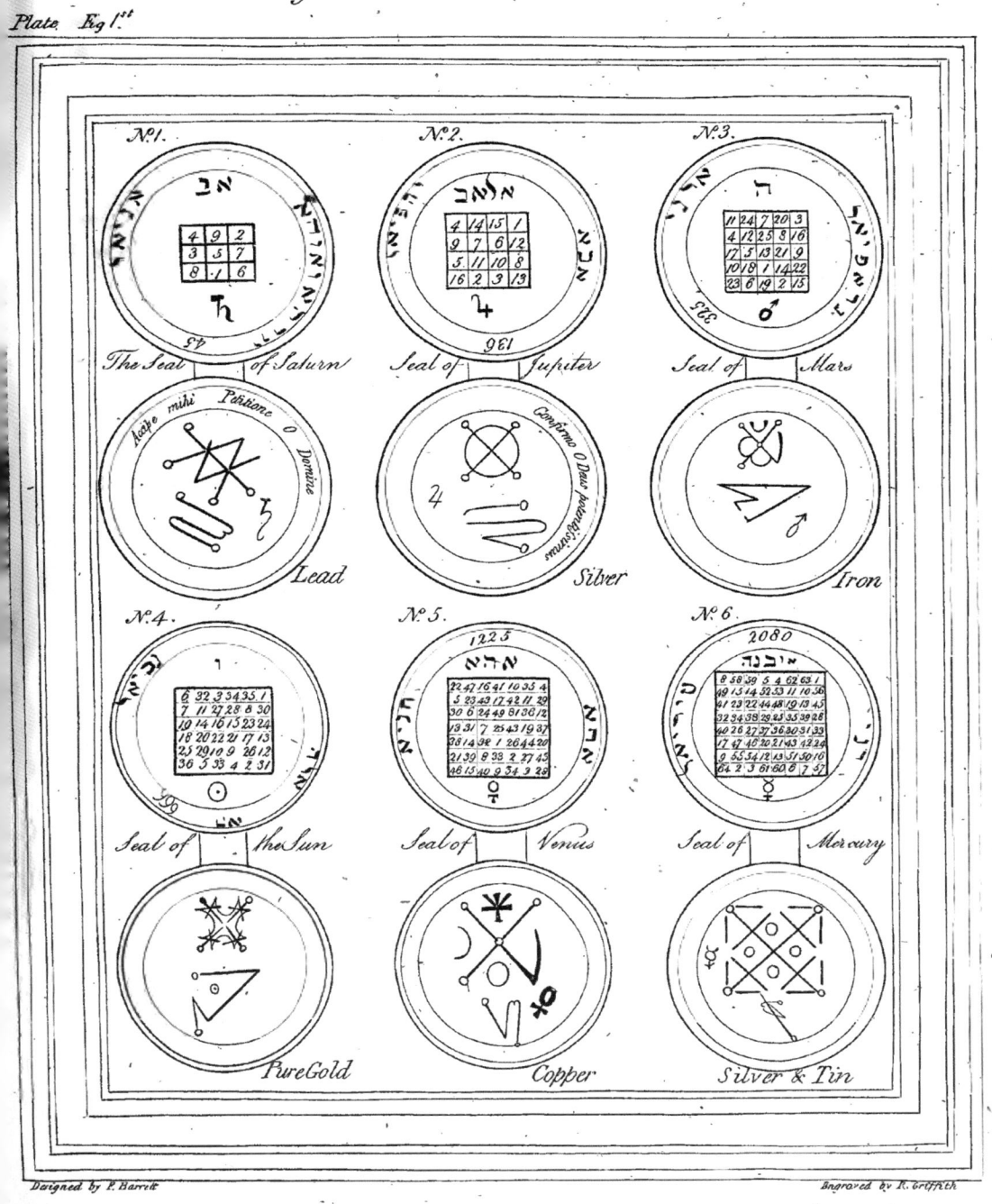

Designed by F. Barrett   Engraved by R. Griffith

supõe que queiras afugentar escorpiões de um lugar qualquer: que uma imagem de um escorpião seja feita quando o signo de Escorpião ascender com a Lua; então, torna desfavorável o ascendente, seu regente e o regente da casa de Marte; e tornarás desfavorável o regente do ascendente na oitava casa; e que sejam unidos com um aspecto maligno, como oposição ou quadratura, e escreve sobre a imagem o nome do ascendente e do seu regente, e da Lua, o regente do dia e da hora; e que seja feita uma cova no meio do lugar de onde queres expulsá-los, e que nela seja colocado um pouco de terra retirada dos quatro cantos do mesmo lugar, e aí enterra a imagem, com a cabeça para baixo, dizendo: "este é o sepultamento dos *Escorpiões*, para que eles sejam forçados a partir e não mais virem a este local". E assim o fazem com os demais.

Por sua vez, para obter lucro, faze uma imagem sob o ascendente do homem para quem queiras designar o lucro; de modo que o regente da segunda casa, que é a casa da substância, junte-se ao regente do ascendente, formando um aspecto de trígono ou sextil, e que haja acolhimento entre eles; farás também favorável a 11ª casa e seu regente, bem como a oitava; e, caso possas, põe parte da fortuna no ascendente ou na segunda casa; e que a imagem seja enterrada em algum lugar ou naquele lugar para o qual quiseste designar o lucro ou a fortuna. Da mesma forma, para se fazer pacto ou se obter amor, que seja feita uma imagem no dia de Júpiter, sob o ascendente do dia da natividade daquele a quem desejaste que seja amado; torna favorável o ascendente e a décima, ocultando o mal do ascendente; e deverás tornar favoráveis os regentes da décima e os planetas da 11ª, unindo-os ao regente do ascendente, perfazendo um trígono ou um sextil receptivo; então, prossegue, no sentido de elaborar outra imagem para aquela pessoa a quem você deseja incitar a amar; e caso a pessoa a quem desejes que seja favorecida por esse amor for um amigo, ou uma mulher, ou um irmão, ou um parente, ou um companheiro, faze uma imagem sob a ascensão da 11ª casa do ascendente da primeira imagem; mas, se a pessoa for uma esposa ou um marido, que a imagem seja feita sob a ascensão da sétima; se for irmão, irmã ou primo, sob a ascensão da terceira casa; se for uma mãe, da décima, e assim por diante: também, faze com que o signo do ascendente da segunda imagem seja unido ao signo do ascendente da primeira, e que haja entre eles uma reciprocidade, e deixa o resto de modo favorável, como na primeira imagem; depois, junta as duas imagens em um abraço mútuo, ou coloca a face da segunda voltada às costas da primeira, deixando-as embrulhadas em seda e as atirando fora para que se danifiquem.

Além disso, para o sucesso das petições e a obtenção de uma coisa negada, tomada ou possuída por outra pessoa, faze uma imagem sob o ascendente daquele que peticiona pela coisa; e, com o regente da segunda casa unido ao regente do ascendente, formando o aspecto trígono ou sextil, que haja um acolhimento entre eles; e, caso seja possível, que o regente da segunda casa esteja nos signos da obediência, e o regente do ascendente em domicílio: torna favorável o ascendente e seu regente, tomando cuidado para que o regente do ascendente não esteja em movimento retrógrado, ou em combustão, ou em descendente, ou na casa oposta, ou seja, na sétima casa a partir de si mesma; que não seja impedido pelos planetas malignos, mas que seja forte e angular; torna favorável o ascendente e o regente da segunda, e da Lua: depois, faze outra imagem para aquele que for peticionado, começando sob o ascendente que este possuir: e se ele for um rei, ou príncipe, etc., começa sob o ascendente da décima casa a contar do ascendente da primeira imagem. Se for um pai, sob a quarta; se for um filho, sob a quinta e assim por diante; em seguida, coloca o signo da segunda imagem junto ao regente do ascendente da primeira imagem, num trígono ou sextil, e o deixa recebê-lo; e os posiciona forte e favoravelmente, sem qualquer obstáculo; façamos com que todo o mal fique longe deles; se puderes, faze favoráveis a décima e a quarta ou qualquer uma delas; e, quando a segunda imagem estiver impecável, junta-a com a primeira, face a face, envolvendo-as em linho limpo, para depois enterrá-las no meio de casa do peticionário, sob um signo favorável, *quando a boa sorte estiver forte*; e que a face da primeira imagem esteja voltada para o norte, ou melhor, para aquele lugar onde a coisa pedida estiver; ou, caso aconteça de o peticionário querer se adiantar para obter o que deseja ou requer, que ele leve consigo as referidas imagens.

Assim, demos, por meio de alguns exemplos, a chave de todas as operações talismânicas, pelas quais efeitos maravilhosos podem ser produzidos por imagens, anéis, espelhos, selos, mesas ou quaisquer outros instrumentos mágicos de qualquer natureza; mas, como estes têm seus principais fundamentos no verdadeiro conhecimento dos efeitos dos planetas e do surgimento das constelações, recomendamos uma atenção sincera à parte da Astrologia[17] que ensina sobre o poder, influências e efeitos dos corpos celestes entre si em geral; da mesma forma, recomendamos que o artista seja especialista em aspectos, movimentos, declinações, elevações, etc. dos sete planetas e que compreenda perfeitamente suas naturezas, mistas ou simples; e que deva também estar pronto e seguro quanto à construção de uma figura, a qualquer momento, que mostre a verdadeira posição dos céus, visto haver uma simpatia enorme entre os celestiais e nós; e observar todas as outras regras que recitamos abundantemente: e, sem dúvida, o estudante diligente terá a satisfação de fazer com que suas operações e experimentos obtenham o que ele deseja ardentemente. Com isso, desejando todo o sucesso ao contemplador da criatura e ao Criador, encerraremos aqui esta Segunda Parte de nossa trabalho, e a conclusão de nosso Livro de Magia Talismânica.

FIM DO LIVRO I

---

17. Aqueles que quiserem aprimorar o necessário conhecimento sobre Astrologia, devem estudar de Coley o seu livro chamado *Clavis Astrologiæ Elimata*, ou a *Chave* de Salomão, ou a *Alma da Astrologia* de Lilley; ou o *Vade Mecum*, de Partridge, ou a *Astrologia*, de Middleton.

O MAGO
OU
INTELIGÊNCIA CELESTIAL

LIVRO II – PARTE I
CONTENDO
MAGNETISMO,
E
MAGIA CABALÍSTICA;
DESVELANDO
OS MISTÉRIOS SECRETOS
DA MAGIA CELESTIAL.

Com a arte de calcular pelos nomes divinos de Deus; mostrando a Regra, a Ordem e a Regência de
ANJOS, INTELIGÊNCIAS E ESPÍRITOS ABENÇOADOS,
TABELAS E SELOS SAGRADOS, TABELAS DA CABALA, ETC.
Da mesma forma, tratando de Magia Cerimonial, Invocação de Espíritos, Consagrações, Círculos, etc. E também de Sonhos, Profecia, Milagres, etc.

Por FRANCIS BARRETT,
ESTUDANTE DE QUÍMICA, FILOSOFIA NATURAL E
OCULTA, DE CABALA, ETC.

AO QUE SE ADICIONA
Uma tradução das obras de TRITÊMIO de SPANHEIM, a saber,
Seu Livro das Coisas Secretas e dos Espíritos.

O MAGO,
CONTENDO
MAGNETISMO
E
MAGIA CABALÍSTICA.
AO QUE SE ADICIONA
UM TRATADO
SOBRE
PROFECIA, SONHOS PROFÉTICOS E INSPIRAÇÃO.

LIVRO II – PARTE I

MAGNETISMO
INTRODUÇÃO

Neste nosso Tratado sobre Magnetismo, reunimos e colocamos em ordem algumas coisas valiosas e secretas dos escritos de Paracelso, o mais erudito químico e filósofo, que foi a preciosidade da Alemanha na época em que viveu. Da mesma forma, extraímos o próprio âmago da ciência do magnetismo a partir das obras copiosas e elaboradas por aquele mais célebre filósofo (pelo fogo) Van Helmont, o qual, junto a Paracelso, diligentemente promulgou todos os tipos de curas magnéticas e simpáticas, as quais, graças à preguiça, à ignorância, à descrença e à obstinação da época atual, têm sido tão totalmente negligenciadas e condenadas. No entanto, por mais que alguns de nossos filósofos modernos possam ser impudentes em suas afirmações e preconceituosos com suas próprias falsas opiniões, vimos dois ou três indivíduos que, à força da perseverança, provaram a verdade e a possibilidade do magnetismo por experimentos repetidos e públicos. Na verdade, a engenhosa invenção dos Tratores Magnéticos vem imediatamente provar que a ciência nunca deve ser embaraçada por calúnias públicas ou deturpação de fatos que provaram ser de utilidade geral. E não temos dúvidas de que seremos capazes de mostrar, pela teoria e prática apresentadas mais à frente, que muitas curas excelentes podem ser realizadas por uma consideração devida e observância atenta dos princípios sobre os quais são fundamentadas a simpatia, a antipatia, a atração magnética, etc., o que será totalmente ilustrado no compêndio a seguir.

Devemos nos apressar no sentido de explicar os primeiros princípios do Magnetismo, examinando o poder magnético ou da atração.

Capítulo I
O Poder ou Faculdade Magnética ou Atrativa[18]

QUANTO À AÇÃO distante de um local, os vinhos nos sugerem uma argumentação: pois todo tipo de vinho, embora originário de províncias vizinhas, e mesmo também florescendo mais oportunamente em outros lugares, ainda assim, torna-se problemático quando a vinha floresce em nosso país; e tal perturbação não cessará enquanto a flor não tiver caído de nossa videira; o que certamente virá a acontecer, seja por um motivo comum à videira e ao vinho, seja por uma disposição particular da videira, algo que de fato perturba o vinho, agitando-o para cima e para baixo como uma tempestade confusa: ou, da mesma forma, porque o próprio vinho se agita desse modo por conta própria, ou por causa das flores da videira: ou em ambos os casos, se houver uma conformidade antecipada, consentimento, algum pesar ou satisfação; pelo menos, isso só pode ser feito por uma ação a distância: a saber, se o vinho for incomodado em uma adega subterrânea, da qual talvez nenhuma videira esteja próxima por alguns quilômetros, também não havendo qualquer corrente de ar sob a terra, estando ausente a flor da videira; mas, se eles apontarem uma causa comum para tal efeito, devem se voltar às estrelas, que não podem ser controladas por nossos prazeres e liberdade de ousar; ou, afirmo, voltamos a uma confissão de uma ação a distância: a saber, em um único e mesmo espírito, ainda que desconhecido, a causa é que rege o vinho ausente e a vinha que está a uma longa distância, e o que os influencia e os faz sofrerem juntos. Porém, no que diz respeito ao poder das estrelas, não estou disposto, nem mesmo ouso, de acordo com minha própria liberdade, estender as forças, poderes ou limites para fora do alcance das estrelas ou para além da autoridade do texto sagrado, cuja fé (sendo pronunciada a partir do testemunho divino) diz que as estrelas são para nós signos, estações, dias e anos: e, pela mesma regra, nenhum

---

18. Van Helmont.

poder é atribuído às estrelas, de modo a perturbar, mudar e confundir um vinho criado em um solo estrangeiro e trazido até nós de longe: pois que a videira, em algum momento, recebeu o poder de aumentar e se multiplicar antes que as estrelas nascessem: e os vegetais existiam antes das estrelas e do influxo imaginário destas: portanto, também, eles não podem ser coisas conjuntas em essência, já que podem existir separadamente. Sim, a videira em alguns lugares floresce de maneira mais oportuna; e, nos anos chuvosos ou mais frios, nossa videira floresce mais lentamente, cuja flor e cujos estágios de florescimento, não obstante, o vinho imita; e, portanto, ele não diz respeito às estrelas, não se perturbando conforme a disposição delas.

Seguindo, o vinho não dá atenção ao florescimento ou desabrochar de quaisquer tipos de flores, senão a do vinhedo: e, portanto, não devemos buscar uma causa universal, o ar regulador geral ou universal de mudanças mundanas sucessivas, isto é, podemos nos deparar com as impossibilidades e absurdos, mas não com relações de semelhança e unidade, até hoje inaceitáveis pelas escolas.

Além disso, esse assunto ainda aparece de forma bem mais inequívoca em fermentados, como na cerveja: em tempos passados, nossos ancestrais constataram que a cevada, quando fervida de qualquer modo, nada produzia senão uma beberagem inútil ou caldo de cevada ou também uma polpa; depois, eles ponderaram que primeiro a cevada deveria brotar (o que eles na ocasião chamavam de malte) e, em seguida, ferviam suas cervejas, imitando os vinhos: então, em primeiro lugar, algumas coisas notáveis foram observadas, a saber, era estimulado na cevada um botão vegetal, o qual, quando estivesse seco, morreria e seria transformado em farinha, para ser novamente fervido, perdendo a capacidade de crescer. No entanto, essas coisas em nada o atrapalham de reter o espírito vínico e inebriante da *aqua vitæ*, apesar de ainda não a possuir de fato: porém, finalmente, após certo número de dias, ele a alcançará em virtude de um fermento: em outras palavras, no âmago de um único grão, um único espírito é tornado famoso e com diversos poderes, sendo que, quando um poder lhe é retirado, outro é ali deixado: o que, de fato, ressaltará ainda mais maravilhosamente; assim como a cerveja de malte se agita enquanto a cevada floresce, e não diferente acontece com o vinho em outros lugares, do mesmo modo, um poder a uma distância muito longe daqui pode ser facilmente visto: pois, em verdade, existem cidades onde os prados agradáveis alongam o cultivo da cevada por muitos quilômetros, e com muito mais força as cervejas provam sua concordância com a ausência de cevada em flor, na medida em que lhe é retirado seu poder e as esperanças de florescer e de crescer: e, por fim, a *aqua vitæ*, sendo mantida dentro da cerveja com segurança nas barricas e na prisão do porão, não poderá vagar por algumas léguas até a espiga em flor da cevada, como se fosse um violento fixador, para perturbar a cerveja ali restante com muita agitação.

Certamente, há uma explanação muito mais simples para um acordo magnético ou atrativo entre alguns agentes distantes uns dos outros do que supor uma *aqua vitæ* vagando para fora da cerveja de uma adega até a cevada em flor, e daí retornar aos primeiros receptáculos onde estava guardada a cerveja. Por sua vez, o sinal gravado nos filhos pelo apetite de uma mulher grávida é adequado e, do mesmo modo, confirma claramente o magnetismo ou a faculdade atrativa que opera a distância: a saber, caso uma mulher grávida deseje bastante uma cereja, se ela tocar com o dedo a testa ou qualquer outro lugar, sem dúvida, a criança será marcada na testa com a imagem da cereja, que, depois, ano após ano, tornar-se-á verde, branca, amarela e, por fim, parecerá vermelha, de acordo com o tom das árvores: e, muito mais maravilhosamente, a mesma alteração sucessiva de maturidades são expressadas na Espanha que na Alemanha: e, dessa feita, confirma-se não somente uma *ação a distância*, mas também uma conformidade ou concordância entre as essências da cerejeira, em seu tronco de madeira carnuda, e uma *consanguinidade* ou quase *afinidade* de um ser, impressa na parte pela imaginação instantânea, em seu âmago, ao longo de sucessivos anos: certamente os mais eruditos não deveriam imputar essas coisas aos espíritos malignos, os quais, por sua própria fraqueza, são ignorantes, pois essas coisas ocorrem por todos os lados na natureza, as quais, por nossa estreiteza, não somos capazes de desvelar; ao creditar ao diabo todos os dons de Deus que estão na natureza (porque nossa capacidade embotada não os compreende corretamente), mostramos tanto ignorância quanto imprudência, principalmente quando nos escapa toda demonstração de *causas* de uma coisa ou causa anterior, e assim como Aristóteles, que era ignorante de toda a natureza, somos privados das boas dádivas que descendem do Pai das Luzes, a quem sejam dadas toda honra e glória.

Observação: A partir do capítulo anterior, podemos ver o maravilhoso poder de trabalho do espírito atrativo ou universal, que de nenhuma outra forma pode ser tão claramente demonstrado como por meio de simpatias pelas coisas naturais, que são inerentes a toda a natureza; e, sobre esse princípio de simpatia e antipatia, dizemos que ele tem como fundamento aquele poder espiritual que toma conta das coisas e dos objetos distantes uns dos outros, isto é, da atração magnética, que de fato existe, como iremos provar claramente por experimento, onde mostramos de forma absoluta a ação e a paixão que existem entre os espíritos naturais, pelas quais são produzidos efeitos maravilhosos que foram ignorantemente atribuídos a diversas superstições, como *Feitiçaria*, *Encantamento*, *Nigromancia* ou *Arte Negra*, etc.

Capítulo II
Dos Remédios Simpáticos

No ANO DE 1639 surgiu um pequeno livro cujo título era *O Pó Simpático de Edricius Mohynus*, de Eburo, segundo o qual as feridas eram curadas sem aplicação de remédio na parte afetada e sem superstição, sendo peneirado pelo crivo racional de Galeno e Aristóteles. Provou-se aristotelicamente, e de modo suficiente, o que o título promete; embora tenha sido negligenciada a *faculdade diretiva*, ou *virtude*, a qual poderia trazer as virtudes ao pó simpático, que deveria ser aplicado na toalha ou lenço ensanguentado e na ferida distante.

Conforme o livro, o sangue venal ou pus de uma ferida, ou o líquido seroso de uma úlcera, colocado numa toalha, receberia um bálsamo de natureza sanativa ou curadora; digo, do poder do vitríolo, um poder medicinal conectado e limitado ao referido meio; então, as virtudes recebidas desse bálsamo são dirigidas à parte lesionada, não de fato e muito menos elas voam por conta própria para o objeto a distância, mas elas o fazem por uma virtude influente das estrelas: portanto, são as ideias daquele que aplica os remédios simpáticos que estão conectadas ao meio e que dirigem o bálsamo para o objeto de seu desejo: do mesmo modo como indicamos anteriormente, no que concerne a marcas deixadas pelo desejo. Mohynus supõe que o poder da simpatia depende das estrelas porque é um imitador de influências: contudo, para mim, a causa está bem mais próxima: a saber, a partir de ideias diretoras geradas pela mãe Caridade ou por um desejo de boa vontade: pois, a partir daí aquele pó simpático operará com mais sucesso, sendo aplicado com mais eficiência pela mão de um do que de outro: portanto, sempre observei que o melhor resultado é logrado quando o remédio é provido por um desejo de caridade; mas ele terá algum sucesso, ou pouco sucesso, se o operador for uma pessoa descuidada ou estiver embriagada; e, a partir daí, passei a dar mais valor às estrelas da mente, quanto a remédios simpáticos, do que às estrelas do céu: uma mulher grávida é um exemplo de que as imagens, uma vez concebidas, podem ser levadas a um objeto distante, porque ela é aquela que atualmente transfere todas as ideias de sua concepção sobre seus filhos, que não dependem de outra forma, senão da mãe, com a qual estão em comunhão de nutrição universal. Verdadeiramente, ao ver que tal direção de desejo é claramente natural, não é de se admirar que o espírito maligno queira que as ideias dos desejos de suas hordas sejam anexadas a um meio oferecido por ele. De fato, as ideias do desejo seguem do mesmo modo pelo qual as influências do céu são lançadas sobre um objeto específico, por mais localmente remoto que ele esteja; ou seja, elas são dirigidas pelo desejo para um objeto especialmente designado para si, da mesma forma que a visão do basilisco, ou o toque do torpedo, é refletida em seu objeto desejado; e, também, como já mostrei por aqui, o diabo não atribui muito à direção das coisas injetadas, visto que ele precisa de um poder ou faculdade livre, dirigente e operativo. Porém, não desacredito dos remédios simpáticos apenas porque o diabo age sobre as coisas injetadas no corpo: mas o que os remédios simpáticos têm em comum? Embora Satanás coopere nas injeções por meios naturais iníquos exigidos de seus escravos, todas as coisas são julgadas culpadas ou boas por seus fins e intenções: e é suficiente que os remédios simpáticos estejam em harmonia com as coisas injetadas em *meios naturais* ou em remédios.

Capítulo III
Do Unguento Magnético ou Simpático, o Pó da Simpatia, Unguento Armorio, Cura de Feridas, Êxtase, Bruxaria, Múmias, etc.

DEVEMOS AGORA MOSTRAR algumas operações notáveis que são resultantes do magnetismo, bem como baseadas na simpatia e na antipatia naturais e, da mesma forma, como por esses meios algumas curas extraordinárias podem ser realizadas.

A bondade do Criador se estende a todos os lugares, sendo todas as coisas criadas para o uso do homem ingrato; porém, não foi permitido a qualquer um dos teólogos, ou sacerdotes, como assistentes de um conselho, dizer quantas ou quão grandes virtudes eles deveriam infundir nas coisas naturais. Contudo, há aqueles que se aventuram a medir as maravilhosas obras de Deus por sua própria inteligência aguçada e refinada, pela qual negam que Deus tenha dado tal virtude às coisas; como se o homem (um verme) fosse capaz, por sua estreita e limitada capacidade, de compreender a Onisciência; e o que pensa que algo não possa ser feito, pois não pode compreendê-lo, na verdade mede as mentes de todos os homens por sua própria mente. Somente poderão, portanto, desenvolver os mistérios da natureza aqueles que, sendo versados na arte da Cabala, Fogo e Magia, examinaram as propriedades das coisas e atraíram das trevas para a luz os poderes ocultos do *Homem*, dos *Animais*, dos *Vegetais*, dos *Minerais* e das *Pedras*, e que separaram as cruezas, os resíduos, os venenos e as heterogeneidades, que são os espinhos implantados na natureza virgem da maldição. Um observador da natureza vê que diariamente ela *destila, sublima, calcina, fermenta, dissolve, coagula, fixa*, etc.; portanto, nós, que somos os ministros da natureza, separamos, etc., para descobrir as causas e os efeitos de todos os fenômenos que ela produz.

Agora, como o magnetismo é destinado ao uso do homem e para a cura dos vários distúrbios pertencentes à natureza humana, devemos primeiro abordar o grande tema do magnetismo, conhecido por possuir propriedades maravilhosas, e que não são apenas evidentes aos olhos de todos, mas por nos mostrar motivos suficientes para admitirmos a possibilidade e a realidade do magnetismo em geral.

A magnetita possui uma proeminente faculdade medicinal contra muitas doenças violentas e implacáveis. Helmont diz que a parte de trás da pedra-ímã, ao repelir o ferro, também remove a gota, os inchaços, a doença reumática, etc., aquelas que são da natureza ou da qualidade do ferro. A faculdade de atração do ferro quando unida à múmia de uma mulher, com a parte de trás da magnetita colocada em sua coxa, e a parte da frente da magnetita em seus quadris, seguramente previne contra a ameaça de aborto; e quando a frente da magnetita for colocada entre as coxas e a parte de trás for posta nos quadris, isso facilita maravilhosamente o parto.

Da mesma forma, o uso da magnetita protege e evita cãibras, além de outros distúrbios e dores de mesmo tipo.

Uldericus Balk, um frade dominicano, publicou um livro em Frankfurt no ano de 1611 sobre a lâmpada da vida, no qual encontramos (tirado de Paracelso) a verdadeira cura magnética de muitas doenças, a saber, a hidropisia, a gota, a icterícia, etc. Assim, se tu puseres teu sangue quente doente na casca e na clara de um ovo e o expuseres a um calor que o alimente, e der a um cão faminto esse sangue misturado com um pedaço de carne, o distúrbio sairá de ti e irá para o cão, não diferindo de como a lepra de Naamã passou para Geazi graças à maldição do profeta.

Caso as mulheres que estiverem desmamando seus filhos tirarem seu leite e o colocarem sobre carvões em brasa, o seio logo secará.

Se alguém deixar um estorvo à tua porta, se tu quiseres evitar que no futuro tal bestial travessura se repita, pega o atiçador em brasa e o coloca nos excrementos e, assim, por magnetismo, os traseiros daquela pessoa ficarão muito chamuscados e inflamados.

Faze uma pequena mesa de chumbo do tipo mais leve, mais branco e mais barato; põe em uma extremidade um pedaço de âmbar e, a três palmos dele, coloca um pedaço de vitríolo verde; esse vitríolo logo perderá sua cor e acidez: ambos os efeitos são encontrados na preparação do âmbar. A raiz do cardo Caroline, sendo arrancada quando cheia de suco e virtude, e temperada com a múmia de um homem, irá exaurir os poderes e a força natural de um homem em cuja sombra tu estiveres, passando-os para dentro de ti.

Capítulo IV
Do Unguento Armorio ou Pomada de Proteção, etc.

O PRINCIPAL INGREDIENTE desse composto é o musgo que brota no crânio de um homem morto, o qual Van Helmont chama de excrescências ou superfluidades das estrelas. Então, o musgo, para crescer no crânio de um homem morto, recebeu sua semente dos céus e seu desenvolvimento se dá na medula mumificada do crânio do homem, ou torre do microcosmo, onde obtém excelentes poderes astrais e magnéticos além da condição comum dos vegetais, embora as ervas, por serem ervas, possuam seu próprio magnetismo.

Agora, o magnetismo desse unguento extrai do ferimento aquela estranha disposição (a qual, de outro modo, digo que é de estranha qualidade, pois produz uma desunião das partes que se mantinham juntas) que o impede de cicatrizar; e, desde que não seja acometido ou afligido por qualquer acidente, o ferimento de repente será sanado; e isso é efetuado pelo unguento de armorio ou pomada de proteção. A partir disso, parece que a propriedade do unguento, ou pomada de proteção, é curar repentina e perfeitamente, sem dor, custo, perigo ou perda de força; portanto, é patente que a virtude magnética vem de Deus.

É oportuno agora descobrir a causa imediata do magnetismo no unguento.

Em primeiro lugar, tendo o consentimento dos teólogos místicos, dividimos o homem em externo e interno, atribuindo a ambos os poderes de uma certa mente ou inteligência: pois assim pertence uma vontade à carne e ao sangue, que pode não ser ou a vontade do homem ou a vontade de Deus; e o Pai celestial também revela algumas coisas ao homem mais interior, e algumas outras coisas revela à carne e ao sangue, isto é, ao homem exterior e sensível, ou animal. Pois como poderiam o culto de ídolos, a inveja, etc. ser corretamente atribuídos como obras da carne, visto se constituírem apenas na imaginação, se a carne não tivesse também sua própria imaginação e vontade eletiva?

Além disso, é indiscutível que haja êxtases milagrosos pertencentes ao homem mais interior. Sem dúvida, também há êxtases no homem animal, em virtude de uma imaginação intensa ou exagerada.

Martin del Ris, um ancião da sociedade de Jesus, em suas *Disquisições Mágicas* ou *Inquirições*, faz menção a um certo jovem da cidade de Insulis que foi tomado por um desejo tão violento de ver sua mãe que, pelo mesmo desejo intenso, como se estivesse arrebatado por um êxtase, ele a viu perfeitamente, embora a muitos quilômetros de distância; e, voltando a si mesmo, estando atento a tudo o que tinha visto, deu muitos sinais verdadeiros da real presença de sua mãe.

Então, esse desejo surgiu do homem mais exterior, ou seja, do sangue e dos sentidos, ou da carne, é certo; pois, caso contrário, a alma sendo uma vez desalojada, ou solta das amarras do corpo, não poderá, exceto por milagre, ser reunida a ele; portanto, há no sangue um certo poder extático ou transportador, que, se a qualquer momento for excitado ou despertado por um desejo ardente e uma imaginação mais forte, é capaz de conduzir o espírito do homem mais exterior até mesmo a algum objeto ausente ou muito distante; mas, então, esse poder está oculto no homem mais exterior, por assim dizer, *in potentia* ou em possibilidade; ele não é posto em ação, a menos que seja despertado pela imaginação, inflamado e agitado por um desejo mais fervoroso e violento.

Capítulo V
Do Poder Imaginativo e do Magnetismo dos Espíritos Naturais, Atração Mumiática, Simpatias dos Espíritos Astrais, com os Seus Corpos, onde é Fundamentada toda a Arte da Necromancia

ADEMAIS, QUANDO POSTERIORMENTE o sangue é de algum modo contaminado, então, de fato, todas as suas faculdades, as quais, sem uma anterior excitação da imaginação, permaneciam apenas como possibilidade, são, por si mesmas, levadas à ação; pois, por meio da corrupção do grão, a virtude seminal, de outra forma sonolenta e estéril, irrompe em ação; porque, uma vez que as essências das coisas e seus espíritos vitais não sabem como entrar em putrefação, dissolvendo a harmonia inferior, eles ressurgem como sobreviventes. Assim, é a partir daí que toda propriedade oculta, quando a compactação de seus corpos é dissolvida pela digestão anterior (a qual chamamos de putrefação), torna-se livre para ser manipulada, despachada e manifesta à ação.

Portanto, dado seu contato com o ar, quando uma ferida recebe uma qualidade que lhe é prejudicial, o sangue imediatamente fica inflamado com o calor ou com a fúria da abertura da ferida, e se torna outro tipo de matéria, resultado da ação no sangue da ferida em virtude da dita qualidade exterior, que agora inicia algum tipo de decomposição (o mesmo sangue que também manchou a arma ou um fragmento dela é oleado com o unguento magnético), a qual espreita e medeia o poder extático em potencial no sangue, que é posto em ação; e esse poder, em razão do êxtase oculto, depois de ser exilado, retorna ao seu próprio corpo; portanto, aquele sangue particular diz respeito ao sangue de todo o corpo. Então, de fato, a faculdade magnética ou atrativa se ocupa no sentido de agir no unguento e, por intermédio da mediação do poder extático (assim o chamo por falta de uma etimologia), ele suga a qualidade prejudicial da abertura da ferida e, por fim, por meio da virtude mumiática, balsâmica e atrativa alcançada pelo unguento, o magnetismo está completo.

Então, tens agora a razão positiva do magnetismo natural no unguento, extraída da magia natural, na qual se aquiesce a luz da verdade, dizendo: "onde está o tesouro, aí também está o coração".

Porquanto, caso o tesouro esteja no céu, então o coração, isto é, o espírito do homem interno estará em Deus, que é o paraíso, o único que é a vida eterna.

Porém, caso o tesouro seja encerrado ou guardado em coisas frágeis e mortais, então também o coração e o espírito do homem externo estarão em coisas que se desvanecem; nem haverá qualquer motivo para aqui introduzir um sentido místico, tomando para o coração não o espírito, mas a cogitação e o desejo puro; pois isso significaria uma coisa frívola, que onde quer que um homem coloque seu tesouro, seja em seu pensamento, seja em ideia, aí estaria sua cogitação.

Também a verdade, propriamente dita, não interpretará misticamente o texto presente e, à guisa de exemplo contíguo, do mesmo modo que a presença de águias indica o real local onde está uma carcaça morta, assim o espírito do homem interior estará localmente no reino de Deus em nós, que é o próprio Deus; e o coração ou espírito do animal ou homem sensível exteriormente estará localmente ao redor de seu tesouro.

Que maravilha é que os espíritos astrais dos homens carnais, ou dos animais, ainda devam, após seus funerais, mostrarem-se, com bravura, vagando sobre seu tesouro enterrado; sem essa premissa, o que seria da Necromancia (ou arte da adivinhação pela invocação de espíritos) criada pelos antigos?

Portanto, afirmo que o homem interno é um animal ou uma criatura vivente, valendo-se da razão e da vontade do sangue: porém, ele não é apenas um animal, mas, sobretudo, é a imagem de Deus.

Os partícipes do logicismo, portanto, podem ver quão defeituosamente eles definem um homem a partir do poder do discurso racional. Contudo, dessas coisas falaremos mais em outro lugar.

Assim, juntarei o magnetismo das águias às carcaças, pois nenhuma das aves voadoras é dotada de um olfato tão agudo a ponto de poderem, com uma anuência mútua, ir da Itália para a África em busca de carcaças.

Pois um odor nem se alastra tanto nem tem alcance vasto; e a grande distância do mar ali interposto o impede, assim também como ocorre com certa propriedade elementar de consumi-la; e não há qualquer razão para pensar que esses pássaros percebem pela visão as carcaças mortas tão longe, especialmente se esses pássaros estiverem ao sul, atrás de uma montanha.

Porém, que necessidade haveria de reforçar mediante muitos argumentos a existência do magnetismo das aves, uma vez que o próprio Deus, que é o princípio e fim da filosofia, determina expressamente que o mesmo processo que ocorre com o coração e com o tesouro também ocorra com esses pássaros e com as carcaças, e com tanta semelhança entre eles?

Pois, se as águias fossem conduzidas à comida, às carcaças, com o mesmo apetite pelo qual os animais de quatro patas são trazidos para suas pastagens, certamente o homem haveria dito, em uma palavra, que as criaturas vivas se aglomeram para comer como faz o coração dele em relação ao seu tesouro; o que conteria uma falsidade: o coração do homem não se dirige ao seu tesouro para que ele possa ser saciado, como as criaturas vivas o fazem com sua comida. Portanto, a comparação entre o coração do homem e da águia não diz respeito ao objetivo ou desejo ansiado por eles, mas quanto ao modo como ambos são propensos, a saber, como são real e localmente atraídos e conduzidos pelo magnetismo.

Portanto, o espírito e a vontade do sangue extraído da ferida, penetrando na pomada que foi passada na arma, tendem a ser atraídos a seu tesouro, isto é, ao resto do sangue que ainda desfruta de vida na parte mais interna do homem: porém, em testemunho peculiar, ele disse que a águia é atraída para a carcaça porque ela é chamada para isso por um espírito mumiático implantado na carcaça, e não pelo odor do corpo em putrefação: na verdade, aquele animal apropria-se apenas desse espírito mumiático, assimilando-o: e, daí, diz-se sobre a águia, de modo peculiar, "minha juventude será renovada como a da águia".

Verdadeiramente, a renovação de sua juventude é oriunda de uma extração essencial do espírito mumiático, o qual é refinado por uma certa digestão singular própria daquela ave, não meramente do simples comer da carne da carcaça; caso contrário, os cães e os corvos também seriam renovados, o que é falso.

Dirás que é uma razão rebuscada em favor do magnetismo; mas o que queres então inferir com isso? Se tu confessaste que aquilo está muito distante da tua capacidade de entendimento, isso deveria também ser buscado ao longe por ti. Verdadeiramente, o livro de Gênesis afirma que no sangue de todas as criaturas viventes existe sua alma.

Pois, há no sangue certos poderes vitais,[19] os quais, como se fossem vivificados ou animados por uma alma, exigem vingança do Céu, além de sim, punição judiciosa dos juízes terrenos imposta ao assassino; poderes esses que, uma vez que não se pode negar que

---

19. Esta propriedade singular do sangue, a qual Helmont chama de *Poderes Vitais*, não é menos maravilhosa do que a verdade, tendo eu mesmo sido uma testemunha dessa experiência enquanto estive em South Wales. Foi um caso a respeito de um corpo de um homem que foi maliciosamente assassinado, por ocasião de uma briga durante a noite em uma cervejaria. O suspeito do assassinato apareceu no dia seguinte em público aparentemente despreocupado. O legista estava sobre o corpo, 24 horas depois que esse notável assassinato fora cometido, quando o suspeito foi repentinamente levado sob custódia e encaminhado para a mesma taberna onde a exame era feito. Depois de algum debate, um certo Dr. Jones desejou que o suspeito fosse trazido à sala; feito isso, ele pediu para que o vilão colocasse sua mão esquerda sob o ferimento, que era um corte profundo no pescoço e outro no peito; o vilão confessou claramente sua culpa, por causa de sua tremedeira; e mais, assim que ele pôs levemente o dedo no corpo, o sangue correu imediatamente, cerca de seis ou sete gotas, para a admiração de todos os presentes. Se alguém duvida da veracidade dessa narrativa, por mais erudito que profundo que se considere, peça-me pessoalmente que darei a referência, verdadeiramente respeitável e justa, que o convencerá do fato (Francis Barrett).

eles habitam naturalmente no sangue, não vejo por que rejeitar a existência do magnetismo do sangue, nem como contabilizá-lo entre as obras ridículas de Satanás.

Digo mais, a saber, que aqueles que andam dormindo o fazem por nenhum outro guia senão pelo espírito do sangue do homem exterior, ou seja, é assim que eles sobem e descem, realizam negócios, escalam paredes e gerenciam coisas, as quais, de outro modo, seriam impossíveis para aqueles que estão acordados. Afirmo, foi por uma virtude mágica, natural ao homem mais exterior, que Santo Ambrósio, embora estivesse muito distante em seu corpo, estava visivelmente presente nas solenidades fúnebres de São Martinho; no entanto, ele estava espiritualmente presente nessas solenidades, e em espírito visível ao homem externo, e não de outra forma: pois, a partir daquele êxtase próprio ao homem mais interno, muitos dos santos viram muitas coisas ausentes. Isso é feito sem tempo e espaço, pelos poderes superiores da alma reunidos na unidade e por uma visão intelectual, mas não graças a uma presença visível; e a alma não está separada do corpo, porém, caso contrário e com sinceridade, caso ela esteja, será por completo, em definitivo, não sendo possível a reconexão, mas, do outro modo, é algo natural ou familiar ao espírito do homem mais exterior.

Não é suficiente, visto ser um paradoxo tão grande, tocar no assunto uma única vez ou apresentar uma única razão; o tema deve ser desenvolvido posteriormente e devemos explicar como uma atração magnética ocorre também entre coisas inanimadas, as quais, embora naturais, acontecem por intermédio de uma certa percepção ou sentimento, mas não por fato animal ou sensível.

Para que isso seja feito com mais seriedade, a princípio cabe a nós mostrarmos no que Satanás pode, por intermédio de seu próprio poder, contribuir, e de que maneira ele pode cooperar nas ações meramente perversas e ímpias das bruxas: daí aparecerá a causa e cada efeito a ela atribuído.

Posteriormente, mostraremos o que pode ser o poder espiritual que afeta um objeto muito remoto; ou qual ação, paixão e conflito que existem entre eles, os espíritos naturais, ou o que pode ser a superioridade do homem em relação a outras criaturas inferiores; e, por conseguinte, porque, de fato, nosso unguento, sendo composto de múmias humanas, também cura cavalos completamente. Explicaremos o assunto no capítulo seguinte.

Capítulo VI
Da Bruxaria

QUE SEJA ADMITIDO, portanto, que uma bruxa pode atormentar fortemente um homem ausente por intermédio de uma imagem de cera, mediante a imprecação ou a maldição, por encantamento ou também com apenas um simples toque nisso antes mencionado (pois, até aqui, não falamos sobre Feitiçarias, mas tão somente daquelas coisas que matam apenas por veneno, o que qualquer boticário vulgar pode imitar), o qual, ninguém duvida, é um ato diabólico: porém é proveitoso discernir quanto podem, Satanás e bruxa, contribuir para isso.

A Primeira Suposição

Em primeiro lugar, deves notar que Satanás é o inimigo jurado e irreconciliável do homem, e assim deve ser considerado por todos, a menos que alguém prefira tê-lo como amigo; e, como consequência, não duvides do fato, nem o negligencies, de que ele está mais do que pronto para nos alcovitar, desejar-nos e causar-nos qualquer tipo de dano.

A Segunda Suposição

Então, embora ele seja inimigo das próprias bruxas, porquanto ele também é um inimigo muito malicioso para toda a humanidade em geral, mesmo assim, em relação aos que são seus escravos e àqueles que estão em seu reino, ele nunca os trairá, nem os levará aos juízes, etc., a não ser que fiquem contra sua vontade.

Da primeira suposição, concluo que se Satanás fosse capaz de, por si mesmo, matar um homem culpado de pecado mortal, ele não demoraria em fazê-lo; porém, ele não o faz, ou seja, ele não pode.

A despeito disso, frequentemente, a bruxa mata; portanto, ela também pode matar um homem do mesmo modo como o faz um assassino oculto, o qual, por sua própria vontade, mata qualquer um com uma espada.

Nessa ação há, portanto, um certo poder da bruxa que não pertence a Satanás e, consequentemente, Satanás não é o principal agente e executor desse assassinato; pois, do contrário, se ele fosse seu executor, de forma alguma precisaria da bruxa como sua assistente, e, sozinho, já teria livrado seu caminho da maior parte dos homens.

Certamente, as condições dos mortais que estivessem submetidos a tal tirano, ficando sujeitos às suas ordens, seriam das mais miseráveis; porém, temos um Deus muito fiel, que não sujeitaria a obra de suas próprias mãos ao domínio arbitrário de Satanás.

Portanto, naquele ato, há um certo poder claramente próprio e natural da bruxa e que não pertence a Satanás.

Além disso, devemos categorizar mais especificamente qual a natureza, a extensão e a qualidade desse poder.

Em primeiro lugar, evidentemente que não se trata de alguma força física, própria do sexo masculino, pois nenhum efeito diz respeito a qualquer toque forte oriundo das partes exteriores do corpo e, além disso, as bruxas são em sua maioria mulheres idosas frágeis, impotentes e maliciosas; portanto, deve haver algum outro poder que seja muito superior a um ataque físico, embora seja natural ao homem.

Assim, esse poder deveria ser assentado na parte em que mais nos assemelhamos à imagem de Deus; e, embora de algum modo todas as coisas também representem aquela imagem venerável, o homem o faz mais elegante e apropriadamente; então, a imagem de Deus no homem supera em muito o brilho, diminui e comanda as imagens de Deus em todas as demais criaturas; porquanto, por essa prerrogativa, todas as coisas são colocadas sob seus pés.

Portanto, se Deus age *per nutum* ou por um sinal, ou seja, por sua palavra, então o homem deve agir apenas por seu sinal ou vontade, caso ele queira ser chamado de sua verdadeira imagem: pois nem sempre o que é novo e problemático pertence tão somente a Deus. Assim, Satanás, a mais vil das criaturas abjetas, também move corpos localmente *per nutum*, ou apenas por sua iniciativa, visto que ele não tem extremidades ou órgãos corpóreos com os quais poderia tocar, mover-se, ou também arrebatar um novo corpo para si mesmo.

Esse privilégio, então, não deve pertencer a ninguém a não ser ao homem interior, uma vez que ele é um espírito, devendo representar a imagem de Deus, a qual, na verdade, não é algo pequeno; e, se chamarmos essa faculdade de mágica, e caso tu, mal instruído, ficares apavorado com essa palavra, para mim tu poderás chamá-la de força ou eficácia espiritual: pois, na verdade, não nos importamos tanto com nomes. Eu sempre, tão logo o possa, olho para a coisa em si.

Aquele poder mágico, assim, está no homem interior e é indiferente para nós se tu, por essa etimologia ou palavra verdadeira, entendes ou não a alma ou o espírito vital que dela vem; visto que, em todas as coisas, há uma certa proporção do homem interno em relação ao externo, brilhando ou crescendo à sua própria maneira, que é uma disposição apropriada e propriedade proporcional.

Portanto, o poder ou faculdade deve se dispersar por todo o homem; de fato, mais vigorosamente na alma, conquanto que mais negligentemente na carne e no sangue.

Capítulo VII
Do Espírito Vital, etc.

O ESPÍRITO VITAL na carne e no sangue desempenha o papel da alma, ou seja, é o mesmo espírito no homem exterior que, na semente, forma a figura inteira, aquela estrutura magnífica e o perfeito delineamento do homem, e que conhece as finalidades das coisas a serem feitas, pois as contém; e é aquele que, como presidente, acompanha as crias em formação, e por todo o período de sua vida; o qual, embora se afaste a partir do cessar da vida, pelo menos deixará na carcaça abatida pela violência algum vestígio seu ou uma pequena quantidade sua, pois, por assim dizer mais exatamente, coexistiu muito com aquele corpo. Porém, de uma carcaça morta que foi extinta por sua própria vontade, da falha da natureza, tanto o espírito implantado quanto o que influi partem de uma só vez.

Por essa razão, os médicos dividem esse espírito que deixa o corpo implantado ou mumiático e influído ou adquirido; depois, quanto ao primeiro, a saber, o espírito que influi, eles o subdividem em espírito natural, vital e animal; mas, da mesma forma, aqui os compreendemos todos de uma vez em uma única palavra.

A alma, portanto, sendo totalmente um espírito, nunca poderia mover ou agitar o espírito vital (sendo este, de fato, corpóreo), muito menos carne e ossos, a não ser que um certo poder natural, ainda que mágico e espiritual, descesse da alma para o espírito e corpo.

Assim, eu questiono, poderia o espírito corpóreo obedecer aos comandos da alma, a menos que houvesse um comando dela para mover o espírito e depois o corpo?

Porém, contra essa mágica faculdade motora, imediatamente, tu alegarás que aquele poder é limitado dentro de seu corpo composto, o próprio domicílio natural dela: portanto, embora chamemos essa alma de mágica, ainda assim será apenas uma distorção e abuso do nome; pois, verdadeiramente, a magia real e supersticiosa não tira seu fundamento da alma, vendo que essa mesma alma não é capaz de se mover, de alterar ou de fazer sair qualquer coisa de seu próprio corpo.

Respondo que esse poder e aquela magia natural da alma, que ela não exerce por si mesma, mas em virtude da imagem de Deus, agora estão ocultos e obscuros no homem, como se estivessem adormecidos desde a queda ou corrupção de Adão, e necessitam ser despertados; todos esses detalhes, iremos demonstrar em seu devido lugar; e esse mesmo poder, por mais apático e, por assim dizer, por mais ébrio que seja, de qualquer modo permanece habitualmente em nós, sendo suficiente para desempenhar seus ofícios em seu próprio corpo.

Capítulo VIII
Do Poder Mágico

PORTANTO, O CONHECIMENTO e o poder mágico, bem como aquela faculdade do homem que age apenas *per nutum*, dormem desde que o conhecimento da maçã foi obtido; e, enquanto esse conhecimento (que é da carne e do sangue, grosseiro e material, pertencente ao homem externo e às trevas) florescer, o poder mágico mais nobre permanecerá adormecido.

Porém, visto que no sono esse conhecimento exterior ou sensual se encontra às vezes adormecido, como consequência, ocasionalmente, nossos sonhos são proféticos e, assim, o próprio Deus está mais próximo do homem nos sonhos por meio desse efeito, isto é, quando a magia mais interior da alma, sem estar interrompida pela carne, difunde-se por todos os lados do entendimento; e, da mesma forma, mesmo quando se afunda em seus poderes inferiores, ela conduzirá com segurança aqueles que andam durante o sono, movendo-os ou conduzindo-os, até onde aqueles que estão acordados não podem subir ou escalar.

Portanto, estabelecemos esse ponto, qual seja, que há inerente à alma uma certa virtude mágica conferida por Deus, naturalmente própria e pertencente a ela, na medida em que somos a imagem e a gravura d'Ele; e, a esse respeito, ela também age de maneira peculiar, isto é, espiritualmente, sobre um objeto a distância, e mais poderosamente do que com qualquer ajuda corpórea. Assim, uma vez que a alma é a parte principal do corpo, toda ação pertencente a ela é espiritual, mágica e da maior validade.

Por intermédio da Arte da Cabala o homem é capaz, a seu bel-prazer, de incitar ainda mais esse poder; e tais homens, como anteriormente dito por nós, são denominados Adeptos, os quais são governados pelo Espírito de Deus.

Assim, nós nos esforçamos para mostrar que o homem prevalece sobre todas as outras criaturas que são corpóreas, e que por sua faculdade mágica ele é capaz de subjugar as virtudes mágicas de todas as demais coisas, cuja predominância do homem, ou da magia natural da alma, alguns têm ignorantemente atribuído apenas a *versos, encantos, sinais, sigilos*, etc., pelos quais os efeitos, quaisquer que sejam, são operados pela hierarquia ou domínio sagrado inerente ao homem, os quais alguns (que filosofam muito fisicamente) atribuem ao domínio de Satanás.

Elevada e sagrada é a força do espírito microcósmico, a qual, como é evidenciado nas mulheres grávidas, imprime nos jovens a imagem e as propriedades de uma coisa desejada, como citamos naquele caso da cereja que, mesmo sem o tronco de uma árvore, produziu uma cereja verdadeira, a parir da carne e do sangue, enobrecida com as propriedades e o poder da cereja mais interior ou real apenas pela concepção da imaginação, o que nos leva às duas consequências necessárias.

Primeira, que todos os espíritos e, por assim dizer, as essências de todas as coisas estão ocultos em nós, e nascem e são produzidos apenas pelo trabalho, poder e fantasia do microcosmo.

A segunda é que a alma, ao conceber, gera uma certa ideia da coisa concebida; algo que antes estava ocultado no desconhecido, como o fogo em uma pederneira, e, então, pelo despertar da fantasia, produz-se uma certa ideia real, que não é uma qualidade pura, mas algo como uma substância, pendurada, em suspenso, entre um corpo e um espírito, ou seja, a alma.

Esse ser intermediário é muito espiritual, mas não está totalmente isento de uma condição corporal, uma vez que as ações da alma são limitadas ao corpo, no qual se encontram as faculdades das ordens inferiores, as quais não são ainda tão corpóreas a ponto de poderem ser encerradas por dimensões, que também referimos serem próprias apenas a um ser seminal. Portanto, essa entidade ideal, quando sai do mundo invisível e intelectual do microcosmo, apresenta-se em um corpo e, então, ela é inicialmente limitada pela limitação do local e dos números.

O objeto do entendimento é, em si mesmo, uma essência pura e genuína, e não um acidente, conforme é consentido pelos práticos, isto é, por teólogos místicos; portanto, esse Proteu ou essência transferível, o entendimento, por assim dizer, veste-se e se recobre com essa essência concebida.

Contudo, visto que todo corpo, externo ou interno, tem sua feitura em sua própria imagem, o entendimento não conhece ou discerne, a vontade ama e não quer, a memória não se lembra, senão por imagens ou semelhanças: o entendimento, portanto, reveste-se dessa mesma imagem de seu objeto; e como a alma é a forma pura e simples do corpo, que se volta para todos os membros, o entendimento atuante não pode ter duas imagens ao mesmo tempo, mas primeiro uma e depois a outra. Ele, que é plenamente a vida, criou todas as coisas e disse que, vindo de suas mãos, nada deve ser esperado como morto. Da mesma forma, nada pode chegar ao nosso ponto de vista sem que Ele mesmo esteja claramente aparente ou presente; pois é dito, "o espírito do Senhor encheu todo o globo da terra": e, novamente, "que ele contém ou compreende todas as coisas". Portanto, não há nada no ser, nenhuma criatura, senão a que possuir um certo grau de fogo e de vida divinos, ainda adormecidos ou não incitados, até que sejam estimulados pela arte, pelo poder e pela operação do homem.

Capítulo IX
Da Excitação ou Instigação da Virtude Mágica

TODA VIRTUDE MÁGICA, portanto, necessita de uma excitação, pela qual um certo vapor espiritual é despertado, o qual, por sua vez, desperta a fantasia que profundamente adormecia, e começa uma ação do espírito corpóreo como um meio, que é o Magnetismo, animado por um toque anterior.

Existe uma virtude mágica, por assim dizer, abstraída do corpo, que é trabalhada pelo despertar do poder da alma, de onde são feitas as procriações mais potentes e as impressões mais notáveis, além de efeitos fortes, de modo que a natureza é mágica em todos os lugares e age por sua própria fantasia; e quanto mais espiritual é sua fantasia, tanto mais poderosa ela é. Portanto, a denominação de magia é verdadeiramente proporcional ou concordante.

Ora, a espécie mais elevada de magia é aquela estimulada a partir de uma concepção intelectual e, de fato, a do homem interior é apenas excitada pelo Espírito Santo e por seu dom, a Cabala; porém, a do homem externo é estimulada por uma imaginação forte, por uma especulação cotidiana intensificada e, no caso das bruxas, pelo demônio.

Contudo, a virtude mágica do vapor espiritual exalado, ou espíritos sutis emitidos pelo corpo que antes jaziam *in potentia* ou apenas por via da possibilidade, é estimulada por uma imaginação mais forte, quando o mago fizer uso do sangue como um meio, estabelecendo nele sua entidade inflamada, ou pela fantasia ascendente da pomada de proteção, sendo que a propriedade excitadora jaz no sangue; porém, por uma nomeação anterior ou disposição do sangue para a decomposição, ou seja, por meio do qual os elementos são separados e as essências (que não podem apodrecer) e as fantasias essenciais, que estavam ocultas nas propriedades, entram em ação.

Portanto, a fantasia de qualquer objeto tem um forte apetite para com o espírito de outra coisa, para mover alguma coisa do lugar, para atrair, repelir ou expulsar; e é lá, e não em outro local, que reconhecemos o magnetismo como o dom mágico natural daquela coisa firmemente plantada nele por Deus.

Há, então, certa propriedade formal separada das qualidades simpáticas e abstrusas, visto a fantasia de motivação dessas qualidades não pairar diretamente para um local do movimento, mas apenas para um movimento alternativo do objeto. Agora, é suficiente que (caso acontecer de um homem receber muitos ferimentos em seu corpo) o sangue seja tirado somente de um desses ferimentos e, deste, os demais também serão curados, pois esse sangue mantém uma harmonia concordante com o espírito do todo, e extrai dele a qualidade ofensiva comunicada, não apenas aos lábios da ferida, mas também a todo o homem, pois, mesmo de uma ferida, o homem todo está sujeito a ficar febril.

O sangue extraído que estava na arma é introduzido no unguento magnético.

Assim, a fantasia do sangue, até então sonolenta e morosa para agir, uma vez agitada pela virtude do unguento magnético e lá encontrando a virtude balsâmica dele, deseja a qualidade induzida nele, para ser concedida por toda parte e, a partir daí, por um magnetismo espiritual para extrair toda a estranha tintura da ferida, a qual, vendo que não pode ter um efeito adequado por si mesma, implora a ajuda do *musgo*, do *sangue*, da *gordura* e da *múmia*, que estão unidos em tal bálsamo, o qual, senão por sua própria fantasia, torna-se também medicinal, magnético e igualmente um expurgador de todas as qualidades estranhas para fora do corpo, cujo sangue fresco, abundante com espírito, é levado até ele, seja de um homem, seja de qualquer outra criatura viva. A fantasia, portanto, retorna, reduz e detém a parte do sangue que é fresca e recém-trazida ao unguento; porém, a atração magnética iniciada no sangue é aperfeiçoada pela virtude medicinal do unguento; não que o unguento atraia para si a enfermidade da ferida, mas alterará o sangue recém-trazido a ele em seu espírito, tornando-o medicinal, e desperta o seu poder: daí ele contrai uma certa virtude medicinal, que retorna a todo o corpo para corrigir o espírito do sangue em todo o homem. Agora, para revelar um grande mistério, isto é, para mostrar que no homem é colocada uma grande eficácia pela qual ele pode ser capaz, apenas por um gesto (como mencionamos antes), aceno com a cabeça ou fantasia, que age por si mesma, de imprimir uma virtude, uma certa influência que depois persevera ou subsiste constantemente por si mesma, e age sobre objetos a uma distância muito grande; mistério pelo qual aquelas coisas sobre as quais já falamos (em relação à entidade ideal veiculada a um fervor espiritual, que parte de longe de casa para executar seus ofícios, concernente ao magnetismo de todas as coisas geradas na imaginação do homem, como naquilo que é apropriado para todas as coisas, e também sobre a superioridade mágica dos homens sobre todos os outros corpos) aparecerão clara e visivelmente.

Capítulo X
Da Virtude Mágica da Alma e os Meios pelos Quais Ela Atua

IREMOS ADICIONAR ALGO mais antes de dispensarmos o presente assunto: se um prego, dardo, faca, espada ou qualquer outro instrumento de ferro for enfiado no coração de um cavalo, ele amarrará e reterá o espírito de uma bruxa, combinando-o com o espírito mumiático do cavalo, pelo qual eles podem ser queimados no fogo juntos e, por causa disso, a bruxa será atormentada, como se sofresse uma picada ou queimadura, pela qual ela poderá ser reconhecida como ofensiva a Deus e destrutiva aos homens mortais, podendo, então, ser retirada da sociedade de acordo com a lei de Deus: "não permitirás que uma bruxa viva"; pois, se o trabalho for limitado a qualquer objeto externo, para esse trabalho, a alma mágica nunca o fará sem um *medium* ou meio: portanto, ela faz uso do prego, ou espada, ou faca, ou qualquer outra coisa, conforme mencionado.

Agora, está sendo provado que o homem tem o poder de agir, *per nutum*, ou por seu aceno de cabeça, movendo qualquer objeto colocado remotamente; sendo também suficientemente confirmado, pelo mesmo exemplo natural, que tal capacidade também foi dada ao homem por Deus.

E, como toda faculdade mágica adormecida precisará de excitação ou estímulo, sempre será verdade, caso o objeto sobre o qual se deve agir não estiver perto, que sua fantasia interna não se misture totalmente à impressão do agente, ainda se o paciente seja igual ou superior em força ao agente.

Porém, no caso contrário, estando o objeto francamente próximo para receber o magnetismo, como ocorre com o aço, então, sem muito esforço, o paciente cederá ao magnetismo, sendo suficiente atrair apenas a fantasia do homem mais exterior para o trabalho por intermédio de qualquer meio adequado.

Portanto, repetimos, por causa do trabalho realizado, o magista deve sempre fazer uso de um meio para operar as palavras ou formas dos sacramentos. Entretanto, a razão pela qual exorcismos, conjurações, encantamentos, feitiços, etc., às vezes, falham em seu efeito desejado, é porque a mente não animada, ou o espírito do exorcista, torna as palavras embotadas ou ineficazes.

Portanto, homem nenhum poderá ser um magista feliz ou bem--sucedido se não souber como despertar a virtude mágica de sua alma, se não puder fazê-lo praticamente sem conhecimento.

E não pode haver meio de magnetismo que mais se aproxime do sangue humano do que o próprio sangue humano.

E nenhum remédio será simpático, magnético ou atrativo, caso a ideia ou fantasia do operador não imprima sobre ele uma virtude e eficácia do poder estimulado em sua própria alma.

E, agora, para concluir totalmente nosso Tratado sobre Magnetismo, temos de dizer que quem falar, por ignorância ou obstinação, que não há validade ou razão, ou realidade na ciência do magnetismo, mostrar-se-á indigno do sagrado nome de filósofo, visto condenar aquilo sobre o qual nada sabe.

Pois aqueles que deram a si mesmos tempo para examinar a verdade das coisas que ensinamos não terão frustradas suas expectativas e, assim, não a condenarão.

Contudo, quem quer que seja tão supersticioso, a ponto de atribuir um efeito natural, criado por Deus e concedido à criatura, ao poder e à astúcia do diabo, ele rouba a honra devida ao Criador Onipotente e, de modo reprovável, credita-a a Satanás, o que (para dizer o mínimo) será considerado expressas idolatria e blasfêmia.

"Há três", como é dito pela Escritura, "que dão testemunho no céu; o Pai, a Palavra e o Espírito Santo; e estes três são um".

Existem três que testemunham na terra: o *sangue*, o *espírito* e a *água*; e esses três são apenas *um*.

Nós, portanto, que, como humanos, possuímos sangue e espírito de uma unidade semelhante, temos a ação do sangue como meramente espiritual. Portanto, em Gênesis, ele não é chamado pela palavra *sangue*, mas, notavelmente, pelo nome de um *espírito vermelho*.

Então, que aqueles que desejem adquirir conhecimento nessas coisas e serem perfeitos no que lhes apresentamos meditem constantemente e desejem que a Causa Primeira e o Arquétipo de todas as coisas iluminem graciosa e misericordiosamente suas mentes; pois, sem isso, eles tatereariam na escuridão e na incerteza, ficando sujeitos às ilusões de espíritos impuros e demônios, que só devem ser postos em fuga quando trajamos toda a armadura de Deus, em quem todos vivemos, movemo-nos, respiramos e temos nosso ser.

FIM DO MAGNETISMO

A CABALA
OU
OS MISTÉRIOS SECRETOS
DA
MAGIA CERIMONIAL
ILUSTRADA.
APRESENTANDO
A ARTE DO CÁLCULO PELOS NOMES DIVINOS:

A Regra, a Ordem e a Regência de

ANJOS, INTELIGÊNCIAS E ESPÍRITOS ABENÇOADOS;

Selos Sagrados, Pentáculos, Fábulas da Cabala, Números Divinos, Sigilos e Relatos de Milagres, Profecia, Sonhos, etc. Adornada e embelezada com um grande número de

FIGURAS RARAS, PENTÁCULOS, SIGILOS, ETC.
Usados na
ARTE CABALÍSTICA

Por FRANCIS BARRETT
ESTUDANTE DE QUÍMICA, DE FILOSOFIA NATURAL E OCULTA, DE CABALA, etc.

Magia Cabalística

Capítulo I

Da Cabala, etc.

AGORA, DEVEMOS DEDICAR nossa pena à explicação dos elevados e misteriosos segredos da Cabala, somente pelos quais nós podemos conhecer a verdade; e, da mesma forma, veremos como preparar nossa mente e espírito para a contemplação da maior e melhor parte da magia, aquela à qual chamamos de intelectual e divina, porquanto ela toma, principalmente, Deus e os bons espíritos como seus objetos; e veremos como a arte cabalística abre muitos dos principais mistérios e segredos da magia cerimonial.

Entretanto, no que diz respeito a explicar ou publicar aqueles poucos segredos da Cabala que se encontram entre alguns homens sábios e que são comunicados apenas oralmente, espero que o estudante me perdoe caso ignore esses segredos, uma vez que não nos é permitido divulgar algumas coisas específicas; mas isto nós faremos: vamos abrir todos aqueles segredos necessários a teu conhecimento; e, pela leitura atenta destes, descobrirás, de tua própria cabeça, como eles são proveitosos e encantadores.

Portanto, tudo o que pedimos é que aqueles que entenderem esses segredos que os mantenham, consecutivamente, como segredos que são, não os expondo nem balbuciando a respeito deles para os indignos; porém, revelem-nos somente a amigos fiéis, discretos e escolhidos. Gostaríamos de te alertar neste início que todo experimento mágico se evade do público, procurando ficar escondido, sendo fortalecido e confirmado pelo silêncio, pois ele é destruído quando promulgado e nunca mais produzirá qualquer efeito pleno: da mesma forma, todas as virtudes de tuas obras sofrerão prejuízo quando esparzidas em mentes fracas, tagarelas e incrédulas. Portanto, se tu queres ser um magista e obter frutos desta arte, mantém-te em segredo e não te manifestes a ninguém, nem expõe a tua *obra*, ou *lugar*, ou teu *momento* nem teu *desejo* ou tua *vontade*, exceto para um mestre, a um parceiro ou companheiro, que também deve ser fiel, discreto, silencioso e digno por natureza e educação; pois até mesmo a tagarelice de um companheiro, sua incredulidade, dúvida, questionamento e, por último, indignidade atrapalham e perturbam o efeito em cada operação.

Capítulo II
Que Dignidade e Preparo são Essencialmente Necessários para Quem Quiser se Tornar um Verdadeiro Magista

A NÓS QUE nos esforçamos para atingir uma altura tão elevada, em primeiro lugar, é adequado que estudemos duas coisas, a saber: a princípio, como devemos deixar de lado as afeições vãs e carnais, os sentidos frágeis e as paixões materiais; em segundo lugar, por quais maneiras e meios poderemos galgar um intelecto puro, unido aos poderes dos celestiais, sem os quais nunca ascenderemos alegremente ao escrutínio das coisas secretas e ao poder de operar efeitos maravilhosos, etc. Ora, se fores um homem de perfeito entendimento e se constantemente meditares sobre o que temos escrito neste livro, crendo e sem duvidares, serás capaz de atrair dons espirituais e celestiais, orando, consagrando, implorando, invocando, etc., e de imprimi-los em tudo o que desejares e, por meio disso, vivificar toda a obra mágica.

Capítulo III
Que é Necessário para um Magista o Conhecimento do Verdadeiro Deus

CONSIDERANDO QUE A existência e a operação de todas as coisas dependem do Deus Altíssimo, Criador de tudo, e a partir daí, de outros poderes divinos, aos quais também foi concedido o poder de moldar e criar, não como princípio, de fato, mas como instrumento, pela virtude do Primeiro Grande Criador (pois o início de todas as coisas é a causa primeira; mas o que é produzido pela causa segunda é, na verdade, produzido pela primeira, que é a produtora da causa segunda que, portanto, chamamos de secundárias). É necessário, então, que todo magista conheça aquele mesmo Deus, que é a causa primeira e criador de todas as coisas e, da mesma forma, que conheça os demais poderes divinos (os quais chamamos de causas secundárias) e não os ignore e, do mesmo modo, que os ritos sagrados, as cerimônias, etc. estejam em conformidade com eles; porém, acima de tudo, devemos adorar em espírito e verdade, e colocar nossa firme dependência naquele único Deus que é o autor e promotor de todas as coisas boas, o Pai de todas as coisas, o mais generoso e sábio; a luz sagrada da justiça, e a perfeição absoluta e única de toda a natureza, e seu inventor e sabedoria.

Capítulo IV
Das Divinas Emanações, das Dez Sephiroth e dos Dez Nomes de Deus que as Regem, e da Interpretação Deles

O PRÓPRIO DEUS, embora consista em uma trindade de pessoas, é apenas uma simples essência; contudo, não duvidamos de que existem muitos poderes divinos que emanam ou que fluem d'Ele. Os cabalistas mais eruditos nas coisas divinas receberam os dez nomes principais de Deus como certos poderes divinos ou, por assim dizer, membros de Deus; estes que, em número de dez, os quais denominamos Sephiroth, como se fossem vestimentas, instrumentos ou exemplares do Arquétipo, têm uma influência sobre todas as coisas criadas, do mais alto ao mais baixo; ainda que por uma certa ordem: pois, primeiro e imediatamente, eles têm influência sobre as nove ordens de anjos e sobre o coro de almas abençoadas e, por meio delas, sobre as esferas celestes, planetas e homens; e, pelas tais Sephiroth, todas as coisas recebem poder e virtude.

O primeiro deles é o nome *Eheia*, o nome da essência divina; sua numeração é chamada de *Cether*, interpretada como uma coroa ou diadema, e significa a mais simples essência da divindade; e é designado como aquilo que o olho não vê, atribuído a Deus Pai e tem sua influência pela ordem dos serafins, ou *Hajoth Hakados*, ou seja, criaturas de santidade; e então, pelo *primum mobile*, concede o dom de existir para todas as coisas e preenche todo o universo, tanto por meio da circunferência quanto do centro; sua inteligência particular se chama *Merattron*, isto é, o príncipe das faces, cujo dever é levar os outros à face do Príncipe; e por meio dele o Senhor falou a Moisés.

O segundo nome é *Jod*, ou Tetragrama unido a Jod; sua numeração é *Hochma*, isto é, sabedoria, e significa a divindade cheia de ideias e o Primogênito; é atribuído ao Filho e tem sua influência pela ordem dos querubins, ou aqueles que os hebreus chamam de *Orphanim*, ou seja, formas ou rodas; e, dali para os céus estrelados, onde ele agrupa tantas figuras quanto forem as ideias que ele tem de si mesmo, e distingue o próprio caos das criaturas, por uma inteligência particular chamada Raziel, que era o governante de *Adão*.

O terceiro nome é chamado *Tetragrammaton Elohim*; sua numeração é denominada *Prina*, isto é, providência e entendimento; significa remissão, quietude; é o jubileu, a conversão penitencial, uma grande trombeta, a redenção do mundo e a vida do mundo vindouro: é atribuído ao Espírito Santo e influencia mediante a ordem dos tronos, chamados pelos hebreus de *Abalim*, que são grandes anjos, poderosos e fortes; e, dali, pela esfera de *Saturno*, confere forma à matéria até então disforme, cuja inteligência particular é *Zafkiel*, o governante de Noé, e outra inteligência chamada *Jofiel*, o governante de Sem. E essas são as três numerações supremas e mais altas, por assim dizer, assentos das pessoas divinas, por cujo comando todas as coisas são feitas; sendo executadas pelas demais sete numerações, as quais são, portanto, chamadas de numerações enquadradoras.

O quarto nome é *El*, cuja numeração é *Hesed*, que significa clemência ou bondade; e, da mesma forma, graça, misericórdia, piedade, magnificência, o cetro e a mão direita; e tem seu influxo pela ordem de dominações, que os hebreus chamavam de *Hasmalim*; e assim, por meio da esfera de Júpiter, molda as imagens dos corpos, concedendo clemência e pacificando a justiça a todos: sua inteligência particular é *Zadkiel*, o guia de Abraão.

O quinto nome é *Elohim Gibor*, isto é, o Deus poderoso, que pune os pecados dos ímpios; e sua numeração é chamada de *Gebusach*, ou seja, poder, gravidade, fortaleza, segurança, julgamento, punição por massacre e guerra; é aplicado ao tribunal de Deus, relativo ao cinto, à espada, à mão esquerda de Deus: também é chamado de *Pachad*, que é o medo; e tem sua influência por meio da ordem de poderes, que os hebreus chamam de *Serafins*, e a partir destes pela esfera de Marte, a quem pertence a fortaleza, a guerra e a aflição. Ele atrai os elementos; e sua inteligência particular é *Camael*, o guia de Sansão.

O sexto nome é *Eloha*, ou um nome de quatro letras unidas a *Vaudahat*; sua numeração é *Tiphereth*, isto é, ornamento, beleza, glória, prazer e significa a árvore da vida; tem sua influência por intermédio da ordem das virtudes, as quais os hebreus chamam de *Malachim*, ou seja, anjos localizados na esfera do Sol, dando-lhe brilho e vida, e, daí, produzindo metais; sua inteligência particular é *Rafael*, que era o guia de Isaac e Tobias, o mais jovem, e o anjo *Peliel*, o guia de Jacó.

O sétimo nome é *Tetragrammaton Sabaoth* ou *Adonai Sabaoth*, isto é, o Deus dos Exércitos; e sua numeração é *Nezah*, ou seja, triunfo e vitória: a coluna à direita lhe corresponde, significando a justiça e a eternidade de um Deus vingador; tem sua influência por intermédio das ordens dos principados, a quem os hebreus chamam de *Elohim*, a saber, Deuses, localizados na esfera de *Vênus*, dando zelo e amor à justiça e produzem vegetais; sua inteligência é *Haniel* e o anjo *Cerviel*, o guia de David.

O oitavo é chamado também de *Elohim Sabaoth*, que é igualmente o Deus dos Exércitos, não da guerra e da justiça, mas da piedade e da concórdia, pois esse nome tem ambos os significados, precedendo seu exército; a numeração dele é chamada de *Hod*, que é louvor, confissão, honra e fama; a coluna da esquerda lhe é atribuída; tem sua influência pela ordem dos arcanjos, que os hebreus chamam de *Ben Elohim*, isto é, os filhos de Deus, localizados na esfera de Mercúrio, onde se dão a elegância e a consonância da fala, e produz criaturas vivas; sua inteligência é *Michael*, que era o guia de Salomão.

O nono nome é chamado *Sadai*, isto é, o Onipotente que a todos satisfaz, e *Elhai*, que é o Deus Vivo; sua numeração é *Jesod*, ou seja, o fundamento, significando um bom entendimento, uma aliança, redenção e descanso; e tem sua influência por meio da ordem dos anjos, a quem os hebreus chamam de *Querubins*, encontrando-se na esfera da Lua, causando o aumento e a diminuição de todas as coisas, e provê e distribui os gênios e guardiões dos homens; sua inteligência é *Gabriel*, que foi o guardião de *José*, *Josué* e *Daniel*.

O décimo nome é *Adonai Melech*, isto é, senhor e rei; sua numeração é *Malchuth*, ou seja, reino e império, e significa uma igreja,
o templo de Deus e uma porta; e tem sua influência pela ordem do
Animus, a saber, das *almas abençoadas* que, pelos hebreus, é chamado Issim, ou seja, nobres, senhores e príncipes; eles são inferiores às
hierarquias e têm suas influências sobre os filhos dos homens, e dão
conhecimento e a maravilhosa compreensão das coisas, também diligência e profecia; e a alma do Messias é o presidente entre eles, ou a
inteligência Merattron, que é chamada a primeira criatura ou a alma
do mundo, que foi o guia de Moisés.

Capítulo V
Do Poder e da Virtude dos Nomes Divinos

O PRÓPRIO DEUS, embora seja uma única essência, possui diversos nomes que não expõem suas várias essências ou divindades,
senão certas propriedades que d'Ele emanam, por cujos nomes Ele
esparge sobre nós e todas as suas criaturas muitos benefícios; dez
desses nomes, descrevemos anteriormente. Os cabalistas, a partir de
um certo texto do Êxodo, derivam 72 nomes, tanto dos anjos quanto
de Deus, que eles chamam de 72 letras e Schemhamphores, isto é, o
expositivo. Destes, portanto, além daqueles que consideramos antes, encontramos o nome da essência divina, *Eheia*, אהיה, que Platão
traduz ὤν, daí eles chamarem Deus τοὄν, ou ὁων, a saber, o Ser. *Hu*,
הוא, é outro nome revelado a Isaías, significando o abismo da divindade, que os gregos traduzem ταυτὸν e os latinos como "Ele mesmo". *Esch*, אש, é outro nome recebido de Moisés, que indica o fogo, e
é o nome de Deus; *Na*, נא, deve ser invocado quando houver perturbações e problemas. Há também o nome *Ja*, יה, e o nome *Elion*, עליק,
e o nome *Macom*, מקם, o nome *Caphu*, בבב, o nome *Innon*, צב, e
o nome *Emeth*, que é interpretado como verdade, sendo o selo de
Deus; e há dois outros nomes, *Zur*, צוד, e *Aben*, אבן, ambos significam
uma obra sólida, sendo que um deles expressa o Pai com o Filho; e
muitas designações que colocamos na escala de números; e muitos
nomes de Deus e dos anjos são extraídos das Sagradas Escrituras por
nossa Cabala e pelas artes do Notarikon e da Gematria, em que muitas palavras retratadas por algumas de suas letras formam um nome;
ou um nome disperso por cada uma de suas letras significa ou indica

ainda mais. Às vezes, eles são reunidos a partir das primeiras letras das palavras, como o nome *Agla*, אנלא, presente neste versículo da Sagrada Escritura, a saber, אתהגיבד למאדבי, ou seja, o Deus Poderoso para sempre. Da mesma forma, o nome *Iaia*, יאיא, deste versículo, isto é, הזהאלהנו יהנהאחד, "Deus, nosso Deus, é um Deus"; igualmente o nome *Java*, יאיא, deste verso, אהדוהז דאש יהודו הסורייאחה, isto é, "haja luz e houve luz": da mesma forma o nome *Ararita*, אראריהא, deste verso, אהדוהז דאש יהודז אקודזאחד, que é "um princípio de sua unidade, um começo de sua individualidade, sua vicissitude é uma coisa"; e este nome *Hacaba*, אקבא, é, extraído deste versículo, הקדושבבדהא, e significa "o santo e abençoado"; da mesma maneira este nome, *Jesu*, יש, é encontrado nas letras iniciais destes dois versos, יביאשלוחלו, isto é, "até que o Messias venha"; e o outro verso, ארניסלו, ou seja, "seu nome permanece até o fim". Assim também é o nome *Amen*, אסנ, extraído deste versículo, ארנימלד נאמו, ou seja, "o Senhor é o Rei fiel". Às vezes, esses nomes são retirados do final das palavras, como o mesmo *Amen* deste versículo, לאב והדשעים, ou seja, "o ímpio não é assim"; mas as letras são transpostas: então, pelas letras finais deste versículo, למה שקמה, isto é, "para mim o quê?" ou "qual é o nome dele?", encontra-se o nome em Tetragrama: em todos estes uma letra é colocada como uma palavra, e uma letra extraída de uma palavra, seja do início, fim ou de onde se queira; e, às vezes, esses nomes são extraídos de todas as letras, uma por uma, assim como aqueles 72 nomes de Deus são extraídos desses três versículos de Êxodo, começando com essas três palavras, יוסעו ידאו יש, sendo o primeiro e o último versos escritos da direita para a esquerda; mas, no meio, ao contrário, da esquerda, para a direita, como veremos a seguir; e então às vezes uma palavra é extraída de uma outra palavra, ou um nome de um outro nome, pela transposição de letras, como *Messia*, משיה, de *Ismah*, ישמה, e *Michael* de *Malachi*, מלאכי, porém, às vezes, mudando o alfabeto, o que os cabalistas chamam de *Ziruph*, עידוי, assim do nome em Tetragrama, יהזה, são extraídos סעסע, *Maz-Paz*, בו, *Kuzu*. Às vezes, em consequência da igualdade dos números, os nomes são alterados, como *Merattron*, ממנזו, *pro Sadai* שדי, pois ambos perfazem 314; então *Jiai*, יאי, e *El*, אל, são iguais em número, pois ambos somam 31; e estes são os segredos ocultos, a respeito dos quais é muito difícil julgar ou proferir uma ciência

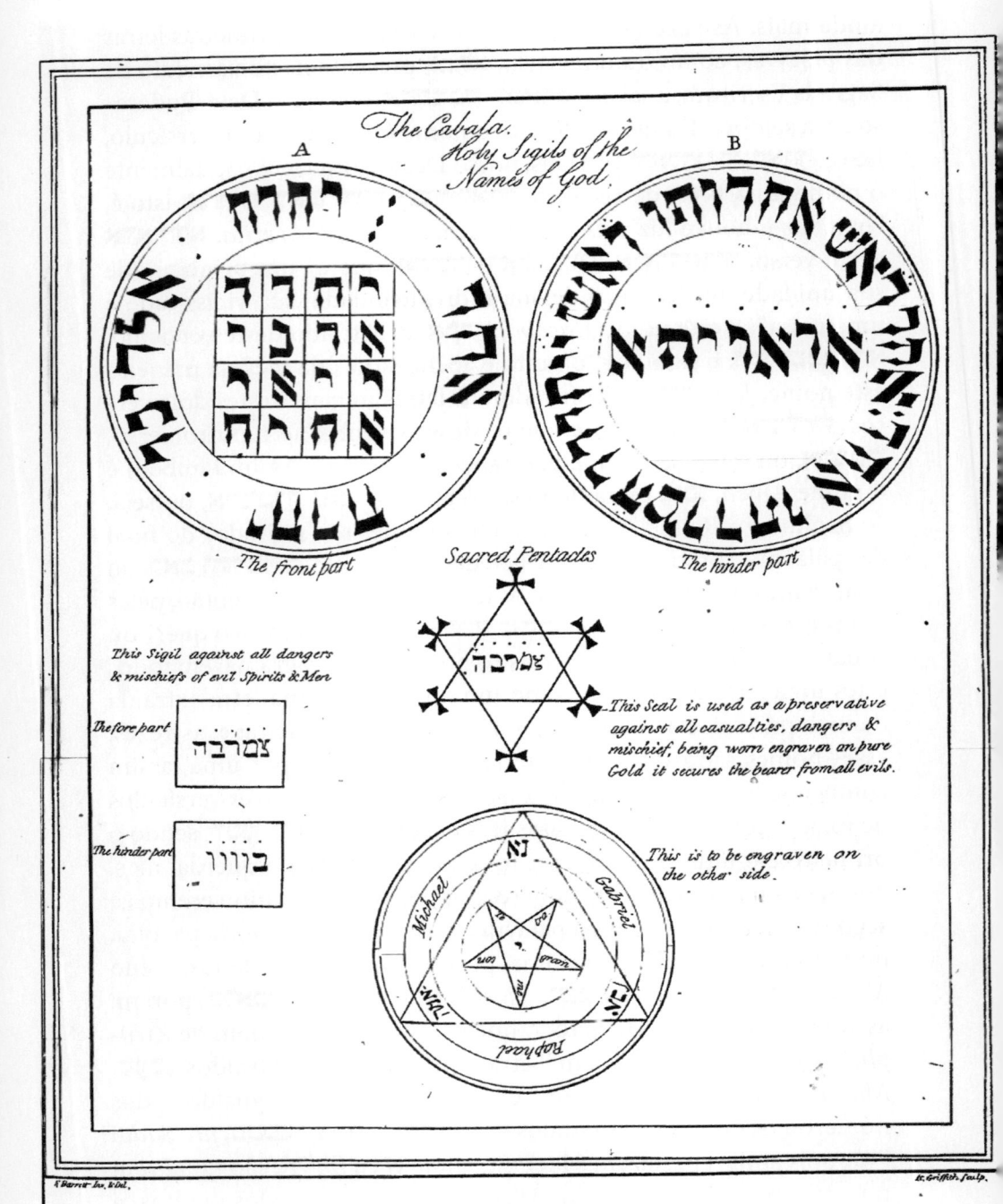

perfeita, não podendo ser entendidos ou ensinados em qualquer outra língua, exceto o hebraico. Portanto, essas palavras sagradas não têm, por si mesmas, poder nas operações mágicas, pois são meras palavras; porém, os poderes divinos ocultos operam por meio delas na mente daqueles que tiverem fé quanto a esses termos.

Aqui, entregaremos a ti um selo sagrado, eficaz contra qualquer doença do homem ou contra quaisquer sofrimentos, em cuja parte posterior estão os quatro nomes de Deus, dispostos uns com os outros de modo a formarem um quadrado; aqueles santíssimos nomes ou selos da divindade que surgem do mais alto ao mais baixo, cuja intenção está inscrita na circunferência. Então, na parte de trás está inscrito o nome de *sete letras Araritha*, e sua interpretação está escrita, isto é, o versículo do qual é extraído, como pode ser visto na ilustração anterior, na qual A representa a parte da frente e B a parte traseira; mas tudo isso deve ser feito em ouro puro ou pergaminho virgem, puro, limpo e sem manchas; também com tinta feita de fumaça de lâmpadas de cera consagradas, ou incenso e água benta. O operador deve estar purificado e limpo, e ter uma esperança infalível, uma fé constante e sua mente elevada ao Deus Altíssimo, caso ele deseje a certeza de poder obter esse poder divino.

Agora, contra as ruínas causadas por espíritos e homens malignos, bem como contra quaisquer perigos, seja de jornadas, águas, inimigos, armas, etc., da mesma maneira como foi dito, pondo esses caracteres de um lado בּאשׁית, e estes do outro עממה, que são o início e o fim dos cinco primeiros versículos do Gênesis, os quais são uma representação da criação do mundo, diz-se que, por meio desse elo, um homem estará livre de todos os males, caso acredite firmemente em Deus, o Criador de todas as coisas.

Então, fazendo isso em uma pequena placa de ouro, como descrito anteriormente (para se obter o efeito mencionado), usa as figuras C e D,* encontradas na ilustração na qual C mostra a parte da frente e D a parte de trás.

---

*N.do T.: No texto, há remissões a figuras que não aparecem no livro em inglês do qual esta tradução foi feita (como essas indicações às figuras C e D da ilustrações). O mesmo ocorre com obras às quais o autor remete o leitor: não há bibliografia com os dados completos dos livros citados na obra original. Contudo, todas as informações foram traduzidas integralmente, para manter o texto fiel ao leitor.

Agora, que ninguém desconfie ou se espante a respeito de as palavras sagradas e os nomes divinos, quando aplicados externamente, poderem efetuar coisas maravilhosas, visto que, por meio deles, o Todo-Poderoso criou os céus e a terra; pois, além do nome Tetragrama, que é santo, significando a substância do Criador no sentido mais puro, não há nome de Deus entre nós (de acordo com Moisés, o egípcio) que não tenha sido retirado de suas obras.

Capítulo VI
Das Inteligências e dos Espíritos, e dos Três Tipos deles, e a Respeito de Seus Diferentes Nomes e dos Espíritos Infernais e Subterrâneos

AGORA, CONSEQUENTEMENTE, DEVEMOS discorrer sobre inteligências, espíritos e anjos. Uma inteligência é uma substância inteligível, livre de toda massa grosseira e putrefata de um corpo, imortal, inconsciente, que ajuda todos, tem influência sobre todos; e a natureza de todas as inteligências, espíritos e anjos é a mesma. Porém, chamo aqui de anjos, não aqueles a quem geralmente denominamos demônios, mas espíritos assim designados pela propriedade da palavra, por assim dizer, conhecimento, compreensão e sabedoria. Destes, de acordo com a tradição dos magistas, existem três tipos; o primeiro chamamos de supercelestial, que têm mentes totalmente separadas de um corpo e, por assim dizer, com esferas intelectuais que adoram um único Deus, sua unidade ou centro mais firme e estável. Por isso, são até chamados de Deuses, em razão de uma certa participação da Divindade, pois estão sempre repletos de Deus. Eles permanecem apenas próximos de Deus e não regem os corpos do mundo, nem são adequados para o governo das coisas inferiores, mas infundem a luz recebida de Deus às classes inferiores e distribuem o dever de cada um a todos eles. Na sequência, o segundo tipo são as inteligências celestes, as quais eles chamam de anjos mundanos, a saber, apontados para o culto divino para além das esferas do mundo e para o governo de todos os céus e estrelas, onde são divididos em tantas ordens quanto há céus no mundo e quanto há estrelas nos céus. Foram chamados de *Saturninos*, pois governam o céu de *Saturno*, e o próprio *Saturno*; outros, de *Joviais*, os que governam o céu de *Júpiter*, e

Fallen Angels. Plate 1.

A Deceiver

Apollyon

Vessels of Iniquity

Belial

Engraved by R. Griffiths

...ed by P. Barrett.

o próprio *Júpiter*; e, da mesma maneira, nomearam-se os diferentes anjos, tanto pelo nome quanto pela virtude das outras estrelas; e uma vez que os astrólogos antigos sustentavam a existência de 55 movimentos, eles inventaram tanto inteligências como anjos.

Eles também puseram os anjos no céu estrelado, onde poderiam reger os signos, as triplicidades, os decanatos, os quinários, os graus e as estrelas; pois, apesar de a escola de peripatéticos atribuir uma única inteligência a cada um dos orbes das estrelas, ainda assim, tendo cada estrela e cada pequena parte do céu seu próprio e diferente poder e influência, é necessário também que ela tenha sua inteligência governante que pode conferir poder e operar; portanto, eles estabeleceram 12 príncipes dos anjos, que regem os 12 signos do zodíaco, e 36 que podem reger tantos quantos decanatos, e 72 que podem reger tantos quantos quinários do céu, e as línguas dos homens e as nações, além de quatro que podem reger as triplicidades e os elementos, e sete governantes de todo o mundo, conforme os sete planetas; e deram a todos eles *nomes* e *selos*, os quais eles chamam de *sigilos*, e os usaram em suas invocações, encantamentos e entalhes, descrevendo-os nos instrumentos de suas operações, *imagens, pranchas, espelhos, anéis, papéis, lâmpadas de cera* e demais artefatos de mesma categoria. E se em algum momento eles operaram para o Sol, invocavam pelo nome do Sol e pelos nomes dos anjos solares, fazendo o mesmo com o restante. Em terceiro lugar, eles estabeleceram anjos como ministros para dispor daquelas coisas que estão abaixo, as quais Orígenes chamou de certos poderes invisíveis, a que aquelas coisas que estão na terra estão obrigadas a ser dispersadas. Embora não sendo visíveis a alguém, às vezes, dirigem nossas jornadas e todos os nossos negócios, estando frequentemente presentes nas batalhas e, por meio de ajudas secretas, conferem o sucesso desejado a seus amigos, pois, a seu bel-prazer, podem obter prosperidade e infligir adversidade. Do mesmo modo, eles são distribuídos em mais ordens, de forma que alguns são ígneos, alguns aquosos, alguns aéreos, alguns terrestres; sendo tais quatro espécies de anjos calculadas de acordo com os quatro poderes das almas celestes, quais sejam, a mente, a razão, a imaginação e a natureza vivificante e móvel. Portanto, o ígneo segue a mente das almas celestes, de onde concorrem para a contemplação de coisas mais sublimes; enquanto o aéreo segue a razão e favorece a faculdade racional e, de certa maneira, separa-a do sensível e vegetativo; portanto, este serve para uma vida ativa, como o ígneo mais ao contemplativo; assim, os aquosos, que seguem a imaginação, servem para uma vida voluptuosa; e a natureza seguinte, a terrena, favorece a natureza vegetal. Além disso, eles distinguem também esse tipo de anjos em *saturninos* e *joviais*, conforme os nomes das estrelas e dos céus; sendo que alguns são orientais, alguns ocidentais, alguns meridionais, alguns setentrionais. Ademais, não existe qualquer parte do mundo desprovida da devida assistência desses anjos, não porque eles estejam sozinhos, mas porque reinam especialmente ali; eles estão em todos os lugares, embora alguns principalmente operem e tenham sua influência num lugar, enquanto alguns em outro lugar; nem verdadeiramente essas coisas devem ser entendidas como se estivessem sujeitas à influência das estrelas, mas porque têm correspondência com o céu acima do mundo, de onde particularmente todas as coisas são dirigidas, e para o qual todas as coisas devem estar em conformidade; por isso, esses anjos são designados para diversas estrelas e também para diversos lugares e tempos; não que estejam limitados a algum lugar ou tempo, nem pelos corpos que foram designados a governar, mas porquanto a Sabedoria Divina assim decretou; então, eles favorecem mais e apoiam aqueles corpos, lugares, tempos, estrelas: assim, eles têm chamado alguns de diurnos, alguns de noturnos e outros de meridionais. Da mesma maneira, alguns são chamados de homens da floresta, alguns de montanhistas, alguns de homens do campo, alguns de domésticos: daí os deuses da floresta, deuses do campo, sátiros, familiares, fadas das fontes, fadas das florestas, ninfas do mar, Náiades, Nereidas, Dríades, Piérides, Hamadríades, Potâmides, Hinnides, a Agapte, Pales, Parcades, Dodonæ, Fanilæ, Levernæ, Parcæ, Musas, Aonides, Castalides, Heliconides, Pegasides, Meonides, Phebiades, Carnenæ, as Graças, os gênios, os hobgobblins e outros do mesmo tipo, chamados pelo vulgo de superiores, alguns de semideuses ou deusas: alguns deles são tão familiares e conhecidos dos homens, que são até afetados por perturbações humanas, por cujas instruções Platão pensa que os homens muitas vezes fazem coisas maravilhosas e,

Heads of Evil Dæmons, Nº2.

Vessels of Wrath

Theutus

Asmodeus

The Incubus

Designed by P. Barrett.

Engraved by S. G.

mesmo que por instrução de homens, algumas bestas que estão mais próximas de nós, como macacos, cães, elefantes, muitas vezes fazem coisas estranhas acima de suas espécies; e aqueles que escreveram as crônicas dos dinamarqueses e noruegueses testificam que espíritos de vários tipos nessas regiões estão sujeitos às ordens dos homens. Além disso, alguns destes parecem corpóreos e mortais, cujos corpos são gerados e morrem; ainda que tenham vida longa, é a opinião dos egípcios e dos platônicos, e especialmente atestada por Proclo e também por Plutarco, e Demétrio, o filósofo, e Emiliano, o retórico, afirmam o mesmo; portanto, desses espíritos do terceiro tipo, como é a opinião dos platônicos, eles relatam que há tantas legiões quanto estrelas no céu, e tantos espíritos em cada legião como no próprio céu de estrelas: mas há (como dado por Atanásio) os que pensam que o verdadeiro número dos bons espíritos está de acordo com o número de homens, sendo de 99 partes, de acordo com a parábola das cem ovelhas; outros pensam apenas em nove partes, de acordo com a parábola dos dez bodes; outros supõem que o número de anjos seja igual ao de homens, porque está escrito que aquele que estabeleceu os limites do povo o fez de acordo com o número dos anjos de Deus; e quanto ao seu número, muitos escreveram muitas coisas; mas os últimos teólogos logo se resolveram, seguindo os mestres das palavras escritas, *Agostinho* e *Gregório*, dizendo que o número dos anjos bons transcende a capacidade humana; ao qual, ao contrário, inúmeros espíritos imundos correspondem, havendo tantos no mundo inferior como espíritos puros no superior; e alguns teólogos afirmam que receberam isso por revelação.

Abaixo desses, eles puseram uma espécie composta por espíritos subterrâneos ou obscuros, chamados pelos platônicos de anjos que falharam, vingadores da maldade e da impiedade, de acordo com o decreto da justiça divina; e eles os denominam anjos maus e espíritos maus, pois muitas vezes incomodam e ferem, mesmo por conta própria. Desses também se contam mais legiões e, da mesma maneira, distinguindo-os segundo os nomes das estrelas e elementos e partes do mundo, e colocaram sobre eles reis, príncipes e governantes, sendo que, dos nomes deles, quatro reis mais perniciosos governam os demais, de acordo com as quatro partes do mundo. Ainda abaixo desses, governam muitos mais príncipes de legiões e muitos outros oficiais particulares; daí as *Górgonas, Statenocte* e as Fúrias; e *Tisífone, Alecto, Megera, Cérbero*. Os espíritos desse tipo, diz Porfírio, habitam um lugar próximo da Terra, sim, dentro da própria Terra; não há dano que eles não ousem cometer; eles têm uma natureza totalmente violenta e prejudicial, portanto tramam e se empenham em travessuras violentas e repentinas; e, quando fazem incursões, às vezes ficam escondidos e às vezes oferecem violência aberta, e ficam muito satisfeitos com todas essas coisas feitas perversa e maliciosamente.

Capítulo VII
Da Ordem dos Espíritos Malignos, da Queda Deles e das Diferentes Naturezas

EXISTEM ALGUNS NA escola de teólogos que distribuem os espíritos malignos em nove graus, em contraposição às nove ordens de anjos. Assim, no primeiro desses graus, estão os chamados falsos deuses, que, usurpando o nome de Deus, seriam adorados como deuses, demandando sacrifícios e adorações; como o fez aquele diabo que disse a Cristo: "Se te prostrares e me adorares, eu te darei todas essas coisas", mostrando-lhe todos os reinos do mundo; sendo que o príncipe destes é aquele que falou: "eu ascenderei acima do alto das nuvens e serei semelhante ao Altíssimo", cujo nome é Belzebu, isto é, um deus antigo. Em segundo lugar, estão os espíritos da mentira, do mesmo tipo daquele espírito mentiroso que saiu pela boca do profeta Ahab; sendo que o príncipe destes é a serpente Píton, razão pela qual Apolo é chamado de Pítio e aquela mulher citada em Samuel é chamada de Pitonisa, ou bruxa, e há outra no evangelho, que tinha Píton em seu ventre. Portanto, esse tipo de demônio se junta aos oráculos e ilude os homens, com adivinhações e predições, para que sejam enganados. Na terceira ordem, estão os instrumentos da iniquidade, também são chamados de veículos da ira: estes são os artífices das coisas más e de todas as artes perversas, como dito por Platão a respeito daquele demônio, Teuto, que ensinava cartas e dados; pois toda maldade, malícia e deformidade procedem deles, dos quais no Gênesis, quando das bênçãos de Simeão e Levi, Jacó disse: "os instrumentos da iniquidade estão em suas habitações; não deixe minha

Ophis.

The Spirit Antichrist.

Barrett Del. Pub. by Lackington & Allen. R. Griffith s

alma vir a seu conselho"; algo que o *Salmista* chama de instrumentos da morte, e *Isaías*, de instrumentos da fúria; e *Jeremias*, de instrumentos da ira; *Ezequiel*, de instrumentos de destruição e matança; e seu príncipe é Belial, que significa, sem jugo e desobediente, prevaricador e apóstata; a respeito de quem Paulo diz aos coríntios: "que acordo tem Cristo com Belial?". Em quarto lugar, estão os vingadores do mal, sendo Asmodeus o príncipe deles, que significa aquele que causa julgamento. Depois desses, em quinto lugar, estão os enganadores, que imitam milagres, servem a feiticeiros e bruxas e seduzem o povo com seus milagres, do mesmo modo como a serpente seduziu Eva, sendo Satanás seu príncipe, sobre o que está escrito no Apocalipse, "que ele seduz o mundo inteiro, fazendo grandes sinais, e fazendo descer fogo do céu à vista dos homens; seduzindo os habitantes da terra por estes sinais, que lhe são admitidos fazer". Em sexto lugar, estão as potências aéreas, que se oferecem e se unem a trovões e relâmpagos, corrompendo o ar, causando pestes e outros males; dos quais se contam os quatro anjos citados no Apocalipse, a quem é dado ferir a terra e o mar, segurando os quatro ventos dos quatro cantos da terra e seu príncipe se chama Meririm: ele é o demônio do meridiano, um espírito fervente, um demônio furioso no sul, a quem *Paulo*, na *Epístola aos Efésios*, chama de "o príncipe das potestades do ar, e o espírito que opera nos filhos da desobediência". As fúrias possuem a sétima mansão, as quais são poderes do mal, das discórdias, da guerra e da devastação; cujo nome em grego no Apocalipse é *Apolion* e, em hebraico, *Abaddon*, isto é, o que destrói e desperdiça. Na oitava posição, estão os acusadores ou inquisidores, cujo príncipe é Astaroth, isto é, um investigador; na língua grega ele é chamado de Diabolus, ou seja, um acusador ou caluniador; que no Apocalipse é chamado de "acusador dos irmãos, acusando-os noite e dia diante de Deus". Depois desses, os tentadores e enredadores ocupam o último lugar; um dos quais está presente com cada homem, a quem chamamos de gênio maligno, e seu príncipe é *Mammon*, que é interpretado como cobiça.

Contudo, nós, da Cabala, afirmamos por unanimidade que os espíritos malignos vagam para cima e para baixo neste mundo inferior, furiosos contra todos, e os chamamos de demônios; dos quais *Agostinho*, em seu primeiro livro da Encarnação do Verbo, diz a *Januário* que, a respeito dos demônios e de seus anjos contrários às virtudes, os pregadores eclesiásticos ensinaram que tais coisas existem, embora não tenham exposto com clareza suficiente o que são e quem são: ainda assim, há essa opinião entre eles: que o demônio já fora um anjo que, uma vez tornado apóstata, persuadiu muitos dos demais anjos a caírem com ele e, por isso, até hoje são chamados de seus anjos. Não obstante, a Grécia não os pensa como condenados, nem que sejam todos propositadamente maus, mas que desde a criação do mundo a ordenação das coisas é disposta desse modo para que o tormento das almas pecaminosas seja transferido a eles. Os outros teólogos afirmam que nenhum demônio foi criado maligno, mas que foram impelidos e banidos do céu pelas ordens dos anjos bons, por conta do orgulho daqueles, cuja queda não somente é conformada por nossos *teólogos hebreus*, mas também por *assírios, árabes, egípcios e gregos*; inclusive, *Pherycies*, o assírio, descreve a queda dos demônios; e *Ophis*, isto é, a serpente diabólica, era a chefe daquele exército rebelde; Trismegistus relata a mesma queda, em seu *Pimandro*; e Homero em seus versos, sob o nome de Ararus; e Plutarco, em seu Discurso sobre a Usura, indica que Empédocles sabia que a queda dos demônios havia ocorrido desse modo; os próprios demônios frequentemente confessam sua queda. Eles, uma vez lançados neste vale de miséria, vagam perto de nós, caídos neste ar obscuro; outros habitam lagos, rios e mares; outros, a terra, aterrorizando as coisas terrenas, violando aqueles que cavam poços e metais, causando a abertura da terra, para atingir os alicerces das montanhas e perturbar não apenas os homens, mas também outras criaturas; alguns outros, contentes apenas com o riso e a ilusão, preferem cansar os homens a feri-los; alguns se elevam até o comprimento do corpo de um gigante, para depois se encolherem até o menor dos pigmeus, transformando-se em diferentes formas, para perturbar os homens com medo vão; outros estudam mentiras e blasfêmias, como lemos no livro de Reis I, dizendo: "Eu sairei e serei um espírito mentiroso na boca de todos os profetas de Ahab". Porém, os piores tipos de demônios são aqueles que ficam à espreita e arruínam caminheiros em suas jornadas, alegrando-se nas guerras e no derrame de sangue, e que afligem os homens com os açoites mais cruéis: lemos sobre eles em Mateus, "por medo de quem nenhum homem ousa passar por

ads of Evil Damons

Powers of Evil

Astaroth

Abaddon

Mammon

F Barrett Del. *Pub by Lackington & Allen.* *R Griffith Sculp.*

ali". Ademais, as Escrituras consideram a existência de demônios *noturnos, diurnos* e *meridionais*, além de descrever outros espíritos malignos por nomes diferentes, como consta em Isaías sobre sátiros, corujinhas do mato, sirenas, cegonhas e corujas; e, também, nos Salmos, há víboras, basiliscos, leões e dragões; e, no Evangelho, lemos sobre escorpiões e Mammom, e sobre o príncipe deste mundo e sobre os governantes das trevas, de todos os quais Belzebu é o príncipe, a quem as Escrituras chamam de Príncipe da maldade.

Capítulo VIII
Do Aborrecimento dos Espíritos Malignos e da Defesa Que Nos Dão os Bons Espíritos

A OPINIÃO DOS sacerdotes é de que todos os espíritos malignos são dessa natureza, que tanto eles odeiam a Deus quanto ao homem; portanto, a Divina Providência colocou espíritos mais puros acima de nós, aos quais nos confiou, como se eles fossem pastores e governadores, para que nos ajudem diariamente e afastem de nós os maus espíritos, reprimindo-os e os contendo, para que não nos firam, o que eles fariam caso fosse de outra forma; como se lê em *Tobias*, *Rafael* capturou o demônio chamado *Asmodeus* e o confinou no deserto do Alto Egito. Destes, diz-nos Hesíodo, existem 30 mil espíritos imortais de Júpiter que vivem na terra, os quais são guardiões dos homens mortais e que, para poderem observar a justiça e atos misericordiosos, revestiram-se de ar, de modo a percorrerem todos os lugares da Terra. Nenhum potentado poderia estar seguro, nenhuma mulher poderia continuar incorrupta, nenhum homem neste vale de ignorância poderia chegar ao fim designado a ele por Deus, caso os bons espíritos não nos protegessem, ou se os espíritos malignos fossem autorizados a satisfazer as vontades dos homens; porquanto, entre os bons, haverá um guardião ou protetor adequado designado a cada um, corroborando o espírito do homem para o bem; assim, dos espíritos malignos, um inimigo é enviado para dominar a carne e o seu desejo; enquanto o bom espírito luta por nós, de modo a nos salvaguardar do inimigo e da carne. Ora, o homem está no meio desses contendedores, sendo-lhe deixada a seus próprios cuidados a escolha de quem será vitorioso: não podemos, portanto, acusar os anjos ou negar o livre-arbítrio, caso eles não tragam as nações que lhes foram confiadas para o conhecimento do verdadeiro Deus e da verdadeira piedade, deixando-as caírem em erros e adoração perversa, pois isso deve ser imputado a elas mesmas, porquanto elas, por sua própria vontade, declinaram do caminho certo, aderindo aos espíritos do erro, dando a vitória ao diabo: está nas mãos do homem aderir a quem lhe aprouver e vencer quem ele quiser; e, uma vez vencido, o diabo se torna servo e, derrotado, não poderá mais lutar novamente, como uma vespa que perdeu o aguilhão. A opinião de Orígenes está em concordância com essa, em seu livro *Peri Archon*, em que conclui que os santos lutam contra os espíritos malignos e, vencendo-os, diminuem seu exército, impedindo o vencido de qualquer modo molestar mais. Assim, como é dado a cada homem um bom espírito, também é dado a cada homem um espírito diabólico, e cada um deles buscará a união com o nosso espírito, esforçando-se para atraí-lo para si e para se mesclar a ele, do mesmo modo como o vinho se mistura à água; o bem, de fato, por meio de todas as boas obras que lhe são correspondentes, transforma-nos em anjos quando se une a nós; como está escrito sobre João Batista em Malaquias, "eis que envio o meu anjo diante da tua face", da transmutação e da união está escrito em outro lugar, aquele que adere a Deus é feito espírito uno com ele. Um espírito mau também, por intermédio das obras más, labora para nos tornar conformes a si mesmo, unindo-nos a ele, como Cristo diz de Judas: "Não escolhi 12, e um de vocês é um demônio?". E isso é o que Hermes diz, que quando um espírito tem influência sobre a alma do homem, ele espalha a semente de sua própria ideia, de modo que tal alma, uma vez semeada e cheia de fúria, produz daí coisas maravilhosas, sejam quais forem as funções dos espíritos, pois quando um bom espírito exerce influência sobre uma alma santa, ele a exalta à luz da sabedoria; porém, um espírito maligno, sendo transfundido em uma alma perversa, leva-a ao roubo, à matança de homens, à luxúria e a tudo o que for concernente aos espíritos malignos. Os bons espíritos, como diz Jâmblico, purificam as almas da maneira mais perfeita e alguns nos concedem outras coisas boas: estando presentes, dão saúde ao corpo, virtude e segurança à alma; retiram o que é mortal em nós, tratam do calor e o tornam mais eficaz para a vida; e, por meio de uma harmonia, sempre infundem a luz em uma mente inteligível. Contudo, a respeito se há um guardião ou muitos deles para o homem, isso os teólogos divergem entre si; quanto a *nós*, pensamos que existem mais de um, visto o profeta ter dito: "Ele deu aos seus anjos uma ordem a teu respeito, que te guardem em todos os teus caminhos"; ou como disse Jerônimo, deve ser entendido como se fosse para qualquer homem aquilo que for para Cristo. Portanto, todos os homens são governados pelo ministério de diferentes anjos, sendo levados a certo grau de virtude, de mérito e de dignidade, na medida em que se comportem dignamente; todavia, aqueles que se portam indignamente, estes são depostos e empurrados para baixo, tanto por espíritos maus como por bons espíritos, lançados ao mais inferior grau de miséria, conforme exigido por seus deméritos. Entretanto, aqueles que estiverem aos cuidados dos anjos mais sublimes serão preferidos a outros homens; pois os anjos que cuidam deles os exaltam e submetem outros a eles, graças a certo poder oculto, o qual, embora ninguém o perceba, ainda assim, aquele que for submetido sentirá um certo jugo de comando, do qual não poderá facilmente se livrar; sim, ele teme e reverencia aquele poder que os anjos superiores fazem fluir sobre os inferiores e, com certo terror, leva os inferiores a temerem o comando. Homero pareceu sensato quando afirmou que as musas geradas por Júpiter, como companheiras inseparáveis, sempre ajudaram os reis gerados por Júpiter; ou, figurativamente falando, que, por elas, eles se tornaram veneráveis e magníficos: assim, lemos que Marco Antônio, já tendo uma amizade singular com Otávio Augusto, estava acostumado a sempre agir com ele; mas, como geralmente Augusto partia como Conquistador, um certo magista aconselhou Marco Antônio do seguinte modo: "Ó Antônio, o que farás com aquele jovem? Afasta-te e o evita, pois embora sejas mais velho e mais hábil do que ele, e mesmo tendo melhor descendência do que ele, e mesmo tendo suportado guerras mais imperiosas, o teu *Gênio* teme muito o *Gênio* deste jovem, e tua fortuna adula a fortuna dele; assim, a não ser que tu o evites, parecerás te submeter totalmente a ele". O príncipe não será como os outros homens? Como deveriam os demais homens temê-lo e reverenciá-lo, a menos que um terror divino o exaltasse e, instilando o medo nos outros, ele os reprimisse para que o reverenciassem como um príncipe? Portanto, devemos nos esforçar para que, uma vez purificados por fazer o bem e, seguindo coisas sublimes, escolhendo tempos e estações oportunas, sejamos confiados ou comprometidos com um grau mais sublime e mais potente de anjos, os quais, ao cuidarem de nós, permitirão que possamos ser merecidamente preferidos aos demais.

Capítulo IX
Que Existem Três Guardiães do Homem e de onde Cada Um Deles Procede

TODO HOMEM TEM um triplo bom demônio como seu adequado guardião ou protetor, sendo o primeiro deles um santo, o outro de nascimento e o último relativo à sua profissão. O demônio santo é aquele, de acordo com a doutrina dos egípcios, atribuído à alma racional, não das estrelas ou planetas, mas de uma causa sobrenatural – do próprio Deus, o qual comanda os demônios, sendo universal e acima da natureza. Ele dirige a vida da alma e em geral coloca bons pensamentos na mente, estando diligente em nos iluminar, embora nem sempre o percebamos; porém, quando somos purificados e vivemos pacificamente, ele é percebido por nós e, então, por assim dizer, fala conosco e nos comunica sua voz, mesmo sendo uma voz silenciosa, examinando-nos diariamente, visando nos levar a uma perfeição sagrada. Daí, acontece que alguns lucram mais em qualquer ciência, ou arte, ou ofício, em menos tempo e com menos dores, enquanto outros em vão se esforçam e estudam muito mais; e embora nenhuma ciência, arte ou virtude deva ser desprezada, ainda que se possa viver de modo próspero e levar adiante seus negócios com felicidade, em primeiro lugar, conhece teu bom *gênio* e tua natureza, além de qual bem a disposição celestial ele te promete, e conhece Deus, o distribuidor de todos estes, que distribui a cada um como Lhe agrada, e segue os princípios destes, professa-os, esteja familiarizado com aquela virtude para a qual o mais alto distribuidor eleva e conduz a ti; aquela que fez com que *Abraão* se sobressaísse na justiça e clemência, *Isaac* com o medo, *Jacó* com a força, *Moisés* com a mansidão e com os milagres, *Josué* na guerra, *Fineias* no zelo, *Davi* na religião e vitória, *Salomão* no conhecimento e fama, *Pedro* na fé, *João* na caridade, *Jacob* em devoção, *Tomás* em prudência, *Madalena* em contemplação, *Marta* em prestatividade. Portanto, sê diligente na virtude a qual puderes mais facilmente ser proficiente para atingir tua plenitude, para que possas te sobressair nela, e, nas demais virtudes, mesmo que não possas ser pleno, esforça-te para ser tão proficiente quanto puderes; mas, se tu desejares o auxílio dos supervisores da natureza e da religião, encontrarás um duplo progresso em tua natureza e profissão; porém, caso eles sejam desarmônicos, segue o melhor deles, pois em algum momento perceberás melhor um protetor de uma profissão excelente do que o protetor de um nascimento.

Capítulo X
Da Linguagem dos Anjos e Como Eles Falam entre Si Mesmos e Conosco

VISTO SEREM ESPÍRITOS puros, poderíamos até duvidar se anjos ou demônios usam qualquer tipo de fala ou linguagem vocal entre si ou para conosco; contudo, em algum lugar, Paulo diz: "se eu falar em língua de homens ou de anjos", embora qual seja esta fala ou linguagem de fato é uma dúvida de muitos. Se eles utilizam mesmo um idioma, muitos pensam que seja o hebraico, pois esse foi o primeiro, tendo vindo do céu antes da confusão de línguas na Babilônia, pelo qual a lei foi dada por Deus Pai, e o evangelho foi pregado por Cristo o Filho, além dos muitos oráculos que foram dados aos profetas pelo Espírito Santo; e visto que todas as línguas têm passado por várias mutações e corrupções, apenas esse idioma sempre continuou inviolado. Além disso, um sinal evidente que corrobora essa opinião é que, embora o demônio e a inteligência usem a fala daquelas nações onde eles habitam, ainda assim, para aqueles que a entendem, eles nunca falam em qualquer outro idioma, senão nesse, ou seja, em hebraico. Contudo, a respeito de como os anjos falam, isso está oculto de nós, como eles mesmos são velados. Agora, quanto a nós, para que possamos falar, uma língua é necessária, junto a outros instrumentos, como as mandíbulas, o palato, os lábios, os dentes, a garganta, os pulmões, a *aspera arteria* e os músculos do tórax, que têm o início do movimento a partir da alma. Porém, se eu falo a distância com outra pessoa, devemos usar uma voz mais alta; mas, se estivermos perto, ela sussurra em meu ouvido, como se devêssemos estar unidos ao ouvinte, sem nenhum ruído, como uma imagem no olho ou no espelho. Do mesmo modo falam as almas que saíram do corpo, bem como os anjos e os demônios; e o que o homem faz com uma voz sensível, eles fazem imprimindo a concepção da fala naqueles a quem falam de uma maneira melhor do que se fosse expressa em uma voz audível. Assim, o platonista diz que Sócrates de fato percebeu seu demônio pelos sentidos, mas não pelo corpo, e sim, da mesma forma, pelo sentido do *corpo etérico* oculto nele. *Avicena* acredita que os anjos costumavam ser vistos e ouvidos pelos profetas. Esse instrumento, seja qual for sua virtude, pelo qual um espírito torna do conhecimento de outro espírito as coisas que estão em sua mente, é chamado pelo *apóstolo Paulo* de a *língua dos anjos*. No entanto, muitas vezes eles emitem uma voz audível, como aqueles que clamaram na ascensão do Senhor: "homens da Galileia, por que estais aqui olhando para o céu?". E no Velho Testamento eles falavam com vários dos pais com uma voz sensível; embora isso nunca acontecesse, a não ser quando eles assumiram corpos. Porém, com quais sentidos esses espíritos e demônios escutam nossas invocações e orações, e como veem nossas cerimônias, a respeito disso somos totalmente ignorantes.

Existe um *corpo espiritual* de demônios em todos os lugares sensíveis por natureza, de modo que ele toca, vê, ouve sem qualquer meio e sem impedimento para si mesmo; ainda assim, eles não percebem da mesma maneira que nós, com órgãos diferentes, mas, por acaso, assim como as esponjas retêm água, todos eles percebem coisas sensíveis com seus corpos de alguma outra forma que nos é desconhecida; igualmente, nem todos os animais são dotados desses órgãos, pois sabemos que muitos carecem de ouvidos, mas sabemos que eles percebem um som, embora não saibamos de que forma.

Capítulo XI
Dos Nomes dos Espíritos e Suas Várias Imposições, e dos Espíritos que Regem as Estrelas, Signos, Cantos do Céu e os Elementos

MUITOS E DIFERENTES são os nomes dos bons e dos maus espíritos; porém, seus nomes próprios e verdadeiros, como os nomes das estrelas, são conhecidos apenas por Deus, aquele uno que enumera a multidão de estrelas e as chama por seus nomes, dos quais nenhum pode ser conhecido por nós, a não ser por revelação divina; bem poucos são expressos para nós pela escritura sagrada. Todavia, os mestres dos hebreus pensam que os nomes dos anjos foram impostos a eles por Adão, de acordo com o que está escrito, "o Senhor trouxe a Adão todas as coisas que tinha feito, para que as nomeasse e, na medida em que ele chamou cada uma das coisas, então assim ela passou a ser chamada". Consequentemente, os *Mecubals* hebreus pensam, com os magistas e os cabalistas, que está nas mãos do homem impor nomes aos espíritos, mas somente aquele homem que foi dignificado e elevado a essa virtude por algum dom divino ou autoridade sagrada: mas, visto um nome poder expressar a natureza da divindade, ou toda a virtude das essências angelicais, ele não poderá ser pronunciado por qualquer voz humana; portanto, outros nomes o substituem, sendo definidos a partir de suas obras, significando algum determinado ofício ou efeito necessário ao coro de espíritos; nome esse que, então, e não de outra forma, obtém eficácia e virtude para extrair qualquer substância espiritual de cima, ou de baixo, para produzir qualquer efeito desejado.

Eu vi e conheci um texto escrito na hora da Lua sobre um pergaminho virgem com o nome e selo de algum espírito, que depois foi dado para ser devorado por uma rã-d'água, enquanto um homem murmurava certos versos; a rã foi deixada para ir à água e, depois, logo ocorreram pancadas de chuva. Eu vi também o mesmo homem inscrevendo o nome de outro espírito e seu selo na hora de Marte, que foi dado a um corvo que, sendo solto, após um verso ter sido murmurado, daquela parte do céu até para onde o pássaro voou, seguiram-se relâmpagos, tremores e trovões horríveis, com nuvens espessas; nem eram nomes de espíritos de língua desconhecida, nem significavam outra coisa senão seus ofícios; desse tipo são os nomes daqueles anjos, *Raziel, Gabriel, Miguel, Rafael, Haniel*, os quais significam tanto quanto dizer a visão de Deus, a virtude de Deus, a força de Deus, o remédio de Deus, a glória de Deus. Da mesma maneira, nos ofícios de demônios maus são lidos seus nomes, quais sejam, *um jogador, um enganador, um sonhador, um fornicador* e muitos outros semelhantes. Assim, recebemos de muitos dos antigos patriarcas dos hebreus os nomes de anjos que regem os planetas e signos; para *Saturno, Zafiel*; para *Júpiter, Zadkiel*; para *Marte, Camael*; para o *Sol, Rafael*; para *Vênus, Haniel*; para *Mercúrio, Miguel*; para a *Lua, Gabriel*. Esses são aqueles sete espíritos que estão sempre diante da face de Deus, a quem é confiada a disposição de todos os reinos celestes e terrenos que estão sob a Lua: pois esses (como dizem os teólogos mais curiosos) governam todas as coisas por uma certa vicissitude de horas, dias e anos; e que, como ensinam os astrólogos a respeito dos planetas que estão situados, os quais Mercurius Trismegistus chama de os sete governadores do mundo, estão pelos céus como por instrumentos, distribuindo as influências de todas as estrelas e signos sobre seus inferiores. Alguns os atribuem às estrelas por meio de nomes um tanto diferentes, dizendo que Saturno é regido por uma inteligência chamada *Orifael*, que Júpiter é regido por *Zachariel*, e Marte por *Zamael*, e o Sol por *Miguel*, e Vênus por *Anael*, e Mercúrio por *Rafael* e a Lua por *Gabriel*. E cada um desses governa o mundo por 354 anos e quatro meses; e o governo começa com a inteligência de *Saturno*; depois, em ordem, as inteligências de *Vênus, Júpiter, Mercúrio, Marte*, da *Lua* e do *Sol* reinam e, em seguida, o governo retorna ao espírito de Saturno.

Tritêmio escreveu a Maximiliano César um tratado especial a respeito desses regentes, o qual quem examinar cuidadosamente poderá, daí, extrair grande conhecimento dos tempos futuros.[20] Ao longo dos 12 signos são distribuídos esses regentes, a saber, sobre *Áries, Malahidael*; sobre *Touro, Asmodel*; sobre *Gêmeos, Ambriel*; sobre *Câncer, Muriel*; sobre *Leão, Verchiel*; sobre *Virgem, Hamaliel*; sobre *Libra, Zuriel*; sobre *Escorpião, Barchiel*; sobre *Sagitário, Advachiel*; sobre *Capricórnio, Hanael*; sobre *Aquário, Cambiel*; sobre *Peixes, Barchiel*. Esses espíritos colocados como regentes sobre os planetas e signos são assinalados por *João* no início do Apocalipse, descritos como os sete espíritos que estão na presença do trono de Deus; e no final do livro encontramos os que estão postos sobre os sete planetas, no qual ele descreve a plataforma da cidade celestial, dizendo que em seus 12 portais se encontram 12 anjos. Novamente, existem 28 anjos que governam as 28 mansões da Lua, cujos nomes são estes: *Geniel, Enediel, Anixiel, Azariel, Gabriel, Dirachiel*,

---

20. Tritêmio, *Dos Espíritos*.

Scheliel, Amnediel, Barbiel, Ardefiel, Neciel, Abdizuel, Jazeriel, Erge-diel, Atliel, Azeruel, Adriel, Egibiel, Amutiel, Kyriel, Bethnael, Geliel, Requiel, Abrinael, Agiel, Tagriel, Ateniel, Amnixiel. Existem também quatro príncipes dos anjos, que regem os quatro ventos e as quatro partes do mundo. Miguel é colocado sobre o vento leste, Rafael sobre o oeste, Gabriel sobre o norte e Nariel, por alguns chamado de Ariel, está sobre o sul. Também estes são atribuídos aos elementos, quais sejam; ao ar, *Cherub*; à água, *Tharsis*; à terra, *Ariel*; ao fogo, *Seraph*. Agora, cada um desses espíritos é um grande príncipe que possui muito poder e liberdade no domínio de seus próprios planetas e signos, em seus devidos tempos, anos, meses, dias e horas: e também em seus elementos, em partes do mundo e em ventos. E cada um deles governa muitas legiões; e, da mesma maneira, entre os espíritos malignos, há quatro que, como reis mais poderosos, são postos sobre os demais, de acordo com as quatro partes do mundo, cujos nomes são estes: *Urieus*, rei do leste; *Amaymon*, rei do sul; *Paymon*, rei do oeste; *Egin*, rei do norte; que os doutores hebreus chamam, talvez mais corretamente, de *Samuel, Azazel, Azael* e *Mahazuel*, sob os quais muitos outros governam como príncipes de legiões e regentes. Da mesma forma, há inúmeros demônios de atribuições privadas. Além disso, os antigos *teólogos* dos gregos calcularam seis demônios, chamados por uns de *Telchines* e por outros de *Alastores*, os quais trazem má vontade aos homens e que tiram água do rio *Styx* com as mãos, espalhando-as sobre a terra, resultando em calamidades, pragas e fomes; e estes são chamados de *Acteus, Megalezius, Ormenus, Lycus, Nicon* e *Mimon*. Entretanto, aquele que desejar saber exatamente os nomes, as atribuições, os lugares e os tempos distintos dos anjos e dos demônios malignos, que busque no livro do *Rabino Simão* dos Templos, e em seu livro sobre as Luzes, e em seu tratado da Grandeza da Estatura, e no tratado dos Templos do *Rabino Ishmael*, e em quase todos os comentários de seu livro da Formação, pois aí há vasto material escrito a respeito deles.

Capítulo XII
Os Cabalistas Extraem os Nomes Sagrados dos Anjos das Sagradas Escrituras, e dos 72 Anjos Que Trazem os Nomes de Deus; Além das Tabelas de Ziruph e as Comutações de Nomes e Números

HÁ TAMBÉM OUTROS nomes sagrados de bons e maus espíritos atribuídos a cada função de muito maior eficácia do que os nomes anteriores, os quais os cabalistas extraem das escrituras sagradas, de acordo com a arte que ensinamos a respeito deles; como também retiram certos nomes de Deus de lugares específicos: a regra geral destes é que, onde quer que alguma essência divina seja expressa pelas Escrituras, daquele lugar o nome de Deus pode ser obtido; ainda mais, em qualquer lugar nas Escrituras onde o nome de Deus estiver manifestado, então aí estará assinalada a função sob esse nome; e, onde quer que as Escrituras falem sobre a função ou obra de qualquer espírito, bom ou mau, a partir daí o nome desse espírito pode ser obtido; sendo observada essa regra inalterável, dos bons espíritos recebemos os nomes dos bons espíritos e, dos maus, os nomes dos maus: e não confundamos o preto com o branco, nem o dia com a noite, nem a luz com as trevas, algo que é mostrado por estes versos, por meio de um exemplo:

"Sejam como pó diante do vento; e que o anjo do Senhor os espalhe; sejam seus caminhos trevosos e escorregadios, e que o anjo do Senhor os persiga".

עהוג בסריך עמל דזה ומאלאק עוהדדהה

יהקדבם הטף והלך לקוה ומלאף יהוה דרסם

Esses versos presente no 35º Salmo, conforme os hebreus, ou 34º, conforme a nossa contagem, dos quais são extraídos os nomes daqueles anjos, מידאל *Midael* e מידאל *Miriael*, da ordem dos guerreiros; e o mesmo ocorre naquele versículo, "tu porás sobre ele o ímpio, e Satanás ficará à sua direita", do Salmo 109, conforme os hebreus, ou 108, conforme os latinos,

המקד עשיך דשע ושמיך יאמלאל עיה

Daí é extraído o nome do espírito maligno *Schii*, מידאל, que significa um espírito que trabalha com intrigas. Há um certo texto em Êxodo, presente em três versículos, dos quais cada um é escrito com 72 letras, começando assim: o primeiro *Vajisa*, ויסע, o segundo *Vajabo*, ויבא o terceiro *Vajot*, ויט, que são estendidos em uma linha, ou seja, a primeira e a terceira linha da esquerda para a direita, mas a linha do meio está em ordem contrária, começando da direita para a esquerda, terminando na esquerda; então, cada uma das três letras, sendo subordinadas uma à outra, formam um nome, totalizando 72 nomes, que os hebreus chamavam de *Schemhamphoræ*, aos quais, caso o nome divino El אל ou Jah יהה for adicionado, produzirão 72 nomes trissílabos de anjos, dos quais cada um levará o grande nome de Deus, como está escrito: "Meu anjo irá adiante de ti; guarda-o, porque meu nome está nele". E estes são aqueles que regem os 72 quinários celestiais, e o mesmo número de nações e línguas, e as articulações do corpo do homem, e que cooperam com os 72 mais antigos da sinagoga e com os 72 discípulos de Cristo: e seus nomes, de acordo com dedução feita pelos cabalistas, manifestam-se na tabela que será mostrada a seguir, segundo a maneira já mencionada aqui.

Agora, existem muitos outros modos de se obter *Schemhamphoræ* a partir desses versículos; por exemplo, quando todos os três são escritos na ordem certa, um após o outro, da direita para a esquerda, além daquelas que são obtidas pelas tabelas de Ziruph e das tabelas de comutações, as quais mencionamos antes. Então, como essas tabelas servem para todos os nomes, divinos ou angelicais, iremos incluí-las neste capítulo.

Estes são os 72 anjos que portam o nome de Deus, *Schemhamphoræ*.

Ver as tabelas indicadas a seguir.

Capítulo XIII
De que Modo os Nomes dos Espíritos e dos Gênios São Descobertos, Partindo-se da Disposição dos Corpos Celestiais

Os ANTIGOS MAGISTAS ensinavam a arte de se descobrir o nome de um espírito para usá-lo de qualquer modo desejado, inferindo-o a partir da disposição dos céus; por exemplo, se a partir de qualquer conjuntura celestial a ti sugerida, fosse possível elaborar uma imagem ou um anel, ou outro trabalho qualquer a ser feito; e sob qualquer constelação, caso quiseres descobrir o espírito regente deste trabalho, traça o mapa do céu, retira as letras em número e em ordem a partir do grau do ascendente, conforme a sucessão de sinais em cada grau, preenchendo todo o círculo dos céus; então, aquelas letras que estiverem nos lugares das estrelas, cujo auxílio tu usarás, estando de acordo com o número e poder daquelas estrelas marcadas em número e ordem, formarão o nome de um bom espírito. Entretanto, se fizeres o mesmo desde o início, a partir de um grau e seguindo no sentido *contrário* ao progresso dos signos, o espírito daí resultante será mau. Por intermédio dessa arte, alguns mestres hebreus e caldeus instruíam que a natureza e o nome de qualquer gênio podiam ser descobertos; por exemplo, uma vez conhecido o grau do ascendente de nascimento de qualquer pessoa, equacionando-o com outras particularidades do céu, sendo anteriormente observado o que os *árabes* chamam de *Almutez*, ou seja, quais os planetas que têm as maiores dignidades; depois, seguindo conforme aquilo que estiver em segundo lugar em importância, próximo ao número de dignidades naquelas citadas particularidades.

Ao fazer uso dessa ordem, poderás saber o verdadeiro lugar e grau deles nos céus, começando do grau do ascendente e seguindo por meio de cada grau, de acordo com a ordem dos signos, para projetar aí as 22 letras dos hebreus; então, as letras que coincidirem com os lugares das estrelas mencionadas, sendo marcadas e dispostas de acordo com a ordem encontrada acima nas estrelas, e corretamente unidas segundo as regras da língua hebraica, formarão o nome de um gênio, ao qual, de acordo com o costume, adiciona-se algum *monossilábico* nome da Onipotência Divina, isto é, El ou Jah. Porém, caso a projeção das letras for feita a partir do descendente, seguindo-se no sentido contrário à sucessão dos signos, as letras que cairão no Nadir (que é o ponto oposto) das estrelas mencionadas, uma vez unidas, formarão o nome de um gênio mau.

Por sua vez, os caldeus procedem de outra maneira, porque não tomam o Almutez dos ângulos, mas o Almutez da 11ª casa, fazendo o restante das coisas como foi dito anteriormente. Assim, eles descobrem um gênio do mal do Almutez do ângulo da 12ª casa, o qual eles chamam de espírito maligno, projetando as letras a partir do descendente e no sentido contrário à progressão dos signos.

Capítulo XIV
Da Arte de Calcular tais Nomes Conforme a Tradição dos Cabalistas

EXISTE AINDA OUTRA arte nesse tipo de nomes que eles chamam de cálculo, que é feita pelas tabelas a seguir, entrando com algum nome sagrado, divino ou angelical, na coluna de letras descendentes, pegando aquelas letras que estiverem nos ângulos comuns sob suas estrelas e signos, letras as quais, quando postas em ordem, resultam no nome de um bom espírito, feito da natureza daquela estrela ou signo informado. Porém, caso este seja informado na coluna ascendente, tomando os ângulos comuns acima das estrelas e os sinais marcados na linha mais baixa, o nome de um espírito maligno será formado. E esses são os nomes dos espíritos de qualquer ordem reinante no céu, bons ou maus, e desse modo tu poderás multiplicar e obter nove nomes de tantas outras ordens, à medida que puder, entrando com um nome, extrair outro nome de um espírito de uma ordem superior ao mesmo, e isso tanto de um bom quanto de um mau espírito; contudo, o início desse cálculo depende dos nomes de Deus, pois toda palavra tem uma virtude na *magia*, uma vez que depende da palavra de Deus, sendo daí moldada. Portanto, devemos saber que todo nome angelical deve proceder de algum nome primevo de Deus. Então, diz-se que os anjos levam o nome de Deus, de acordo com o que está escrito, "porque o meu nome está nele"; assim, para que os nomes dos anjos bons possam ser discernidos dos nomes dos maus, costuma ser adicionado algum nome da Onipotência Divina, como *El*, ou *On*, ou *Jah*, ou *Jod*, para ser pronunciado com ele: e uma vez que *Jah* é um nome de beneficência e *Jod* o nome de uma divindade, esses dois nomes são atribuídos somente aos nomes de anjos; porém, o nome *El*, por comportar poder e virtude, é, portanto, adicionado não apenas aos bons, mas também aos maus espíritos; pois nenhum dos espíritos malignos pode subsistir ou fazer qualquer coisa sem a virtude de

The Cabala.

Shewing at one View the Seventy-two Angels bearing the name of God Shemhamphoræ.

Catil	Leviah	Hakamiah	Hariel	Mebahel	Ieiazel	Hahaiah	Lauiah	Aladiah	Haziel	Cahethel	Achaiah	Lelahel	Mahasiah	Elemiah	Sitael	Ieliel	Vehuiah
Manadel	Chavakiah	Lehahiah	Iehuiah	Vasariah	Lecabel	Omael	Reiiel	Sehiah	Ierathel	Haaiah	Nithhaiah	Hahuiah	Melahel	Ieiaiel	Nelchael	Pahaliah	Leuuiah
Nithael	Nanael	Imamiah	Hahaziah	Daniel	Vehuel	Mihael	Asaliah	Ariel	Saaliah	Ielahiah	Veualiah	Michael	Hahahel	Ihiazel	Rehael	Haamiah	Aniel
Mumiah	Haiaiel	Ihamiah	Rochel	Habuiah	Eiiel	Meniel	Damabiah	Mehekiel	Annauel	Iahhel	Umabd	Mizrael	Harahel	Ieilael	Nemamiah	Poiel	Mebahiah

Pub. by Lackington & Allen.   R. Griffith Sculp.

El, de Deus. Todavia, devemos saber que ângulos comuns à mesma estrela e signo devem ser considerados, a menos que um nome misto seja informado, como são os nomes dos gênios, e aqueles de que se falou no capítulo anterior, que são feitos a partir das disposições dos céus, de acordo com a harmonia de várias estrelas. Pois sempre que a tabela for inserida com estes, o ângulo comum deve ser considerado sob a estrela ou signo daquele nome informado.

Além disso, há alguns que estendem aquelas tabelas pensando também que se houver um nome informado de uma estrela, ou de um encargo, ou de qualquer efeito desejado, isso arrastará um demônio, bom ou mau, para servir a esse trabalho ou efeito; sob o mesmo modo de pensar, existem aqueles que informam o nome próprio de qualquer pessoa, podendo daí extrair os nomes dos gênios sob aquela estrela que deve parecer reger essa pessoa, e, também, por sua fisionomia, ou pelas paixões e inclinações de sua mente, por sua profissão e fortuna, podem saber se a pessoa é *marcial* ou *saturnina*, ou *solar*, ou da natureza de qualquer outra estrela.

E embora tais tipos de nomes primários tenham nenhuma ou pouca significação poderosa, ainda assim tais tipos de nomes extraídos, bem como aqueles derivados deles, são de grande eficácia; assim como os raios do Sol reunidos em uma lente queimam de forma intensa, mesmo quando o próprio Sol for escassamente quente.

Agora, há uma ordem de letras nessas tabelas sob as estrelas e signos, quase como aquelas tabelas dos astrólogos, de 10, 11 e 12. Sobre essa arte de calcular, *Alphonsus Cyprius* escreveu certa vez, adaptando-a aos caracteres latinos; porém, como as letras de todas as línguas, como mostramos no livro primeiro, têm, em seu número, ordem e figura, um original celestial e divino, admito facilmente que esse cálculo dos nomes dos espíritos pode ser feito não apenas por meio das letras hebraicas, mas também pelas letras caldeias, arábicas, egípcias, gregas e latinas, e tantas outras, desde que as tabelas sejam justamente feitas a partir da cópia da tabela que as reger.

Entretanto, muitos aqui observam que, conforme essas tabelas, homens de natureza e fortuna diferentes, muitas vezes, por possuírem o mesmo nome, obteriam gênios de mesmo nome. Assim, devemos saber que não deve ser considerado absurdo que o mesmo *daemon* possa ser dedicado a uma alma qualquer e que também seja dedicado a outras almas. Além disso, assim como muitos homens têm o mesmo nome, também os espíritos de diversos encargos ou naturezas podem ser notados ou marcados por um mesmo nome, e por um e mesmo selo ou personagem, mas em um aspecto diferente; pois, assim como a serpente às vezes tipifica Cristo e, às vezes, o diabo, então os mesmos nomes e os mesmos selos podem ser aplicados, às vezes, à ordem de um demônio bom e, às vezes, de um demônio mau. Por último, a intenção bastante ardente do invocador, pela qual nosso intelecto é unido às inteligências separadas, é a causa por meio da qual tornamos obsequioso para nós, às vezes, um determinado espírito e, às vezes, outro espírito.

Observa as seguintes placas para as tabelas do cálculo dos nomes dos espíritos, bons e maus, sob a regência dos sete planetas, e sob a ordem dos 12 signos militantes.

Capítulo XV
Dos Sigilos e Selos dos Espíritos

AGORA, DEVEMOS FALAR dos sigilos e dos selos dos espíritos. Os sigilos nada mais são do que certas letras e escritos desconhecidos que preservam os segredos dos espíritos e de seus nomes do uso e leitura dos homens profanos, que os antigos chamavam de letras hieroglíficas, ou sagradas, por conta de serem devotadas apenas aos segredos de Deus. Eles consideraram ilegítimo escrever os mistérios de Deus com aqueles mesmos sigilos usados para escrever coisas profanas e vulgares. Então, Porfírio, ao dizer "que os antigos estavam dispostos a ocultar Deus e as virtudes divinas por figuras sensíveis e por aquelas coisas que são visíveis, mas significando coisas invisíveis", desejava transmitir grandes mistérios em letras sagradas e explicá-los por meio de certas figuras simbólicas; de modo que eles dedicaram todas as coisas ao redor do mundo, o Sol e a Lua, esperança e fortuna; um círculo para os céus e partes de um círculo para a Lua; pirâmides e obeliscos para o fogo, um cilindro para o Sol e a terra. Vê a primeira prancha do capítulo seguinte.

Capítulo XVI
Outra Forma de Fazer Sigilos, Segundo os Cabalistas

ENTRE OS ESTILOS de sigilos dos hebreus que encontrei, um deles é o mais antigo, qual seja, uma escrita antiga que Moisés e os profetas usaram, cuja forma não deve ser revelada precipitadamente por ninguém, pois as letras que eles utilizaram naquela época foram instituídas por Esdras. Há entre eles uma escrita chamada de celestial, pois eles a mostram colocada e formada pelas estrelas. Há também uma escrita que eles chamam de *Malachim* ou *Melachim*, ou seja, dos anjos ou régia; e ainda há outra, chamada por eles de a passagem pelo rio, cujos sigilos e figuras podem ser observados nas ilustrações a seguir.

Entre os cabalistas há outro modo de se escrever, anteriormente tido em alta estima, mas que agora é tão comum que foi posto entre as coisas profanas, a saber, com as 27 letras dos hebreus, as quais podem ser divididas em três classes, cada uma delas contendo nove letras. Na primeira estão אבגדהוזחט, que correspondem aos selos ou às marcas de números simples e de coisas intelectuais, distribuídas em nove ordens de anjos. Na segunda, יכלמנסעפצ, as marcações das dezenas e das coisas celestiais nos nove orbes dos céus. A terceira é composta pelas outras quatro letras somadas às cinco letras finais, a saber, קרשתךםןףץ, que são as marcações das centenas e das coisas inferiores, isto é, quatro elementos simples e cinco tipos de compostos perfeitos. De vez em quando, eles distribuem essas três classes em nove câmaras, sendo a primeira composta pelas unidades, ou seja, a intelectual, a celestial e a elementar. A segunda por duas, a terceira por três e assim por diante; essas câmaras são enquadradas pela interseção de quatro linhas que se cruzam em ângulos retos, como é apresentado na figura A presente na ilustração do Capítulo XVII.

Separadas em partes, elas somam nove figuras particulares (ver a figura B), que estão nas nove câmaras, caracterizando suas letras por aquele Notariacon que, se tiver um ponto, mostra a primeira letra daquela câmara; se tiver dois, a segunda; se tiver três, a terceira letra; assim, se quiseres produzir o sigilo de Miguel, מיכאל, que aparece estendido com cinco figuras (ver a figura C) que depois são resumidas em três figuras e, então, são resumidas a uma, embora os pontos de Notariacon sejam geralmente omitidos, surgindo daí o sigilo de Miguel (ver a figura D).

Existe ainda outro tipo de sigilo bastante fácil de se obter e que é comum a quase todas as letras e línguas; é formado quando se reúne as letras; no exemplo dado, do nome do anjo Miguel, seu sigilo será formado de acordo com a figura E. Esse modo de se criar sigilos é mais aceito entre os árabes; aliás, não há escrita que se mostre tão fácil e elegante quanto a árabe.

Deves saber que os espíritos angelicais, visto serem de intelecto puro e totalmente incorpóreos, não são marcados com quaisquer rótulos ou sigilos, ou quaisquer outros sinais humanos; porém, somos nós, por não conhecermos de outra forma a essência ou qualidade deles, e a partir de seus *nomes* ou *obras*, ou de outro modo, que devotamos e consagramos a eles figuras e rótulos, pelos quais não podemos de maneira alguma obrigá-los a nós, mas pelos quais nos elevamos a eles, de modo que não sejam conhecidos por tais sigilos e figuras; e, antes de tudo, colocamos nossos sentidos, tanto internos quanto externos, sobre eles. Então, por uma certa admiração de nossa razão, somos induzidos a uma veneração religiosa por eles; e, assim, somos envolvidos, com toda a nossa mente, por uma adoração extasiante; e, então, com uma crença maravilhosa, uma esperança indubitável e um amor vivificante, nós os invocamos em espírito e verdade, por meio de nomes e sigilos verdadeiros, para que obtenhamos deles a virtude ou o poder que desejamos.

The Cabala

The Tables for the calculations of the names of Spirits good & bad & under the presidency of the 7 Planets & 12 militant Signs

Cabala.
The Averse Table of Commutations.

F. Barrett Del.

Pub. by Lackington & Allen.

R. Griffith Sculp.

The Cabala.

The Table of the Combinations of Ziruph.

Table 4 & 5

כמ	ינ	מס	הע	זפ	ו·ת	הק	רר	נש	כה	אל
למ	כנ	יס	סע	חפ	זצ	וק	הר	דש	נת	אב
לם	לנ	כס	יע	טפ	חצ	זק	ור	הש	דת	אג
מן	לס	כע	יפ	טצ	חק	זר	יש	הת	בנ	אד
נם	מס	לע	רפ	יצ	טק	חר	זש	גת	בה	אה
נס	מע	לפ	כצ	יק	חר	טר	חש	גר	בה	או
רס	נע	מפ	לצ	כק	יר	הש	הה	גה	בז	אז
סע	נפ	מצ	לק	כר	יש	טה	דה	גו	בכ	אח
הע	סף	נצ	מק	כר	לש	ית	הי	דז	נח	אט
עפ	ס צ	נק	מר	לש	כת	הי	הו	דה	גח	אי
רפ	עצ	סק	נר	מש	לת	הז	הז	דה	גט	אכ
פצ	עק	סר	נש	מת	ו·ז	הח	הח	נ·י	בכ	אל
זצ	פק	ער	כש	נת	וח	הט	הט	נכ	בל	אמ
צק	פד	עש	סח	נה	זח	הי	רכ	נל	במ	אס
הק	צר	פש	עט	סה	זט	הכ	רל	נמ	בס	אע
קר	צש	פה	סת	עה	זי	הל	רמ	נג	בע	אפ
צר	קש	שת	סי	הכ	זל	הם	רנ	נס	בפ	אצ
רש	קה	שת	טכ	הל	זם	רעם	דע	נף	בצ	אק
יש	רה	יב	טל	הל	זן	דע	רע	נצ	בק	אר
שת	יב	טל	מה	הן	וס	הע	רפ	נק	בר	אש
בת	ילר	מם	הנ	זס	ועם	הפ	רצ	נר	בש	את
כל	ימ	שנ	הם	זע	וף	הצ	דק	נר	בת	אח

The Rational Table of Ziruph.

למ	כנ	יס	טע	הפ	זצ	יק	הר	הר	דש	נת	אב
מן	לס	כע	יפ	טצ	חק	זר	יש	הת	דב	הת	אג
נס	מע	לפ	כצ	יק	טר	חש	זת	יב	הג	אד
סע	נפ	מצ	לק	בר	יש	מח	חב	זג	ור	אה
עפ	סצ	נק	מר	לש	כת	יב	טג	חד	זה	אז
פצ	עק	סר	נש	מת	לב	כג	יד	טה	חו	אח
צק	פר	עש	סח	נב	מג	לד	בה	כו	טן	אט
קר	צש	פה	עב	סג	נד	מה	לו	כז	יח	אי
רש	קה	צב	פג	עד	סה	נו	מז	לח	כט	אכ
שת	רב	קג	צד	פה	עו	סז	נח	מט	לי	אל
חב	שג	רד	קה	צו	פז	עח	סט	ני	מכ	אמ
בג	חד	שה	רו	קז	צח	פט	עי	סכ	נל	אנ
גד	בה	חו	שז	רח	קט	צי	פכ	על	סמ	אס
דה	גו	בז	חח	שט	רי	קכ	צל	פמ	ענ	אע
הו	דז	גח	בט	חי	שכ	רל	קמ	צנ	פס	אפ
וז	הח	דט	גי	בכ	חל	שם	רנ	קס	צע	אצ
זח	וט	הי	דכ	גל	בם	חנ	שס	רע	קפ	אק
חט	זי	וכ	הל	דם	גנ	בס	חע	שפ	רצ	אר
טי	חכ	זל	ול	הנ	דס	גע	בפ	חצ	שק	אש
יכ	טל	חם	זן	וס	הע	דפ	גצ	בק	שר	את
כל	ימ	טנ	חס	זע	וף	הצ	דק	גר	בש	אח
שת	כר	ימ	טפ	חצ	זק	ור	הש	דת	גכ	אב

Del.   Pub. by Lackington & Allen.   R. Griffith Sculp.

The Cabala

Fig. A

Fig. B

Fig. C

Fig. D

Fig. F

Cabalistic Character of the Spirit Michal as Composed out of the above Tables A B C D

Pub. by Lackington & Allen

R Griffith Sculp.

Capítulo XVII
Há outros Tipos de Sigilos, ou Marcas de Espíritos, Que São Recebidos Apenas por Revelação

HÁ OUTRO TIPO de sigilo recebido apenas por revelação e que não poderá ser descoberto de outra maneira; a virtude desses sigilos vem da Divindade que os revela, dos quais existem algumas obras secretas em harmonia com alguma divindade, ou eles são, por assim dizer, resultado de certos acordos ou pactos de uma ligação entre nós e eles. Era desse tipo aquele sinal, *in hoc vince*, mostrado a *Constantino*; outro foi revelado a *Antíoco* na figura de um Pentágono, que significa saúde; pois, sendo decifrado em letras, resulta na palavra ὑγίεια, isto é, saúde: foi na fé da virtude desses sinais que ambos os reis obtiveram uma grande vitória contra seus inimigos. Assim, Judas, que por ter de lutar com os judeus contra *Antíoco Eupator*, e que por causa disso posteriormente foi cognominado de Macabeu, recebeu de um anjo um sinal notável בבי, em virtude do qual, primeiro, mataram 11 mil inimigos junto a uma infinidade de elefantes e, depois, novamente, mais 35 mil de seus inimigos: pois aquele sinal representava o nome de *Jehovah* e era um emblema memorável, pela igualdade de número, do nome de 72 letras; e a apresentação dele é מי כמד באלישתית, ou seja, quem, dentre vós, é tão forte quanto *Jehovah*? Vê a figura F.

Capítulo XVIII
Das Conjurações dos Espíritos, de Suas Invocações e Como Bani-los

SÃO TRÊS AS formas pelas quais os espíritos são chamados, invocados ou banidos; algumas delas são retiradas do mundo elemental, como quando nós conjuramos um espírito por intermédio de uma coisa inferior e natural, que lhe seja ou afim ou adversa; seja para os convocar seja para bani-los, usamos fumigações de *flores*, *ervas*, *animais*, *neve*, *gelo*, ou *inferno*, *fogo* e coisas semelhantes; e estes também são frequentemente misturados a louvores, bênçãos e consagrações divinas, como aparece no cântico dos Três Jovens, e no salmo Louvai ao Senhor desde os céus, bem como na consagração e bênção do *círio pascal*. Essa forma atua sobre os espíritos por uma virtude perspicaz, determinada pelo amor ou pelo ódio, na medida em que os espíritos estão presentes, favorecendo ou abominando, em qualquer coisa que seja natural ou contra a natureza deles, já que essas coisas ou se amam ou se odeiam. A segunda forma é obtida do mundo celestial, isto é, quando os conjuramos pelos céus deles, pelas estrelas, por seus movimentos, raios, luz, beleza, clareza, excelência, fortaleza, influência e por suas maravilhas, e assim por diante; e essa forma atua sobre os espíritos por meio de uma admoestação e de um exemplo. Ela também tem algum comando, especialmente sobre os espíritos ministradores e aqueles que são das classes mais baixas. A terceira forma vem do mundo intelectual e divino, aperfeiçoada pela religião; isto é, quando juramos pelos sacramentos, milagres, nomes divinos, selos sagrados e outros mistérios da religião. Portanto, essa forma é a mais elevada de todas e a mais forte, atuando sobre os espíritos por comando e poder; porém, deve-se observar que, assim como depois da Providência universal há uma particular, depois da alma universal existem almas particulares; assim, em primeiro lugar, invocamos pelos elos superiores e pelos nomes e poderes que regem as coisas, depois pelos inferiores e pelas próprias coisas. Devemos saber ainda mais: por meio desses elos, não apenas os espíritos, mas também todas as criaturas estão ligadas, como tempestades, queimaduras, inundações, pragas, doenças, forças armadas e todos os animais, e nós podemos chamá-los, seja por conjuração ou depreciação, ou bênção, como no encantamento de serpentes; e além do natural e do celestial, podemos estudar os mistérios da religião, da cura da serpente no paraíso terrestre, do levantamento da serpente no deserto; e, da mesma forma, recitar aquele versículo do Salmo 91, *caminharás sobre a áspide e o basilisco, e pisará sobre o leão e o dragão.*

Capítulo XIX
Por Quais Meios Magistas e Necromantes Invocam as Almas dos Mortos

PELAS COISAS QUE já foram faladas, sabe-se que as almas após a morte ainda amam o corpo que deixaram, como fazem aquelas almas que desejam para seus corpos o devido sepultamento ou que deixaram seus corpos em função de uma morte violenta, e que ainda vagam próximas a seus cadáveres como um espírito perturbado e repulsivo, sendo, por assim dizer, atraídas por algo pelo qual têm afinidade; e elas, uma vez sendo conhecido o meio pelo qual, no passado, eram mantidas em união a seus corpos, podem ser facilmente chamadas e seduzidas por coisas como vapores, licores e sabores, e certas luzes artificiais podem também ser usadas, além de canções, sons ou algo semelhante, que afetem a harmonia imaginativa e espiritual da alma; as invocações sagradas e coisas análogas, que pertençam à religião, não devem ser negligenciadas, por causa da porção da alma racional que está acima da natureza.

A necromancia tem esse nome porque atua nos corpos dos mortos, dando respostas por meio dos fantasmas e das aparições dos mortos e dos espíritos subterrâneos, que são atraídos para os cadáveres por intermédio de certos encantos infernais e invocações diabólicas, por sacrifícios mortais, além de oblações perversas.

Existem duas espécies de necromancia: uma, pelo ressuscitar do cadáver, que não se pode realizar sem o uso de sangue; a outra é a psciomancia, na qual a evocação da sombra é suficiente. Para concluir, todos os experimentos são feitos com os cadáveres dos mortos, com o que for deles, como ossos e membros; pois há nessas coisas um poder espiritual que lhes é simpático: portanto, essas coisas facilmente atraem a descida de espíritos maus, por causa da semelhança e propriedade de cada familiar, por quem o necromante, fortalecido por sua ajuda, pode intervir sobre os humanos e sobre as coisas terrestres, e estimular lascívias ilícitas, causar sonhos, doenças, ódio e coisas semelhantes; ao necromante também podem ser conferidos os poderes da alma, os quais, por ainda estarem envolvidos por um espírito repulsivo e perturbado, vagam sobre seus corpos desprezados, podem fazer as mesmas coisas cometidas pelos espíritos maus; e, assim, ele descobre, pela experiência, que as almas ímpias e impuras, as quais foram violentamente arrancadas dos corpos de homens não expiados e anseiam por sepultamento, vagam ao redor dos cadáveres, sendo atraídas pela afinidade que lhes têm. As bruxas facilmente abusam delas para fazer feitiçaria, atraindo essas almas infelizes pela resistência existente nos seus corpos, ou pela utilização de algumas partes desses corpos, compelindo-as por seus encantos diabólicos, suplicando-lhes pelos cadáveres deformados espalhados pelos vastos campos e pelas sombras errantes daqueles que querem sepultamentos, e pelos fantasmas enviados de volta por *Aqueronte*, e pelos convidados do inferno, a quem a morte prematura precipitou no inferno, e pelos desejos horríveis dos demônios malditos e orgulhosos, vingadores da maldade. Contudo, aquele que puder verdadeiramente trazer as almas de volta a seus corpos, a princípio deverá saber qual é a natureza própria da alma, de onde ela saiu, com quantos grandes graus de perfeição ela é provida, com que inteligência ela é fortalecida, por qual propósito se difundiu naquele corpo, por qual harmonia ela está compactuando com ele, e que afinidade ele tem com Deus, com as inteligências, com os céus, com os elementos e com todas as outras coisas, cuja imagem e semelhança ele mantém, e, para concluir, por quais influências o corpo poderá ser unido novamente à alma para ser ressuscitado dos mortos. E uma vez que todas essas coisas requeridas não pertencem aos homens, mas a Deus, é somente Ele que as comunicará.

Capítulo XX
Dos Sonhos Proféticos

POR ESTE TIPO de sonho, denomino aquele se origina da união do espírito, da fantasia e do intelecto, ou pela iluminação da ação do intelecto que se encontra acima de nossas almas, ou pela verdadeira revelação de algum poder divino em uma mente silente e purificada; pois é por intermédio disso que nossa alma recebe oráculos verdadeiros e profecias em abundância. Nos sonhos, temos a impressão de que tanto fazemos perguntas como aprendemos a responder a elas; e, também, nos sonhos, muitas coisas duvidosas, muitas diretrizes, muitas coisas desconhecidas, indesejadas e nunca tentadas por nossas mentes são manifestadas a nós: e, além disso, aparece-nos a imagem mental de coisas dessabidas e de lugares desconhecidos; e imagens de homens, estejam eles vivos ou mortos, e coisas que estão por vir são preditas; e também coisas que aconteceram em outros tempos nos são reveladas, sobre as quais não sabíamos por nenhum relato. Tais sonhos não requisitam qualquer arte interpretativa, como aquelas das quais falamos antes, pertencentes à adivinhação, mas não à premonição; e acontece daqueles que têm sonhos, em sua maioria, não os compreender: pois ter sonhos é resultado da força da *imaginação*, mas compreendê-los é resultado da força do entendimento. Aqueles, portanto, cujo intelecto, estando oprimido por excessivos assuntos relacionados à carne e que se encontram em um sono morto, ou com seu poder imaginativo ou fantástico, ou espírito, tão embotado e não refinado, não podem receber o tipo de imagem que flui do intelecto superior; esse homem, afirmo, é totalmente incapaz de receber sonhos e de, por meio deles, profetizar.

Portanto, é necessário que aquele que deseja receber sonhos verdadeiros mantenha um espírito imaginativo puro e imperturbável e, assim, tornando-se digno do conhecimento e governado pela mente e pela compreensão; pois tal espírito, sendo o espelho mais claro de todas as imagens que fluem (em todos os lugares) de todas as coisas, é o mais adequado para profetizar.

Assim, quando nos encontramos sãos no corpo e não perturbados na mente, com nosso intelecto não embotado por comidas e bebidas, não entristecidos pela pobreza, não instigados pela luxúria, não incitados por qualquer vício, não estimulados pela cólera ou pela raiva, não sendo irreligiosos e com inclinações profanas, não dados à leviandade, não perdidos na embriaguez, mas, castamente, indo para a cama para adormecer; então, nossa alma pura e divina, estando livre de todos os males relacionados, e uma vez separada de todos os pensamentos prejudiciais, estando agora livre para o sonho, é dotada desse espírito divino como um instrumento, e recebe aqueles raios e imagens que são lançados para baixo, por assim dizer, irradiados pela Mente Divina para dentro de si mesma; e, como se fosse um espelho divinizado, a alma, mais correta e mais claramente, poderá contemplar de modo eficaz todas as coisas, mais do que se as investigasse pelo vulgar intelecto e pelo discurso da razão. A oportunidade proporcionada pela solidão noturna convida os poderes divinos a instruírem a alma e, do mesmo modo, quando a pessoa estiver desperta, ela será instruída pelo gênio que rege todas as suas ações.

Portanto, quem preservar seu espírito puro, seja pela meditação tranquila e religiosa, seja por uma dieta temperada e moderada de acordo com a natureza, deverá se preparar bastante e, por esse meio, tornar-se (em certo grau) divino e merecerá saber de todas as coisas. Porém, ao contrário, quem se enfraquecer com um espírito fantasioso não receberá visões perspícuas e distantes; e, mesmo tendo um vislumbre divino, em virtude de sua visão ter sido enfraquecida e prejudicada, a pessoa o julgará confuso e indistinto; do mesmo modo acontece quando somos derrotados pelo vinho e pela embriaguez, quando nosso espírito, uma vez oprimido por vapores nocivos (como uma água turva propicia a aparição de várias formas), é enganado e se torna embotado; portanto, para aqueles que irão receber oráculos por meio de sonhos, oráculos verdadeiros e corretos, eu aconselho a se absterem um dia inteiro de carne e três dias de vinho ou qualquer licor forte, e não beber nada além de água pura; pois os espíritos puros são partidários das mentes sóbrias e religiosas, conquanto que fogem daqueles que estão afogados na embriaguez e na saciedade. Embora os espíritos impuros muitas vezes confiram segredos notáveis àqueles que estão aparentemente obcecados pelo vinho ou por licores, apesar de tudo, tais mensagens devem ser desprezadas e evitadas.

No mais, existem quatro tipos de sonhos verdadeiros, quais sejam: o primeiro, *matutino*, isto é, entre dormir e acordar; o segundo, aquilo que se vê a respeito de outro; o terceiro, aquele cuja interpretação é mostrada ao próprio sonhador em visão noturna; e, por último, o quarto, aquele que se repete ao mesmo sonhador na visão noturna.

FIM DA PRIMEIRA PARTE

A PERFEIÇÃO E A CHAVE
DA
CABALA
ou
MAGIA CERIMONIAL
LIVRO II – PARTE II

Neste presente livro, chamado por nós de a Perfeição e a Chave de tudo o que foi escrito, damos-te toda a prática da Magia Cerimonial, mostrando o que deve ser feito a cada hora do dia; de modo que, ao ler o que escrevemos até agora, poderás aperfeiçoar pela experiência e pela prática o que até aqui contemplaste em teoria: pois, nesta Chave, verás, como que em um espelho, as funções distintas dos espíritos e como podes te comunicar com eles em todos os lugares, ocasiões e épocas.

Então, deves saber que os nomes dos presidentes inteligentes de cada um dos planetas são constituídos deste modo, ou seja, reunindo as letras dos números quando o corpo do planeta surgir no mundo, de acordo com a sucessão dos signos por meio dos vários graus e, além dos vários graus, a partir dos aspectos do próprio planeta, sendo que o cálculo deve ser feito a partir do grau do ascendente.

Da mesma forma são constituídos os nomes dos príncipes dos espíritos malignos, tomados sob todos os planetas dos presidentes em ordem retrógrada, sendo a projeção feita ao contrário da sucessão dos signos, desde o início da sétima casa. Ora, o nome da inteligência suprema e mais alta, que muitos supõem ser a alma do mundo, é coletado dos quatro pontos cardeais da imagem do mundo, segundo a forma já proferida; e, pela maneira oposta e contrária, nos quatro ângulos descendentes, conhece-se o nome do grande demônio ou espírito maligno.

Da mesma forma, deves entender os nomes dos grandes espíritos presidenciais que regem o ar, a partir dos quatro ângulos das casas sucessivas, para obter os nomes dos bons espíritos: o cálculo deve ser feito de acordo com a sucessão dos signos, começando do grau do ascendente; e, para se obter os nomes dos espíritos malignos, trabalha-se no sentido contrário.

Deves observar também que os nomes dos espíritos malignos são extraídos tanto dos nomes dos espíritos bons quanto dos maus: portanto, não obstante incluamos na tabela o nome de um espírito bom de segunda ordem, o nome do maligno será extraído da ordem dos *príncipes* e *governantes*; porém, caso incluamos na tabela o nome de um bom espírito de terceira ordem, ou o nome de um espírito maligno, um governante, não importando de qual modo eles forem extraídos, por essa tabela ou pela imagem celestial, os nomes que daí procederem serão os nomes dos espíritos malignos, os ministros da ordem inferior.

Além disso, deves ainda notar que sempre que incluímos nessa tabela os bons espíritos da segunda ordem, os nomes extraídos também serão de segunda ordem; e se sob eles extraímos o nome de um espírito maligno, ele será da ordem superior dos governantes. O mesmo ocorre caso incluamos o nome de um espírito maligno de ordem superior. Portanto, se incluirmos nessa tabela os nomes dos espíritos da terceira ordem, ou os nomes dos espíritos ministrantes, tanto dos bons como dos maus, os nomes extraídos serão os nomes dos espíritos ministrantes da ordem inferior.

Todavia, muitos magistas, homens cuja autoridade não é pequena, farão com que as tabelas desse tipo sejam estendidas às letras *latinas*; de modo que também pelas mesmas tabelas, a partir do nome de qualquer cargo ou efeito, pode ser encontrado o nome de qualquer espírito, seja ele bom ou maligno, da mesma forma como apresentado, tomando o nome do cargo ou do efeito na coluna de letras, em linha própria, sob sua própria estrela. Sobre essa prática, *Trismegistus* é um grande autor, que empregou esse tipo de cálculo com letras egípcias: não é também indevidamente que podem ser usadas as letras de outras línguas atribuídas aos signos; e, na verdade, ele é o mais conhecido dentre todos os homens que trataram a respeito de como obter os nomes dos espíritos.

Assim, a *força*, o *segredo* e o *poder*, na medida em que os nomes sagrados dos espíritos são verdadeira e corretamente revelados, estão na disposição das vogais que formam o nome de um espírito, e com as quais é constituído o nome verdadeiro e a palavra certa. Então, esta arte é aperfeiçoada e feita do seguinte modo. A princípio, devemos ter o cuidado de dispor as vogais das letras que são encontradas pelo cálculo da imagem celestial para encontrar os nomes dos espíritos da segunda ordem, presidentes e governantes: e isso, no caso dos bons espíritos, é feito dessa forma, considerando as estrelas que constituem e fazem as letras, colocando-as de acordo com sua ordem. Primeiro, subtraia o grau da 11ª casa do grau daquela estrela que está em primeiro lugar e, o que restar, projeta-o no grau do ascendente; e, onde o número terminar, estará a vogal da primeira letra.

Portanto, comece a calcular as vogais dessas letras conforme seu número e ordem, sendo que a vogal que estiver no lugar da estrela, que é a primeira na ordem, será a vogal atribuída à primeira letra; então, em seguida, encontrarás a parte da segunda letra, subtraindo o grau de uma estrela, que é a segunda em ordem, da primeira estrela, e o que restar deve ser projetado no ascendente. E essa é a parte onde deves começar o cálculo das vogais, e aquela vogal que estiver sobre a segunda estrela é a mesma vogal da segunda letra: e, assim, consequentemente, poderás pesquisar as vogais das letras seguintes, sempre subtraindo o grau da estrela seguinte do grau da estrela imediatamente anterior e prévio. Da mesma forma, todos os cálculos e numerações dos nomes dos bons espíritos devem ser feitos conforme a sucessão dos signos. Além disso, quanto ao cálculo dos nomes dos espíritos malignos, enquanto os nomes dos espíritos bons são tirados do grau da 11ª casa, naqueles deve ser tomado o grau da 12ª casa. E todas as numerações e cálculos podem ser feitos com a sucessão dos signos, tomando o início a partir do grau da décima casa.

Todavia, em todas as extrações feitas a partir de tabelas, as vogais são colocadas de outro modo. Inicialmente, toma-se o número de letras necessárias para compor o nome, propriamente dito, e assim ele é numerado desde o início da coluna da primeira letra ou de onde o nome for extraído; e a letra em que esse número estiver, considerada a primeira letra do nome extraído, distanciará um do outro, de acordo com a ordem do alfabeto. Porém, o número dessa distância é projetado desde o início dessa coluna, e onde ela terminar será a parte da primeira vogal; a partir daí, calcularás as próprias vogais, conforme seu próprio número e ordem na mesma coluna; e a vogal que incidir sobre a primeira letra de um nome será atribuída a esse nome.

Depois, encontrarás as demais vogais tomando a distância da vogal precedente à seguinte e, consequentemente, conforme a sucessão do alfabeto; além disso, o número daquela distância deve ser contado a partir do início de sua própria coluna e, onde ele cessar, será o local da vogal procurada. Portanto, a partir daí deves calcular as vogais, como dissemos, e as vogais que estiverem sobre suas próprias letras deverão ser atribuídas a elas. Assim, se qualquer vogal por acaso estiver sobre uma vogal, a primeira deverá dar lugar à segunda: e isso deves entender apenas quando for relacionado aos bons espíritos. Quanto aos espíritos malignos, poderás proceder da mesma maneira, exceto apenas quanto às numerações, que devem ser feitas numa ordem contrária e regressiva, contrária à sucessão do alfabeto, ou seja, à ordem ascendente das colunas.

O nome de anjos bons e de todo homem, conforme a forma pela qual ensinamos como descobrir, não é de pouca autoridade nem tem um fraco fundamento. Porém, agora, por razões que não são vãs, vamos te dar alguns outros modos. Um dos quais é, a partir da hora do nascimento, identificar as cinco posições de Hyleg, sendo observado que os caracteres das letras são projetados em sua ordem e número, começando em Áries, e as letras que caírem sobre os graus das citadas posições, apresentadas segundo sua ordem, dignidade e aspecto, formam o nome de um anjo.

Há também outra maneira, quando eles usam o *Almutel*, que é o astro regente e governante das citadas cinco posições, e fazem a projeção a partir do grau do ascendente; depois, reúnem-se as letras que caem sobre Almutel, as quais são postas em ordem, conforme a sua dignidade, formando assim o nome de um anjo. Da mesma forma, há outro modo, muito utilizado na observação dos egípcios, em que se fazem cálculos a partir do grau do ascendente para depois reunir as letras de acordo com o Almutel da 11ª casa, chamada por eles de demônio bom; assim, sendo as letras dispostas de acordo com suas dignidades, constituem-se os nomes dos anjos.

Ora, os nomes dos anjos malignos se tornam conhecidos do mesmo jeito, exceto apenas que as projeções devem ser realizadas ao contrário do curso e da ordem da sucessão dos signos; de modo que, ao buscar os nomes de bons espíritos, devemos calcular a partir do início de *Áries*; e, ao contrário, para obter os nomes dos maus, devemos prestar contas desde o início de *Libra*. Da mesma forma, nos bons espíritos, numeramos a partir do grau do ascendente; quanto aos maus, pelo contrário, devemos calcular a partir do grau da cúspide da sétima casa.

Contudo, de acordo com os egípcios, o nome do anjo é obtido conforme o Almutel da 12ª casa, que eles chamam de espírito maligno. Então, todos aqueles ritos, já apresentados por nós em outro lugar deste Livro, podem ser feitos pelos caracteres de qualquer idioma. Em todos eles (como já dissemos) há um número, uma ordem e uma figura mística e divina, o que faz com que o mesmo espírito possa ser chamado por vários nomes; enquanto outros são descobertos a partir do nome do próprio espírito, do bem ou do mal, formados pelas tabelas para essa finalidade.

Então, os sigilos celestiais consistem em linhas e cabeças. As cabeças são seis, de acordo com as seis magnitudes das estrelas, e em seis é reduzido o número de planetas. A primeira magnitude tem uma estrela com o Sol ou uma cruz; a segunda, com Júpiter, um ponto circular; a terceira, com Saturno, um semicírculo, um triângulo ou uma linha tortuosa, curvilínea ou aguda; a quarta, com Marte, uma pequena pincelada penetrando na linha, quadrada, reta ou oblíqua; a quinta, com Vênus e Mercúrio, uma pequena marca ou ponto com cauda para cima ou para baixo; a sexta, com a Lua, um ponto preto, sendo que tudo isso pode ser visto na ilustração a seguir. As cabeças estão posicionadas conforme a localização das estrelas do mapa do céu e, então, as linhas devem ser traçadas segundo a congruência ou concordância entre suas naturezas. É isso que deves compreender a respeito das estrelas fixas. Porém, ao preparar os planetas, as linhas devem ser traçadas com as cabeças sendo postas conforme seu curso e natureza entre eles. Ver nº 1 na ilustração indicada.

Assim, quando um sigilo, de qualquer imagem celestial que ascende em qualquer grau ou fase de um signo, for encontrado, ele consistirá em estrelas da mesma magnitude e natureza, sendo então a posição dessas estrelas de acordo com seu lugar e ordem, bem como as linhas traçadas à semelhança da imagem, tão detalhadamente quanto possível.

Porém, os sigilos que são extraídos conforme o nome de um espírito são compostos pela tabela seguinte, dando-se para cada letra aquele nome da tabela que estiver em concordância com o espírito; embora isso possa parecer fácil para aqueles que entenderam, ainda assim, não há pouca dificuldade em saber quando a letra de um nome cai sobre a linha de letras ou de figuras, de modo que saibamos qual figura ou qual letra deve ser usada. Portanto, deve ser entendido que se uma letra cair sobre uma linha de letras, é avaliado se o número dessa letra é a segunda ou a terceira na ordem do nome; então, vê-se quantas letras aquele nome tem, se cinco ou sete; depois, multiplicam-se esses números um após o outro por eles mesmos, triplicando o produto; em seguida, põe o total (sendo somados juntos) a partir do início das letras de acordo com a sucessão do alfabeto; então, a letra sobre a qual esse número cair deve ser colocada no sigilo desse espírito. Todavia, caso qualquer letra de um nome caia sobre a linha de figuras, é assim que se deve proceder: na ordem do nome, pega o número da posição de onde a letra estiver e que ele seja multiplicado pelo número da posição dessa letra na ordem do alfabeto; depois, sendo somados juntos, divide-o por nove e o restante mostrará a figura ou número, geométrico ou aritmético, a ser colocado no sigilo, número este que não deve ser maior do que nove ou nove anjos. Ver nº 2 na ilustração seguinte.

Porém, os sigilos que são percebidos por intermédio das revelações dos espíritos extraem daí a sua virtude, porque eles são, por assim dizer, determinados selos ocultos, criados em harmonia com alguma divindade: ou são signos de uma aliança feita, ou de uma promessa ou de um compromisso de fé, ou de uma obediência. Tais sigilos não podem ser descobertos por qualquer outro meio.

Além desses sigilos, existem certas figuras e imagens familiares de espíritos malignos sob formas que costumam aparecer e obedecer a quem os invoca. E todos esses sigilos e imagens podem ser vistos nas considerações dos negócios de cada dia, conforme indicado pelas letras que constituem os nomes dos próprios espíritos; de modo que, se em qualquer letra for encontrado mais do que o nome de um espírito, sua imagem terá a preeminência, enquanto os outros comunicarão suas próprias ordens; assim, aos que são de primeira ordem, a eles é atribuída a cabeça, a parte superior do corpo, de acordo com sua própria figura; os mais baixos possuem coxas e pés; e, da mesma forma, as letras do meio atribuem a si mesmas as partes do meio do corpo, para dar as partes que se encaixam; mas, se houver alguma contrariedade, aquela letra que é a mais forte em número prevalecerá; e, se são iguais, todos comunicam coisas semelhantes. Além disso, caso algum nome obtiver qualquer sigilo ou instrumento notável fora da mesa, ele também terá o mesmo sigilo na imagem.

Podemos também chegar ao conhecimento das dignidades dos espíritos malignos pelas mesmas tabelas de sigilos e imagens: pois qualquer que seja o espírito sobre o qual caia qualquer signo ou instrumento superior fora da tabela de sigilos, ele terá essa dignidade. No caso de haver uma coroa, isso mostra uma dignidade real; se houver um penacho ou uma pluma, indicará um ducado; se for um chifre, um condado: porém, se no lugar destes houver um cetro, uma espada ou um instrumento bifurcado, mostrará comando e autoridade. Da mesma forma, fora da tabela de imagens deves encontrar aqueles que trazem a principal dignidade real: da coroa vem a dignidade; dos instrumentos, vêm comando e autoridade.

Por último, aqueles que têm forma e figura humanas possuem uma dignidade maior do que aqueles que aparecem sob as formas e imagens de animais. Igualmente, os que cavalgam superam os que aparecem a pé. Assim, conforme todas as suas combinações, poderás julgar a dignidade e a excelência dos espíritos, um após o outro. Além disso, deves entender que os espíritos da ordem inferior, qualquer que seja a dignidade que possuam, estão sempre sujeitos aos espíritos da ordem superior; da mesma forma, não é incongruente que seus reis e duques sejam súditos e ministros dos presidentes da ordem superior.

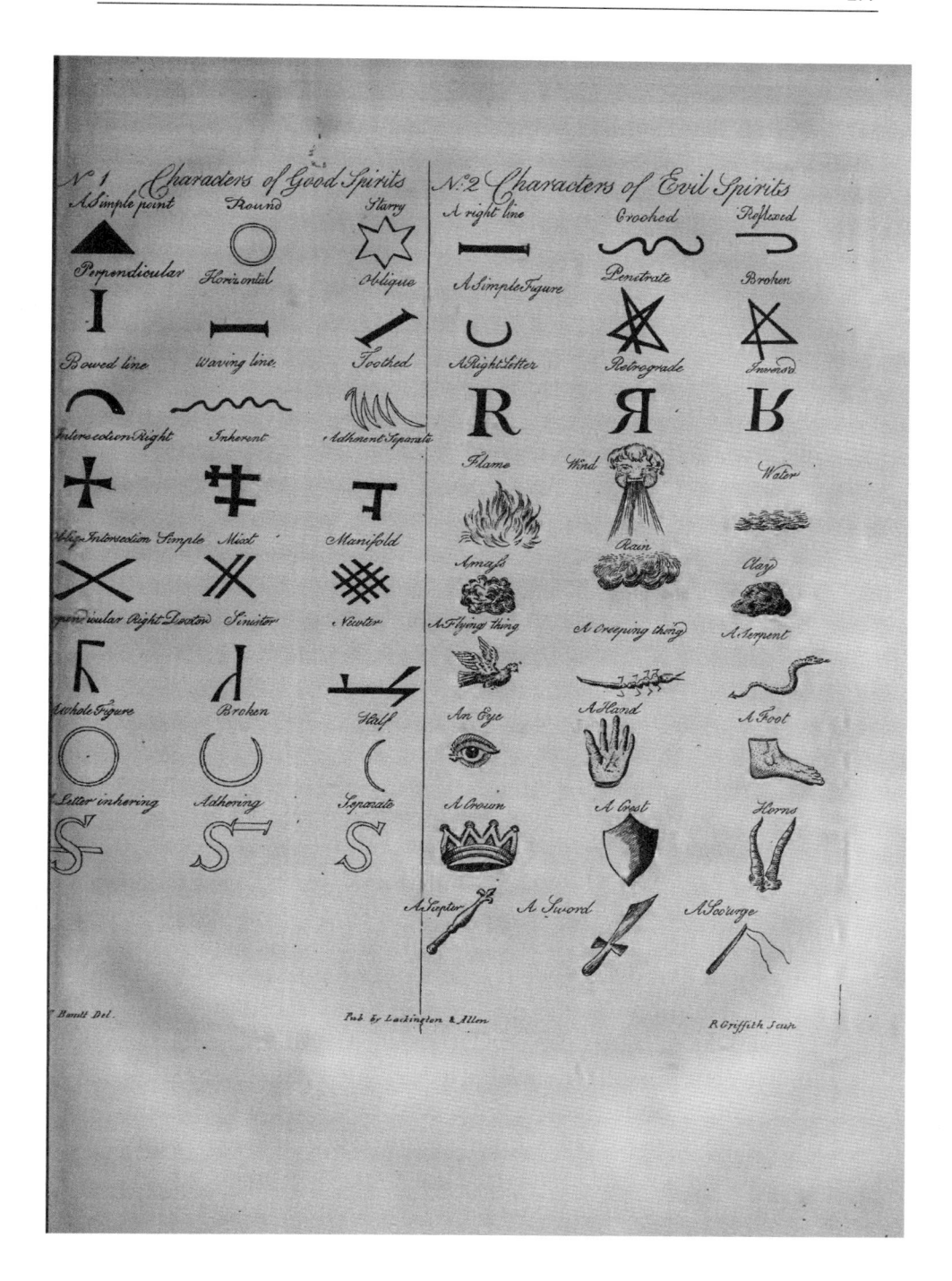

Dos Pentáculos Mágicos e Sua Composição

PASSAREMOS A FALAR agora sobre os Pentáculos e Selos santos e sagrados. Então, esses pentáculos são certos signos e sigilos sagrados que nos preservam dos riscos e dos eventos malignos, ajudando-nos e nos auxiliando a amarrar, exterminar e expulsar os espíritos malignos, atraindo os bons espíritos, fazendo-os se reconciliarem conosco. Esses pentáculos consistem em sigilos de bons espíritos da ordem superior, ou em imagens sagradas de letras santas ou em revelações, com versículos adequados e próprios, que são compostos de figuras geométricas e nomes sagrados de Deus, conforme o jeito e o modo próprios de vários deles, ou eles são compostos por tudo isso ou misturados com muito disso. Os sigilos que nos são úteis para compor e fazer os pentáculos são os sigilos dos bons Espíritos, principalmente dos bons Espíritos da primeira e da segunda ordem, e, às vezes, da terceira ordem. Esses tipos de sigilos são especialmente chamados de santos.

Quaisquer que sejam os sigilos desse tipo a serem instituídos, devemos traçar ao redor deles um círculo duplo, no qual inscrevemos o nome de seu anjo; e, caso adicionemos algum nome divino correspondente a seu espírito e ofício, o sigilo contará com maiores força e eficácia; e, caso desenhemos sobre ele qualquer figura angular, de acordo com a maneira de seus números, teremos o mesmo efeito. Ademais, as imagens sagradas que formam os pentáculos são aquelas que nos são entregues em vários lugares pelos profetas nas Escrituras sagradas, tanto no Antigo como no Novo Testamento, até mesmo aquela figura da serpente pendurada na cruz, além de diversas outras; e muitas delas podem ser encontradas nas visões dos profetas, como em *Isaías*, *Daniel*, *Esdras* e os demais, e, da mesma forma, elas são encontradas nas revelações do *Apocalipse*. Já havíamos falado delas em nossa Primeira Parte, em que mencionamos coisas sagradas; então, onde qualquer imagem for posta sobre qualquer uma dessas imagens sagradas, que o círculo seja desenhado em torno dos lados dela; e que seja inscrito nelas algum nome divino adequado e em conformidade ao efeito daquela figura, ou, então, pode ser escrito ao redor algum versículo retirado de parte do corpo da Sagrada Escritura, o que poderá certificar ou depreciar o efeito desejado.

Caso um pentáculo seja feito para se obter uma vitória ou vingança contra os inimigos, tanto os visíveis quanto os invisíveis, a figura pode ser retirada do Segundo livro dos *Macabeus*, a saber, uma mão segurando uma espada de ouro desembainhada, sobre a qual deve estar escrito o versículo ali contido, ou seja, *tomar a espada sagrada, o dom de Deus, com a qual matarás os adversários do meu povo de Israel.* Ou, então, também pode ser escrito um versículo do quinto Salmo; *nisto está a força do teu braço: diante deles há a morte;* ou algum outro versículo semelhante. Porém, caso escrevas um nome divino sobre a figura, então usa algum nome que signifique medo; uma espada, ira, a vingança de Deus ou algum nome semelhante congruente e de acordo com o efeito desejado. E, caso seja inscrito numa figura angular qualquer, que seja tomado segundo a regra dos números, como ensinamos onde tratamos de números e operações semelhantes. Desse tipo, há dois pentáculos que possuem virtude sublime e grande poder, muito úteis e necessários para serem usados na consagração de experimentos e de espíritos; um dos quais aparece no primeiro capítulo do Apocalipse, a saber, como lá é descrito, uma figura da majestade de Deus sentada num trono, tendo em sua boca uma espada de dois gumes, figura sobre a qual está escrito: "Eu sou o Alfa e o Ômega, o Princípio e o Fim, que é, e que foi, e que está de vir a ser, o Todo-Poderoso. Eu sou o Primeiro e o Último, que estou vivendo, e que foi morto, e eis que vivo para todo o sempre; e tenho as chaves da morte e do inferno". Então, serão escritos sobre isso estes três versículos:

Munda Deus virtuti tuae, etc. – *Dá a ordem, ó Deus, por tua força; confirma, ó Deus, a tua força em nós. Que eles sejam como pó diante do vento, e o anjo do Senhor os espalhe. Que todos os caminhos deles sejam trevosos e incertos; e o anjo do Senhor os persiga.*

Além disso, que sejam escritos sobre ele os dez nomes gerais, que são: *El, Elohim, Elohe, Zebaoth, Elion, Escerchie, Adonay, Jah, Tetragrammaton, Saday.*

Há outro pentáculo cuja figura é como um *cordeiro morto, tendo sete olhos e sete chifres; e sob seus pés existe um livro selado com sete selos,* assim como aparece no quinto capítulo do Apocalipse. Ao redor dele, que seja escrito este versículo: *eis que o leão venceu, da tribo de Judá, da linhagem de Davi. Vou abrir o livro e desatar os sete selos*. E, também, outro versículo: *eu vi Satanás cair do céu como um raio. Eis que te dei poder para pisar em serpentes e escorpiões, e sobre todo o poder de teus inimigos, e nada poderá te machucar.* E que também sejam escritos sobre ele os dez nomes gerais conforme mencionado.

Não obstante, aqueles pentáculos, feitos com figuras e nomes, devem manter esta ordenação; pois quando qualquer figura for colocada em conformidade a qualquer número para produzir determinado efeito ou causar uma virtude, deve ser escrito nela, em todos os seus ângulos, algum nome divino para obter a força e a eficácia da coisa desejada; ainda assim, o nome deve possuir tantas letras quanto for preciso para a figura constituir um número; ou o nome deve ter tantas letras de modo que, juntas entre si, poderão formar o número de uma figura; ou por qualquer número que possa ser dividido sem qualquer excesso ou resto. Assim, tal nome sendo uma vez encontrado, seja apenas um, sejam vários nomes, que ele seja escrito em todos os diversos ângulos na figura; porém, no meio da figura, que o nome seja posto de modo totalmente circular ou, pelo menos, a parte principal dele.

Da mesma forma, constituímos pentáculos ao fazer o desenvolvimento de algum tipo de nome em uma tabela quadrangular, ao desenhar sobre ela um círculo único ou duplo, inscrevendo nela algum versículo sagrado apropriado e condizente com esse nome ou versículo do qual esse nome foi extraído. Esse é o modo de se fazer pentáculos de acordo com suas várias formas e estilos distintos; e também podemos, caso queiramos, multiplicá-los ou combiná-los entre si, de modo que possamos trabalhar a maior eficácia deles, estendendo e ampliando sua força e virtude.

Por exemplo, se uma exortação fosse feita para a derrocada e a destruição dos inimigos de alguém, devemos ter em mente e nos relembrar de como Deus destruiu a superfície de toda a terra durante o dilúvio das águas, e da destruição de *Sodoma* e *Gomorra* por meio da chuva de fogo e de enxofre; e, da mesma forma, de como Deus derrotou o Faraó e sua tropa no Mar Vermelho; e nos lembrar se alguma outra maldição ou calamidade pode ser encontrada nas Escrituras Sagradas. E nos lembrarmos de outras coisas semelhantes. Da mesma forma, ao exortar e orar contra os riscos e perigos das águas, devemos nos recordar da salvação de Noé no dilúvio das águas, da passagem dos filhos de Israel pelo Mar Vermelho e, também, de como Cristo andou sobre as águas e de como salvou o navio em perigo de ser naufragado por causa da tempestade; e de como comandou os ventos e as ondas, e como eles lhe obedeceram; e, também, de que ele tirou Pedro da água, correndo o risco de se afogar, e coisas semelhantes. E, finalmente, junto a essas lembranças, invocamos e clamamos alguns determinados nomes sagrados de Deus; a saber, aqueles que forem significativos para realizar nosso desejo e estiverem em conformidade com o efeito desejado. Assim, para derrotar inimigos, devemos invocar e clamar os nomes de *ira, vingança, medo, justiça* e *fortaleza* de Deus; e, se quisermos evitar e escapar de qualquer mal ou perigo, então invocamos os nomes de misericórdia, defesa, salvação, fortaleza, bondade e outros semelhantes de Deus. Quando, da mesma forma, oramos a Deus para que Ele nos conceda nossos desejos, devemos igualmente mesclar a oração com o nome de algum espírito bom, seja apenas um, sejam mais espíritos, cuja função é realizar nossos desejos; e, às vezes, também pedimos a algum espírito maligno que atue no sentido de restringir ou obrigar, cujo nome também nós misturamos à oração, e isso corretamente, em especial se for para executar qualquer obra maligna, como *vingança, punição* ou *destruição*.

Além disso, se houver algum versículo, nos Salmos ou em qualquer outra parte da Sagrada Escritura, que pareça congruente e em conformidade com nosso desejo, esse versículo deve ser entremeado às nossas orações. Agora, depois que a oração for feita a Deus, é conveniente fazer em seguida uma oração àquele algoz, o qual, em nossa oração anterior a Deus, desejamos que fosse nosso intermediário, seja ele um ou mais de um, seja ele um anjo, ou estrela, ou alma, ou qualquer um dos anjos nobres. Porém, esse tipo de oração deve ser feito conforme as regras que apresentamos na primeira parte de nosso trabalho, em que tratamos da composição dos encantamentos, etc.

Podes saber ainda que esses vínculos são de três tipos diferentes: o primeiro vínculo ocorre quando conjuramos por meio de coisas naturais; o segundo é composto de mistérios religiosos, como sacramentos, milagres e coisas desse tipo; e o terceiro é constituído por nomes divinos e selos sagrados. Com esses tipos de vínculos podemos assujeitar não apenas os espíritos, mas também outras criaturas e o que quer que seja, como *animais, tempestades, incêndios, inundações* e a *força* e o *poder das armas*. Também realizamos esses citados vínculos não só pela conjuração, mas, às vezes, também por intermédio da exortação e bendição. Além disso, se alguma for considerada conveniente, acrescentar uma sentença da Sagrada Escritura auxilia bastante na obtenção de nosso propósito; por exemplo, na conjuração de serpentes, enquanto tiveres em mente a maldição da serpente no paraíso terrestre e a criação da serpente na região inóspita, além disso, acrescenta aquele versículo: *tu pisarás na áspide e no basilisco*, etc. A superstição também importa bastante aqui, pois, pela interpretação de alguns ritos sacramentais, como os ritos de excomunhão, de sepultamento, fúnebres, exéquias e semelhantes, podemos fazer o vínculo com aquilo que pretendemos impedir.

Da Consagração de Todos os Instrumentos e Materiais Mágicos Usados Nesta Arte

A VIRTUDE DAS consagrações consiste, principalmente, em duas coisas, a saber, o poder da pessoa que consagra e a virtude da oração pela qual a consagração é feita.

Assim, da pessoa que consagra requer-se firmeza, constância e santidade de vida; e que a própria pessoa que consagra deve, com uma fé firme e indubitável, acreditar na virtude, no Poder e no efeito da consagração.

Depois, a oração com a qual a consagração for feita deve ser derivada de sua virtude ou ser de inspiração divina ou, então, deve ser composta por variadas passagens das Sagradas Escrituras, as quais enalteçam alguns dos maravilhosos milagres de Deus, efeitos, promessas, sacramentos e coisas sacramentais, dos quais temos em abundância nos textos santos.

Da mesma forma, deve ser usada a invocação de nomes divinos significativos ao trabalho a ser executado; e, igualmente, fazem-se uma santificação e expiação, realizadas por água benta borrifada, unções com óleo sagrado e sufumigações aromáticas. Portanto, em cada consagração geralmente se usam uma bênção e a consagração de água, terra, óleo, fogo e sufumigações, etc., sempre com lâmpadas de cera consagradas e acesas pois, sem luzes, nenhuma consagração é devidamente feita. Assim, deves observar particularmente o seguinte: que quando qualquer coisa (a qual

chamamos de profana) tiver de ser usada, na qual houver qualquer conta-
minação ou mácula, ela deverá, antes de tudo, ser purificada por um *Exor-*
cismo composto exclusivamente para esse propósito, que deve anteceder
a consagração; pois tais coisas, estando assim, puras, estarão mais aptas a
receber as influências da virtude divina. Devemos também observar que
ao final de qualquer consagração, depois que a oração for corretamente
realizada, como mencionamos, o operador, com a mente séria e atenta,
deverá abençoar aquilo que foi consagrado, declamando alguma sentença
com virtude e poder divinos, sentença essa que faz parte da presente consagração, como um enaltecimento de sua virtude e autoridade, para que
assim o trabalho seja mais devidamente finalizado. Agora, irei citar aqui
alguns exemplos, pelos quais poderá ser traçado um caminho à inteira
perfeição disso.

A Consagração da ÁGUA

ENTÃO, À CONSAGRAÇÃO da água, devemos glorificar que Deus
pôs o firmamento no meio das águas e, da mesma forma, que Deus pôs
a fonte das águas no paraíso terrestre, de onde surgiram os quatro rios
sagrados que irrigaram toda a terra; igualmente, devemos relembrar que
Deus fez com que as águas fossem um instrumento de sua justiça quando da destruição dos gigantes, trazendo o dilúvio que cobriu a superfície
de toda a terra; e na derrocada do exército do faraó no Mar Vermelho,
Deus conduziu os filhos de Israel pela terra seca e pelo leito do Rio Jordão e, da mesma maneira, ele milagrosamente fez minar água da rocha
sólida no deserto; pela oração de Sansão, Ele fez com que a água fluísse
da ossada da mandíbula de um asno; e, da mesma forma, Deus fez da
água o instrumento de sua misericórdia e salvação para a expiação do
pecado original; e, também, Cristo foi batizado no Rio Jordão, e, com
isso, suas águas foram santificadas e purificadas. Igualmente, certos nomes divinos devem ser invocados, aqueles que forem desses tipos e estiverem em conformidade com a ideia de que Deus é uma fonte viva, de
água viva e a fonte da misericórdia.

A Consagração do FOGO

E, DA MESMA FORMA, para a consagração do fogo, devemos glorificar Deus, que criou o fogo para ser um instrumento para executar
sua justiça, para punição, vingança e expiação dos pecados; também,

quando Deus vier para julgar o mundo, ordenará que uma conflagração de fogo siga adiante d'Ele; igualmente, devemos mencionar
que Deus apareceu a Moisés em uma sarça ardente; e, também, como
Ele seguiu na frente dos filhos de Israel em uma Coluna de Fogo; e
que nada pode ser devidamente oferecido, santificado ou sacrificado
sem fogo; e como Deus instituiu o fogo para ser mantido continuamente aceso no tabernáculo da aliança; e quão milagrosamente Ele
reacendeu o fogo, quando fora extinto, preservando-o em outro lugar, escondido sob as águas, e coisas desse tipo; e, da mesma forma,
os nomes de Deus devem ser invocados, aqueles que estiverem em
consonância com isso; conforme lemos, na lei e nos profetas, que
Deus é um fogo consumidor; e, também, se houver nomes divinos
que significam fogo, como a glória de Deus, a luz de Deus, o esplendor e brilho de Deus, etc.

A Consagração do ÓLEO

E, DA MESMA FORMA, na consagração do óleo e de perfumes,
devemos mencionar as coisas que estão em consonância com esse
propósito, como o óleo da sagrada unção mencionado em Êxodo,
além de nomes divinos significativos para ele; tal como é o nome de
Cristo, que significa *ungido*; e quaisquer que sejam os mistérios relativos ao óleo presentes nas Escrituras, como as duas oliveiras desti-
lando óleo sagrado para as lâmpadas que queimam diante da face de
Deus, mencionadas no Apocalipse.

Da Bendição de LUZES, LÂMPADAS, CERA, etc.

E, DA MESMA FORMA, a bendição de luzes, lâmpadas, cera, etc.
é retirada do fogo, e tudo o que contém a substância da chama, e
quaisquer semelhanças estão nos mistérios, como os sete castiçais
que queimam diante da face de Deus.

Assim, demos aqui a maneira de se compor as consagrações, as
quais, em primeiro lugar, são necessárias para serem usadas em todo
tipo de cerimônia e devem preceder todo experimento ou trabalho,
sem as quais nada nos ritos mágicos pode ser devidamente realizado.

Em seguida, mostraremos a consagração de *lugares*, de *instrumentos* e de coisas semelhantes.

A Consagração de LUGARES, TERRENO, CÍRCULO, etc.

ASSIM, QUANDO DESEJARES consagrar qualquer lugar ou círculo, deverás escolher a oração de Salomão usada na dedicação e consagração do templo; do mesmo modo, deverás abençoar o lugar borrifando-o com água benta e fazendo sufumigações, celebrando os mistérios sagrados da bendição, tal como ocorreu na santificação do trono de Deus, do Monte Sinai, do tabernáculo da aliança, do Santo dos Santos, do templo de Jerusalém; e, também, na santificação do Monte Gólgota, pela crucificação de Cristo; na santificação do templo de Cristo; do Monte Tabor, pela transfiguração e ascensão de Cristo, etc. E fazer tudo invocando os nomes divinos que forem significativos para isso, tais como o lugar de Deus, o trono de Deus, a cadeira de Deus, o tabernáculo de Deus, o altar de Deus, a habitação de Deus, e nomes divinos semelhantes, que devem ser escritos sobre o círculo ou lugar a ser consagrado.

Além disso, na consagração de instrumentos e de todas as outras coisas usadas nesta arte, deverás proceder da mesma maneira, por aspersão de água benta neles, por fumigação, por unção com óleo sagrado, selando-os com algum selo sagrado, abençoando-os com oração e celebrando as coisas santas das Sagradas Escrituras, reunindo nomes divinos que são favoráveis às coisas a serem consagradas; por exemplo, na consagração da espada, devemos nos lembrar da passagem do Evangelho que diz: "aquele que tem duas túnicas", etc.; e de que no segundo livro dos Macabeus é dito que uma espada foi divina e milagrosamente enviada a *Judas Macabeu*; e, no caso de existir algo semelhante nos profetas, como "tomai espadas de dois gumes", etc. E também deves, da mesma forma, consagrar experimentos e livros, e qualquer coisa de natureza semelhante, como escritos, imagens, etc., borrifando, perfumando, ungindo, selando, abençoando, e tudo com celebrações santas, relembrando a santificação dos mistérios, como a tábua dos dez mandamentos que foram entregues a Moisés por Deus no Monte Sinai, a santificação do Antigo e do Novo Testamentos, e também da lei, dos profetas e das Escrituras que foram promulgadas pelo Espírito Santo; e, novamente, devem ser mencionados os nomes divinos que estejam em conformidade com isso, quais sejam, com o testamento de Deus, com o livro de Deus, com o livro da vida, com o conhecimento de Deus, com a sabedoria de Deus, e assim por diante. E com ritos tais como esses que é realizada a consagração pessoal.

Além desses, existe outro rito de consagração de grande poder e eficácia, o qual é um dos tipos de superstição, a saber, quando o rito de consagração ou o resultado de qualquer sacramento feito na igreja é transferido para aquela coisa que nós consagraríamos.

Deve-se ainda ser observado que *juramentos, oblações* e *sacrifícios* também têm o poder de consagração, tanto real quanto pessoal; e eles são, por assim dizer, certos acordos entre aqueles nomes com os quais são feitos e nós que os fazemos, e estão fortemente apegados ao nosso desejo e efeitos pretendidos, como quando sacrificamos certos nomes ou coisas, como fumigações, unções, anéis, imagens, espelhos, bem como algumas outras coisas menos materiais, como sigilos, selos, pentáculos, encantamentos, orações, imagens, Escrituras, das quais falamos amplamente antes.

Da Invocação de ESPÍRITOS MALIGNOS, do Vínculo Deles e de como Forçá-los a Aparecerem

Agora, caso desejes vincular quaisquer espíritos a uma pronta obediência a ti, nós mostraremos como confeccionar um determinado livro pelo qual eles poderão ser invocados; e esse livro deve ser consagrado como um livro de Espíritos do Mal, cerimoniosamente composto pelo nome e pela ordem deles, sendo que a pronta e presente obediência do espírito estará vinculada a um certo juramento sagrado. Então, esse livro deve ser feito do papel mais puro e limpo, que geralmente é chamado de papel virgem; e nesse livro deve ser inscrito o seguinte: que seja desenhada no lado esquerdo do livro a imagem do espírito e, no lado direito deste, seu sigilo, com o juramento acima, contendo o nome do espírito, sua dignidade e lugar, com seu ofício e poder. Todavia, muitos magistas confeccionam esse livro de outra forma, omitindo os sigilos e as imagens; porém, acho que é muito mais eficaz não negligenciar nada do que foi mencionado.

Igualmente, devem ser observadas as circunstâncias dos lugares, das épocas, das horas, conforme as estrelas sob as quais esses espíritos estão e com as quais parecem concordar, usando também a situação, o rito e a ordem.

Sendo uma vez assim escrito, esse livro deve ser bem encadernado, adornado, guarnecido, embelezado e mantido em segurança, com registros e selos, para que não aconteça, após a consagração, de ele ser aberto em alguma parte não proposital, colocando em perigo o operador. E, acima de tudo, que esse livro seja mantido tão puro e tão reverentemente quanto possível; pois a mácula e a profanação causadas pela irreverência da mente farão com que ele perca sua virtude.

Agora, esse livro sagrado, sendo assim elaborado de acordo com forma e com a maneira dadas por nós aqui, deve ser consagrado de dois modos; primeiro, que todo e qualquer um dos espíritos que estiverem presentes no livro sejam chamados ao círculo, segundo os ritos mágicos que ensinamos antes, e que o livro a ser consagrado seja colocado em um triângulo no lado de fora do círculo; então, lê, na presença dos espíritos, todos os juramentos que estiverem inseridos e escritos naquele livro; então, com o livro a ser consagrado já colocado em um triângulo desenhado fora do círculo, deve-se obrigar todos os espíritos a impor suas mãos sobre suas imagens e sigilos ali desenhados, confirmando e consagrando o livro com um juramento especial. Feito isso, que o livro seja fechado e preservado como dissemos antes e, em seguida, autoriza os espíritos a partirem devidamente, de acordo com o rito e a ordem mágica.

Existe ainda outro método preservado entre nós para consagrar um livro geral de espíritos, método esse que, embora mais fácil, possui tanta eficácia para produzir todos os efeitos quanto os demais, a não ser pelo fato de que, ao abrir esse livro, os espíritos nem sempre nos são visíveis. Este método consiste no seguinte: que um livro de espíritos seja feito de acordo com o que foi mostrado anteriormente, porém, ao final, depois de escrever as invocações, os encantos e as fortes conjurações com os quais todo espírito pode ser ali vinculado, amarra esse livro entre dois lamês ou duas tábuas e, no seu interior destes, desenha, ou deixa que alguém desenhe, dois pentáculos sagrados da Majestade divina do Apocalipse, aqui já apresentada. Então, que o primeiro daqueles seja colocado no início do livro e o outro em seu final.

Sendo esse livro assim confeccionado, que ele seja levado, em uma noite clara e bela, a um círculo preparado em um encruzilhada, conforme a arte aqui já mostrada, e, nesse círculo, em primeiro lugar, que o livro seja aberto e consagrado segundo os ritos e as maneiras aqui já descritos no que tange à consagração e, depois, que sejam chamados todos os espíritos que estão inscritos no livro, de acordo com sua própria ordem e lugar, conjurando-os três vezes pelos encantamentos presentes no livro para que venham àquele lugar dentro de três dias, assegurando e confirmando a obediência deles ao livro a ser consagrado. Em seguida, que o livro seja embrulhado em um pano de linho limpo e enterrado no meio do círculo, e que um buraco seja fechado para que não seja percebido ou descoberto: então, o círculo deve ser destruído após os espíritos terem sido dispensados por ti, que deves partir antes do nascer do Sol; e, no terceiro dia, por volta da meia-noite, volta ali e faze o círculo novamente e, de joelhos, ora a Deus e dá graças a Ele, e que um perfume precioso tenha sido feito para a ocasião e, então, abra o buraco em que enterraste o teu livro e o retira dali, para que assim fique guardado, sem ser aberto. Então, depois de dispensar em ordem os espíritos e destruir o círculo, parta antes do nascer do Sol. E este é o derradeiro rito e modo de se consagrar, proveitoso para quaisquer escritos, experimentos, etc., usados para dirigir os espíritos, colocando-os entre dois lamês sagrados ou pentáculos, como já mencionado.

Dessa maneira, quando o operador quiser trabalhar com o livro assim consagrado, ele deverá fazê-lo em uma ocasião propícia e segura, quando os espíritos estiverem menos perturbados; e que ele se volte para a região dos espíritos e, então, que abra o livro com o devido registro e, da mesma forma, que invoque os espíritos por seus juramentos ali descritos e confirmados, e pelo seu sigilo e sua imagem, para qualquer propósito que desejar; e, se houver necessidade, conjura-os pelos encantamentos colocado no final do livro.[21] Depois, tendo alcançado o teu objetivo desejado, permita que os espíritos partam.

Agora, passaremos a falar sobre a *Invocação de bons e maus Espíritos*.

Os espíritos bons podem ser invocados sobre nós, ou por nós, de diversas maneiras, e de várias formas e modos eles se oferecem a nós, pois falam abertamente com aqueles que assistem; e se oferecem

---

21. Forneci um exemplo de livro dos espíritos, pelo qual você pode ver o método em que os sigilos, etc. são colocados conforme aqui descrito. Ver a ilustração no final desta parte.

à nossa vista, ou nos informam por sonhos e por oráculo aquelas coisas as quais temos grande desejo de saber. Portanto, quem quer que chame qualquer bom espírito para falar ou aparecer à vista, deve observar particularmente duas coisas: primeiro, é sobre a *disposição* da pessoa que invoca; depois, é sobre aquelas coisas que devem ser aplicadas externamente à invocação para a conformidade do espírito a ser chamado.

Portanto, é necessário que a pessoa que invoca se prepare religiosamente a tal mistério pelo espaço de muitos dias, conservando-se em castidade durante esse tempo, abstinente, e se prive o quanto puder de toda sorte de negócios outrem e seculares; da mesma forma, deve observar o jejum, tanto quanto lhe parecer conveniente, e permanecer, ao longo do dia, entre o nascer e o pôr do Sol, vestida de linho branco puro; deve invocar Deus sete vezes e fazer uma súplica aos anjos a serem chamados e invocados, conforme a regra que ensinamos antes. Assim, o número de dias de jejum e de preparação geralmente é de um mês, ou seja, o período completo de uma lunação. Contudo, na Cabala, geralmente nos preparamos por 40 dias.

No que diz respeito ao local, deve ser escolhido um lugar limpo, puro, fechado, silencioso, livre de todo tipo de barulho e não sujeito à vista de nenhum estranho. Inicialmente, esse lugar deve ser exorcizado e consagrado, e que nele exista voltado para o leste uma mesa ou altar coberto com um pano de linho branco limpo; e, em cada lado, devem ser colocadas duas lâmpadas de cera, consagradas e acesas, cuja chama não deve se apagar ao longo de todos aqueles dias. No meio do altar, que sejam colocados lamês ou o papel sagrado que descrevemos anteriormente, cobertos com linho fino, que não deve ser alterado até o final dos dias da consagração. Também devem ter sido prontamente preparados um *perfume precioso* e um *puro óleo para a unção*. E que ambos os itens sejam mantidos consagrados. Em seguida, que seja posto um turíbulo na frente do altar, onde deverá ser aceso o *fogo sagrado*, e seja feito um perfume precioso para cada dia em que fores orar.

Agora, como hábito, terás uma longa túnica de linho branco, bem fechada na frente e atrás, que pode descer até os teus pés, cingida com um cinto à altura da cintura. Deves também ter um véu feito de linho branco puro, no qual deve ser escrito, em um lamê dourado, o nome *Tetragrammaton*, e todas as coisas devem ser consagradas e santificadas em ordem. Porém, tu não deves entrar nesse lugar santo até que primeiro ele seja lavado e recoberto com um pano novo e limpo, e só depois, então, é que poderás nele adentrar, mas com teus pés descalços e despidos; e, quando entrares nele, deverás aspergir água benta e lançar um perfume sobre o altar; e, então, de joelhos, ora diante do altar conforme instruímos.

Assim, no último dia, quando aquele período estiver expirando, deverás jejuar mais estritamente; e, ainda em jejum, no dia seguinte, ao nascer do Sol, entra no lugar sagrado, usando as cerimônias antes mencionadas, primeiro, borrifando-te e, depois, fazendo uso de um perfume; deves fazer o sinal da cruz com óleo sagrado sobre tua testa, unge teus olhos, utilizando oração em todas essas consagrações. Então, abre o lamê e ora diante do altar de joelhos; assim, toda a invocação pode ser feita da seguinte forma:

Uma Invocação dos ESPÍRITOS BONS

EM NOME DA abençoada e Santíssima Trindade, desejo-vos, anjos fortes e poderosos (*aqui, nomeie os espíritos que desejarias que aparecessem*), que se for da vontade divina daquele que é chamado Tetragrammaton, etc., o Deus santo, o Pai, que assumis alguma forma que melhor se assemelhe a vossa natureza celestial, e nos apareçais visivelmente aqui neste lugar, e que respondais às nossas demandas, na medida em que não transgrediremos os limites da misericórdia e da bondade divina, solicitando conhecimentos ilegais; mas que nos mostrais graciosamente o que for mais proveitoso a nós saber e fazer, à glória e à honra de sua divina Majestade, que vive e rege eternamente o mundo. *Amém*.

Senhor, seja feita a tua vontade, assim na terra como no céu – purifica os nossos corações dentro de nós e não retires de nós o teu espírito santo. Ó Senhor, pelo Teu nome nós os chamamos, permite que eles nos atendam.

E que todas as coisas possam trabalhar unidas à tua honra e glória, e que a ti, o Filho e o Espírito bendito, que seja atribuído todo o poder, majestade e domínio eterno do mundo. *Amém*.

A Forma Particular do LAMÊ (para a Forma do Lamê, Consulte a Ilustração Seguinte)

APÓS A INVOCAÇÃO ter sido feita, os anjos bons que desejares aparecerão a ti, os quais deverás receber com um modo de falar recatado, autorizando-os depois a partirem.

Ora, o lamê usado para invocar qualquer espírito bom deve ser feito da seguinte maneira: ou em metal moldável ou em cera nova misturada com especiarias e cores adequadas; ou poderá ser ainda feito com papel branco puro com cores apropriadas, e sua forma externa pode ser quadrada, circular ou triangular, ou de outro tipo, conforme a regra dos números, e nele devem ser escritos os nomes divinos, tanto gerais como especiais. E, no centro do lamê, desenha um hexágono ou sigilo de seis vértices e, no meio, escreva o nome e o sigilo da estrela ou do espírito que for seu soberano, a quem se sujeita o espírito bom a ser chamado. E, sobre esse sigilo, que sejam colocados tantos sigilos de cinco cantos ou pentáculos quanto forem os espíritos que convocaremos ao mesmo tempo. Porém, caso chamemos apenas um, não obstante, devem ser feitos quatro pentágonos, nos quais o nome do espírito ou dos espíritos, com seus sigilos, devem ser escritos. Agora, esse lamê deve ser concebido quando a Lua estiver em crescente, nos dias e nas horas que estiverem em harmonia com o espírito; e, se tomarmos com isso um planeta propício, será melhor para produzir o efeito: tal tabela ou lamê, uma vez sendo corretamente feito conforme aqui descrevemos por completo, deve ser consagrado de acordo com as regras fornecidas.

E essa é a maneira de se fazer a tabela geral ou lamê para a invocação de todos os espíritos; sendo que a forma dele pode ser vista nas ilustrações de pentáculos, selos e lamês.

Não obstante, fazemos tabelas especiais congruentes a cada espírito pela regra que mencionamos a respeito dos santos pentáculos.

Nós ainda apresentaremos a ti outro rito mais fácil de realizar isto: o homem que desejar receber um oráculo de um espírito se mantenha casto, puro e santificado; então, sendo escolhido um local puro, limpo e coberto em todos os cantos com linho branco e limpo, quando do dia do Senhor, na Lua Nova, que ele entre nesse lugar vestido de linho branco; que ele exorcize o local, que o abençoe e que faça um círculo ali com uma brasa consagrada; que sejam escritos na parte externa do círculo os nomes dos anjos; na parte interna, que sejam escritos os nomes poderosos de Deus; e que sejam colocados dentro do círculo, nas quatro partes do mundo, os recipientes para os perfumes. Então, tendo se lavado e se mantido em jejum, que ele entre no local e ore, voltado para o leste, todo o Salmo 119: "Bem-aventurados os imaculados no caminho", etc. Em seguida, que ele faça uma fumigação e suplique aos anjos, por intermédio dos ditos nomes divinos, para que eles apareçam, para que revelem ou descubram aquilo que tanto ele deseja; e que ele faça isso continuamente por seis dias, lavando-se e jejuando. No sétimo dia, tendo se lavado e ainda em jejum, que ele entre no círculo, que seja perfumado e ungido com óleo sagrado na testa, nos olhos e nas palmas das mãos e nos pés; então, de joelhos, que recite o Salmo mencionado, com nomes divinos e angelicais. Dito isso, que ele se levante e ande ao redor do círculo, de leste a oeste, até que se canse e fique com tontura na cabeça e no cérebro; então, imediatamente, que ele caia no círculo, onde poderá descansar, enlevado em êxtase; e um espírito aparecerá e o informará de todas as coisas necessárias para serem conhecidas. Devemos observar também que no círculo deve haver quatro velas sagradas, acesas nas quatro partes do mundo, e que não deverá faltar luz ali pelo espaço de uma semana.

E este é o modo de jejuar: abster-se de todas as coisas que têm uma vida sensível, bem como daquelas que delas vêm; e que ele beba apenas água corrente pura; e que fique sem ingerir comida ou vinho até o pôr do Sol.

Que o perfume e o óleo sagrado para a unção sejam feitos assim como apresentado em Êxodo e em outros livros sagrados da Bíblia. Deve-se observar também que, sempre que entrar no círculo, ele tenha na testa um lamê dourado, no qual deve estar escrito o nome *Tetragrammaton*, da maneira que mencionamos antes.

Dos ORÁCULOS por Intermédio de SONHOS

PORÉM, AS COISAS naturais e suas próprias combinações pertencem igualmente aos magistas e, com frequência, usamo-las para recebermos oráculos vindos de um espírito por intermédio de um sonho; podem ser perfumes, unções, alimentos, bebidas, selos, anéis, etc.

Agora, aqueles que desejam receber oráculos em sonho ou por meio de um sonho, com esta finalidade, que façam para si um anel solar ou de Saturno. Da mesma forma, há imagens de sonhos que, sendo colocadas sob a cabeça quando se vai dormir, efetivamente, darão sonhos verdadeiros de tudo o que a mente determinou ou consultou antes, e a forma desta prática é a seguinte:

Farás uma imagem do Sol, cuja figura deve ser um homem dormindo sobre o peito de um anjo, imagem que será feita quando Leão for o ascendente e o Sol estiver na nona casa em Áries; então, deverás escrever sobre a figura o nome do efeito desejado e, na mão do anjo, o nome da inteligência do Sol. Que a mesma imagem seja feita em Virgem ao ascender, com Mercúrio estando com bom aspecto em Áries na nona casa; ou quando Gêmeos for o ascendente e Mercúrio estiver em bom aspecto na nona casa em Aquário; e que seja concebido quando Saturno estiver em bom aspecto, e que o nome do espírito seja escrito nele. Depois, fazer o mesmo, e da mesma forma, quando Libra for o ascendente, com Vênus próximo a Mercúrio em Gêmeos na nona casa, e escreve sobre ele o anjo de Vênus. Novamente, poderás fazer a mesma imagem quando Aquário estiver no ascendente e Saturno estiver em bom aspecto na nona casa, em exaltação, que ocorre no signo de Libra; e que nele esteja escrito o anjo de Saturno. O mesmo pode ser feito no ascendente em Câncer, sendo a Lua recebida por Júpiter e Vênus em Peixes, posicionada na nona casa, devendo ser escrito nela o espírito da Lua.

Assim também são feitos os anéis de sonhos, cuja eficácia é maravilhosa; e há anéis do Sol e de Saturno; e a constelação deles é quando o Sol ou Saturno ascender em suas exaltações na nona casa, e quando a Lua se unir a Saturno também na nona casa, quando ela estiver no signo que era a nona casa da carta natal; depois, escrever e gravar nos anéis o nome do espírito do Sol ou Saturno; e, por essas regras, poderás saber como e por quais meios constituir mais de ti mesmo: contudo, saibas disto, que tais imagens não funcionarão (pois são simplesmente imagens) a menos que sejam vivificadas por uma virtude espiritual e celestial e, principalmente, pelo ardente desejo e pela firme intenção da alma do operador. Porém, quem poderá conceder uma alma a uma imagem ou fazer uma pedra, ou metal, ou argila, ou madeira, ou cera, ou papel, viver? Certamente, homem nenhum (pois este arcano não entrará em um artista obstinado); mas ele só o conseguirá quando transcender o progresso dos anjos e alcançar o próprio arquétipo.

Do mesmo modo, as tabelas de números também proporcionam a recepção de oráculos, sendo devidamente formadas sob suas próprias constelações. As tabelas e os papéis sagrados também servem para esse efeito, caso sejam especialmente preparados e consagrados; como o *Almutel de Salomão* e a Tábua da Revolução do nome *Tetragrammaton*; e aquelas coisas que são desse tipo, escritas para produzirem esses efeitos, a partir de várias figuras, de números, das Sagradas Escrituras e de imagens, com inscrições dos nomes divinos de Deus e nomes de santos anjos; sua composição é tirada de diversos lugares das Sagradas Escrituras, dos Salmos e dos versículos, além de outras promessas, retiradas das revelações e das profecias divinas. Para o mesmo efeito, dirige, da mesma forma, santas orações e súplicas tanto a Deus quanto aos anjos abençoados; as súplicas, das quais as orações devem ser feitas, como já mostramos antes, devem seguir alguma similitude religiosa, fazendo menção às coisas que pretendemos realizar; como ocorre no Antigo Testamento, no sonho de Jacó, de José, do Faraó, de Daniel e de Nabucodonosor; e, no Novo Testamento, no sonho de José, dos três sábios, ou magos, do evangelista João, que dormiu sobre o peito de nosso Senhor; e qualquer coisa semelhante pode ser encontrada na religião, nos milagres e na revelação. Conforme o modo pelo qual a súplica foi preparada, caso se vá dormir com uma intenção firme, então, sem dúvida, ela produzirá um efeito maravilhoso.

Portanto, aquele que deseja receber oráculos verdadeiros por meio de sonhos, que se abstenha de ceia, de bebida e esteja bem-disposto, de modo que seu cérebro esteja livre de vapores turbulentos; que ele também tenha seu quarto de dormir limpo e arrumado e, se quiser, *exorcizado* e *consagrado*; então, deixe-o perfumado com alguma fumigação conveniente, e que suas têmporas sejam ungidas com algum unguento eficaz para isso, e colocar um anel de sonhos em seu dedo; depois, que ele pegue uma das imagens das quais falamos ou alguma tabela sagrada, ou papel, coloque-a sob sua cabeça e, assim, tendo feito uma oração devota, que ele durma, meditando sobre aquilo que deseja saber; desse modo ele receberá um oráculo, mais certo e indubitável, por intermédio de um sonho, quando a Lua passar por aquele signo que estava na nona casa de sua carta natal, e também quando ela passar pelo signo da nona casa da revolução de sua carta natal, e quando ela estiver no nono signo do signo da perfeição.

Este é o modo repentino e perfeito pelo qual podemos obter todas as ciências e artes – a alquimia, magia ou sejam elas quais forem, com uma verdadeira iluminação de nosso intelecto; se bem que todos os espíritos familiares inferiores conduzam a esse efeito e, às vezes, também os espíritos malignos nos informem a respeito delas, de forma sensata, intrínseca e extrinsecamente.

Do Método de Chamar ESPÍRITOS MALIGNOS ou FAMILIARES por Intermédio de um CÍRCULO e, do Mesmo Modo, Como Chamar as Almas e Sombras dos Mortos

AQUI, É CONVENIENTE mencionar algo sobre os meios usados pelos exorcistas para chamar ao círculo o que normalmente é denominado espíritos malignos, bem como os métodos de evocar os fantasmas ou as almas daqueles que morreram de forma violenta ou prematura.

Agora, se alguém quiser evocar qualquer espírito maligno para dentro do círculo, deve primeiro considerar e conhecer a natureza dele e a qual dos planetas o espírito corresponde, e quais ofícios lhes são atribuídos a partir desse planeta. Sabendo-se disso, tão precisamente quanto possível, que seja encontrado um lugar adequado e conveniente, próprio para sua invocação, em conformidade com a natureza do planeta e a qualidade dos ofícios daquele espírito; assim, caso ele tivesse poder sobre o mar, rios ou inundações, então, que o lugar fosse a costa marítima, e assim por diante. Em seguida, escolhe um horário conveniente, tanto pela qualidade do ar (que seja calmo, tranquilo, claro e adequado para os espíritos assumirem os corpos), como pela qualidade e natureza do planeta e do espírito, bem como escolhe o dia e a hora regidos pelo espírito, uma vez que ele poderá estar em um aspecto favorável ou desfavorável, às vezes durante o dia, às vezes à noite, conforme demandarem as estrelas e os espíritos.

Consideradas judiciosamente essas coisas, que o círculo seja feito no local escolhido, tanto para a defesa de quem irá invocar como para a confirmação do espírito. No círculo, devem ser escritos os nomes gerais divinos e todas as coisas que nos proporcionam proteção; e, com eles, aqueles nomes divinos que governam seu planeta e os ofícios do próprio espírito; da mesma forma, devem ser escritos nele os nomes dos bons espíritos que governam aquele momento em que isso estiver sendo feito e que são capazes de prender e conter aquele espírito que se pretende chamar. Além disso, para fortalecer e reforçar ainda mais o nosso círculo, podem ser acrescentados sigilos e pentáculos que forem harmônicos com o trabalho; por fim, também, caso se queira, pode-se, dentro ou fora do círculo, colocar uma figura angular com a inscrição daqueles números convenientes que estejam, entre si, em conformidade com o nosso trabalho, os quais devem ser reconhecidos de acordo com a forma dos números e figuras entregues em nosso primeiro Livro.

Outrossim, devemos ainda providenciar *luzes*, perfumes, unguentos e remédios, combinados de acordo com a natureza do espírito e do planeta, que forem harmônicos com o espírito, em razão de sua virtude natural e celestial.

Então, devemos nos abastecer com as coisas sagradas e consagradas, necessárias não apenas para a defesa daquele que invoca e de seus companheiros, mas também servindo como laços para prender e restringir os espíritos; coisas como papéis sagrados, lamês, imagens, pentáculos, espadas, cetros, vestimentas de cor e tecido convenientes.

Assim, providos com todas essas coisas, que o exorcista e seus companheiros entrem no círculo. Em primeiro lugar, que o exorcista consagre o círculo e tudo o que ele usa, sempre fazendo de modo solene e firme, com gestos e semblantes convenientes; que comece a orar em voz alta, da seguinte forma: a princípio, fazendo uma oração ou prece a Deus e, em seguida, que ele chame os bons espíritos; mas antes devemos ler alguma oração ou salmo, ou evangelho, para nossa defesa em primeiro lugar. Depois que essas orações e preces forem realizadas, que ele comece a invocar o espírito que desejar, com um encantamento gentil e amoroso, dirigido a todos os cantos do mundo, comemorando sua própria autoridade e poder. Em seguida, que ele descanse e olhe em volta para ver se algum espírito aparece; porém, se este se atrasar, então, que ele repita sua invocação, como dito, até que tenha feito isto três vezes; e, caso o espírito for obstinado e não quiser aparecer, então que o invocador comece a *conjurá-lo* com o poder divino; mas que todas as suas conjurações e comemorações estejam em concordância com a natureza e com o ofício do espírito, repetindo-as três vezes, cada vez mais forte e usando contumélias, maldições, punições, suspensão de seu poder e de sua função, e assim por diante.

Então, depois que essas maldições terminarem, deve-se parar; e, se o espírito aparecer, que o invocador se volte para o espírito, recebendo-o de modo cortês e, tratando-o com sinceridade, que o invocador pergunte seu nome e o escreva em seu papel sagrado; e, então, que ele prossiga, perguntando-lhe tudo o que quiser; se em alguma coisa o espírito se mostrar *obstinado, ambíguo* ou *mentiroso*, que seja reprimido por meio de adequadas conjurações; e se algo parece duvidoso, que seja traçada com a espada consagrada, fora do círculo, a figura de um triângulo ou de um pentágono, e que o espírito seja obrigado a entrar na figura; caso recebas qualquer promessa e queiras confirmá-la com um juramento, estende a espada para fora do círculo e faze o espírito jurar, pondo a mão dele sobre a espada. Então, tendo obtido do espírito aquilo que desejares ou, de qualquer outro modo, estiveres satisfeito, concede-lhe permissão para partir, com palavras corteses, ordenando que ele não faça mal; e, caso não parta, compele-o por meio de poderosas conjurações; se necessário, expulsa-o por exorcismos e por sufumigações que lhe forem adversas. E, quando ele partir, não saias do círculo, mas permanece nele e faze algumas orações para agradecer a Deus e aos anjos bons; também, ora por tua futura defesa e conservação, e uma vez tudo tendo sido feito de modo ordenado, poderás partir.

Porém, caso tuas esperanças forem frustradas e nenhum espírito se manifestar, não é necessário desespero por conta disso: deixa o círculo depois de conceder permissão para o espírito partir (*o que nunca deve ser esquecido, quer um espírito apareça ou não*[22]) e, fazendo como antes, voltar em outras ocasiões. E se pensares ter errado em algo, então corrige, adicionando ou retirando, pois a constância da repetição aumenta sua autoridade e poder, infundindo terror nos espíritos, obrigando-os a obedecer.

Muitas vezes, os espíritos chegam, embora não se mostrem visíveis, seja naquilo que estiverem usando, seja na própria operação (para causar terror a quem os chama). Assim, esse tipo de permissão para partir não ocorre de modo *simples*, mas por intermédio de uma espécie de dispensa, com suspensão, até que se tornem obedientes: os

---

22. Aqueles que negligenciam essa permissão para que os espíritos partam correm um grande perigo, visto haver casos em que o operador sofreu uma morte súbita.

espíritos também podem ser convocados quando não houver círculo, pela forma aqui dada por nós quando da consagração de um livro. Contudo, quando se pretende executar qualquer efeito em que uma aparição não é necessária, então isso deve ser realizado por meio de um instrumento fabricado por nós; pode ser uma imagem, um anel, um sigilo, uma tabela, um escrito, uma vela, uma oblação ou qualquer outra coisa. Desse modo, o nome do espírito deve ser escrito no instrumento junto a seu sigilo, conforme o experimento exigir, e que seja escrito com sangue ou usando um perfume agradável ao espírito. Da mesma forma, devemos frequentemente fazer orações e preces a Deus e aos anjos bons antes de invocarmos qualquer espírito maligno, conjurando-o pelo poder divino.

Em algumas partes anteriores deste nosso trabalho, ensinamos como e por quais meios a alma se une ao corpo.

Aqui, informaremos mais, pois que as almas ainda amam seus corpos, abandonados após a morte, graças a, por assim dizer, uma certa afinidade que as atrai. Tais são as almas de homens perversos que abandonaram violentamente seus corpos, e as almas que aguardam um devido sepultamento de seus corpos, almas que ainda vagam em um espírito instável e turbulento ao redor de suas carcaças mortas; essas almas, então, são facilmente atraídas, por intermédio de certos meios conhecidos pelos quais elas foram unidas a seus corpos, por coisas tais como vapores, secreções e odores.

Portanto, as almas dos mortos não devem ser convocadas sem o uso de sangue ou pela aplicação de alguma parte remanescente de seu corpo.

Assim, quando do surgimento de tais fantasmas, devemos perfumar os ossos dos mortos com sangue, com carne, com ovos, com leite, com mel e com óleo, que darão à alma um ambiente propício para receber seu corpo.

Da mesma forma, deve ser entendido que aqueles que desejarem despertar qualquer alma dos mortos devem, primeiro, selecionar os lugares conhecidos dessa alma, um local em que ela esteja familiarizada; ou por algum vínculo que atraia as almas para seus corpos abandonados, ou por algum tipo de afeição que, em tempos passados, marcou a vida delas, atraindo as almas para certos lugares, coisas ou pessoas; ou pela natureza forçada de algum local adequado e preparado para purgar ou punir essas almas: esses lugares, em sua maioria, devem ser conhecidos pelo aparecimento de visões, incursões noturnas e aparições.

Então, os lugares mais adequados para essas coisas são os pátios das igrejas. E melhores do que esses são aos lugares dedicados à execução de criminosos condenados; e melhores do que esses são os locais onde, nos últimos anos, houve muitos e vários massacres públicos de homens; e um lugar ainda melhor do que todos aqueles é onde alguma carcaça que padeceu por morte violenta ainda não foi expiada, nem enterrada recentemente; pois a expiação desses lugares é, da mesma forma, um rito sagrado a ser devidamente usado no sepultamento dos corpos e que, muitas vezes, impede a alma de retornar ao seu corpo, expulsando-a para longe, para o lugar do julgamento.

Por isso as almas dos mortos não são fáceis de serem despertadas, exceto se forem as almas daqueles que sabemos serem maus ou que pereceram por uma morte violenta, cujos corpos não passaram pelo devido rito de sepultamento.

Agora, embora tenhamos falado a respeito de lugares desse tipo, não será seguro nem confortável nos dirigirmos até eles; mas é necessário que levemos, para qualquer lugar que for escolhido, algum resíduo principal do corpo e, com isso, fazer uma fragrância da maneira devida, além de realizar outros ritos apropriados.

Deve-se saber também que as almas são luzes espirituais e, assim, luzes artificiais emolduradas em certas coisas adequadas, compostas conforme a regra verdadeira, com inscrições congruentes de nomes e selos; são muito úteis para despertarem almas que já partiram. Porém, as coisas que agora são faladas nem sempre são suficientes para despertar almas, visto haver uma porção extranatural de compreensão e razão que está acima, e é apenas conhecida pelos destinos celestiais e seus poderes.

Devemos, portanto, encantar as ditas almas por meio de poderes sobrenaturais e celestiais devidamente administrados por aquelas coisas que movem a própria harmonia da alma, tanto imaginativas quanto racionais e intelectuais, tais como vozes, canções, sons, encantamentos; e coisas religiosas, como orações, conjurações, exorcismos e outros ritos sagrados, que podem ser comodamente administrados até aqui.

FIM DA SEGUNDA PARTE

A Table shewing the names of the Angels governing the 7 days of the week with their Sigils, Planets, Signs, &c

Sunday	Monday	Tuesday	Wednesday	Thursday	Friday	Saturday
Michaȇl	Gabriel	Camael	Raphaȇl	Sachiel	Anaȇl	Caffiel
name of the 4ᵗʰ Heaven	name of the 1ˢᵗ Heaven	name of the 5ᵗʰ Heaven	name of the 2ᵈ Heaven	name of the 6ᵗʰ Heaven	name of the 3ᵈ Heaven	Nᵒ Angels ruling above the 6ᵗʰ Heaven
Machen.	Shamain.	Machon.	Raquie.	Zebul.	Sagun.	

The Book of Spirits

A specimen of the Book of Spirits to be made of virgin Vellum.

Saturday ♄ Caffiel Ruler.

See the Conjuration of Saturday in ceremonial magic

Cassiel

F. Barrett Del.   Pub by   Lackington & Allen   R. Griffith

DA
COMPOSIÇÃO PARTICULAR
DO
CÍRCULO MÁGICO;

DOS EXORCISMOS, DAS BENDIÇÕES E DAS CONJURAÇÕES DE TODOS OS DIAS DA SEMANA; E
A MANEIRA DE TRABALHAR DESCRITA
LIVRO II – PARTE III

As INSTRUÇÕES A seguir são as mais importantes e a soma total de tudo o que até aqui dissemos, só que elas serão apresentadas em uma sequência bem mais próxima a experimentos e práticas do que qualquer outra; pois, aqui, poderás ver as funções distintas dos espíritos; da mesma forma, toda a perfeição das cerimônias mágicas está aqui descrita, sílaba por sílaba.

Porém, como o maior poder é atribuído aos círculos (pois eles são fortalezas seguras), iremos agora explicar claramente e mostrar a composição e a figura de um círculo.

A Composição do Círculo (para a Figura do Círculo, ver Ilustração Seguinte).

As FORMAS DOS círculos não são sempre iguais, elas mudam de acordo com a ordem dos espíritos a serem chamados, seus lugares, suas épocas, seus dias e horas; pois, ao fazer um círculo, deve-se considerar a época do ano, o dia e a hora, que espíritos chamarás, e a que estrela ou região eles pertencem, e quais funções eles têm: portanto, para começar, que se façam três círculos com tamanho de nove pés, distando cerca de um palmo um do outro. Primeiro, escreve no círculo do meio o *nome da hora* em que farás o trabalho; em segundo lugar, escreve o *nome do anjo da hora*; em terceiro lugar, o selo do anjo da hora; em quarto lugar, o nome do anjo que rege o dia no qual farás o trabalho e os nomes de seus ministros; em quinto lugar, o nome da época atual; em sexto lugar, o nome dos espíritos que regem essa época e seus *presidentes*; em sétimo lugar, o nome do regente do signo que rege a época; em oitavo, o nome da terra, conforme o tempo de trabalho; em nono lugar, e para completar o círculo do meio, escreve o nome do Sol e da Lua, conforme a regra de tempo, pois, como os tempos mudam, também mudam os no-mes: e, no círculo externo, que seja desenhado, nos quatro cantos, os nomes dos grandes espíritos presidenciais do ar daquele dia em que farás este trabalho, a saber, o nome do rei e seus três ministros. Fora do círculo, nos quatro cantos, faze *pentágonos*. No círculo interno, escreve os quatro nomes divinos, com quatro cruzes interpostas: no meio do círculo, ou seja, voltado para o leste, que seja escrito Alpha; para o oeste, Ômega; e que uma cruz divida o círculo ao meio.

Quando o círculo estiver concluído, conforme a regra, deverás consagrá-lo e abençoá-lo, dizendo:

Em nome da sagrada, abençoada e gloriosa Trindade, prossiga-mos em nosso trabalho nesses mistérios para realizar o que desejamos; nós, portanto, pelos nomes citados, consagramos este pedaço de solo para nossa defesa, de forma que nenhum espírito seja capaz de romper estes limites, nem de causar dano ou prejuízo a qualquer um de nós aqui reunidos; mas que sejam compelidos a se apresentarem diante deste círculo e atenderem verdadeiramente às nossas demandas, na medida em que agrade Àquele que vive para todo o sempre, aquele que diz: Eu sou o Alfa e o Ômega, o Princípio e o Fim, que é, que foi e que será o Todo-Poderoso; Eu sou o Primeiro e o Último, que vivo e que estava morto; e eis que vivo para todo o sempre; e eu tenho as chaves da morte e do inferno. Abençoa, ó Senhor, esta criatura da terra em que estamos! Ratifica, ó Deus, a tua força em nós, para que nem o adversário nem qualquer coisa má nos faça cair, pelos méritos de Jesus Cristo! Amém.

Deves saber também que os anjos governam as horas em ordem sucessiva, conforme o curso dos céus e dos planetas aos quais estão sujeitos; assim, o mesmo espírito que governa o dia também governa a primeira hora do dia; o segundo a partir deste governa a segunda hora, e assim por diante; e, quando sete planetas e horas forem com-pletados, retorna-se novamente ao primeiro que rege o dia. Portan-to, devemos primeiro falar dos nomes das horas, a saber:

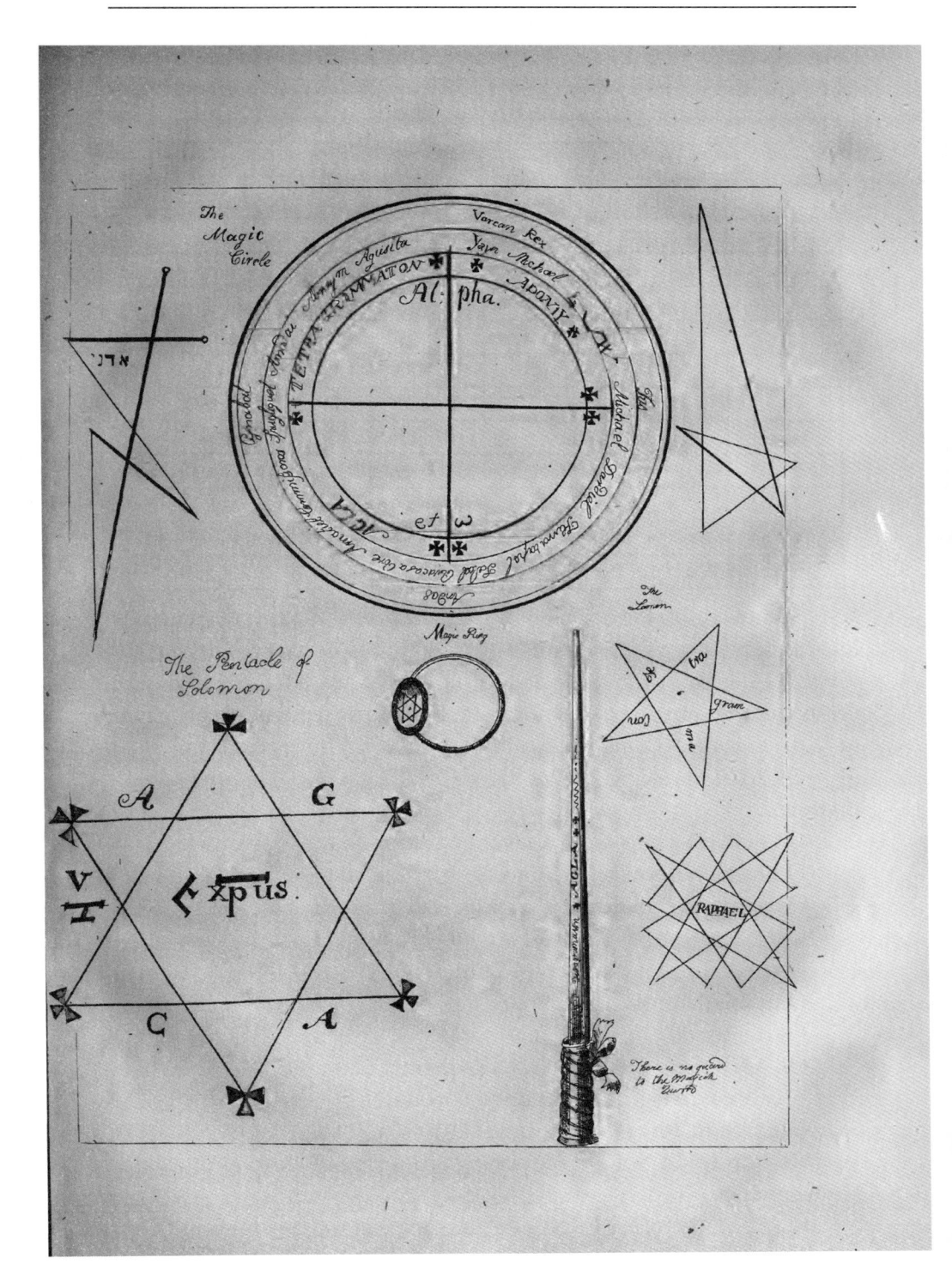

Uma TABELA Mostrando os NOMES MÁGICOS das HORAS, do DIA e da NOITE

	Nomes das Horas do Dia		Nomes das Horas do Noite
1	Yain	1	Beron
2	Janor	2	Barol
3	Nasnia	3	Thami
4	Salla	4	Athar
5	Sadedali	5	Methon
6	Thamur	6	Rana
7	Ourer	7	Netos
8	Thamic	8	Tafrac
9	Neron	9	Sassur
10	Jayon	10	Agle
11	Abai	11	Calerva
12	Natalon	12	Salam

SOBRE OS NOMES dos anjos e seus selos, será falado a respeito nos lugares apropriados; mas, aqui, mostraremos os nomes das épocas.

Nesse sentido, um ano é quádruplo, sendo dividido em primavera, verão, outono e inverno; seus nomes, assim, são os seguintes: a primavera, *Talvi*; o verão, *Casmaran*; o outono, *Adarcel*; o inverno, *Farlas*.

Os ANJOS *da* PRIMAVERA – Caracasa, Core, Amatiel, Commissoros.

O chefe do signo na primavera é chamado de Spugliguel.

O nome da terra na primavera, Amadai.

Os nomes do Sol e da Lua na primavera: Sol, Abraym; Lua, Agusita.

Os ANJOS *do* VERÃO – Gargatel, Tariel, Gaviel.

O chefe do signo do verão, Tubiel.

O nome da terra no verão, Festativi.

Os nomes do Sol e da Lua no verão: Sol, Athemay; Lua, Armatus.

Os ANJOS *do* OUTONO – Tarquam, Guabarel.

A cabeça do signo do outono, Torquaret.

O nome da terra no outono, Rabinnara.

Os nomes do Sol e da Lua no outono: o Sol, Abragini; a Lua, Matasignais.

Os ANJOS *do* INVERNO – Amabael, Cetarari.

A cabeça do signo do inverno, Attarib.

O nome da terra no inverno, Geremiah.

Os nomes do Sol e da Lua no inverno: o Sol, Commutoff; a Lua, Affaterim.

Sendo essas coisas uma vez conhecidas, termine a consagração do círculo dizendo:

"Tu me purificarás com hissopo, ó Senhor, e ficarei limpo: tu me lavarás e eu ficarei mais branco do que a neve".

Em seguida, borrife o círculo com água benta e proceda com a bendição dos perfumes.

A BENDIÇÃO dos PERFUMES

O DEUS DE Abraão, Deus de Isaac, Deus de Jacó, abençoa aqui as criaturas desta espécie, para que possam cumprir o poder e a virtude de seus odores; de modo que nem o inimigo nem qualquer falsa imaginação possa ser capaz de neles entrar; por meio de nosso Senhor Jesus Cristo, etc. Em seguida, borrife o círculo com água benta.

O EXORCISMO do FOGO, no Qual os PERFUMES Serão Colocados

EU TE EXORCIZO, ó tu, criatura do fogo, pelo único Deus verdadeiro, Jeová, Adonai, Tetragrammaton, que imediatamente afastes de ti todo fantasma, de modo que não faça mal a ninguém. Rogamos-te, ó Senhor, que abençoes esta criatura do fogo, santificando-a, para que seja abençoada, e para que emane o louvor e a glória de teu santo nome, e que nenhum dano seja permitido ao exorcista ou aos espectadores; por nosso Senhor Jesus Cristo. Amém.

Do HÁBITO do EXORCISTA

DEVE SER FEITO, como já descrevemos, de linho branco fino e limpo, e contornar folgadamente o corpo, embora fechado na frente e atrás.

Do PENTÁCULO de SALOMÃO (ver ilustração anterior)

SEMPRE É NECESSÁRIO ter esse pentáculo pronto para se usar, caso os espíritos se recusem a ser obedientes, pois eles não poderão ter poder sobre o exorcista enquanto este estiver provido e fortalecido pelo pentáculo, pois a virtude dos santos nomes nele escritos exerce maravilhosa influência sobre os espíritos.

Deve ser confeccionado no dia e na hora de Mercúrio, em pergaminho feito de couro de cabrito ou papel virgem, puro, limpo e branco, sendo as figuras e as letras escritas em ouro puro; e deve ser consagrado e aspergido (como antes várias vezes falado) com água benta.

Quando a vestimenta for colocada, será conveniente fazer a seguinte oração:

Uma ORAÇÃO para Quando For Colocado o HÁBITO ou a VESTIMENTA

ANOOR, AMACOR, AMIDES, Theodonias, Anitor; pelos méritos dos anjos, ó Senhor! Vou colocar a vestimenta da salvação, para que o que eu desejo possa se realizar por intermédio de ti, santíssimo Adonai, cujo reino dura para todo o sempre. Amém.

A maneira de trabalhar

QUE A LUA ESTEJA no crescente e em equilíbrio para que o trabalho seja feito de modo conveniente; mas, sobretudo, que ela não esteja em combustão, ou em Via Combusta, que ocorre aos 14 graus de Libra e 14 graus de Escorpião.

O operador deve se manter limpo e purificado durante nove dias antes de fazer o trabalho. Que ele tenha pronto o perfume apropriado para o dia em que realizar o trabalho; e ele deve receber água benta de um clérigo ou pode torná-la sagrada, lendo sobre ela a consagração da água do batismo; ele deve ter um vaso de argila novo com fogo, além da vestimenta e do pentagrama; e que todas essas coisas sejam correta e devidamente consagradas e preparadas. Que um dos companheiros carregue o vaso com fogo e os perfumes, e outro leve o livro, a vestimenta e o pentagrama; e que o próprio operador carregue a espada, sobre a qual deve ser dita uma oração de consagração: e, no meio da espada, de um lado, esteja gravado Agla ✝, e do outro lado, ✝ On, ✝ Tetragrammaton ✝. E uma vez estabelecido o lugar onde o círculo será feito, que o operador desenhe as linhas que ensinamos antes e borrife o círculo com água benta, consagrando-o, etc.

O operador deve, portanto, preparar-se com jejum, castidade e abstinência pelo espaço de três dias antes do dia da operação; e no dia em que ele realizar esse trabalho, estando trajado com a vestimenta mencionada e equipado com *pentáculos*, *perfumes*, uma *espada, Bíblia, papel, caneta* e *tinta consagrada*, e todas as *coisas ne-cessárias para isso*, que ele entre no círculo e chame os anjos das qua-tro partes do mundo que governam os sete planetas, os sete dias da semana, cores e metais, cujos nomes verás nos lugares deles; e, ajoe-lhado, primeiro que ele recite o Pai-Nosso ou a Oração do Senhor e, então, que invoque os referidos anjos, dizendo:

O angeli! supradicti estote adjutores mihi petitioni & in adjuto-rum mihi, in meis rebus et petitionibus.

Em seguida, ele deve chamar os anjos das quatro partes do mundo que governam o ar no mesmo dia em que ele realizar o expe-rimento; e, tendo empregado especialmente todos os nomes e espíri-tos dentro do círculo, que ele diga:

O vos omnes, adjutore atque contestor, per sedem Adonai, per Hagios, Theos, Ischyros, Athanatos, Paracletos, Alpha & Omega, & per hæc tria nomina secreta, Agla, On, Tetragrammaton, quod hodie debeatis adimplere quod cupio.

Tendo realizado essas coisas, que ele leia a conjuração designada para o dia; mas, se os espíritos forem pertinazes ou insubmissos, e não se renderem obedientes nem à conjuração designada para o dia nem a qual-quer uma das orações antes ditas, que seja feito uso do seguinte exorcismo:

Um EXORCISMO GERAL dos ESPÍRITOS do AR

Nós, SENDO FEITOS à imagem de Deus, dotados do poder de Deus e feitos segundo Sua vontade, exorcizamos-te, pelo mais po-deroso e potente nome de Deus, *El*, forte e maravilhoso (*aqui, no-meie o espírito que deve aparecer*), e te ordenamos por Aquele que disse a palavra e ela foi feita, e por todos os nomes de Deus, e pelo nome Adonai, El, Elohim, Elohe, Zebaoth, Elion, Eserchie, Jah, Te-tragrammaton, Sadai, Senhor Deus Altíssimo: nós te exorcizamos e ordenamos poderosamente que tu de imediato apareças a nós aqui, diante deste círculo, em uma forma humana justa, sem qualquer de-formidade ou tortuosidade; vinde todos vós, pois nós vos comanda-mos pelo nome Yaw e Vau, que Adão ouviu e falou; e pelo nome de Deus, Agla, que Ló ouviu e foi salvo com sua família; e pelo nome de Joth, que Jacó ouviu do anjo que lutava com ele e foi libertado das mãos de seu irmão Esaú; e pelo nome Anaphexeton, que Aarão ouviu e falou, e foi feito sábio; e pelo nome de Zebaoth, que Moisés

chamou, e todos os rios se transformaram em sangue; e pelo nome
Eserchie Oriston, que Moisés chamou, e todos os rios produziram
rãs, as quais subiram às casas dos egípcios, destruindo todas as coisas; e pelo nome de Elion, que Moisés chamou, e houve bastante granizo como nunca havia acontecido desde o início do mundo; e pelo
nome Adonai, que Moisés chamou, e surgiram gafanhotos que apareceram por toda a terra do Egito e devoraram tudo o que o granizo
havia deixado; e pelo nome Schema Amathia, que Josué invocou, e o
Sol suspendeu sua trajetória; e pelo nome Alfa e Ômega, que Daniel
chamou, e destruiu Bel e matou o dragão; e no nome Emanuel, que
os três filhos, Sidrach, Misach e Abednego, cantaram no meio da
fornalha ardente e foram libertos; e pelo nome Hagios; e pelo selo de
Adonai; e por Ischyros, Athanatos, Paracletos; e por estes três nomes
secretos, Agla, On, Tetragrammaton, eu te conjuro e te contesto; e
por esses nomes, e por todos os outros nomes do Deus vivo e verdadeiro, nosso Senhor Todo-Poderoso, eu te exorcizo e ordeno a ti, por
Aquele que disse a palavra e ela foi feita, a quem todas as criaturas
são obedientes; e pelo terrível julgamento de Deus; e pelo incerto
mar de vidro, que está diante da *Majestade* divina, poderosa e potente; pelas quatro bestas diante do trono, tendo olhos na frente e atrás;
e pelo fogo ao redor de seu trono; e pelos santos anjos do céu; pela
poderosa sabedoria de Deus, exorcizamos-te poderosamente, para
que apareças aqui, diante deste círculo, para cumprir nossa vontade
em todas as coisas que nos parecerem boas; pelo selo de Baldachia, e
por este nome Primeumaton, que *Moisés* chamou, e a terra se abriu
e engoliu Cora, Datã e Abiram: e pelo poder desse nome Primeumaton, que comanda todo o exército do céu, nós te amaldiçoamos,
e privamos de ti o teu cargo, alegria e lugar, e te prenderemos nas
profundezas do abismo sem fundo, para que lá permaneças até o dia
terrível do juízo final; e nós te prenderemos ao fogo eterno, no lago
de fogo e enxofre, a menos que tu imediatamente apareças diante
deste círculo para fazer nossa vontade, portanto, vem, por estes nomes, Adonai, Zebaoth, Adonai, Amioram; vem, vem, vem, Adonai
ordena; Sadai, o mais poderoso Rei dos Reis, cujo poder nenhuma criatura é capaz de resistir, que seja para ti ainda mais terrível,
a menos que obedeças e imediatamente apareças de modo afável
diante deste círculo, que a ruína miserável e o fogo inextinguível

permaneçam contigo; portanto, vem, em nome de Adonai, Zebaoth, Adonai, Amioram; vem, vem, por que vir? Apressa-te! Adonai, Sadai, o Rei dos Reis te comanda: El, Aty, Titcip, Azia, Hin, Jen, Minosel, Achadan, Vay, Vaah, Ey, Exe, A, El, El, El, A, Hy, Hau, Hau, Hau, Vau, Vau, Vau, Vau.

Uma ORAÇÃO a DEUS a Ser Dita nas Quatro Partes do MUNDO, no CÍRCULO

AMORULE, TANEHA, LATISTEN, Rabur, Teneba, Latisten, Escha, Aladia, Alpha e Ômega, Leyste, Orision, Adonai, ó mais misericordioso Pai celestial! Embora seja eu um pecador, tem misericórdia de mim e faze aparecer o braço do teu poder em mim neste dia, contra esses espíritos obstinados, para que eu possa, por tua vontade, ser feito um contemplador de tuas obras divinas, e que possa ser iluminado por toda a sabedoria, para a honra e glória de teu santo nome. Rogo-te, humildemente, que esses espíritos que chamo por teu julgamento sejam contidos e constrangidos a vir e dar respostas verdadeiras e perfeitas às coisas que eu lhes pedir; e que eles possam fazer e declarar a nós as coisas que lhes ordenei, não ferindo nenhuma criatura, nem ferindo ou aterrorizando a mim ou a meus companheiros, nem ferindo qualquer outra criatura, não amedrontando ninguém; e que sejam obedientes às coisas que deles são exigidas.

Então, ficando em pé no meio do círculo, estende tua mão em direção ao pentáculo, dizendo: *Pelo pentáculo de Salomão eu te chamei; dá-me uma resposta verdadeira.*

Então, Segue Esta ORAÇÃO

BERALANENSIS, BALDACHIENSIS, PAUMACHIA e Apologia Sedes, pelos mais poderosos reis e poderes, e pelos mais poderosos príncipes, gênios, Liachidae, ministros do trono Tartariana, príncipe chefe do trono de Apologia, na nona legião, eu vos invoco e, pela invocação, conjuro-vos; e, estando armado com o poder da Suprema Majestade, eu vigorosamente vos ordeno, por Aquel que disse a palavra e ela foi feita, e a quem todas as criaturas são obedientes; e por este nome inefável, Tetragrammaton Jeová, o qual, ao ser proferido, faz com que os elementos sejam derrubados, o ar sacudido, o mar correr para trás, o fogo apagado, a terra tremida, e faz com que todas as hostes dos celestiais, dos terrestres e dos infernais tremam juntas, tornando-se perturbadas e confundidas; portanto, imediatamente e sem demora, vinde de todas as partes do mundo e dai respostas racionais a todas as coisas que eu vos pedir; e vinde pacífica, visível e afavelmente agora, sem demora, manifestando o que desejamos, sendo conjurados pelo nome do Deus vivo e verdadeiro, Helioren, cumprir nossas ordens, e persisti até o fim, e de acordo com nossas intenções, visível e afavelmente falando conosco com uma voz clara, inteligível e sem qualquer ambiguidade.

Do APARECIMENTO dos ESPÍRITOS

Destas coisas, sendo devidamente realizadas, surgirão infinitas visões, aparições, fantasmas, etc., batidas de tambores e som de todos os tipos de instrumentos musicais; e tudo isso é causado pelos espíritos para que, com o terror, possam forçar alguns dos companheiros para fora do círculo, visto aqueles não poderem fazer nada contra o próprio exorcista: depois disso, verás uma companhia infinita de arqueiros, com uma grande multidão de horríveis bestas, que se posicionarão como se fossem devorar os companheiros; no entanto, não temas nada.

Então, o exorcista, com o pentáculo em sua mão, dirá: que estas iniquidades sejam repelidas daqui, pela virtude do estandarte de Deus. Assim, os espíritos serão compelidos a se submeterem ao exorcista e o grupo não os verá mais.

Depois, que o exorcista, estendendo a mão com o pentáculo, diga: eis aqui o pentáculo de Salomão, que trouxe à tua presença; eis a pessoa do exorcista no meio do exorcismo, que está armado por Deus, sem medo e bem provido, que potentemente invoca e chama pelo exorcismo; vem, portanto, com rapidez, pela virtude desses nomes, Aye Saraye, Aye Saraye; não te demores a vir, pelos nomes eternos do Deus vivo e verdadeiro, Eloy, Archima, Rabur, e pelo pentáculo de Salomão aqui presente, que reina poderosamente sobre ti; e pela virtude dos espíritos celestiais, teus senhores; e pela pessoa do exorcista, no meio do exorcismo: e, como foste conjurado, apressa-te, vem e rende obediência ao teu mestre, que se chama Octinomos. Isso sendo executado, imediatamente haverá assobios vindos das quatro partes do mundo e, então, logo perceberás grandes movimentos; e, quando tu vires esses movimentos, dize: por que vir? Por que demoras? O que tu farás? Prepara-te, pois serás obediente ao teu mestre, em nome do Senhor, Bathat ou Vachat, que corre sobre Abrac, Abeor indo até Aberer.

Então, eles virão imediatamente, em suas formas apropriadas; e, quando os vires diante do círculo, mostra-lhes o pentáculo coberto com linho fino; descobre-o e dize: contempla a tua ruína, caso recuses a ser obediente; e, de súbito, eles aparecerão pacificamente e dirão: pede o que quiseres, pois estamos preparados para cumprir todas as tuas ordens, pois o Senhor nos submeteu a isso.

Que o exorcista então diga: bem-vindos, espíritos ou mais nobres príncipes, pois eu vos chamei por Aquele a quem todos os joelhos se dobram, tanto as coisas do céu, quanto as coisas da terra, e as coisas debaixo da terra; em cujas mãos estão todos os reinos dos reis, nem há ninguém que possa contradizer sua majestade. Portanto, eu vos restrinjo, para que permaneçais afáveis e visíveis perante este círculo, e que permaneçais constante por tanto tempo quanto necessário; e que não partais sem a minha permissão, até que tenhais verdadeiramente e sem qualquer falácia executado minha vontade, em virtude de poder Daquele que estabeleceu restrito o mar em seus limites, além do qual ele não pode passar, nem ir além da lei de sua providência, isto é, do Deus Altíssimo, Senhor e Rei, que criou todas as coisas. *Amém.*

Em seguida, que o exorcista mencione o que ele quer que seja feito.

Depois disso, que ele diga: Em nome do Pai, do Filho e do Espírito Santo, ide em paz para vossos lugares; a paz esteja entre nós; estai prontos para vir quando fordes chamados. (Para as figuras do círculo, pentáculo e outros instrumentos, consulte a ilustração anterior.)

Assim, para que tenhas uma ideia do modo de se compor o círculo, daremos o esquema de um círculo para a primeira hora do dia do Senhor, na primavera.

CONSIDERAÇÕES e CONJURAÇÕES
para Todos os Dias da Semana
As *CONSIDERAÇÕES, etc, do DOMINGO*

(Para a figura dos *selos*, *planetas*, *signos*, nomes dos anjos dos vários dias e nomes do quarto céu, com os sigilos e o livro mágico, ver as ilustração no fim desta parte.)

Os ANJOS DO DIA do Senhor – *Miguel, Dardiel, Huratapel*.

Os anjos do ar, regentes no dia do Senhor: *Varcan*, rei; seus ministros: *Tus, Andas, Cynabal*.

O vento que dizem que os anjos do ar regem é o *vento norte*.

Os anjos do quarto céu, regentes no dia do Senhor, que deveriam ser chamados das quatro partes do mundo, são: do leste, *Samael, Baciel, Abel, Gabriel, Vionatraba*; do oeste, *Anael, Pabel, Ustael, Burchat, Suceratos, Capabili*; do norte, *Aiel, Ariel, vel Aquiel, Masgabriel, Saphiel, Matuyel*; do sul, *Haludiel, Machasiel, Charsiel, Uriel, Naromiel*.

O perfume de domingo é o de Sândalo Vermelho.

A CONJURAÇÃO do DOMINGO

EU CONJURO E me firmo sobre vós, ó anjos fortes e santos de Deus, pelo nome *Adonai, Eye, Eye, Eya*, que é aquele que era, que é e que está por vir, *Eye, Abray*; e no nome *Saday, Cados, Cados*, sentado no alto sobre os *querubins*; e pelo grande nome do próprio Deus, forte e poderoso, que é exaltado acima de todos os céus; *Eye, Saraye*, que no primeiro dia criou o mundo, os céus, a terra, o mar e tudo o que neles existe, e os selou com seu santo nome *Phaa*; e pelo nome dos anjos que regem no *quarto céu* e servem perante *Salamia*, o mais poderoso, um anjo formidável e honrado; e pelo nome de sua estrela, que é o *Sol*, e por seu signo, e pelo imenso nome do *Deus* vivo e por todos os nomes supracitados, eu te conjuro, Miguel, ó grande anjo! É o regente principal deste dia; e pelo nome Adonai, o Deus de Israel, eu te conjuro, ó Miguel!, que trabalhes para mim e que atendas todos os meus pedidos, de acordo com minha vontade e meu desejo, em favor da minha causa e de meus interesses.

Os espíritos do ar do dia do Senhor estão sujeitos ao vento norte; sua natureza é proporcionar ouro, pedras preciosas, carbúnculos, diamantes e rubis, e fazer com que alguém obtenha favor e benevolência, dissolver inimizades entre os homens, elevar as honrarias e eliminar as enfermidades. *Apresentam-se*, em sua maioria, de modo avultado, com o corpo inteiro e grande, sanguíneo e agitado, de cor dourada, com toques de vermelho-sangue. Movem-se como o relâmpago no céu; e o sinal de que se estão se tornando visíveis é que eles fazem suar a pessoa que os chama. Porém, suas formas particulares são as seguintes:

Um rei com um cetro, montado em um leão.
Um rei coroado; uma rainha com um cetro.
Um pássaro, um leão, um galo.
Uma vestimenta amarela.
Um cetro.

As CONSIDERAÇÕES, etc. da SEGUNDA-FEIRA

(Para o anjo da segunda-feira, seu sigilo, planeta, signo do planeta e nome do primeiro céu, veja a ilustração no fim desta parte.)

Os ANJOS DA SEGUNDA-FEIRA – *Gabriel, Miguel, Samael.*

Os anjos do ar, regentes da segunda-feira: *Arcan*, rei; seus ministros: *Bilet, Missabu, Abuhaza*. O vento ao qual eles estão sujeitos é o *vento oeste*.

Os anjos do primeiro céu, regentes na segunda-feira, que serão chamados das quatro partes do mundo: do leste, *Gabriel, Madiel, Deamiel, Janak*; do oeste, *Sachiel, Zaniel, Habiel, Bachanæ, Corobael*; do norte, *Mael, Uvael, Valnum, Baliel, Balay, Humastraw*; do sul, *Curaniel, Dabriel, Darquiel, Hanun, Vetuel.*

O perfume de segunda-feira é o de Aloés.

A CONJURAÇÃO da SEGUNDA-FEIRA

EU CONJURO E me firmo sobre vós, ó anjos fortes e bons, no nome *Adonai, Adonai, Adonai, Adonai, Eye, Eye, Eye*; *Cados, Cados, Cados, Achim, Achim, Ja, Ja*, forte *Ja*, que apareceu no monte Sinai com a glorificação do rei *Adonai, Sadai*, Zebaoth, Anathay, Ya, Ya, Ya, Maranata, Abim, Jeia, que no segundo dia criou o mar, todos os lagos e águas, e que estão acima dos céus e na terra, e que selou o mar em seu nome superior, e lhe deu seus limites além dos quais ele não pode passar; e pelos nomes dos anjos que regem a *primeira legião*, e que servem *Orphaniel*, um grande, precioso e honrado anjo, e pelo nome de sua estrela que é Luna, e por todos os nomes supracitados, eu te conjuro, *Gabriel*, que é o regente principal da segunda-feira, o segundo dia, que tu trabalhes para mim, que cumpras, etc.

Os espíritos do ar de segunda-feira estão sujeitos ao vento oeste, que é o vento da Lua; sua natureza é auferir prata e transportar coisas de um lugar para outro; tornar os cavalos velozes e revelar os segredos das pessoas, tanto os presentes quanto os futuros.

Suas formas mais comuns são as seguintes

EM GERAL, ELES aparecem inteiramente com grande estatura, afáveis e fleumáticos, de cor próxima à de uma nuvem negra e obscura, tendo um semblante avolumado, com olhos vermelhos e cheios de água, uma cabeça calva e dentes como os de um javali; movem-se como uma grande tempestade do mar. Como sinal da proximidade deles, ocorrerá uma chuva torrencial, e suas formas particulares são:

Um rei, como arqueiro, montado em uma corça.

Um garotinho.

Uma caçadora, com arco e flechas.

Uma vaca, uma pequena corça, um ganso.

Uma vestimenta verde ou prateada.

Uma flecha, uma criatura com muitos pés.

As CONSIDERAÇÕES, etc. da TERÇA-FEIRA

(Para o anjo da terça-feira, seu sigilo, planeta, signo que rege o planeta e o nome do quinto céu, veja a ilustração no fim desta parte.)

Os ANJOS DO ar na terça-feira – *Samael, Satael, Amabiel*.

Os anjos do ar, regentes na terça-feira: *Samax*, rei; seus ministros: *Carmax, Ismoli, Paffran*.

O vento ao qual estão sujeitos os ditos anjos é o *vento leste*.

Os anjos do quinto céu, que regem na terça-feira: no leste, *Guel, Damael, Calzas, Arragon*; no oeste, *Lama, Astagna, Lobquin, Soneas, Jazel, Isiael, Irel*; no norte, *Rhaumel, Hyniel, Rayel, Seraphiel, Fraciel Maithiel*; no sul, *Sacriel, Janiel, Galdel, Osael, Vianuel, Zaliel*.

O perfume de terça-feira é o de Pimenta.

A CONJURAÇÃO da TERÇA-FEIRA

EU VOS CONJURO e invoco, ó anjos fortes e bons, pelos nomes *Ya, Ya, Ya; He, He, He; Va, Hy, Hy, Ha, Ha, Ha; Va, Va, Va; An, An, An; Aia, Aia, Aia; El, Ay, Elibra, Elohim, Elohim*; e pelos nomes do Deus Altíssimo, que fez o mar e o terreno árido, e que por Sua palavra fez a terra e produziu árvores e colocou Seu selo sobre os planetas, com Seu precioso, honrado, reverenciado e santo nome; e pelo nome dos anjos que regem a quinta casa, que são subservientes ao grande anjo *Acimoy*, que é forte, poderoso e honrado, e pelo nome de sua estrela, que é chamada de *Marte*, eu te invoco, *Samael*, pelos nomes mencionados, ó grande anjo!, que presides o dia de *Marte*, e pelo nome de *Adonai*, o Deus vivo e verdadeiro, para que me ajudes a realizar meus trabalhos, etc. (*como na conjuração do domingo*).

Os espíritos do ar na terça-feira estão sob o vento leste; sua natureza é trazer ou causar guerra, mortalidade, morte, combustões e dar dois mil soldados por vez, para trazer morte, enfermidade ou saúde.

Formas mais comuns dos ESPÍRITOS de MARTE

ELES APARECEM EM um corpo alto e colérico, um semblante imundo, de cor marrom, morena ou vermelha, tendo chifres de cervos e garras de grifo, e rugem como touros selvagens. Seu movimento é como o do fogo ao queimar, e os sinais deles são o trovão e o relâmpago ao redor do círculo.

Suas formas particulares são: um rei armado, cavalgando um lobo; um homem armado.

Uma mulher com um broquel na coxa.

Uma cabra, um cavalo, um veado.

Uma vestimenta vermelha, um pedaço de lã, uma prímula.

As CONSIDERAÇÕES, etc. da QUARTA-FEIRA

(Para o anjo da quarta-feira, seu sigilo, etc., veja a ilustração no fim desta parte.)

Os ANJOS DA quarta-feira – *Rafael, Meil, Seraphiel*.

Os anjos do ar, que regem na quarta-feira: *Mediat*, rei; ministros, *Suquinos, Sallales*.

Os ditos anjos do ar estão sujeitos ao vento sudoeste.

Os anjos do segundo céu, que regem a quarta-feira e devem ser chamados, etc.: no leste, *Mathlai, Tarmiel, Baraborat*; no oeste, *Jeruscue, Merattron*; no norte, *Thiel, Rael, Jarihael, Venahel, Velel, Abuiori, Ucirmiel*; no sul, *Milliel, Nelapa, Calvel, vel Laquel*.

O perfume de quarta-feira é o de Mástique.

A CONJURAÇÃO da QUARTA-FEIRA

EU VOS CONJURO e invoco, ó anjos fortes e santos, bons e poderosos, pelo forte nome de medo e louvor de *Ja, Adonay, Elohim, Saday, Saday, Saday; Eie, Eie, Eie; Asamie, Asamie*; e em nome de *Adonay*, o Deus de Israel, que fez as duas grandes luzes e distinguiu o dia da noite para o benefício de suas criaturas; e pelos nomes de todos os anjos com discernimento, que notoriamente regem a segunda casa diante do grande anjo, *Tetra*, forte e poderoso; e pelo nome de sua estrela que é *Mercúrio*; e pelo nome de seu selo, que é o de um Deus poderoso e honrado; e eu te invoco, Rafael, e pelos nomes mencionados, ó grande anjo que preside sobre o quarto dia: e pelo santo nome que está escrito na fronte de Arão, criado como o sumo sacerdote, e pelos nomes de todos os anjos que são constantes na graça de Cristo, e pelo nome e lugar de Ammaluim, para que me ajudes em meus trabalhos, etc.

Os espíritos do ar, na quarta-feira, estão sujeitos ao *vento sudoeste*; sua natureza é fornecer todos os tipos de metais, revelar todas as coisas terrenas passadas, presentes e futuras; pacificar juízes para dar vitória na guerra, ensinar experimentos e todas as ciências esquecidas, transformar corpos compostos pelos elementos, condicionando estes àqueles; conferir saúde ou enfermidades, erguer os pobres e derrubar os ricos, prender ou soltar espíritos, abrir fechaduras ou ferrolhos.

Esses tipos de espíritos têm a eficácia de outros espíritos, porém não em seu poder completo, e sim em virtude ou conhecimento.

Formas dos ESPÍRITOS de MERCÚRIO

Os ESPÍRITOS DE Mercúrio aparecem em um corpo de estatura mediana, frio, líquido e úmido, belo e de fala afável em aspecto e forma humana, como um cavaleiro armado, de cor clara e brilhante. O movimento deles é como o das nuvens prateadas: a sinalização desses espíritos é causar horror e medo àquele que os invocar.

Suas formas particulares são: um rei montado em um urso.

Uma bela jovem, uma mulher segurando uma roca.

Um cachorro, uma ursa e um pega.

Uma vestimenta de várias cores mutáveis.

Uma vara, um pequeno bastão.

As CONSIDERAÇÕES, etc. da QUINTA-FEIRA

(Para o anjo da quinta-feira, seu sigilo, etc., veja a ilustração no fim desta parte.)

Os ANJOS DA quinta-feira – *Sachiel, Cassiel, Asasiel*.

Os anjos do ar da quinta-feira, *Suth*, rei; ministros: *Maguth, Gutrix*.

Os anjos do ar estão sujeitos ao vento sul.

Contudo, visto não haver anjos do ar acima do quinto céu, portanto, na quinta-feira, dize as seguintes orações nas quatro partes do mundo:

No leste – *O Deus magne et excelse et honorate, per infinita secula;* ou, ó grande e altíssimo Deus, honrado seja o Teu nome, eternamente.

No oeste – Ó Deus sábio, puro e justo, de clemência divina, eu Te imploro, santíssimo Pai, que neste dia eu possa compreender perfeitamente e cumprir meu pedido, trabalho e labor; para a honra e glória do Teu santo nome, que vive e reina eternamente. *Amém.*

No norte – Ó Deus forte, poderoso e maravilhoso, perpétuo e eterno, permite que neste dia eu realize o que desejo, por meio de nosso bendito Senhor. *Amém.*

No sul – Ó Deus poderoso e misericordioso, ouve minhas orações e me concede meu pedido.

O perfume de quinta-feira é o de Açafrão.

A CONJURAÇÃO da QUINTA-FEIRA

EU VOS CONJURO e me firmo sobre vós, anjos fortes e santos, pelos nomes *Cados, Cados, Cados, Eschercie, Eschercie, Eschercie, Hatim, Ya*, forte fundador dos mundos; *Cantine, Jaym, Janic, Anic, Calbot, Sabbac, Berisay, Alnaym*; e pelo nome *Adonai*, que, no quinto dia, criou nas águas peixes e coisas rastejantes, e pássaros sobre a face da terra, voando em direção ao céu; e pelos nomes dos anjos servindo na sexta hoste, diante do *Pastor*, um anjo sagrado, um grande e poderoso príncipe, e pelo nome de sua estrela, que é *Júpiter*, e pelo nome de seu selo, e pelo nome de *Adonai*, o grande Deus, Criador de todas as coisas, e pelo nome de todas as estrelas, e por seu poder e virtude, e por todos os nomes mencionados, eu te conjuro, *Sachiel*, um grande Anjo, que é o governante principal da quinta-feira, para que tu trabalhes para mim, etc.

Os espíritos do ar de quinta-feira estão sujeitos ao *vento sul*; sua natureza é obter o amor das mulheres, fazer com que os homens sejam felizes e alegres, apaziguar lutas e contendas, pacificar os inimigos, curar totalmente os enfermos ou torná-los doentes, provocar perdas ou restaurar coisas perdidas.

As formas familiares dos ESPÍRITOS de JÚPITER

ELES APARECEM COM o corpo sanguíneo e colérico, de estatura mediana, movimentam-se de modo horrível e assustador, mas têm um semblante brando e uma fala gentil, e são da cor do ferro: o gesto deles é como de relâmpagos e trovões. Como sinal, surgirá em torno do círculo homens que parecerão estar sendo devorados por leões. Suas formas são:

Um rei com uma espada em punho, cavalgando um veado.

Um homem usando uma mitra, com roupas longas.

Uma empregada doméstica com uma coroa de louros, adornada com flores.

Um touro, um veado, um pavão.

Uma vestimenta azul, uma espada, um buxeiro.

As CONSIDERAÇÕES, etc. da SEXTA-FEIRA

(Para o selo do planeta e o signo que governa o planeta, além do nome do terceiro céu, ver a ilustração no fim desta parte.)

Os ANJOS DE sexta-feira – *Anael, Rachiel, Sachiel.*

Os anjos do ar que regem na sexta-feira: *Sarabotes*, rei; ministros: *Amahiel, Aba, Abalidoth, Blaef.* O vento a que os anjos do ar estão sujeitos é o *vento oeste*.

Os anjos do terceiro céu, que devem ser chamados das quatro partes do mundo, são: no leste, *Setchiel, Chedusilaniel, Corat, Tamuel, Tenaciel*; no oeste, *Turiel, Coniel, Babiel, Kadie, Maltiel, Huphaltiel*; no norte, *Peniel, Penael, Penat, Rafael, Ranie, Doremiel*; ao sul, *Porosa, Sachiel, Chermiel, Samael, Santanael, Famiel.*

O perfume de sexta-feira é o da Erva-pimenteira.

A CONJURAÇÃO da SEXTA-FEIRA

EU VOS CONJURO e me firmo sobre vós, ó anjos fortes e santos, pelos nomes *On, Hey, Heya, Ja, Je, Saday, Adonai,* e em nome de *Sadai*, que no sexto dia criou as bestas de quatro patas, e coisas rastejantes, e o homem, e que deu a Adão poder sobre todas as criaturas; portanto, bendito seja o nome do Criador em seu lugar; e pelo nome dos anjos que servem na terceira hoste, à frente de *Dagiel*, um grande anjo, e um príncipe forte e poderoso, e pelo nome de sua estrela, que é Vênus, e por seu selo que é sagrado; e por todos os nomes mencionados, eu te conjuro, *Anael*, que é o principal regente de hoje, para que trabalhes para mim, etc.

Os espíritos do ar na sexta-feira estão sujeitos ao vento oeste: sua natureza é dar prata, incitar os homens e incliná-los à luxúria, para causar casamentos, fazer os homens amarem as mulheres, para causar ou eliminar enfermidades e para realizar todas as coisas as quais se têm inclinação.

Suas formas familiares

APRESENTAM-SE EM CORPO formoso, de estatura mediana, com semblante amável e agradável, de cor branca ou verde, as partes superiores douradas; o movimento deles é como o de uma estrela clara. Como sinal de sua presença, aparecerão virgens nuas ao redor do círculo, que se empenharão no sentido de atrair o invocador para flertar com elas. Assim, suas formas particulares são:

Um rei com um cetro, cavalgando um camelo.

Uma jovem nua, uma cabra.

Um camelo, uma pomba.

Uma vestimenta branca ou verde.

Flores, a erva sabina.

AS CONSIDERAÇÕES, etc. do SÁBADO

(Para vedação, etc., ver a ilustração a seguir.)

Os ANJOS DO SÁBADO – *Cassiel, Machatan, Uriel.*

Os anjos do ar que regem este dia: *Maymon*, rei; ministros: *Abumalith, Assaibi, Balidet.*

O vento a que estão sujeitos é o *vento sul.*

A fumigação do sábado é o enxofre.

Não há anjos que regem o ar no sábado acima do quinto céu, portanto, nos quatro cantos do mundo, e no círculo, usar aquelas orações que se aplicam à quinta-feira.

A CONJURAÇÃO do SÁBADO

EU VOS CONJURO e me firmo sobre vós, *Caphriel*, ou *Cassiel*, *Machator* e *Seraquiel*, anjos fortes e poderosos; e pelo nome *Adonai*, *Adonai, Adonai; Eie, Eie, Eie; Acim, Acim, Acim; Cados, Cados; Ima, Ima, Ima; Salay, Ja, Sar,* Senhor e Criador do Mundo, que descansou no sétimo dia; e por aquele que por sua boa vontade deu o mesmo para ser seguido pelos filhos de Israel por meio de suas gerações, que eles deveriam guardar e santificá-lo, para ter assim uma boa recompensa no mundo porvir; e pelos nomes dos anjos servindo na sétima hoste, à frente de *Booel*, um grande anjo e poderoso príncipe; e pelo nome de sua estrela, que é Saturno; e pelo seu selo sagrado, e pelos nomes antes falados, eu te invoco, *Caphriel*, que és o regente principal do sétimo dia, que é o sábado, para que trabalhes para mim, etc.

Os espíritos do ar no sábado estão sujeitos ao *vento sudoeste*: a natureza deles é semear discórdias, ódio, pensamentos e cogitações malignos, dar permissão para matar e assassinar, além de aleijar ou mutilar todos os membros.

Suas formas familiares

GERALMENTE, ELES APARECEM com um corpo alto, esguio e magro, com um semblante zangado, tendo quatro faces, uma na parte de trás da cabeça, uma na frente e uma de cada lado, com nariz ou bico, da mesma forma, aparece um rosto em cada joelho de uma cor negra brilhante; seu movimento é o do vento, com uma espécie de terremoto; seu signo é terra branca, mais branca que a neve. Suas formas particulares são:

Um rei barbudo,[23] montado em um dragão.

Um velho com barba.

Uma velha apoiada em uma muleta.

Um porco, um dragão, uma coruja.

Uma vestimenta preta, um gancho ou foice.

Um junípero.

Essas são as figuras que esses espíritos costumam assumir, as quais geralmente são terríveis nas primeiras visões de seus aparecimentos; mas como eles têm apenas um poder limitado, além do qual não podem passar, então o invocador não precisa se sentir apreensivo ou ter medo, contanto que ele esteja bem fortalecido com as coisas que instruímos para serem usadas em sua defesa e, acima de tudo, que tenha uma fé firme e constante na misericórdia, na sabedoria e na bondade de Deus.

FIM DA TERCEIRA PARTE E DA MAGIA CABALÍSTICA E CERIMONIAL

23. Esses espíritos que aparecem em forma de realeza têm uma dignidade muito mais elevada do que aqueles que assumem uma forma inferior; e aqueles que aparecem em uma forma humana excedem em autoridade e poder aqueles que vêm como animais; e, novamente, estes últimos superam em dignidade aqueles que aparecem como árvores ou instrumentos, e assim por diante: de modo que deves julgar o poder, governo e autoridade dos espíritos conforme mais nobres e dignas forem as aparições que eles assumem.

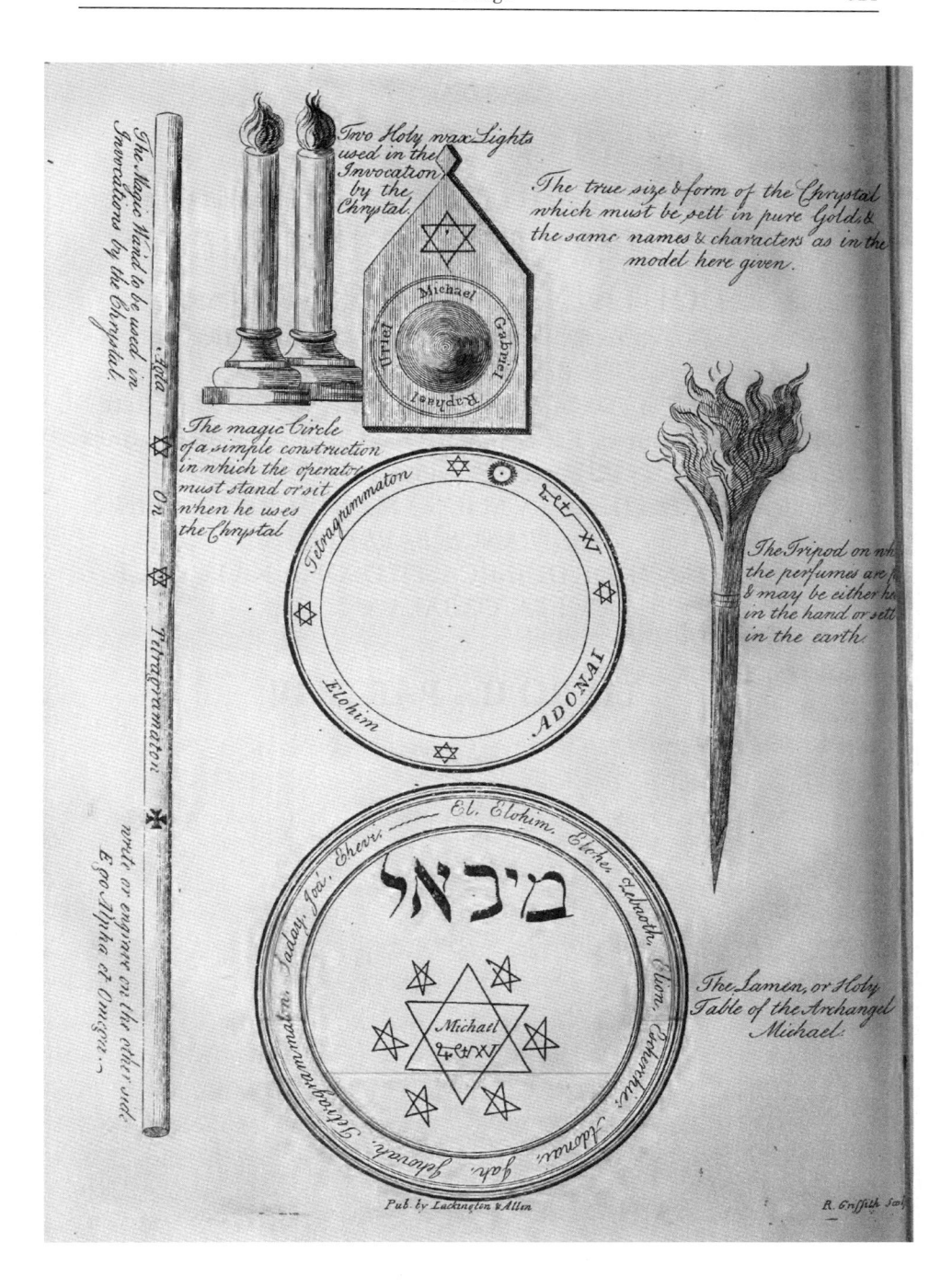

Two Holy wax Lights used in the Invocation by the Chrystal.

The true size & form of the Chrystal which must be sett in pure Gold, & the same names & characters as in the model here given.

The Magic Wand to be used in Invocations by the Chrystal.

Iod

On

Tetragramaton

write or engrave on the other side. Ego Alpha et Omega.

The magic Circle of a simple construction in which the operator must stand or sit when he uses the Chrystal

Tetragrammaton

Elohim

ADONAI

The Tripod on which the perfumes are & may be either held in the hand or sett in the earth

מיכאל

Michael

The Lamen, or Holy Table of the Archangel Michael.

Pub. by Lackington & Allen

R. Griffith Sci

A MAGIA E A FILOSOFIA
DE TRITÊMIO DE SPANHEIM;
CONTENDO SEU LIVRO DE SEGREDOS
E DOUTRINA DOS ESPÍRITOS:

Com muitos raros e curiosos Segredos (até então desconheci-
dos pelo vulgo)
A ARTE DE ATRAIR ESPÍRITOS PARA OS CRISTAIS, etc.
Com muitos outros Experimentos nas Ciências Ocultas, nunca
antes traduzidos.
TRADUZIDO DE UM VALIOSO MANUSCRITO LATINO
Por FRANCIS BARRETT,
ESTUDANTE DE QUÍMICA, FILOSOFIA NATURAL E
OCULTA, CABALA, etc.

LIVRO II – PARTE IV

A
MAGIA E A FILOSOFIA
DE
TRITÊMIO DE SPANHEIM

A CARTA do Tradutor a um AMIGO Seu, um Jovem Estudante Dessas Ciências Ocultas

Meu amigo:

COMO SEI QUE és um pesquisador curioso dessas ciências fora da trilha comum de estudo (ou seja, a arte de prever eventos, magia, talismãs, etc.), estou espiritualmente inclinado a te fornecer meus pensamentos sobre elas e, por meio dessas ideias aqui escritas, abrir diante do teu olho (espiritual) o máximo de informação necessário para que saibas e pelas quais possas ser conduzido pela mão até o deleitoso campo da natureza; e para te dar tais documentos para que, guiado pela suprema sabedoria do Altíssimo, possas dar refrigério à tua alma com um delicioso hausto de conhecimento; de modo que, após recriar teu espírito pelo uso desses belos presentes que Deus pode se dignar a te conceder, tu possas estar envolto na contemplação da imensa sabedoria daquele Ser magnânimo que te criou.

Ora, és um homem em cuja alma a imagem da Divindade está selada por toda a eternidade; pensa primeiro qual é teu desejo ao buscar esses mistérios! É a riqueza, a honra, o poder, a força, a glória, e coisas que tais? Talvez teu coração diga: Tudo! Tudo isso eu desejaria de bom grado! Se assim for, esta é minha resposta: busca primeiro conhecer a ti mesmo por completo, limpa teu coração de todos os desejos perversos, vãos e rapaces. Se pensas, ó homem, em obter poder para *gratificar teus desenhos, para enriquecer teus cofres, para construir casas*, para ascender ao ápice da admiração humana; se são essas tuas esperanças e desejos, tens motivo para lamentar ter nascido: todos esses desejos vêm diretamente do Diabo, quero dizer aquele Ser cujos engenhos (*i. e.*, miríades de demônios) estão continuamente no ato de colocar luxos e deleites sensuais diante de mentes e corações depravados do homem, e cujo principal ofício e propriedade é se opor a atos e inspirações benévolas daqueles espíritos abençoados que são os instrumentos de Deus, nosso Criador.

Teme a Deus e ama teu próximo; não enganes, não blasfemes, nem mintas; que todos os teus atos sejam sinceros. Aqui, homem!, tens o grande selo de toda sabedoria terrena, o verdadeiro talismã da felicidade humana. Quando realizares isso, nada será impossível para ti, contanto que Deus o permita: assim, sê rápido em aplicar tua mente e coração para obter conhecimento e sabedoria; com toda humildade dependa apenas de Deus, o autor de todas as coisas que não podem morrer.

Conhecer a ti mesmo é conhecer a Deus, pois é um dom espiritual *oriundo de Deus* que permite que um homem conheça a si mesmo. Esse é um dom possuído por poucos, como podemos ver diariamente. Quantos existem que são lançados de um lado para outro sobre o perigoso oceano das paixões em conflito, e que são mais leves do que penas! Quantos nesta grande cidade colocam seu maior *bem* no deboche e na lubricidade! Vê as *ações*, *maneiras* e *disposições*; esses pobres e infelizes miseráveis, tal é a sua ignorância, obsessão mágica fatal, que consideram loucos aqueles que tentam raciocinar com eles sobre a vaidade e miséria de sua situação. Para ser mais claro, esses são aqueles que o mundo chama de homens da moda, uma frase insignificante o bastante quando consideramos que a moda universal desse período é o vício, e de modo tão óbvio que não é preciso um grande intelecto para descobrir o que está diariamente escancarado diante do observador. Porém, para ti, meu amigo, enderecei estas linhas; assim, que ninguém pense que estou repreendendo meu amigo por vícios que não posso imaginar associados a ele: pois eu sei que és um jovem feito para receber instrução, em contemplações muito mais elevadas e gloriosas do que esses filhos da terra são capazes; portanto, presenteei-te com essa tradução, que desejavas receber de mim.

Contudo, cuidado com a bajulação, o amor-próprio e a cobiça, para que possas prosperar; e sê diligente na tua ocupação, de modo que teu corpo seja alimentado. O ócio é ofensivo à Divindade, a indústria adoçará teu pão, e seus frutos aquecerão teu coração e inspirarão tua alma com gratidão àquele que te abençoa com o *suficiente*: não procures mais, pois isso te condenará; reza pelo suficiente para alimentar e vestir teu corpo, mas não peças mais, para que não sofras de pobreza atroz e passes o resto dos teus dias na humilhação e indigência. Pois é forçoso que saibas, que se pelo teu estudo, por tua arte ou por qualquer outra coisa, pudesses *comandar um milhão de espíritos*, não seria lícito que desejasses ganhar subitamente riquezas, pois a Sabedoria Eterna estabeleceu o decreto; e foi dito por Aquele que nunca falou em vão, e que não pode mentir, que *com o suor do teu rosto comerás o pão*; assim, não devemos ter em vista o enriquecimento de bens comuns, por meios sobrenaturais, ou pelo desejo ganancioso daquilo que deveríamos fitar com desprezo, para não atrair a ira de Deus. Em vez disso devemos confiar alegremente, e seguir em cada ato, espírito e verdade, essas palavras do apóstolo: Buscai primeiro o Reino de Deus, e todas essas coisas serão acrescentadas a vós, não temeis porque Deus fará de vossa casa uma árvore frutífera, e sua esposa será como uma vinha fértil. Adeus, lembra-te dos meus pobres conselhos, e sê feliz. Do teu amigo fiel, F. B.

Nota: Para que melhor possas compreender este Livro, desenhei as várias figuras, mencionadas nessa obra, para que possas ver o método exato da operação; igualmente, aqui estarão as imagens de selos, espíritos e vários outros raros e curiosos instrumentos, necessários para que possas conhecer e ver com o olho; assim, na construção deles, não podes estar sujeito ao erro.

Fig. 1. A forma do cristal para invocar espíritos, com a lâmina de puro ouro, na qual o cristal deve ser engastado, cercado pelos sigilos divinos.

Fig. 2. Um círculo mágico (C D E F), de construção simples, para que o operador possa ficar de pé ou sentado enquanto chama os espíritos.

Fig. 3. O cristal (A), dois candelabros de prata ou de outro material (G G,) com as velas de cera queimando, e um tripé ou recipiente para a sufumigação.

Fig. 4. Uma vara de ébano negro com sigilos dourados. Os sigilos são explicados.

Um ALERTA aos Inexperientes Nesta ARTE, e um Conselho para Aqueles Que Querem Ser Adeptos

IRMÃO,

É necessário te informar que sejam quais forem teus desejos no exercício desta arte que chamamos de Magia, assim será tua conexão e resposta. Se buscas vingança, é forçoso que saibas que irás, em qualquer um dos experimentos aqui registrados, atrair para ti um demônio vingativo, ou um espírito infernal furioso, servindo no princípio da ira de Deus; se forem riquezas e ascensão mundana, então terás um espírito terrestre ou ígneo, que irá te iludir com as riquezas do mundo inferior; se for fama ou glória fulgurante, então os *espíritos do orgulho* estarão encarregados de ti, e gratificarão teu desejo desmedido de glória vã; para todos esses ofícios, há espíritos designados e ansiosos para se unirem com teu espírito: eles te atrairão para a natureza que lhes é própria, e servirão todos os teus propósitos na extensão permitida por Deus; e, assim, como teus desejos são e de qual princípio eles procedem, assim será tua resposta: mas, se desejas saber nada que não seja para a honra e glória de Deus, e o bem do teu próximo, e, em grande humildade, preencher teu coração com o amor de Deus, então terás um espírito puro que te concederá (se o Senhor o permitir) teus desejos. Portanto, busca aquilo que é bom; evita todo mal em pensamentos, palavras ou ações; reza a Deus para que te preencha com sabedoria, e então colherás uma abundante colheita. Há dois caminhos mágicos dispostos diante de ti; escolhe o que quiseres e terás a recompensa garantida. Adeus.

F. B.

Londres, 1800.

Sobre Como Fazer o CRISTAL e a Forma de Preparação para uma VISÃO

ADQUIRE DE UM lapidário um bom cristal claro e transparente, do tamanho de uma pequena laranja, ou seja, com cerca de uma polegada e meia de diâmetro, e que ele seja globular ou redondo de todos os lados; então, quando tiveres esse cristal, belo e transparente, sem manchas ou pintas, obtém um prato pequeno de puro ouro para abarcar o cristal ao redor de uma metade; faz com que ele seja engastado em um pedestal de marfim ou ébano, como podes ver melhor descrito no desenho: Faz com que seja gravado um círculo (A) ao redor do cristal com estes sigilos dentro do círculo junto ao cristal; ✡ ⛥ ✠ depois o nome "*Tetragrammaton*". No outro lado do prato, faz com que seja gravado "*Miguel, Gabriel, Uriel, Rafael*", que são os quatro principais anjos a regeram o *Sol, a Lua, Vênus e Mercúrio*; então, na tábua onde estiver disposto o cristal, os seguintes nomes, sigilos, etc. devem ser desenhados em ordem.

Primeiro, os nomes dos sete planetas e de seus anjos regentes, com seus selos ou sigilos. Os nomes dos quatro reis dos quatro cantos da terra: eles devem ser escritos dentro de um círculo duplo, com um triângulo em uma tábua, no qual deve ser colocado o cristal em seu pedestal; quando isso for feito, tua tábua estará completa (como na *Fig. D*) e adequada para o chamado de espíritos; então procederás para o experimento da seguinte maneira:

Quanto à hora em que deves lidar com os espíritos por meio da *tábua* e do *cristal*, deves observar a hora planetária; e seja qual for o planeta regendo aquela hora, o anjo governando o planeta deve ser chamado da seguinte maneira; mas, primeiro, recita esta curta oração:

"Ó Deus! Que és o autor de todas as coisas boas, eu te imploro, fortalece este teu pobre servo, para que ele possa persistir, sem medo nesta operação e obra; ilumina, eu te imploro, ó Senhor, o turvo entendimento da tua criatura, para que seu olho espiritual possa ser aberto para ver e conhecer teus espíritos angélicos descendo sobre este cristal (*então coloca tua mão sobre o cristal, dizendo*): e tu, ó criatura inanimada de Deus, sê santificada e consagrada, e abençoada para este propósito, que nenhuma fantasia maligna possa aparecer em ti; ou, se elas ingressarem nisto, criatura, que elas possam ser forçadas a falar de modo inteligível e veraz, e sem a mínima ambiguidade, pela vontade de Cristo. *Amém*. E enquanto teu servo estiver de pé diante de ti, ó Senhor, não desejarei tesouros malignos, ou injúria ao próximo, nem ferir criatura viva alguma, concede-me o poder de discernir os espíritos ou inteligências celestiais que possam aparecer neste cristal, e quaisquer dons benéficos, sejam eles o poder de curar enfermidades, ou de assimilar sabedoria, ou de descrever qualquer mal que possa afligir qualquer pessoa ou família, ou qualquer outro dom benéfico que queiras me conceder; capacita-me, pela tua sabedoria e misericórdia, a usar o que quer que eu possa receber para honrar o teu santo nome. Concede-me isso pela graça de Teu filho, o Cristo. *Amém*".

Então, tomando teu anel e pentáculo, coloca o anel no dedo mínimo da tua mão direita; pendura o pentáculo ao redor do teu pescoço (*Nota*: O pentáculo pode ser escrito em pergaminho virgem e limpo, ou gravado em uma placa quadrada de prata e suspenso no teu pescoço sobre o peito), então toma tua vara de ébano negro, com os sigilos dourados nela, e traça o círculo (Fig. 7. C D E F), dizendo: "Em nome da Santa Trindade, eu consagro esse pedaço do solo para nossa defesa; de modo que nenhum espírito maligno possa ter poder para romper esses limites aqui prescritos, por meio de Nosso Senhor Jesus Cristo". *Amém.*

Coloca o recipiente para os perfumes entre teu círculo e a tábua santa onde está o cristal e, com o fogo aceso, lança nele teus perfumes, dizendo:

"Eu te conjuro, ó criatura do fogo! Por aquele que criou todas as coisas no céu e na terra, e no mar, e em todos os outros lugares, que doravante expulsarás todo fantasma de ti, de modo que nenhum dano seja causado contra coisa alguma. Abençoa, Senhor, esta criatura do fogo, santifica-a para que ela possa ser abençoada, e para que ela possa expressar plenamente o poder e a virtude das suas essências; de modo que nem o inimigo, nem qualquer falsa imaginação possa entrar nela, por meio de nosso Senhor Jesus Cristo. *Amém*".

Ora, tendo feito isso na ordem prescrita, toma teu livrinho, que deve ter cerca de sete polegadas de comprimento, feito em puro pergaminho ou em papel branco virgem e, também, pena e tinta devem estar disponíveis para escrever o *nome, sigilo* e o *ofício*, igualmente o selo ou imagem de qualquer espírito que possa aparecer (pois devo te dizer que nem sempre o mesmo espírito que chamares aparecerá, pois deves testar o espírito para saber se ele é um ser puro ou impuro, e isso saberás facilmente mediante uma fé firme e indubitável em Deus).

Ora, a maneira mais pura e simples de chamar os espíritos ou espírito é por uma curta oração ao próprio espírito, que é mais eficaz e fácil de realizar do que compor uma tabela de letras; para todas as operações celestiais, quanto mais puras e sem mistura elas forem, mais agradáveis serão aos espíritos celestiais: portanto, depois que o círculo for desenhado, estando o livro, perfumes, vara, etc. de prontidão, prossegue da seguinte forma.

Depois de observar a hora exata do dia e qual anjo rege essa hora, deves dizer:

"Em nome da abençoada e santa Trindade, eu desejo que tu, ó anjo forte e poderoso, Miguel,[24] se for essa a vontade divina daquele que é chamado Tetragrammaton, etc., o Deus Santo, o Pai, assumas alguma forma adequada à tua natureza celestial, e aparece diante de nós visivelmente aqui neste cristal, e responde aos nossos pedidos, na medida em que não transgridamos os limites da misericórdia e da bondade divina, solicitando conhecimento ilícito; irás nos mostrar graciosamente as coisas cujo conhecimento for mais vantajoso para nós, para a glória e honra da sua divina Majestade, que vive e reina para todo o sempre. *Amém*.

Senhor, seja feita a Vossa vontade, tanto na terra quanto no céu; purificai nossos corações dentro de nós, e não nos tireis vosso Espírito Santo.

Ó Senhor, pelo vosso nome, nós o chamamos, permiti que ele nos atenda. E todas as coisas possam trabalhar juntas para vossa honra e glória, as quais sejam convosco, o Filho e o Espírito abençoado, sejam atribuídas todo poder, majestade e domínio. *Amém*".

Nota: Nesses afazeres, duas pessoas devem sempre estar presentes; pois, frequentemente, um espírito se manifesta para uma delas pelo cristal enquanto a outra não pode percebê-lo; portanto, se algum espírito aparecer, como provavelmente ocorrerá, para uma ou para ambas, digam: "Oh, Senhor! Nós oferecemos agradecimentos sinceros e de coração por ter ouvido nossa oração, e agradecemos por ter permitido que teu espírito aparecesse para nós, a quem, por Tua misericórdia, vamos interrogar para instruções subsequentes, por meio de Cristo. *Amém*".

Questão 1: Em nome do Espírito santo e imaculado, o Pai, o Filho unigênito e o Espírito Santo que de ambos provém, qual é teu verdadeiro nome?

Caso o espírito responda *Miguel*, então, prossiga.

Questão 2: Qual é a tua função? 3: Qual é o teu verdadeiro signo ou sigilo? 4: Quais são as horas mais favoráveis para a tua natureza entrar em conversação conosco?

---

24. Ou qualquer outro anjo ou espírito.

Juras, pelo sangue e justiça do nosso Senhor Jesus Cristo, que és realmente Miguel?

(Aqui, deixa-o jurar e, então, grava o seu selo ou sigilo em teu livro e, ao lado dele, o seu cargo e horas para ser chamado pelo nome de Deus; escreve também qualquer coisa que ele possa te ensinar, ou quaisquer respostas que ele possa dar às tuas perguntas ou interrogações sobre a vida ou morte, arte ou ciências, ou qualquer outra coisa.) E então dize:

"Ó grande e poderoso espírito, visto que vieste em paz e em nome da santíssima e justa Trindade, então em nome dela tu podes partir e retornar para nós quando chamado em nome Daquele a quem todo joelho deve se dobrar. Adeus, Miguel; que a paz esteja entre nós, pelo nosso abençoado Senhor Jesus Cristo. *Amém*".

Então o espírito partirá; assim, dize: "A Deus, o Pai, Eterno Espírito, fonte de Luz, ao Filho e ao Espírito Santo seja dada toda honra e glória, por toda a eternidade. *Amém*".

Aqui vou registrar a Tabela dos nomes dos Espíritos e dos Planetas que regem as Horas, de modo que poderás facilmente saber, examinando-a, qual Espírito e Planeta governam cada Hora do Dia e Noite na Semana.

Hours Day.	Angels and Planets ruling SUNDAY.	Angels and Planets ruling MONDAY.	Angels and Planets ruling TUESDAY.	Angels and Planets ruling WEDNESDAY	Angels and Planets ruling THURSDAY.	Angels and Planets ruling FRIDAY.	Angels and Planets ruling SATURDAY.
	Day.	*Day.*	*Day.*	*Day.*	*Day.*	*Day.*	*Day.*
1	☉ Michael	☽ Gabriel	♂ Samael	☿ Raphael	♃ Sachiel	♀ Anael	♄ Cassiel
2	♀ Anael	♄ Cassiel	☉ Michael	☽ Gabriel	♂ Samael	☿ Raphael	♃ Sachiel
3	☿ Raphael	♃ Sachiel	♀ Anael	♄ Cassiel	☉ Michael	☽ Gabriel	♂ Samael
4	☽ Gabriel	♂ Samael	☿ Raphael	♃ Sachiel	♀ Anael	♄ Cassiel	☉ Michael
5	♄ Cassiel	☉ Michael	☽ Gabriel	♂ Samael	☿ Raphael	♃ Sachael	♀ Anael
6	♃ Sachiel	♀ Anael	♄ Cassiel	☉ Michael	☽ Gabriel	♂ Samael	☿ Raphael
7	♂ Samael	☿ Raphael	♃ Sachiel	♀ Anael	♄ Cassiel	☉ Michael	☽ Gabriel
8	☉ Michael	☽ Gabriel	♂ Samael	☿ Raphael	♃ Sachael	♀ Anael	♄ Cassiel
9	♀ Anael	♄ Cassiel	☉ Michael	☽ Gabriel	♂ Samael	☿ Raphael	♃ Sachiel
10	☿ Raphael	♃ Sachiel	♀ Anael	♄ Cassiel	☉ Michael	☽ Gabriel	♂ Samael
11	☽ Gabriel	♂ Samael	☿ Raphael	♃ Sachiel	♀ Anael	♄ Cassiel	☉ Michael
12	♄ Cassiel	☉ Michael	☽ Gabriel	♂ Samael	☿ Raphael	♃ Sachiel	♀ Anael
Hours Night	*Night.*	*Night.*	*Night.*	*Night.*	*Night.*	*Night.*	*Night.*
1	♃ Sachael	♀ Anael	♄ Cassiel	☉ Michael	☽ Gabriel	♂ Samael	☿ Raphael
2	♂ Samiel	☿ Raphael	♃ Sachiel	♀ Anael	♄ Cassiel	☉ Michael	☽ Gabriel
3	☉ Michael	☽ Gabriel	♂ Samael	☿ Raphael	♃ Sachiel	♀ Anael	♄ Cassiel
4	♀ Anael	♄ Cassiel	☉ Michael	☽ Gabriel	♂ Samael	☿ Raphael	♃ Sachiel
5	☿ Raphael	♃ Sachiel	♀ Anael	♄ Cassiel	☉ Michael	☽ Gabriel	♂ Samael
6	☽ Gabriel	♂ Samael	☿ Raphael	♃ Sachiel	♀ Anael	♄ Cassiel	☉ Michael
7	♄ Cassiel	☉ Michael	☽ Gabriel	♂ Samael	☿ Raphael	♃ Sachiel	♀ Anael
8	♃ Sachiel	♀ Anael	♄ Cassiel	☉ Michael	☽ Gabriel	♂ Samael	☿ Raphael
9	♂ Samael	☿ Raphael	♃ Sachiel	♀ Anael	♄ Cassiel	☉ Michael	☽ Gabriel
10	☉ Michael	☽ Gabriel	♂ Samael	☿ Raphael	♃ Sachiel	♀ Anael	♄ Cassiel
11	♀ Anael	♄ Cassiel	☉ Michael	☽ Gabriel	♂ Samael	☿ Raphael	♃ Sachiel
12	☿ Raphael	♃ Sachiel	♀ Anael	♄ Cassiel	☉ Michael	☽ Gabriel	♂ Samael

Nota, O dia é dividido em 12 partes iguais, chamadas de Horas Planetárias, contadas desde a aurora até o crepúsculo e, novamente, do pôr do Sol ao nascer do Sol; e para encontrar a hora planetária, só é preciso dividir as horas naturais por 12, e o quociente fornece a duração das horas planetárias e dos minutos que sobram, o que mostra quanto tempo um espírito rege naquele dia, já que Miguel governa a primeira e a oitava horas do domingo, assim como o ☉. Depois de ter a duração da primeira hora, basta procurar na Tabela, como se fosse a quarta hora no domingo, verás que a ☽ e Gabriel regem, e assim por diante para o resto, sendo algo tão simples e fácil que não há como errar.

A CONCLUSÃO DO MAGO

ANÚNCIO

O Autor desta *Obra respeitosamente informa àqueles que estão interessados nos estudos da Arte e da Natureza, em especial da Filosofia Natural e Oculta, Química, Astrologia, etc. que, tendo sido incansável nas suas pesquisas sobre essas sublimes ciências, das quais tratou neste Livro, que ele oferece instruções e palestras particulares sobre qualquer uma das Ciências mencionadas, no curso das quais eles descobrirão muitos experimentos raros e curiosos. Aqueles que se tornarem Estudantes serão iniciados nas operações mais seletas da Filosofia Natural, Magia Natural, Cabala, Química, Arte Talismânica, Filosofia Hermética, Astrologia, Fisiognomia, etc. Do mesmo modo, irão adquirir o conhecimento dos* Ritos, Mistérios, Cerimônias *e* Princípios *dos Filósofos antigos, Magistas, Cabalistas, Adeptos, etc. O propósito desta Escola (que consistirá em um número não superior do que 12 Estudantes) será investigar os tesouros ocultos da Natureza; conduzir a Mente até a Contemplação da Sabedoria Eterna; promover a descoberta do que quer que possa conduzir à perfeição do Homem, o alívio de misérias e calamidades desta vida, tanto em respeito a nós mesmos quanto aos outros; o estudo da moralidade e religião aqui, para garantir nossa felicidade no além; e, finalmente, a Promulgação do que quer que possa conduzir à felicidade geral e bem-estar da humanidade. Para aqueles que se sentirem totalmente dispostos a iniciar tal curso de estudos, como recitado anteriormente, com os mesmos princípios de filantropia com a qual o Autor convida os amantes de Filosofia e sabedoria, para tomarem parte em uma sociedade tão seleta, permanente e desejável, podem falar com o Autor sobre o assunto, a qualquer horário entre as horas das 11 às 2 da tarde, em 99 Norton Street, Marylebone.*

Cartas (com postagem paga) sobre qualquer assunto tratado neste Livro serão devidamente respondidas, com as informações necessárias.

LIVRO III
BIOGRAPHIA ANTIQUA

Ou
UM RELATO DAS VIDAS E ESCRITOS
DE ANTIGOS E MODERNOS
MAGISTAS, CABALISTAS E FILÓSOFOS,
DESCOBRINDO OS
PRINCÍPIOS E AS DOUTRINAS DOS
PRIMEIROS FUNDADORES
DAS
CIÊNCIAS MÁGICAS E OCULTAS:
EM QUE OS MISTÉRIOS DE PITAGÓRICOS, GIMNOSOFIS-
TAS, EGÍPCIOS, BRÂMANES, BABILÔNIOS, PERSAS, ETÍOPES,
CALDEUS, etc. SÃO DESCOBERTOS:
Incluindo um relato particular e interessante de
ZOROASTRO, O FILHO DE OROMASIUS,
O PRIMEIRO INSTITUIDOR DA FILOSOFIA PELO FOGO E
MAGIA;
IGUALMENTE, DE
HERMES TRISMEGISTUS, O EGÍPCIO,
E outros filósofos, famosos pela sua Erudição, Piedade e Sabedoria.
É ACRESCENTADO NELA
UM CURTO ENSAIO,
Provando que os Primeiros Cristãos foram Magistas, que previram,
reconheceram e adoraram
O SALVADOR DO MUNDO,
E
PRIMEIRO FUNDADOR DA RELIGIÃO CRISTÃ

BIOGRAPHIA ANTIQUA

ZOROASTRO, O FILHO DE OROMASIUS, O PRIMEIRO INSTITUIDOR DA FILOSOFIA PELO FOGO E PELA MAGIA

ZOROASTRO, O FILHO de Oromasius, viveu durante o reino de Dario, o sucessor de Cambises.[25] Todos os autores estão cheios de variações nos seus relatos sobre essa pessoa famosa, alguns deles atribuindo-lhe uma data muito mais tardia do que outros; contudo, apresentaremos o que coletamos daqueles que parecem mais autênticos, sem omitir a história tradicional existente entre os Magos, com o que nossos leitores poderão comparar as várias histórias dos biógrafos e aceitar que a narrativa que veremos parece ser a mais racional. Zoroastro, rei dos báctrios, foi vencido por Ninus, e era considerado o inventor da magia.[26] Eusébio estima que essa vitória de

---

25. O autor lamenta que, apesar de suas laboriosas pesquisas para obter um relato autêntico e satisfatório de Zoroastro para os seus leitores, só algumas informações gerais, e não particulares, podem ser fornecidas: de fato, os historiadores mais sérios e respeitáveis diferem de tal modo nas suas narrativas a respeito dele que nada de certo pode ser deduzido dali. Contudo, citamos várias autoridades, às quais anexamos diversas notas e comentários.

26. *Considerado o inventor da magia.* Deve ser observado que ele é o seu inventor e o primeiro dos magos. Justino relata que essa vitória foi a última de Ninus; que Zoroastro filosofava do modo mais judicioso sobre a natureza e influência das estrelas e sobre os princípios do universo. Thomas Stanleius, *Hist. of Philos. Orientalis,* liv. I. cap. iii, informa que Zoroastro, de acordo com Eusébio, foi contemporâneo de Semíramis; mas é certo, de acordo com Eusébio, que ele foi vencido pelo rei Ninus. Arnobius, lib. I. pa. m. 5. diz: "Antigamente os assírios e báctrios, os primeiros sob a liderança de Ninus, e os últimos sob Zoroastro, lutaram uns contra os outros, não só com homens e armas, mas também com o auxílio da magia, e a disciplina secreta dos caldeus". Hermipo, que escrevera cautelosamente sobre tudo relacionado com a magia, e que explicou 20 mil versos compostos por Zoroastro, relata que um certo Azonaces o iniciou nessa arte, e que ele viveu 5 mil anos antes da Guerra de Troia. Santo Agostinho e Orósio seguiram a tradição mencionada por Justino. Apuleio, no seu Catálogo de todos os mais famosos Magistas da Antiguidade, com grande justiça coloca Zoroastro no primeiro lugar, e prova que ele é o mais antigo de todos: "*Magicarum artium fuisse perhibeter inventor Zoroastres*". Agostinho, *De Civitate Dei,* liv. 21. cap. xiv(/). Eudoxo, que considerava que a arte da magia era o mais nobre e mais útil de todo o conhecimento mundano, relata que Zoroastro viveu 6 mil anos antes da morte de Platão. Isso é afirmado por Aristóteles. Agátias, que viveu no reino de Justiniano, nos informa que, de acordo com os persas daquela época, Zoroastro e Histaspes eram contemporâneos; mas eles não dizem se esse Histaspes era o pai de Dario ou de qualquer outro. *Sir* John Marsham tem certeza de que ele era o pai de Dario e fundamenta sua opinião dizendo que um dos elogios gravados em sua tumba o chama de instrutor dos Magos; e que o mesmo historiador que diz que Histaspes era habilíssimo na magia o chama de pai de Dario. Ammianus Marcellinus, liv. 23, p. m. 324. diz: "Depois do tempo de Zoroastro, reinou Histaspes, um rei muito prudente e pai de Dario. Esse príncipe, tendo adentrado ousadamente nas partes mais remotas do Norte da Índia, chegou eventualmente em uma floresta solitária, onde viviam os brâmanes, em espantosa e silenciosa tranquilidade. Nessa solidão pacífica eles o instruíram no conhecimento do movimento da terra,

Ninus ocorreu no sétimo ano de Abraão; ora, vários autores fazem com que Zoroastro seja muito anterior. Foi relatado que Zoroastro riu ao nascer, e que ele foi o único a quem isso aconteceu, e que a palpitação do seu cérebro era tão forte que repelia a mão que fosse posta sobre sua cabeça, o que disseram ser um presságio do seu futuro conhecimento e sabedoria. Diz-se, ainda, que ele passou 20 anos no deserto e nunca comeu nada além de um tipo de queijo que nunca estragava, mesmo quando envelhecido; que o amor pela sabedoria e pela justiça o obrigou a se retirar do mundo para uma montanha, onde viveu sozinho; mas, quando desceu dali, caiu um fogo celestial sobre ela, que arde perpetuamente; que o rei da Pérsia, acompanhado pelos maiores nobres da sua corte, aproximaram-se dela com o propósito de orar para Deus; que Zoroastro saiu das chamas sem se ferir; que ele confortou e encorajou os persas, e ofereceu sacrifícios no nome deles para Deus; que, depois disso, ele não viveu de modo indiferente com todo tipo de homem, mas apenas com aqueles que haviam nascido para a verdade, os quais eram capazes do verdadeiro conhecimento de Deus, chamados entre os persas de Magos; diz-se,

---

assim como no das estrelas; e, com eles, aprendeu os puros e sagrados ritos da religião. Parte desse conhecimento ele comunicou aos Magos, o qual, junto à arte de prever eventos futuros, eles passaram para a posteridade, cada um em sua própria família. Um grande número de homens que descendem dessas famílias, desde aquela era até o presente, foi selecionado para cultivar o conhecimento dos Deuses". Mas Ammianus Marcellinus estava errado ao dizer que esse pai de Dario era um rei; e, sem dúvida, ele cometeu esse equívoco por ter lido de modo geral que um certo rei Histaspes era um grande magista, e muito embora não houvesse outro Histaspes que não o pai de Dario. Porém, é indiscutível que um certo Histaspes, mais antigo que a fundação de Roma, e um grande profeta, é mencionado pelos autores. "Também Histaspes, o rei mais antigo dos Medas, e de onde o Rio Histaspes deriva seu nome, é o mais admirável de todos; pois sob a interpretação da profecia de um menino, ele informou à posteridade que o Império Romano, ou mesmo o nome romano, devia ser totalmente destruído; e isso ele previu muito tempo antes do estabelecimento daquela colônia dos troianos" (Lactâncio, liv. VII. cap. xv. pág. in. 492). O mártir Justino nos informa que ele previu a conflagração geral de todas as coisas perecíveis (Justino, *Apolog.* Liv. ii. p. 66). É dito que Pitágoras era discípulo de Zoroastro, sob o reino de Cambises, o filho de Ciro: as palavras de Apuleio nos informam desse fato. Alguns dizem que Pitágoras havia sido escravizado no Egito e transportado para a Pérsia; outros dizem que ele foi transportado para a Babilônia, e que ali foi instruído por Zoroastro, o Babilônio, a quem eles distinguem do persa. Não encontramos menos do que cinco Zoroastros mencionados na história: a esses cinco, pode ser acrescentado um sexto, citado em Apuleio. Esse Zoroastro vivia na Babilônia no mesmo período em que Pitágoras foi levado para lá por Cambises. O mesmo escritor o chama de "o principal intérprete de todos os mistérios divinos", e diz que Pitágoras foi instruído principalmente por ele. Ele parece ser o mesmo que Zabratus, por meio do qual Diógenes afirma que Pitágoras foi purificado de todas as suas impurezas, e instruído naquilo que é essencialmente necessário que os homens bons saibam, ou seja, Deus, natureza e filosofia: ele também é o mesmo que Nazaratus, o assírio, sobre quem Alexandre, no seu livro sobre símbolos pitagóricos, afirma ter ensinado Pitágoras. A mesma pessoa é chamada por Suídas de *Zares*, por Cirilo de *Zaranes* e por Plutarco de *Zarates*.

também, que ele desejava que seu fim fosse ser atingido pelo trovão e consumido pelo fogo celestial; e que ele solicitou que os persas coletassem suas cinzas, depois que fosse consumido dessa maneira, e que as preservassem e venerassem como um compromisso de preservação da sua monarquia; eles, por um período, prestaram grande veneração às relíquias de Zoroastro, mas que eventualmente, por negligenciá-las, sua monarquia caiu em ruínas e decadência.[27] A Crônica de Alexandria acrescenta que, depois de ter feito esse discurso, ele invocou Órion e foi consumido pelo fogo celestial. Muitos afirmam que Zoroastro foi Cã das nações orientais, e o inventor da magia. Mr. Bochart refuta essa falsidade. Cedrenus observa que Zoroastro, o qual se tornou tão famoso por sua sabedoria entre os persas, descendia de Belus: isso importa porque ele descendia de Nimrode. Alguns o tomaram por Nimrode; outros, por Assur ou Jafé. Os antigos persas acreditavam que Zoroastro veio antes de Moisés.[28] Alguns sustentam que ele era o profeta Ezequiel, e não pode ser negado que baseiam suas opiniões na concordância de vários detalhes que pertencem a um e que podem ser relacionados ao outro. George Hornius, tolamente, imagina que

---

27. De acordo com a tradição dos Magos, vamos explicar essa fabulosa e figurativa descrição do fim de Zoroastro. A verdade é que ele impôs rigidamente aos persas que perseverassem nas leis que codificara e na doutrina que se esforçara para estabelecer, que era viver na prática da virtude moral, evitar todo tipo de luxo, promover as ciências liberais, governar todas as suas ações com prudência e integridade, e enfrentar o infortúnio com resolução, e encontrá-lo com filosofia, e suportar as calamidades inevitáveis da vida com fortidão: essas disciplinas ele deixou como uma preciosa relíquia entre os persas, às quais obedeciam estritamente, sem medo da tirania ou opressão: essas leis eles guardaram e durante algum tempo seguiram religiosamente os preceitos desse grande filósofo: eventualmente, a fragilidade humana e o vício, corrompendo suas maneiras, fizeram com que relaxassem de seus deveres, o que fez com que seu império caísse na ruína e na decadência. A idolatria falsamente atribuída a esse sábio, ou seja, a instituição da adoração do fogo, deve ser interpretada desse modo: sob o símbolo celestial do fogo, o significado era a verdade; verdade que ele atribuía puramente ao grandioso e maravilhoso atributo da Divindade, que ele reconhecia e adorava, ou seja, que só existe um Deus, o fogo eterno da sabedoria e a verdade, justiça e misericórdia eternas! Sua magia era o estudo da adoração religiosa daquele Ser Eterno. Depois de Zoroastro, houve quatro pessoas escolhidas para educar o sucessor do rei da Pérsia. Foram escolhidos o mais sábio, o homem mais justo, o mais bravo e o mais moderado que puderam encontrar. O homem mais sábio (ou seja, um dos Magos) o instruiu na magia de Zoroastro; o justo, na arte de governar; o bravo, na Guerra; e o moderado, na virtude social e temperança. Note-se que Zoroastro é chamado de filho de Oromasius, e que Oromasius é o nome dado por Zoroastro e seus discípulos ao bom Deus e que esse título foi realmente concedido a ele pelos persas; portanto, de acordo com Platão, esse Mago persa, em virtude de sua imensa erudição, religiosidade e sabedoria, era de uma maneira alegórica e figurativa chamado de filho de Deus, ou filho da sabedoria, da verdade, etc.
28. Alguns Magos afirmam que ele é idêntico a Abraão e, frequentemente, chamam-no de Ibrahim Zerdascht, que significa Abraão, o amigo do fogo.

ele era o falso profeta Balaão. Huetius mostra que ele era o Moisés dos judeus, e menciona um número infinito de detalhes nos quais as narrativas que temos de Moisés concordam com as histórias relatadas de Zoroastro. Quão perto todas ou qualquer uma delas estão da verdade veremos em seguida, já que será exposto o relato mais provável e racional sobre ele, até onde fomos capazes de traçar, a partir da tradição dos Magos, que preferimos aos relatos confusos e parciais do presente. Aqueles que acreditam que Zoroastro professava e ensinava magia diabólica[29] certamente estão errados; a magia que ele ensinava (da qual falaremos em breve) era apenas o estudo da natureza divina e do culto religioso. Alguns presumiram que Zoroastro foi o promulgador de uma doutrina de dois princípios,[30] ou

---

29. Uma nota precedente explica essas relações errôneas da sabedoria dos Magos. Aqueles que desejam ver várias passagens que testemunham que a magia dos persas, instituída por Zoroastro, era o estudo da religião, virtude e sabedoria, devem consultar *Brissonius de Regno Persarum*, liv. ii. p. 178, &. seq. edit. Commel. 1595; igualmente Júlio César, *Bullengerus Eclog. ad Arnobium*, p. 346, &. seq. Tampouco ignoramos que Gabriel Naudé justificou com erudição e solidez nosso Zoroastro contra as acusações ignorantes de necromancia, magia negra, etc.

30. Foi muito discutido por filósofos se Zoroastro foi o primeiro a sugerir essa doutrina dos dois princípios: o primeiro chamado pelos Magos de Oromases, o *bom*, e Arimanius, o princípio *maligno*. É certo que Zoroastro afirmava que o primeiro, ou seja, o princípio do bem, ou um princípio autoexistente, incriado e essencial, a causa de todo bem, chamado por ele de Oromasus, significava um bom Deus, etc. Quanto ao outro princípio, Arimanius, devemos, antes de nos decidir contra ou a favor de Zoroastro, considerar a natureza do assunto no sentido mais imparcial.

Aqueles que já leram o jornal de Mr. Bernard (*Nouvelles de la Republique des Lettres, Fev.* 1701, *e Março* de 1701, *Art.* iii. l. i.) não precisam ser informados de que a *Historia Religionis Veterum Persarum*, publicada pelo Dr. Hyde (professor de línguas orientais na Universidade de Oxford) em Oxford, no ano de 1700, quatro tomos, é uma das obras mais excelentes que poderiam ter sido escritas sobre o tema. A ideia de que o douto jornalista forneceu de seu desempenho é suficiente para nos convencer de que contém uma erudição rara, e profundas discussões, que desvendam muitos detalhes raros e incomuns de um país do qual mal sabíamos alguma coisa antes. Contudo, para ir direto ao ponto: Dr. Hyde afirma que os antigos persas reconheciam apenas um princípio incriado, que era o princípio bom, ou, em uma palavra, Deus: e que consideravam o princípio maligno como um ser criado. Um dos nomes, ou atributos, que eles deram a Deus foi Hormizda; e eles chamavam o princípio maligno de Ahariman; e essa é a origem das duas palavras gregas, Ὡρομάσδες, Ἀπειμανιος, uma das quais é o nome do princípio do bem e a outro do princípio do mal, como vimos em uma passagem de Plutarco. Os persas afirmam que Abraão foi o primeiro fundador da sua religião. Zoroastro, posteriormente, fez algumas alterações nela; mas é dito que não fez mudanças na relação com a doutrina de um só princípio incriado, mas que sua única inovação foi dar o nome de Lua ao bom princípio e de Escuridão ao mau princípio.

De uma interpretação equivocada da doutrina dos Magos, alguns relatos consideravelmente errôneos de seus princípios foram propagados. Na minha opinião, nenhum mais curioso que o seguinte: uma guerra começou entre o exército da luz e das trevas, que finalmente terminou em uma acomodação, da qual os anjos foram os mediadores, e as condições foram que o mundo inferior seria deixado totalmente ao governo de Arimanius pelo período de 7

duas causas coeternas, uma das coisas boas e outra das más. Plutarco menciona essa doutrina; ele diz: "que Zoroastro, o magista, que dizem ter vivido 5 mil anos, antes da Guerra de Troia, chamava o bom Deus de Oromazes, e o deus maligno, Arimanius, etc." Ver *Plut. de Iside & Osiride, página* 369.

Dr. Hyde, no seu excelente tratado sobre a religião dos antigos persas, cita alguns autores esclarecedores. Vamos examinar se eles merecem crédito. É dito que Zoroastro não era um idólatra, seja em relação ao culto do fogo, seja de Mitra.[31] O que aparece menos incerto, .

---

mil anos, depois do qual ele deveria ser restaurado à luz. Antes da paz, Arimanius teria exterminado todos os habitantes do mundo. A luz chamou os homens para que a auxiliassem enquanto eram ainda espíritos; isso foi feito, ou para atraí-los para fora dos territórios de Arimanius, ou para dar a eles corpos para enfrentar o inimigo. Eles aceitaram os corpos e a luta, sob a condição de que deveriam ser auxiliados pela luz finalmente vencer Arimanius. A ressurreição viria quando ele fosse derrotado. Isso eles concluem que foi a causa da mistura e será a causa da libertação. Os gregos não ignoravam que Zoroastro ensinava uma futura ressurreição.

31. Os antigos Magos persas nunca prestaram honras divinas ao Sol ou a qualquer uma das estrelas. Eles sustentavam que não adoravam o Sol, mas só se voltavam para ele quando rezavam para Deus. Foi encontrado entre os preceitos secretos de Zoroastro que devemos saudar o Sol, mas que não devemos adorá-lo com culto religioso. Ele prova que suas cerimônias poderiam passar apropriadamente por honras civis, e com esse propósito faz algumas observações extremamente peculiares. Ele aplica ao fogo o que diz do Sol. As reverências e prostrações dos persas diante do fogo sagrado não eram uma observação religiosa, mas apenas civil. O mesmo pode ser atribuído à sua relatada adoração do fogo, que, como disse, eles mantinham na sua *Pyrea* em imitação aos judeus. Pois, ainda que prestassem uma certa reverência ao fogo, por meio de prostrações, esta não era uma adoração religiosa, apenas civil, já que era a força do costume dos povos orientais se curvarem diante de qualquer grande homem (de modo que poderia se dizer com muita propriedade que eles o adoravam ou lhe prestavam culto). Acredite, deveríamos ser os últimos a censurar os povos orientais por tal idolatria grosseira como foi representada. Os persas, que sempre foram devotados ao mais elevado estudo da sabedoria, realizavam seus deveres na vida pela honra do seu Deus; e, embora sem esclarecimento e bárbaros, viviam como homens, e não como criaturas irracionais: enquanto nós, que conhecemos tão bem o nosso dever, praticamo-lo tão mal: pois posso verdadeiramente dizer que, independentemente dos grandes benefícios que derivamos dos preceitos divinos do Cristianismo, acredito que será considerado um fato indiscutível que o homem é a serpente do homem, com a exceção de poucos indivíduos. Todavia, voltando ao nosso assunto: era o antigo costume cair prostrado diante dos anjos, como sendo mensageiros e representantes de Deus. Além disso, há muitos exemplos desse tipo de adoração, não só no Antigo como também no Novo Testamento, no qual as mulheres que haviam se convertido à verdadeira fé, ao ver os anjos no sepulcro de Cristo, lançaram-se com os rostos no chão e adoraram. Mas elas bem sabiam que não era Deus que estavam vendo, mas seus anjos, como aparece na sua própria confissão: "nós vimos uma visão de anjos". Portanto, são erroneamente chamados de *Idólatras* e adoradores do fogo, pois Zoroastro era o instrumento da sua continuação na verdadeira fé. Ele era um homem que possuía o conhecimento do verdadeiro Deus, a quem ele peculiarmente adorava em uma caverna natural, onde havia colocado vários símbolos representando o mundo: Mitra, representando o Sol, ocupava o lugar do mestre. Mas não era Mitra, mas sim o verdadeiro

entre tantas coisas relacionadas a ele, é que foi o introdutor de uma
nova religião na Pérsia, e que fez isso na época do reinado de Dario,
o sucessor de Cambises: ele ainda tem grande veneração entre os
persas que não seguem a religião muçulmana, mas o antigo culto
da sua terra. Eles o chamam de Zardhust, e vários acreditam que ele
veio da China e relatam várias coisas miraculosas nessa linha. Vários
autores afirmam que todos os livros publicados até então sob o nome
de Zoroastro, alguns ainda existentes, são de origem duvidosa. Dr.
Hyde discorda dessa opinião. Suídas afirma que havia quatro livros
escritos por Zoroastro: o primeiro, Sobre a Natureza, um livro acerca
das virtudes das pedras preciosas, chamado *de Gemmis*; bem como
cinco livros de Astrologia e Astronomia, "Prædictiones ex. Inspec-
tione Stellarum". É muito provável que o relato de Plínio, citando a
obra de Zoroastro, foi tirado desses livros *Plin*. lib. xviii, cap. 24(/).
Eusébio recita uma passagem que contém uma magnífica descrição
de Deus, e apresenta-a como as palavras de Zoroastro no seu sagrado
comentário sobre os ritos persas. Clemente de Alexandria diz que
os seguidores de Pródico se vangloriavam de ter os segredos ou os
livros secretos de Zoroastro. Porém, é mais provável que ele quisesse
dizer que se vangloriavam de ter os livros secretos de Pitágoras. Eles
foram impressos, com os versos das Sibilas em Amsterdã, no ano de
1689, de acordo com a edição de *Opsopæus, Oracula Magica Zoroas-
tris, cum Scholiis Plethonis & Pselli.*

Deus que ele adorava: e, por último, já que ele era um verdadeiro filósofo, um profundo
alquimista, instruído em todas as artes da Matemática, estrito e austero na sua religião, ele
despertou a admiração nos persas, e por esses meios fez com que prestassem atenção à sua
doutrina. O resumo de tudo isso: que ele vivia em uma caverna, dedicado ao serviço de
Deus e ao estudo de todo conhecimento natural e sobrenatural; que ele era divinamente
iluminado, conhecia as rotas das estrelas, e as propriedades ocultas e comuns de todas as
coisas compostas e terrenas; que pelo fogo e pela Geometria (ou seja, pela Química e pela
Matemática) ele investigou, provou e demonstrou a verdade e pureza, ou antes a fugacidade
e vileza, de todas as coisas conhecíveis nesse estado mortal da humanidade. De modo que
a fama, sagacidade, sabedoria e virtude de Zoroastro induziram alguns homens a impor de
modo perverso e fraudulento, sobre os incautos, alguns falsos oráculos mágicos e invenções
diabólicas, escritos em grego e latim, etc. como se fossem as obras genuínas do divino e
ilustre Zoroastro.

HERMES, CHAMADO DE TRISMEGISTUS
OU O
MENSAGEIRO TRÊS VEZES GRANDE

HERMES *TRISMEGISTUS* (que foi o autor do divino *Pimandro* e de alguns outros livros) viveu algum tempo antes de Moisés. Ele recebeu o nome de Trismegistus, ou Mercurius ter Maximus, ou seja, Mensageiro três vezes grande, porque foi o primeiro mensageiro que comunicou por escrito o conhecimento celestial e divino para a humanidade.

Diz-se que ele foi rei do Egito; sem dúvida ele foi um egípcio, ou, segundo os judeus, fora até mesmo o Moisés deles; e, como justificativa, eles alegam, em primeiro lugar, sua grande habilidade na *química*; ou mesmo que teria sido o primeiro que comunicou aquela arte aos filhos dos homens; em segundo lugar, eles apontam o *trabalho filosófico*, ou seja, tornar o ouro medicinal, ou, finalmente, a arte de fabricar *aurum potabile*; e, em terceiro, de ensinar a *Cabala*, que alegam que foi mostrada para ele por Deus no Monte Sinai: afirmam que tudo foi originalmente escrito em hebraico, o que não teria ocorrido se ele não fosse um hebreu, pois, do contrário, tudo seria escrito em sua língua vernácula. Porém, quer fosse ele Moisés ou não,[32] é certo que era um egípcio, como o próprio Moisés também era; e, portanto, para o período em que ele vivia, veremos que ele não está distante do tempo se concluirmos que viveu mais ou menos na época de Moisés; e se realmente não era idêntico a Moisés, algo afirmado por tantos, é mais do que provável que fosse rei do Egito; pois, sendo o filósofo chefe, ele era, de acordo com os costumes egípcios, iniciado nos mistérios do sacerdócio e, a partir daí, preparado para ser o governador principal ou rei.

Trismegistus era chamado de Ter Maximus, já que possuía um perfeito conhecimento de todas as coisas contidas no mundo (como o seu *Aureus*, ou *Tratado Dourado*, e seu *Divino Pimandro* mostram),

---

32. Os cabalistas dos hebreus afirmavam que Moisés era esse Hermes; e que, embora fosse manso, era um homem possuído por uma seriíssima gravidade, e um profundo sabedor de química e de magia divina; e que ele, por inspiração divina na montanha, tornou-se familiarizado com o conhecimento de todas as operações naturais e secretas da natureza, que ensinava a transmutação dos metais *per Cabala*, a saber, pela tradição oral aos judeus.

coisas essas divididas por ele em três reinos, a saber, animal, vegetal e mineral; e pelo seu excelente conhecimento e compreensão dos três, foram transmitidos para a posteridade, em *enigmas e símbolos*, os profundos segredos da natureza; do mesmo modo, uma verdadeira descrição da *Quintessência dos Filósofos*, ou *Elixir Universal*, que ele fez como o receptáculo de todas as virtudes celestiais e terrestres. Discursou sobre o *Grande Segredo* dos filósofos, que foram encontrados gravados sobre uma tábua esmeraldina, no vale de Ebron.

Johannes Functius, na sua Cronologia, diz que ele viveu na época de Moises, 21 anos antes de a lei ser entregue no deserto. Suídas parece confirmar isso ao dizer: "Credo Mercurium Trismegistum sapientem Egyptium floruisse ante Pharaonem". Contudo, esse ditame de Suídas pode ser aplicado a várias eras, já que Faraó era o nome geral dos seus reis; ou possivelmente poderia ser a intenção anterior que o nome Faraó fosse dado aos seus reis, o que, se fosse o caso,[33] faria com que Trismegistus existisse 400 anos antes de Moisés, e mesmo antes da descida de Abraão para o Egito. Não há dúvida de que ele possuía o segredo da obra filosófica e de que se Deus algum dia apareceu em um homem, apareceu nele, como é evidente tanto pelos seus livros e por seu *Pimandro*; obras nas quais ele comunicou o resumo do abismo e o divino conhecimento para toda a posteridade, por meio das quais demonstrou que ele mesmo não só fora um teólogo inspirado, mas também um filósofo profundo, obtendo sua sabedoria de Deus e dos seres celestes, e não do homem.

APOLÔNIO DE TIANA, COM ALGUNS RELATOS DOS SEUS NOTÁVEIS MILAGRES, VISÕES RELAÇÕES, ETC.

APOLÔNIO DE TIANA foi uma das pessoas mais extraordinárias que já apareceram no mundo. Ele nasceu em Tiana, na Capadócia, no início do primeiro século. Aos 16 anos de idade, ele tornou-se um severo discípulo de Pitágoras, renunciando ao *vinho*, à *carne* e às *mulheres*, andando descalço e deixando seu cabelo e

---

33. De acordo com as melhores autoridades, Hermes Trismegistus viveu na época do faraó tirano que foi o opressor de Israel, e não era o mesmo que Moisés, que se opôs a Jannes e Jambres.

barba crescerem, vestindo-se apenas de linho: logo depois, ele se tornou um reformador e fixou sua moradia em um templo de Esculápio, onde muitas pessoas doentes foram curadas por ele. Ao alcançar a maioridade, entregou parte da herança ao seu irmão mais velho e distribuiu a outra parte para seus parentes pobres, guardando apenas uma pequena parcela para si. Viveu seis anos sem dizer uma palavra, ainda que durante esse silêncio tenha acalmado várias rebeliões na Sicília e na Panfília; aquela que ele deteve em *Aspenda* foi a mais difícil de resolver, porque o problema foi fazer com que ouvissem a razão aqueles cuja fome os levara à revolta: o motivo dessa comoção foi que alguns homens ricos, tendo monopolizado todo o trigo, causaram uma extraordinária escassez na cidade. Apolônio deteve essa comoção popular, sem dizer uma palavra para a multidão enraivecida: Apolônio não fazia uso de discursos; seu silêncio pitagórico fazia tudo o que os melhores oradores podiam realizar. Ele viajava muito e se declarava um legislador; compreendia todas os idiomas, sem nunca os ter aprendido: tinha a surpreendente faculdade de saber o que ocorria a imensas distâncias e, quando o imperador Domiciano foi apunhalado, Apolônio, que estava muito longe do local, e de pé no mercado de uma cidade, exclamou: "Ataque! Ataque! – Está feito, o tirano já não existe mais". Ele compreendia a linguagem dos pássaros; condenava a dança e outras diversões desse tipo; recomendava a caridade e a piedade; viajou por quase todos os países do mundo e morreu com uma idade muito avançada. Sua vida foi totalmente relatada por Filóstrato, mas contém tantos relatos fabulosos que não pretendemos introduzi-los aqui. Há muitos outros que, apressadamente, contrapuseram os milagres desse homem aos do Cristo, traçando um paralelo entre eles. Não pode ser negado que esse filósofo recebeu grandes honras, tanto durante a sua vida como depois da sua morte; e que sua reputação continuou muito tempo depois do paganismo. Ele escreveu quatro livros de Astrologia Judiciária e um Tratado sobre Sacrifícios, mostrando o que devia ser oferecido à Divindade.

Não devemos omitir uma circunstância que endossa a honra dessa pessoa venerável. É dito que *Aureliano* chegara à resolução e declarara publicamente seu intento de demolir a cidade de *Tiana*; mas que *Apolônio de Tiana*, um velho filósofo, de grande renome e autoridade, um verdadeiro amigo dos deuses e, ele mesmo, honrado como divindade, apareceu para Aureliano na sua forma usual enquanto se retirava para sua tenda, dirigindo-se assim para ele: *"Aureliano, se desejas ser vitorioso, não penses mais na destruição dos meus concidadãos! Aureliano, caso desejes reinar, abstém-te do sangue dos inocentes! Aureliano, se queres conquistar, sê misericordioso!".* Aureliano, que estava familiarizado com as feições desse venerável filósofo, tendo visto sua imagem em vários templos, prometeu que erigiria um templo e estátuas em sua honra; e assim alterou sua resolução de saquear Tiana. Esse relato chegou até nós por meio de homens verazes e está presente em livros da biblioteca de Úlpia; e estamos mais inclinados a acreditar nele em razão da dignidade de *Apolônio*; pois terá existido entre os homens alguém mais santo, venerável, nobre e divino que *Apolônio*? Ele restaurava a vida aos mortos, fez e disse muitas coisas além do alcance humano; coisas de que qualquer um poderia se certificar, por causa dos vários relatos delas nas histórias gregas sobre sua vida. Ver *Vopiscus in Aurelian*, capítulo 24.

Finalmente, os habitantes de *Tiana* construíram um templo ao seu *Apolônio* depois da sua morte; sua estátua foi erigida em vários templos: o imperador *Adriano* coletou o máximo possível dos seus escritos, guardando-os de modo bastante zeloso em seu magnífico palácio em *Âncio*, junto a um raro, embora pequeno, livro desse filósofo, sobre o *Oráculo de Trofônio*. Esse livreto foi visto em *Âncio* durante a vida de Filóstrato; nenhuma outra curiosidade tornou essa cidadezinha tão famosa quanto esse raro e extraordinário livro de Apolônio.

Narra-se que um sábio príncipe dos indianos, habilíssimo na magia, fez sete anéis dos sete planetas, que ele presenteou a Apolônio, que usava um a cada dia; desse modo ele sempre manteve a saúde e vigor de sua juventude, e viveu até uma idade muito avançada. Sua vida foi traduzida do grego de *Filóstrato* para o francês por *Blaise de Vigners*, com fartos comentários por *Artus Thomas*, Lorde de *Embry*, um *parisiense*; e faz algum tempo que foi preparada uma tradução para o inglês de sua vida, que foi condenada, proibida e anatematizada sem motivo.

PEDRO DE ABANO OU
PEDRO DE APONA,
DOUTOR DE FILOSOFIA E MEDICINA, ETC

Petrus Aponensis ou Aponus, um dos mais famosos filósofos e médicos do seu tempo, nasceu em 1250 a.d., em uma vila situada a quatro milhas de *Pádua*. Ele estudou muito tempo em *Paris*, onde foi promovido a Doutor em Filosofia e Medicina, em cuja prática foi muito bem-sucedido, embora seus emolumentos fossem muito altos. *Gabriel Naudé*, em seu *Antiquitate Scholæ Medicæ Parisiensis*, forne-ce o seguinte relato a respeito dele: "Em seguida falemos de Petrus de Apona, ou Pedro de Abano, chamado de o Reconciliador, em razão de famoso livro que publicou durante sua residência em nossa universidade.[34] É certo que a medicina estava sepultada na Itália, pouco conhecida por qualquer um, grosseira e sem adornos, até que seu gênio tutelar, um cidadão de *Abano*, destinado a libertar a Itália do seu barbarismo e ignorância, como Camilo certa vez libertou *Roma* do cerco dos *gauleses*, pesquisou com diligência em que parte do mundo a literatura refinada era cultivada mais afortunadamente, a Filosofia, tratada de modo mais sutil, e a Medicina ensinada com a maior solidez e pureza; e, certificando-se de que só *Paris* era digna dessa honra, para lá foi ele; entregando-se completamente à sua tutela, ele se dedicou aos mistérios da Filosofia e da Medicina; obteve diplomas e láureas em ambas; e, depois, lecionou-as com grande aplauso: após uma estadia de muitos anos, carregado com a riqueza adquirida e depois de se tornar o mais famoso filósofo, astrólogo, médico e matemático do seu tempo, voltou ao seu próprio país, onde, na opinião do judicioso *Scardeon*, foi o primeiro restaurador das verdadeiras Filosofia e Medicina. Em gratidão, portanto, pede-se que sejam reconhecidas as obrigações devidas a *Michæl Angelus Blondus*, um médico de Roma, que no último século, ao publicar as *Conciliationes Physiognomicæ* do doutor de Abano, descobrindo que haviam sido compostas em *Paris*, e na vossa universidade, escolheu publicá-las sob o nome e patrocínio da vossa sociedade". Narra-se que ele era

---

34. Naudé observou isso em um discurso em que ele exalta a antiga glória da Universidade de Paris. Recitamos as suas palavras, porque elas incidentalmente nos informam que Pedro de Abano compôs aquela grande obra em Paris que lhe atribuiu o apelido de *Reconciliador*.

suspeito de magia[35] e, por isso, foi perseguido pela Inquisição: e é provável que, se estivesse vivo ao fim do seu julgamento, teria sofrido enquanto vivo o que lhe foi sentenciado depois da sua morte, que foi sofrer em efígie. Porém, seus apologistas observam que seu corpo, removido reservadamente de seu túmulo por seus amigos, escapou da vigilância dos inquisidores, que o teriam condenado ao fogo. Ele foi transportado de um lugar para outro e, finalmente, depositado na *Igreja de Santo Agostinho,* sem epitáfio ou qualquer outra sinalização em sua honra. Seus acusadores lhe atribuíram opiniões inconsisten-

---

35. Naudé, na sua *Apology for Great Men Accused of Magic,* diz: "A opinião geral da maioria dos autores é de que ele era o maior magista do seu tempo; que, por meio de sete espíritos familiares, os quais mantinha encerrados em um cristal, ele havia adquirido o conhecimento das sete artes liberais, e que ele tinha a arte de fazer com que o dinheiro que havia usado voltasse novamente para seu bolso. Foi acusado de magia no 80º ano de sua idade, e ao morrer no ano 1305, antes do término do seu julgamento, foi condenado (como relata Castellan) ao fogo; e que um monte de palha ou vime, representando sua pessoa, foi queimado publicamente em Pádua; para que por meio de tão rigoroso exemplo, e com medo de incorrer em uma penalidade semelhante, se pudesse suprimir a leitura dos três livros que ele havia composto sobre esse tema: o primeiro dos quais é o célebre *Heptameron,* ou *Magical Elements of Peter de Abano, Philosopher,* que ainda existe e está impresso no final das obras de Agrippa; o segundo, que Tritêmio chama de *Elucidarium Necromanticum Petri de Abano*; e um terceiro, chamado por esse mesmo autor de *Liber Experimentorum Mirabilium de Annulis Secundem, 28 Mansiom Lunæ".* Ora, deve ser observado que Naudé não se detém sobre essas provas aparentemente fortes; ele as refuta ao imediatamente afirmar que Pedro de Apona era um homem de prodigiosa acuidade e erudição, vivendo em uma era de trevas que fazia com que todos que se afastassem da trilha vulgar sofressem a suspeita de serem diabólicos, especialmente se fossem muito dados ao estudo, e familiarizados com os corpos celestiais e as proporções da natureza, e obcecados pelas ciências divinatórias. "Ele era (diz o autor) um que parecia um prodígio de aprendizado diante da ignorância daquela tempo, além da sua habilidade nas linguagens e na medicina, havia levado suas pesquisas tão fundo nas ciências ocultas de natureza secreta e obscura, que, depois de ter fornecido provas abrangentes nos seus escritos sobre a fisiognomonia, geomancia e quiromancia, do que era capaz de realizar com cada uma dessas, abandonou-as completamente com sua curiosidade juvenil para se envolver de modo absoluto no estudo da filosofia, medicina e astrologia; tais estudos foram tão vantajosos para ele que, sem falar nos dois primeiros, que o apresentaram a todos os papas e pontífices soberanos do seu tempo, e lhe conquistaram sua atual reputação entre os eruditos, é certo que ele era um mestre em seus últimos anos, não só pelas figuras astronômicas que ele fez com que fossem pintadas no grande salão do palácio em Pádua, e as traduções que realizou também dos livros do doutíssimo Rabi Abraham Aben Ezra, somadas àquelas que ele mesmo compôs sobre *dias críticos,* e o aperfeiçoamento da astronomia, mas também pelo testemunho do renomado matemático Regio Montanus, que escreveu um belo panegírico sobre ele, na qualidade de astrólogo, na sua oração pública em Pádua quando explicou ali o livro de *Alfraganu".* Ora, muitos respeitáveis autores partilham da opinião de que não foi por causa da magia que a Inquisição o sentenciou à morte, mas porque ele conseguiu explicar os efeitos maravilhosos na natureza pelas *influências de corpos celestiais,* sem atribuí-los a *anjos* ou a *demônios*; de modo que tal heresia, em vez da magia, parece ter sido o fundamento da sua queda sob a tirania dos sábios padres da fé Católica Romana, por ser um daqueles que se *opunham* à doutrina dos seres espirituais.

tes; acusaram-no de ser um magista, mas também de negar a existência de espíritos. Ele tinha tamanha antipatia ao leite, que ver alguém bebendo esse líquido o fazia vomitar. Morreu no ano de 1316 com 66 anos de idade.[36] Um dos seus principais livros foi o *Conciliador*, como mencionado.

APULEIO,
O FILÓSOFO PLATÔNICO

LÚCIO APULEIO, UM filósofo platônico publicamente conhecido pela famosa obra *O Asno de Ouro*, viveu durante o segundo século sob o reinado dos Antoninos. Ele era nativo de *Madaura*, uma colônia romana na *África*; sua família era rica; ele foi muito bem-educado, e possuía uma aparência graciosa. Porém, era suspeito de praticar magia. Ele estudou primeiro em *Cartago*, depois em *Atenas* e em *Roma*, onde dominou a língua latina sem qualquer auxílio. Uma curiosidade insaciável de saber tudo o induziu a fazer várias viagens e se iniciar em diversas fraternidades religiosas. Ele queria chegar ao fundo dos seus mistérios. Gastou quase toda sua herança em viagens, de tal modo que, ao voltar a *Roma*, e tendo o desejo de se dedicar ao serviço de *Osíris*, ele carecia de dinheiro para financiar os gastos das cerimônias quando de sua recepção, sendo obrigado a vender suas roupas para completar a soma necessária: depois disso, ganhou a vida por meio de pleitos; e, como era eloquente e sutil, não lhe faltavam causas, algumas das quais envolvendo quantias consideráveis. Todavia, sua sorte melhorou muito, mais por conta de um casamento afortunado do que pela advocacia. Uma viúva, cujo nome

---

36. Se for verdade o que lemos em Tomasini, em *Elog. Vilor. Illustr.* p. 22, Naudé deve estar enganado quando diz que "Petrus Aponus, acusado na idade de 80 anos, morreu em 1305 a.C.". Freherus afirma o mesmo com base na autoridade de Bernardin Scardeon. Gesner se engana ao dizer que Pedro de Abano brilhou no ano 1320. Konig copiou esse erro. Porém, o Padre Rapin erra de modo muito mais grosseiro do que qualquer um deles quando o coloca no século XVI, dizendo: "Pedro de Abano, um médico de Pádua, que brilhou sob Clemente VII, perverteu de tal modo sua imaginação lendo os filósofos *árabes*, e por muito estudar a astrologia de Alfraganus, que foi julgado pela Inquisição sob a suspeita de magia, etc.". Ver Rapin, *Reflex. sur la Philosophiæ*, n. 28. p. 360. Vossius seguiu Gesner e fez uma observação digna de ser considerada. Ele disse que Pedro de Abano enviou seu livro, *De Medicina Omnimoda*, ao papa João XXII, que foi eleito no ano 1316, e que manteve a Cátedra Pontifícia por 16 anos. Desse modo, sabemos a idade desse médico. Contudo, se 1316 foi o ano da sua morte, a conclusão não procede, tampouco exime Vossius de um erro.

era Pudentilla, nem jovem nem bela, mas dotada financeiramente, considerou-o digno de sua atenção. Ele não era tímido nem resguardava sua boa pessoa, sua agudeza, sua elegância e sua eloquência para alguma jovenzinha; casou-se com essa rica viúva alegremente (e com a filosofia mais apropriada venceu todas as paixões turbulentas que poderiam tê-lo atraído para as armadilhas da beleza), em uma casa de campo perto de Oëa, uma cidade marítima da África. Esse casamento fez com que ele sofresse uma problemática ação judicial. Os advogados dos dois filhos dessa dama asseveraram que ele usara a arte mágica para tomar posse da sua pessoa e finanças; eles o acusaram de ser pior que um magista, ou seja, um feiticeiro, perante *Claudius Maximus*, Procônsul da África. Defendeu-se com grande vigor.[37] Sua apologia, que recitou diante dos juízes, fornece exemplos

---

37. Além da acusação de magia, eles o censuraram pela sua beleza, seu cabelo elegante, seus dentes e seu espelho. Aos dois primeiros detalhes ele respondeu que lamentava que a acusação deles fosse falsa. "Como eu gostaria", replicou, "que essas graves acusações de beleza, cabelo elegante, etc. fossem justas, as quais eu poderia responder sem dificuldade, como Paris responde a Heitor na obra de Homero:

... nem desprezes os encantos
Com os quais um amante abraça a Vênus dourada.
Fala suave, comovente e exibição externa agradável,
Nenhum desejo pode obtê-los, mas são os deuses que os concedem.
POPE

Assim eu responderia à acusação de beleza. Além disso, mesmo os filósofos têm a permissão de ter um aspecto liberal; que Pitágoras, o primeiro dos filósofos, tenha sido o homem mais belo do seu tempo; e Zeno – mas, como observei, não quero usar essa desculpa; já que, além de a natureza ter me concedido apenas uma dose bastante moderada de beleza, minha aplicação contínua ao estudo desgasta qualquer graça corporal e prejudica minha constituição. Meu cabelo, que sou falsamente acusado de enrolar e cuidar como ornamento, está, como podem ver, longe de ser belo e delicado: pelo contrário, é espantado e emaranhado como rebanhos encabrestados, e tão cheio de nós por causa da longa negligência de um pente, e mesmo de ser desembaraçado, já que nunca volta à ordem". Quanto ao terceiro item, ele nunca negou ter enviado algum pó agradável para os dentes de um amigo, junto com alguns versos, contendo uma exata descrição dos efeitos do pó. Ele alegava que todos, mas especialmente aqueles que falavam em público, deviam tomar um cuidado especial para manter as bocas limpas. Esse é um belo campo para a defesa e para ridicularizar seu adversário; embora seja provável que ele tenha dado espaço para a censura por uma demasiada afetação de se distinguir de outros homens cultos. É notável a facilidade com que algumas causas são defendidas, embora o réu tenha um pouco de culpa. "Observei que alguns mal podiam conter o riso quando nosso orador, furiosamente, acusou-me de manter a boca limpa, e pronunciou a palavra pó dental com indignação igual a de alguém que diz a palavra veneno. Contudo, certamente, não está abaixo de um filósofo estudar a limpeza, nem deixar que parte alguma do corpo esteja suja, ou insalubre, especialmente a boca, cujo uso é o mais frequente e conspícuo, quer um homem converse com outro, ou fale em público, ou recite suas orações no templo. Pois a fala é anterior a toda ação humana, e, como disse um excelente poeta, procede da

dos vergonhosos artifícios que a vilania de um caluniador impudente é capaz de colocar em prática.[38] Apuleio era extremamente produtivo e compôs vários livros, alguns em verso e outros em prosa, dos quais apenas uns poucos resistiram às injúrias do tempo. Deleitava-se em oferecer discursos públicos, nos quais ganhava o aplauso de todos os seus ouvintes. Quando o escutaram em Oëa, a audiência gritou em uníssono que ele devia ser honrado com as regalias da cidade. Os moradores de Cartago o ouviram de modo favorável e erigiram uma estátua em sua

Muralha dos Dentes."

Podemos fazer a mesma observação sobre o último ponto da sua acusação. Não é um crime que um doutor de qualquer faculdade tenha um espelho; mas, se ele o consulta com demasiada frequência ao se vestir, é passível de justa censura. A moralidade da época de *Apuleio* era muito mais estrita do que a atual quanto ao comportamento externo, porque ele não ousa admitir seu uso do espelho. Ele sustenta que poderia fazê-lo, e prova-o mediante várias razões filosóficas, as quais, para dizer a verdade, são muito mais engenhosas do que judiciosamente aplicadas; mas ele nega que tenha alguma vez consultado seu espelho; pois diz, aludindo a essa ridícula acusação: "A seguir vem a longa e amarga diatribe sobre o espelho; na qual, tão hediondo é o crime, que *Pudens* quase arrebentou ao vociferar: 'Que um filósofo possua um espelho!>. Suponho que eu deva confessar que eu tenho um, que tu talvez não acredites que haja realmente algo na sua objeção, caso eu a negue; mas não procede daí que eu deva necessariamente ter o hábito de me vestir na frente dele, em relação a muitas coisas desejo a posse, mas não aprecio seu uso. Ora, se ter uma coisa não é prova de que dela se faça uso, nem a falta dela o contrário, já que não sou culpado por possuir, mas por fazer uso de um espelho, é incumbência dele provar em qual momento, e em qual lugar, e na presença de quem, eu fiz uso do objeto; já que determinas que é crime maior em um filósofo ver um espelho, do que para os profanos contemplar as vestes de Ceres".

38. Apresentarei um exemplo para mostrar que em todas as eras o espírito da calúnia levou os homens a forjar provas por meio de falsas citações do que uma pessoa disse ou escreveu. Para condenar Apuleio de praticar magia, seus acusadores aduziram uma carta que sua esposa havia escrito durante o período em que ele prestava seus deveres a ela, e afirmaram que ela confessara, nessa carta, que Apuleio era um feiticeiro, e que deveras a enfeitiçara. Não foi difícil fazer a corte acreditar que ela escrevera isso, pois leram apenas algumas palavras da sua carta, separadas das precedentes ou seguintes, e ninguém os pressionou a ler tudo. Finalmente Apuleio cobriu-os com a confusão ao recitar a passagem inteira da carta de sua esposa. Ali ficava claro, que longe de reclamar de Apuleio, ela o justificava, e habilmente ridicularizava seus acusadores. Estas são suas palavras: vós descobrireis que precisamente os mesmos termos condenam ou justificam Apuleio, de acordo com sua leitura com ou sem as palavras precedentes. "Estando inclinada a casar, pelas razões que mencionei, tu mesmo podes me persuadir a escolher esse homem, por ter afeto por ele, e estando desejosa, por meus meios, de fazê-lo membro da família. Porém, agora, pela instigação de homens perversos, Apuleio deve ser acusado de magista (ou feiticeiro), e eu deveras estou encantada por ele. Certamente o amo: venha ter comigo antes que minha razão me traia." Ele fulmina esse tipo de fraude como ela merece; suas palavras deveriam ser gravadas em letras de ouro, para deter (se possível) todos os caluniadores de praticarem tais trapaças. Ele diz: "Há muitas coisas que, quando mostradas sozinhas, podem estar sujeitas à calúnia. Qualquer discurso pode fornecer matéria de acusação, caso o que está conectado com palavras prévias seja roubado da sua introdução; se algumas coisas forem suprimidas ao bel-prazer, e se o que for dito para censurar os outros, por inventar uma calúnia, seja pronunciado pelo leitor como uma afirmação da veracidade dessa calúnia".

honra. Várias outras cidades o celebraram do mesmo modo. Narra-se que sua esposa segurava a vela para ele enquanto estudava, mas isso não deve ser tomado ao pé da letra; é antes uma figura de eloquência gálica de Sidonis Apollinaris, *Legentibus meditantibusque candelas & candelabra tenuerunt*. Diversos críticos publicaram notas a respeito de Apuleio: por exemplo, ver *Phillipus Beraldus*, que publicou copiosas anotações sobre *O Asno de Ouro*, em *Veneza*, em fólio, no ano de 1504, que foram reimpressas em oito volumes, em Paris e em vários outros lugares. *Godescalk Stewichius, Peter Colvius, John Wiewer*, etc. escreveram sobre todas as obras de Apuleio. *Precius* publicou *O Asno de Ouro* e a *Apologia* separadamente, com muitas observações. As anotações de *Casaubon*, e aquelas de *Scipio Gentilis*, sobre a *Apologia*, são raras e muito valiosas: a primeira apareceu no ano de 1594 e a última em 1607. *O Asno de Ouro* pode ser considerado (como sustenta Bayle) uma contínua sátira sobre os distúrbios com que pseudomagistas, sacerdotes, alcoviteiros e ladrões afligiram o mundo naquele período. Essa observação ocorre nas anotações de Fleuri. Uma pessoa que se desse ao trabalho, e que tivesse as qualificações necessárias, poderia traçar um comentário bastante curioso e instrutivo sobre esse romance, e informar o mundo sobre várias coisas que os comentários precedentes nunca abordaram. Há algumas passagens muito obscenas nesse livro de Apuleio. De modo geral, acredita-se que esse autor inseriu alguns episódios nele de sua própria origem; e, entre eles, a história de Psiquê. *Horum certe noster itæ imitator fuit, ut è suo penu enumerabilia protulerit, atque inter cætera venustissimum illud Psyches,* Ἐπεισόδιον. Esse episódio forneceu a *Molière* a matéria para uma excelente peça dramática, e a *M. de la Fontaine* para um belo romance.

ARISTÓTELES, O PERIPATÉTICO

ARISTÓTELES, COMUMENTE CHAMADO de o Príncipe dos Filósofos, ou o Filósofo, em razão de sua excelência, foi o fundador de uma seita que ultrapassou e eventualmente até mesmo engoliu todo o resto. Não que ela não tenha passado, por sua vez, pelo reverso da fortuna; especialmente no século XVII, quando foi violentamente abalada, ainda que os teólogos católicos, de um lado, e os protestantes, do outro, tenham acudido (como para apagar um incêndio) para salvá-la, e se fortificando tão poderosamente, pelo braço secular, contra a Nova Filosofia, que não é provável que ela perca o seu domínio. O senhor *Moreri* encontrou tantos bons materiais em uma obra do padre Rapin, que pôde escrever um volumoso artigo sobre Aristóteles, suficiente para dispensar qualquer auxílio. Assim, não pretendo me estender tanto quanto o assunto poderia permitir, mas contentar-me-ei ao observar alguns dos erros que coletei em relação a esse filósofo. Não é certo que *Aristóteles* tenha praticado farmácia em *Atenas* enquanto era um discípulo de *Platão*, nem é mais certo que ele não o tenha feito. Muito pouco crédito deve ser dado à tradição corrente de que ele aprendeu várias coisas de um *judeu*, e muito menos a uma história da sua suposta conversão ao *Judaísmo*. Aqueles que pretendem afirmar que ele era *judeu* de nascença, estão mais errados ainda: a interpretação errônea de uma certa passagem causou esse equívoco. Estão enganados os que dizem que ele foi um discípulo de *Sócrates* por três anos, pois *Sócrates* morreu 15 anos antes de *Aristóteles* nascer. O comportamento de *Aristóteles* em relação ao seu mestre *Platão* é descrito de modo variado: alguns dizem que, por causa de uma prodigiosa vaidade e ingratidão, ele opôs altar contra altar: isto é, ele erigiu uma escola em *Atenas* durante a vida de *Platão* e em oposição a ele; outros dizem que Aristóteles não se fez professor até depois da morte de seu mestre. Dizem algumas coisas sobre seus amores que não o lisonjeiam. Levantaram a calúnia de que sua afeição conjugal seria idólatra, e que, caso não houvesse se retirado de *Atenas*, o processo por impiedade, que os sacerdotes iniciaram contra ele, teria levado às mesmas consequências do que aquele contra *Sócrates*. Embora merecesse grandes louvores, é certo que a maioria dos erros sobre sua pessoa é encontrada nas extravagantes comendas que foram lançadas sobre ele: por exemplo, não é exatamente mentira dizer *que se Aristóteles fala na sua filosofia natural como um homem, ele fala na sua filosofia moral como um Deus; e que é uma questão na sua filosofia moral se ele é mais como um advogado do que um sacerdote; mais como um sacerdote do que um profeta; mais como um profeta do que Deus?* O cardeal *Pallavinci* não teve escrúpulos em dizer que se não fosse por *Aristóteles*, a Igreja careceria de alguns dos seus artigos de fé. Os cristãos não foram os únicos que autorizaram sua filosofia; os *maometanos* não são menos inclinados ao seu favor; e dizem que até hoje, independentemente da ignorância que reina entre eles, possuem escolas para essa seita. Será um eterno tema de espanto, para as pessoas que sabem o que é a Filosofia, descobrir que a autoridade de *Aristóteles* era tão respeitada nas escolas, por várias eras, que, quando um disputante citava uma passagem desse filósofo, aquele que sustentava a *thesis* não ousava dizer *transeat*, mas precisava negar a passagem, ou explicá-la de sua própria forma. É dessa maneira que tratamos as Santas Escrituras nas escolas de Teologia. Os parlamentos que proibiram todas as outras filosofias a não ser a de *Aristóteles* são mais escusáveis do que os doutores: pois se os membros do parlamento estavam realmente persuadidos de que essa filosofia era melhor do que qualquer outra, ou não, o público poderia induzi-los a proibir novas opiniões, para evitar que divisões acadêmicas estendessem sua influência maligna a ponto de perturbar a tranquilidade do Estado. O que mais espanta os sábios é que os professores sejam tão parciais em favor da *filosofia de Aristóteles*. Caso esse pressuposto houvesse se confinado à sua poesia e retórica, ele teria sido menos maravilhoso: mas eles apreciavam as mais fracas de suas obras, quero dizer, sua *Lógica* e *Filosofia Natural*.[39] A justiça, contudo, deve ser feita aos mais cegos dos seus seguidores, que eles o teriam abandonado se entrasse em conflito com o Cristianismo; e isso ele fez em pontos da maior gravidade, já que sustentava a eternidade do mundo e não acreditava que a providência se estendesse aos seres sublunares. Quanto à imortalidade da alma, não é certo se ele a reconhecia ou não.[40] No

---

39. Para ser convencido da fraqueza dessas obras, basta ler Gassendus em seu *Exercitationes Paradoxicæ adversos Aristoteleos*. Ele diz o bastante contra a filosofia de Aristóteles em geral para convencer qualquer leitor objetivo de que ela é bastante imperfeita; mas, em particular, ele arruína a *Lógica* desse filósofo. Ele estava igualmente preparando uma crítica similar da sua *Filosofia Natural, Metafísica e Ética*, quando, alarmado pela formidável indignação do partido *peripatético* contra ele, preferiu desistir de sua obra em vez de se expor à vexaminosa perseguição. Na *Lógica* e *Filosofia Natural* de Aristóteles, há muitas coisas que revelam a elevação e a profundeza do seu gênio.

40. *Pomponatius* e *Niphus* tiveram uma grande querela sobre esse assunto. O primeiro sustentou que a imortalidade da alma era inconsistente com os princípios de Aristóteles: o último defendeu o contrário. Ver o discurso de *La Mothe le Vayer* sobre a Imortalidade da Alma, e Bodin, na página 15 do Prefácio de *Dæmonomania*.

ano 1647, o famoso capuchinho, *Valerian Magni*, publicou uma obra sobre o ateísmo de *Aristóteles*. Cerca de 130 anos antes, *Marc Antony Venerius* publicou um sistema de filosofia, no qual ele descobriu diversas inconsistências entre a doutrina de *Aristóteles* e as verdades da religião. Campanella asseverava o mesmo no seu livro *De Reductione ad Religionem*, que foi aprovado em *Roma* no ano de 1630. Não faz muito tempo desde que foi dito na *Holanda*, nos prefácios de alguns livros, que a doutrina desse filósofo pouco diferia do Espinosismo. Enquanto isso, se podemos acreditar em alguns peripatéticos, ele não ignorava o mistério da Trindade. Ele chegou a um ótimo fim, e está na felicidade eterna. Compôs um grande número de livros; boa parte deles chegou até nós. É verdade que alguns críticos levantam mil escrúpulos em relação a eles. Ele era extremamente honrado na sua própria cidade, e não faltaram hereges que adoravam sua imagem junto com a do *Cristo*. Existe algum livro que menciona que, antes da Reforma, havia igrejas na Alemanha onde a Ética de *Aristóteles* era lida toda manhã de domingo para o povo no lugar do Evangelho. Há poucos exemplos de zelo religioso que não tenham sido mostrados em relação à filosofia *peripatética*. *Paul de Foix*, famoso pelas suas embaixadas e sua erudição, não quis conhecer *Francis Patricius at Ferrara*, porque foi informado que aquele douto varão ensinava uma filosofia diferente da *peripatética*. Isso é tratar os inimigos de *Aristóteles* como os *zelotes* tratavam os *hereges*. Afinal de contas, não surpreende que a filosofia *peripatética*, como foi ensinada por tantos séculos, tenha encontrado tantos protetores; ou que os interesses dela tenham sido considerados inseparáveis daqueles da teologia: pois ela acostuma a mente a aceitar sem evidência. Essa união de interesses pode ser estimada como um compromisso dos *peripatéticos* com a imortalidade da sua seita, e um argumento para abater as esperanças dos novos filósofos. Considerando, não obstante, que há algumas doutrinas de Aristóteles que os modernos rejeitaram, e devem, mais cedo ou mais tarde, ser adotadas novamente. Os teólogos protestantes alteraram muito sua conduta, se é verdade, como foi dito, que os primeiros reformadores bradaram contra a filosofia *peripatética*. O tipo de morte, que em alguns aspectos honra a memória de *Aristóteles*, é, que alguns relataram, que sua indignação ao não ser capaz de descobrir a causa do fluxo e refluxo do estreito de *Euripo* ocasionou o destempero de que ele morreu. Outros dizem que, tendo se retirado para a ilha de *Eubeia*, a fim de evitar um processo contra ele por impiedade, bebeu veneno: mas por que teria abandonado *Atenas* para se liberar da perseguição dessa maneira? Hesíquio afirma não só que aquela sentença de morte foi pronunciada contra Aristóteles por um hino que ele fez em honra do seu sogro, como também que engoliu acônito na execução dessa sentença. Se isso fosse verdade, teria sido mencionado por mais autores.

O número de escritores antigos e modernos que exercitaram suas penas sobre *Aristóteles*, por comentários ou traduções, é infinito. Um catálogo deles pode ser encontrado em algumas das edições das suas obras, mas não um completo. Ver o tratado do padre Labbé, intitulado *Aristotelis & Platonis Græcorum Interpretum, typis hactenus editorum brevis conspectus*, uma breve visão dos intérpretes gregos de Aristóteles e Platão *até então publicados*; impresso em *Paris* no ano de 1657, em quatro tomos. O senhor Teissier nomeia quatro autores que compuseram a vida de *Aristóteles: Ammonius, Guarini de Verona, John James Beurerus*, e *Leonard Aretin*. Ele esqueceu *Jerome Gemusæus*, médico e professor de filosofia na *Basileia*, autor de um livro, *De Vitæ Aristotelis, et eus Operum Censura – A Vida de Aristóteles, e uma Crítica das suas Obras*.

PETER BAYLE

ARTEMIDORO DE ÉFESO, O SONÂMBULO OU O SONHADOR

ARTEMIDORO (QUE TANTO escreveu a respeito dos sonhos) era nativo de *Éfeso*. Viveu sob o reinado de *Antonino Pio*, como ele nos informa, onde diz que conheceu um atleta que, tendo sonhado que havia perdido sua visão, obteve o prêmio nos jogos que o imperador havia ordenado que fossem celebrados. Nenhum outro autor pesquisou tanto quanto Artemidoro esse assunto tão útil. Ele comprou tudo que havia sido escrito sobre o tema dos sonhos, que chegava a vários volumes, mas passou muitos anos viajando para coletá-los, assim como as diferentes opiniões de todos os eruditos vivos na época.

Ele manteve uma correspondência contínua com aqueles em cidades e assembleias da Grécia, da Itália e das ilhas mais populosas; e coletou em toda parte todos os sonhos que escutou, e os eventos neles. Desprezou a censura das pessoas sérias e presunçosas, que tratam todos que pretendem fazer previsões como vigaristas e impostores e, sem fazer caso das censuras desses *Catões*, frequentou esses adivinhos por muitos anos. Em poucas palavras, devotou todo o seu tempo e pensamentos à ciência dos sonhos. Ele pensou que seu grande trabalho ao fazer tantas coletas o habilitaria a garantir suas interpretações pela razão e experiência, mas, infelizmente, Artemidoro se concentrou nos temas mais frívolos e levianos, como aqueles que quase todos sonham: não há sonho que ele tenha explicado que não permita uma interpretação bastante diferente, com a mesma probabilidade de acerto e com pelo menos tantas semelhanças naturais, nas quais aquele intérprete se fundamenta. Não direi nada da injúria feita às *inteligências*, a cuja direção devemos necessariamente atribuir nossos sonhos se esperamos ver neles algum presságio do futuro.[41] Artemidoro se desdobrou para instruir seu filho na mesma

---

41. Encontramos em Artemidoro alguns dos incidentes mais fúteis nos sonhos anotados por ele como indicação de coisas extraordinárias; por exemplo, se alguém sonha com seu nariz, seus dentes ou algum outro assunto frívolo, devem denotar eventos particulares. Ora, como não podemos atribuir um sonho verdadeiro e significativo a qualquer outra causa que não as *inteligências* celestiais, ou um *demônio maligno*, ou à própria alma (que possui uma virtude inerentemente profética, como já foi tratado detalhadamente no nosso *Livro Segundo de Magia*, no qual *falamos sobre sonhos proféticos*)? Eu digo, seja por qual dessas causas que um sonho vem, devemos lhe atribuir uma parte muito deficiente do conhecimento de qualquer uma delas, se não acreditamos que sejam capazes de fornecer informações melhores e mais claras sobre qualquer calamidade, uma mudança de sorte e circunstâncias, do que sonhar com o nariz coçando, ou com um dente caindo, e centenas de outras brincadeiras como essas – quero dizer, tais modos de nos ditar o conhecimento prévio de eventos por acontecer é indigno da sua Sabedoria, sutileza ou poder, e se eles não podem nos instruir por sinais melhores, quão enorme é sua ignorância, e se não querem, quão terrível é sua malícia? Portanto, tais sonhos fúteis devem ser rejeitados como vãos e insignificantes, pois devemos nos lembrar de que *"um sonho vem por uma multidão de questões"*, e muitas vezes o contrário; mas tais sonhos que chamam nossa atenção, e inspiram previsões de futuros acidentes e eventos, são aqueles em que o sonho é consistente como um todo, sem depender de qualquer discurso anterior, acidentes ou outras circunstâncias; do mesmo modo, a pessoa que deseja sonhar sonhos verdadeiros deve se dispor de tal forma a se tornar um recipiente digno dos poderes celestiais, mas isso só pode ser feito por uma dieta temperada e frugal, uma mente voltada para a contemplação sublime, um desejo religioso de ser informado sobre qualquer infortúnio, acidente ou evento que poderia causar miséria, pobreza ou distração da mente; de modo que, quando tivermos conhecimento dele, devemos anulá-lo pela oração à sabedoria divina, de maneira que ela possa afastar o mal iminente, ou nos capacitar a enfrentá-lo com fortidão, e suportá-lo com paciência até

ciência, como é aparente pelos dois livros que dedicou a ele. Tanta devoção na busca desses estudos não surpreende, quando consideremos que Artemidoro acreditava estar sob a inspiração de *Apolo*. Ele dedicou seus três primeiros livros a um certo *Cassius Maximus*, e os outros dois ao seu filho. As obras foram impressas em *grego* em *Veneza* no ano de 1518. Em 1603, Rigaultius publicou-os em Paris em *grego* e *latim*, com anotações. A tradução latina que ele utilizou foi publicada por *John Cornarius* na *Basileia*, no ano de 1539. Artemidoro escreveu um tratado de *presságios* e outro sobre *quiromancia*, mas estes não deixaram sequer restos. *Tertuliano* não prestou atenção nele naquela passagem, onde ele cita vários autores *onirocríticos*; mas *Luciano* não o esqueceu, embora só cite dois autores nessa categoria.

BABILÔNIOS

SOB ESTE ARTIGO, *Babilônios*, daremos ao leitor um resumo geral da antiguidade do saber oculto entre os caldeus da *Babilônia*, tão famosos por suas especulações na astrologia. *Diodorus Siculus* nos relata que os habitantes da Babilônia afirmavam que sua cidade era muito antiga, pois tinham contado 473 mil anos, desde as primeiras observações dos seus astrólogos até a chegada de *Alexandre*. Outros dizem que os *babilônios* se orgulhavam de terem preservado nos seus arquivos as observações que seus astrólogos haviam feito sobre natividades pelo período de 470 mil anos; por isso devemos corrigir uma passagem de *Plínio*, que alguns autores utilizam de modo inapropriado, para refutar a antiguidade da Babilônia ou para outros propósitos. Aristóteles sabia sem dúvida que os *babilônios* se vangloriavam de ter uma série de observações astronômicas abrangendo um número prodigioso de séculos. Ele desejava confirmar a verdade disso por meio de *Calístenes*, que era do séquito de Alexandre, mas encontrou um grande erro no relato; pois ele pretendia que *Calístenes* lhe garantisse que as observações astronômicas que vira na *Babilônia* não abrangiam mais do que 1.903 anos. *Simplicius* relata

que a vontade Divina seja cumprida. Essas são as atitudes com que devemos desejar receber informações por *sonhos*, por *visões*, ou por algo similar, e das quais somos frequentemente de fato avisados; portanto, previmos coisas futuras, e também o presságio da morte de certos amigos, todas elas, sei, por experiência, que são verdadeiras e prováveis.

isso, que toma emprestado de *Porfírio*. Se *Calístenes* calculou direito, deve-se concordar que depois do dilúvio os homens se apressaram a se tornar astrólogos; pois, de acordo com a Bíblia Hebraica, só se passaram 2 mil anos[42] entre o dilúvio e a morte de *Alexandre*. Há motivo para questionar o que *Simplicius* relata, e é digno de nota que todos os autores antigos que atribuíram a construção da *Babilônia* a *Semíramis* não têm outra autoridade além de *Ctesias*, cujas histórias estavam cheias de fábulas. E, portanto, vemos que *Berosius* culpa os escritores *gregos* por afirmarem que *Semíramis* teria construído a *Babilônia*, adornando-a com as mais belas estruturas. O suplemento a *Moreri* cita *Quintus Curtinus*, em relação à falta de modéstia das mulheres *babilônias*,[43] que prostituíam seus corpos para estranhos por dinheiro, sob a ideia de cumprir suas devoções requeridas por Vênus. Deve-se observar que essas quantias eram depois aplicadas a usos religiosos.

A VIDA
DE
HENRIQUE CORNÉLIO AGRIPPA, CAVALEIRO,
DOUTOR EM AMBAS AS LEIS,
CONSELHEIRO DE CARLOS V. IMPERADOR DA ALEMANHA
E JUIZ DA CORTE PRERROGATIVA

Henrique Cornélio Agrippa, um homem muito douto e um magista,[44] viveu no século XVI. Ele nasceu em *Colônia*, no dia 14 de

---

42. *Epigenus* nos diz que entre os babilônios havia observações celestes para 470 mil anos, inscritas em pilares ou tabelas de tijolos. *Berosius* e *Critodemus*, que fornecem um período muito menor, dizem 490 anos.

43. Essa cerimônia lasciva era muito antiga. A epístola de *Jeremias* inserida no livro de *Baruque* menciona algo sobre isso, mas de modo obscuro, e é complementada por um comentário de Heródoto. O texto de Jeremias diz o seguinte: "As mulheres põem uma corda na cintura e sentam-se à beira do caminho – mas se uma delas é levada por algum homem que passa, e deita-se com ele, a mulher censura sua companheira, por não ter a mesma honra que ela, nem ter arrebentado sua corda". Heródoto nos informa de que havia uma lei na Babilônia que obrigava todas as mulheres do país a se sentarem perto do templo de Vênus e, ali, esperar por uma oportunidade de copular com um estranho, etc.

44. Como ele mesmo afirma no prefácio de seus três livros de Filosofia Oculta e Magia, em que diz: "que sou de fato um magista", a palavra magia é aplicada para as ciências boas e sublimes, e não para as artes profanas e diabólicas. *Paul Jovius, Thevet* e *Martin del Rio* o acusaram de magia (porque não podemos aplicar esse termo às artes necromânticas), mas à arte negra; porém, veremos, em algumas das notas seguintes, o fundamento para a acusação

setembro de 1486. Descendia de uma nobre e antiga família de Net-
tesheim, na Bélgica; desejando seguir os passos dos seus ancestrais,
que durante muitas gerações foram empregados pelos príncipes da
casa da *Áustria*, ele entrou jovem para o serviço do imperador *Maximiliano*. De início, foi empregado como secretário; mas, como era
igualmente qualificado na *espada* e na *pena*, depois se tornou soldado e serviu o imperador por sete anos, em seu exército *italiano*. Ele
se distinguiu em várias ocasiões e, como recompensa das suas ações
valorosas, foi consagrado no campo como *cavaleiro*. Desejando
acrescentar honras acadêmicas às militares, iniciou o estudo das leis
e da medicina. Era um homem possuído por um gênio miraculoso e,
desde a juventude, aplicou sua mente ao aprendizado, e pelos seus
grandes talentos naturais obteve amplo conhecimento em quase todas as artes e ciências. Era um pesquisador diligente nos mistérios da
natureza e começou cedo a busca pela pedra dos filósofos; e parece
que foi recomendado a alguns príncipes como um mestre da arte da
alquimia,[45] além de muito apto para ter uma grande projeção na sociedade. Ele tinha um conhecimento muito extenso das coisas em
geral, assim como das linguagens cultas. Foi pupilo de *Tritêmio*, que
escreveu sobre a natureza, ministério e cargos das inteligências e espíritos. Também possuía um temperamento inquieto e frequentemente mudava sua residência, e teve a infelicidade de atrair para si a
indignação do clero papista por meio dos seus escritos. Suas cartas
mostram que ele esteve na *França* antes do ano de 1507, que viajou
para a *Espanha* no ano de 1508, e estava em *Dole* no ano de 1509.
Nessa ocasião, ele ministrou palestras públicas, que o envolveram
em uma disputa com *Cordelier Catilinet*. Os monges daquela época
suspeitavam de tudo que não compreendiam, de heresia e erro; como
poderiam eles suportar que *Agrippa* explicasse as obras misteriosas de
Reuchlinus de Verbo Mirifico com impunidade? Esse foi o tema das
palestras que ele ministrou em *Dole*, em 1509, com grande repercus-
são. Para melhor buscar o favor de *Margarida da Áustria*, governadora

---

deles contra Agrippa, e examinar como essa informação justifica a calúnia contra esse autor.
45. Não temos autoridade para dizer que ele tenha estado algum dia de posse do grande
segredo da transmutação, nem conseguimos encontrar tais informações nos seus escritos; a
única circunstância relativa a isso é o que ele mesmo diz na Filosofia Oculta, *que ele havia
feito ouro, porém não mais do que aquele que pode ser extraído da alma.*

dos *Países Baixos Austríacos*, ele compôs naquele período um tratado sobre a excelência das mulheres; mas a perseguição que sofreu,
por parte dos monges, impediu-o de publicá-lo; ele desistiu da causa
e foi para a *Inglaterra*, onde escreveu sobre as Epístolas de *São Paulo*,
embora tivesse outro negócio bastante particular naquelas bandas.
Tendo retornado a *Colônia*, ele ministrou palestras públicas sobre as
questões da Divindade, chamadas de *Quodlibetales*; depois disso ele
foi para o exército do imperador *Maximiliano* na *Itália*, e continuou
ali até que o *cardeal de Sainte Croix* o convocou a *Pisa*. *Agrippa* teria
exibido suas habilidades ali na qualidade de teólogo do conselho,
caso aquela assembleia houvesse continuado. Essa não teria sido a
maneira de agradar a corte de *Roma*, ou de merecer a carta gentil de
Leão X, e daí podemos concluir que ele mudou sua opinião. Nessa
época ele ensinou teologia publicamente na *Pavia* e em *Turim*. Igualmente deu palestras sobre *Mercurius Trismegistus* em *Pavia*, no ano
de 1515. Ele teve uma esposa que era bela e talentosa, que lhe deu um
filho; ele a perdeu em 1521; casou-se de novo com uma dama de Genebra em 1522, de quem ele oferece um belo testemunho; com esta
esposa ele teve três filhos, dois meninos e uma menina, que morreu.
No segundo volume das suas cartas, aparece que seus amigos tenta-
ram em vários lugares lhe obter algum posto honrado, seja em *Grenoble, Genebra, Avignon*, ou *Metz*. Ele preferiu o posto oferecido
nesta última cidade; e, em 1518, foi escolhido pelos senhores de Metz
para ser seu advogado, administrador e orador. As perseguições dos
monges contra ele, assim como o fato de ele ter refutado a opinião
comum sobre os três maridos de *Santa Ana*, bem como de ter prote-
gido uma camponesa acusada de bruxaria, fizeram com que deixasse
a cidade de *Metz*. A história é a seguinte: uma camponesa, acusada
de bruxaria, foi condenada à tortura (pelo *dominicano Nicholas Sa-
vini*, inquisidor da Fé em *Metz*), a partir de um mero preconceito,
baseado no fato de ela ser filha de uma bruxa que fora queimada.
Agrippa imediatamente agiu como pôde para deter um procedimento tão irregular, mas não conseguiu evitar que ela fosse *interrogada*;
contudo, foi o instrumento que provou a inocência dela. Assim, seus
acusadores foram condenados a pagar uma multa. A penalidade foi
leve demais, longe de ser uma retaliação. Essa camponesa era de *Va-
pey*, uma cidade situada junto aos portões de *Metz* e que pertencia ao

capítulo da catedral. Isso despertou em *Messin*, que era o principal acusador dessa mulher, paixões tão sórdidas, e uma total ignorância da literatura e filosofia, que *Agrippa*, na sua carta de 2 de junho de 1519, trata a cidade de Metz como *"A madrasta do aprendizado e da virtude"*. Essa reflexão satírica de Agrippa poderia ter dado origem ao provérbio: "*Metz*, a cobiçosa, e madrasta das artes e ciências". O que o induziu a tratar da monogamia de *Santa Ana* foi ver que *James Faber Stapulensis*, seu amigo, foi despedaçado pelos pregadores de *Metz*, por ter defendido aquela opinião. *Agrippa* se retirou para *Colônia*, sua cidade natal, no ano de 1520, voluntariamente abandonando uma cidade que os inquisidores sediciosos tornaram inimiga do aprendizado e do verdadeiro mérito. É, de fato, esse é o destino de todas as cidades onde tais pessoas se tornam poderosas, seja qual for a religião delas. Novamente, ele deixou sua própria cidade no ano de 1521 e foi para *Genebra*, mas suas fortunas não melhoraram muito ali, pois reclamou que não era rico o bastante para viajar para *Chamberi* para solicitar a pensão que foi levado a esperar do duque de *Saboia*. Essa expectativa não se realizou, fazendo com que *Agrippa* partisse de *Genebra* para *Friburgo* na *Suíça* no ano de 1523, para praticar medicina ali como havia feito em *Genebra*. No ano seguinte, ele foi para *Lyons* e obteve uma pensão de *Francisco I*. Ele esteve a serviço da mãe daquele príncipe na qualidade de médico, mas não teve uma grande melhoria de sua fortuna ali; tampouco seguiu a princesa quando partiu de *Lyons* no mês de *agosto* de 1525, para conduzir sua filha às fronteiras da *Espanha*. Ele frequentou *Lyons* por algum tempo para obter em vão o interesse de seus amigos no pagamento da sua pensão; e, antes de recebê-la, passou pelo embaraço de ser informado de que seu nome fora riscado da lista. A causa dessa desgraça foi que, tendo recebido ordens de sua senhora para indagar, segundo as regras da astrologia, que rumo os negócios da *França* tomariam, ele expressou sua desaprovação com demasiada franqueza, censurando a princesa por querer empregá-lo em uma curiosidade vã, em vez de usar suas habilidades para negócios mais importantes. A dama aceitou a lição, mas ficou muito irritada quando ouviu dizer que *Agrippa*, pelas *Regras da Astrologia*, pela *Cabala* ou por alguma outra arte, previra novos triunfos para o condestável de *Bourbon*.[46] *Agrippa* viu-se descartado, sujeito a boatos, atacado, ameaçado e odiado; contudo, foi obrigado a procurar outra moradia. Ele começou a observar os *Países Baixos*, e depois de esperar muito tempo para obter os passes necessários, chegou a *Antuérpia* no mês de *julho* de 1528. Uma das causas desses atrasos foi o procedimento rude do duque de *Vendôme*, que em vez de assinar o passe para *Agrippa*, rasgou-o, dizendo que "não assinaria qualquer passaporte para um feiticeiro". No ano de 1529, o rei da *Inglaterra* enviou a *Agrippa* um gentil convite para visitar seus territórios e, ao mesmo tempo, foi convidado pelo chanceler do imperador, um marquês *italiano*, e por *Margarida* da *Áustria*, governadora dos *Países Baixos*. Ele aceitou as ofertas desta última e tornou-se historiógrafo do imperador, um posto obtido para ele por aquela princesa. Ele publicou como prelúdio *A História do Governo de Carlos V*, logo depois foi obrigado a compor a oração fúnebre daquela princesa, cuja morte foi, de certo modo, a vida do nosso *Agrippa*; pois ela havia se tornado estranhamente predisposta contra ele: a mesma maledicência havia alcançado sua majestade imperial. Seu tratado sobre *A Vaidade das Ciências*, impresso em 1530, exasperara terrivelmente seus inimigos. O livro que publicou logo depois em *Antuérpia*, ou seja, *A Filosofia Oculta*, forneceu-lhes ainda mais motivos para difamá-lo. Para sua sorte, o cardeal *Campegius*, o

---

46. Ver as palavras de Agrippa na sua 29ª Epíst., liv. iv., p. 854, que são as seguintes: "Escrevi ao *Senescal*, solicitando que ele a advertisse no sentido de não desperdiçar mais minhas habilidades em uma arte tão indigna; que eu poderia no futuro evitar tais tolices, já que estava em meu poder servi-la por meio de estudos muito mais felizes". Porém, o maior infortúnio foi que "*essa arte tão indigna*" e "essas tolices," como ele as chamou, previram o sucesso para seus opositores, como podem julgar pelas suas próprias palavras. "Lembro-me de ter dito ao *Senescal* em uma carta que, ao traçar o mapa natal do condestável de *Bourbon*, havia descoberto que naquele ano ele ganharia a vitória sobre seus exércitos". Aqueles que estão familiarizados com a história desses tempos, podem ver claramente que Agrippa não poderia ter sido mais descortês com Francisco I, do que prometendo bom sucesso para o condestável. A partir desse momento, Agrippa foi visto como um *bourbonista*: para aquietar esta censura ele mostrou o serviço que prestara à França, ao dissuadir 4 mil soldados de infantaria de seguir o partido do imperador e ao envolvê-los no serviço de Francisco I. Ele alegou a recusa de grandes vantagens que lhe foram prometidas quando deixou Friburgo, se houvesse se colocado a serviço do condestável. Aparece na quarta e sexta Carta do Livro V. que ele mantinha uma correspondência estrita com aquele príncipe em 1527. Ele o aconselhava, mas se recusou a se unir a ele, e prometeu-lhe vitória. Ele garantiu que as paredes de Roma cairiam no primeiro ataque; mas omitiu um ponto, que o condestável seria morto lá.

legado do papa e o cardeal *De la Mark*, bispo de *Liege*, foram seus advogados; contudo, a ajuda deles não conseguiu obter-lhe a pensão de historiógrafo, nem impedir que ele fosse preso em *Bruxelas*, no ano de 1531, mas logo foi liberado. No ano seguinte, ele visitou o arcebispo de Colônia, a quem dedicara o seu *Filosofia Oculta*, e recebera dele uma carta muito atenciosa. O medo dos seus devedores, que lhe causavam muito embaraço por causa da interrupção do seu salário, fez com que permanecesse em *Colônia* mais do que desejava. Ele se opôs vigorosamente aos inquisidores, que haviam proibido a impressão de *Filosofia Oculta*, quando ele estava publicando uma nova edição corrigida e ampliada em Colônia. Ver a 26ª, e as seguintes cartas do sétimo Livro. Apesar de seus desafetos, a impressão foi concluída no ano de 1533. Ele continuou em *Bonn* até 1535, e então desejou voltar a *Lyons*. Foi preso na *França* por algo que dissera contra a mãe de Francisco I, mas partiu solto a pedido de certas pessoas, e foi para *Grenoble*, onde morreu no mesmo ano, 1535. Alguns dizem que morreu no hospital (mas isso é pura maldade, pois seus inimigos relatavam tudo que a inveja sugeria para depreciar seu valor e caráter). *Ele morreu na casa do curador-geral da província de* Dauphiny, *cujo filho foi o primeiro presidente de Grenoble.* O senhor *Allard, na página 4 da Biblioteca de Dauphiné, diz que Agrippa* morreu em Grenoble, *na casa que pertencia à família de* Ferrand *na Rua dos Escriturários, que então era da posse do presidente* Vachon; *e que foi enterrado no convento dos* Dominicanos. Ele viveu sempre na comunhão romana, portanto não deve ser dito que ele era um luterano.[47] Burnet, na sua história da Reforma, afirma que *Agrippa* escreveu a favor do divórcio do rei Henrique VIII. Porém, se olharmos as cartas de *Agrippa*, veremos que ele era contra, do mesmo modo que escreveu na sua declamação sobre a vaidade das ciências, na qual diz: "fui informado de que há um certo rei, na nossa época, que considera lícito divorciar-se da esposa com quem esteve casado nos últimos 20 anos e esposar uma rameira". Quanto à acusação de magia diabólica proferida contra ele por *Martin del Rio* e outros que afirmavam convictos que *Agrippa* pagava sua estadia em estalagens, etc., com

---

47. *Agrippa*, na sua *Apologia*, capítulo 19, fala elogiosamente de Lutero, e com bastante desprezo pelos adversários daquele reformador; então, está claro por que *Sixtus Sienensis* afirmou que *Agrippa* era um luterano.

peças de chifre, lançando uma ilusão sobre os sentidos e fazendo com que aqueles que as recebessem as tomassem por dinheiro verdadeiro; juntamente à história de um hóspede em *Louvain* que, na ausência de *Agrippa*, invocou o diabo no seu estúdio e, consequentemente, perdeu a vida; e quando *Agrippa* chegou à sua residência, ao ver os espíritos dançando sobre o telhado da casa, ordenou que um deles entrasse no corpo morto, e mandou que andasse até o mercado e fizesse o corpo cair ali: todas essas histórias, asseveradas por *Martin del Rio*, são ridículas demais para serem acreditadas por homens de bom senso ou ciência, já que são improváveis mesmo que ele lidasse com a Arte Negra. Quanto à magia, no sentido como a compreendemos, não há dúvida de que ele era competente nessa área, como testemunham seus três livros de *Filosofia Oculta*; para não dizer nada sobre o quarto, que autoridades confiáveis dizem que nunca foi escrito por *Agrippa*, como mostraremos a seguir, quando tratarmos da história do seu *Filosofia Oculta*. Em uma palavra, para resumir o caráter de Agrippa, devemos lhe fazer justiça ao reconhecer que, independentemente de seu temperamento impetuoso que lhe causou tantos problemas, e das cartas que ele escreveu para vários dos seus amigos mais íntimos, sem qualquer projeto aparente de publicá-las, que ele era um homem acostumado a reflexões religiosas e à prática do Cristianismo; era bem versado em muitas das principais e mais secretas operações da natureza, ou seja, as ciências da magia natural e celestial; que ele certamente executou muitas coisas estranhas (ao olho vulgar) pela aplicação de *ativos* a *passivos*, mas qual de nós também não o faz? Ele era um exímio *astrólogo, médico* e *matemático*, e por tais meios, assim como pela magia, previu muitas coisas incomuns e realizou muitas operações admiráveis. *John Wierus*, que foi seu criado, registrou várias anedotas curiosas e interessantes que lançam luz sobre o misterioso caráter de *Agrippa*, as quais servem para libertá-lo da escandalosa acusação de que era um professor da ARTE NEGRA. Ora, como *Agrippa* ficava em seu estúdio por semanas, e ainda assim estava familiarizado com quase tudo o que ocorria em vários países do mundo, muitas pessoas tolas diziam que um cachorro negro que *Agrippa* possuía era um espírito maligno, e que comunicava as *posições, números e planos dos inimigos*, etc. para seu mestre; essa é a narrativa de Paul Jovius, pela qual podemos ver em que tipo de relatos ele baseou suas opiniões sobre esse grande homem. Perguntamo-nos se *Gabriel Naudé* não teve a precaução de objetar aos acusadores de *Agrippa* o grande número de falsidades históricas de que eles (seus acusadores) são culpados. *Naudé* supõe que os monges e outros na ordem eclesiástica não pensaram em atacar a *Filosofia Oculta* até muito depois da sua publicação; ele afirma que protestaram contra aquela obra só como vingança pelas injúrias que receberam em *Vaidade das Ciências*. É verdade que este último livro ofendeu muitos. Os monges, os membros das universidades, os pregadores e os teólogos se viram retratados fielmente nele. *Agrippa* tinha uma complexão demasiado calorosa. "*O menor contato com seu livro* (Vaidade das Ciências) *convenceu-me de que ele era um autor de um gênio fogoso, ampla leitura e grande memória; mas, às vezes, mais copioso do que seleto em relação ao seu tema, e escrevendo em um estilo turbulento em vez de tranquilo.*" Ele ataca o vício e recomenda a virtude, em toda parte e em cada pessoa: mas, para alguns, nada é tolerável além de panegíricos. Ver ERASMI, Epíst. *liv. xxvii. p. 1.083.*

Agora, em poucas palavras e para a conclusão deste artigo, vamos descrever a história de *Filosofia Oculta*. *Agrippa* compôs esse livro na juventude e o mostrou ao abade *Tritêmio*, de quem fora pupilo. Tritêmio ficou encantado com a obra, como é aparente na carta que escreveu a Agrippa datada de 8 de *abril* de 1510; mas ele o aconselhou a comunicá-la apenas àqueles em quem confiasse. Contudo, várias cópias manuscritas do livro estavam dispersas por quase toda a *Europa*. Não é necessário observar que a maioria delas era defeituosa, o que nunca deixa de acontecer nesses casos. Preparava-se uma impressão a partir de uma dessas cópias ruins, o que fez com que o autor resolvesse, ele mesmo, publicar seu livro, com os acréscimos e alterações com os quais ele o aperfeiçoou, depois de mostrá-lo ao abade *Tritêmio*. *Melchior Adam* errou ao afirmar que *Agrippa*, em idade mais avançada, teria corrigido e ampliado a obra e depois mostrado ao abade *Tritêmio*. Ele havia refutado sua *Filosofia Oculta* em *Vaidade das Ciências*, e ainda assim a publicara para impedir que outros imprimissem uma edição defeituosa e mutilada. Agrippa obteve a aprovação de doutores de Teologia e de algumas outras pessoas, apontadas pelo conselho do imperador para examiná-la.

"*Este livro foi recentemente examinado e aprovado por certos prelados da Igreja, e doutores, plenamente versados na literatura sagrada e profana, e pelos comissários particularmente encarregados para esse propósito pelo conselho de CÉSAR: depois do que, foi admitido por todo o conselho, e licenciado com o autêntico diploma de sua Majestade Imperial, e o selo da ÁGUIA DE CÉSAR em cera vermelha; e foi em seguida impresso publicamente e vendido em ANTUÉRPIA e, então, em PARIS, sem qualquer oposição.*"

Depois da morte de Agrippa, um *Quarto Livro* foi acrescentado a esse por outra mão. *John Wierus de Magis*, cap. 5. p. 108, diz: "*A esses (livros de Magia) pode ser justamente acrescentada uma obra publicada posteriormente e atribuída ao meu finado e honrado hospedeiro e preceptor, HENRIQUE CORNÉLIO AGRIPPA, que está morto há mais de 40 anos; de onde concluo que é injustamente atribuído à sua alma, sob o título de* O QUARTO LIVRO DA FILOSOFIA OCULTA, OU DAS CERIMÔNIAS MÁGICAS, *que pretende ser uma Chave para os três livros anteriores de FILOSOFIA OCULTA, e todos os tipos de Operações Mágicas*". Assim John Wierus se expressou. Há uma edição em fólio da *Filosofia Oculta*, de 1533, sem o local onde foi impressa. A regalia de *Carlos V* vem prefixada nela, datada de *Mechlin*, 12 de *janeiro* de 1529. Nós já mencionamos as principais obras de Agrippa. Será suficiente acrescentar que ele escreveu *Um Comentário sobre a Arte de Raimundo Lúlio* e *Uma Dissertação sobre a Origem do Pecado*, em que ensina que a queda dos nossos primeiros pais procede do seu amor impudico. Ele prometeu uma obra contra os *Dominicanos*, que teria agradado a muitas pessoas dentro e fora da igreja de *Roma*.[48] Tinha algumas opiniões incomuns, e nunca qualquer protestante falou com mais vigor contra a impudência das Legendas do que ele. Não devemos esquecer que a Chave da sua *Filosofia Oculta* foi guardada apenas para seus amigos mais próximos e que ele a explicou de maneira um pouco diferente das especulações dos nossos Quietistas. Ora, muitos supõem que o quarto livro da

---

48. "No tratado que estou compondo sobre os vícios e as opiniões errôneas dos *Dominicus*, no qual irei expor ao mundo suas práticas viciosas, como o sacramento frequentemente infectado com veneno – inúmeros milagres falsos – reis e príncipes mortos com veneno – cidades e Estados traídos – a população seduzida – heresias declaradas – e os restos dos feitos desses heróis e seus crimes enormes." Ver AGRIPPA, *Opera*, t. ii, p. 1037.

Filosofia Oculta seja a Chave que Agrippa menciona nas suas cartas, que teria reservado para si; mas pode-se ponderar, com um grande grau de probabilidade, que ele advertiu o mundo a respeito dessa Chave para que fosse cortejado pelos curiosos. *James Gohory* e *Vigenere* dizem que ele fingiu ser o Mestre da Prática do Espelho de *Pitágoras*, bem como saber o segredo de extrair o espírito do ouro do seu corpo, para converter prata e cobre em ouro puro. Contudo, ele explica o que quer dizer sua Chave, quando escreve, na *Epíst.* 19. liv. v: *"Essa é aquela verdadeira e oculta filosofia das maravilhas da natureza. A chave dela é o entendimento: pois quanto mais alto levamos nosso conhecimento, mais sublimes são nossas realizações na virtude, e executamos as maiores coisas com mais facilidade e efeito"*. Agrippa menciona essa Chave em duas cartas que ele escreveu para um religioso dedicado ao estudo das *Ciências Ocultas, ou seja,* o frade *Aurelius de Aqualpendente Austin,* em que diz: *"Que relatos surpreendentes encontramos, e como grandes escritos testemunham o poder invencível da* Arte da Magia, *das imagens prodigiosas dos* Astrólogos, *das incríveis transmutações dos* Alquimistas, *e daquela pedra abençoada que, semelhante a* MIDAS, *faz com que todos os metais sejam transmutados em ouro: sendo que tudo acaba sendo vão, fictício e falso, se for praticado literalmente"*. No entanto, ele diz: "tais coisas são fornecidas e escritas por grandes e sérios filósofos, cujas tradições quem ousaria dizer que são falsas? Não, é ímpio achar que são mentiras: só que existe outro significado além daquele escrito pelas letras nuas. Não devemos, ele acrescenta, procurar o princípio dessas grandes operações fora de nós mesmos: é um espírito interno, dentro de nós, que pode perfeitamente realizar o que quer que os espantosos *Matemáticos*, os prodigiosos *Magistas*, os miraculosos *Alquimistas* e os fascinantes *Necromantes*, podem efetuar".

Nos habitat, non tartara; sed nec sidera cœli,
Spiritus in nobis qui viget, illa facit.

Ver AGRIPPA, *Epíst. dat. Lyons*, 24 de setembro de 1727.

Nota: Os três livros de Magia de Agrippa, com o quarto, foram traduzidos para o inglês e publicados em Londres no ano de 1651. Contudo, agora se tornaram muito raros, em virtude da dificuldade de encontrá-los, e são vendidos a um preço altíssimo pelos livreiros.

ALBERTUS MAGNUS

Albertus Magnus, um *Dominicano*, bispo de *Ratisbona*, e um dos mais famosos doutores do século XIII, nasceu em *Lauingen*, no *Danúbio*, na *Suábia*, no ano de 1193, ou 1205. O dicionário de *Moreri* fornece um relato de várias ocupações que foram conferidas a ele, e do sucesso de suas preleções em várias cidades. Igualmente é dito que ele praticava a obstetrícia e estava à procura da *Pedra Filosofal*: e também que ele era um famoso *Magista*, e que havia criado uma máquina na forma de um homem, que servia como oráculo e explicava todas as dificuldades que lhe eram propostas. Posso facilmente ser induzido a acreditar que, como ele compreendia a matemática, etc., ele fez uma cabeça, a qual, por meio do auxílio de alguns espíritos, poderia articular certos sons. Embora ele fosse bem qualificado para ser o inventor da artilharia, há motivo para acreditar que aqueles que lhe atribuíram essa invenção estivessem errados. Naturalmente, diz-se que ele possuía uma mente bastante limitada e que estava a ponto de deixar o claustro, visto não ter a esperança de obter o que seu hábito de frade exigiria dele; mas fala-se que a Santa Virgem apareceu para Magnus e lhe perguntou em que ele gostaria de se distinguir, se na Filosofia ou na Teologia; ele escolheu a Filosofia e, assim, a Santa Virgem teria lhe dito que ele ultrapassaria todos os homens do seu tempo naquela ciência, mas que, como punição por não escolher a Teologia, antes da sua morte ele voltaria à sua estupidez anterior. Acrescenta-se que, depois dessa aparição, ele mostrou uma sensatez prodigiosa e melhorou tanto em todas as ciências, que rapidamente ultrapassou todos os seus preceptores; mas três anos antes da sua morte, ele subitamente esqueceu tudo o que sabia, estando em um púlpito, no meio de uma palestra sobre Teologia em *Colônia*. Então, tentando em vão recordar suas ideias, Magnus entendeu que era a previsão que se realizava. Daí veio o ditado, de que ele havia miraculosamente se convertido de asno em filósofo e, depois, de filósofo em asno. Nosso Albertus era um homem muito pequeno[49] e, depois de

---

49. Quando ele esteve diante do papa, depois de ficar de pé algum tempo na sua presença, sua Santidade quis que ele se levantasse, por acreditar que Albertus estava ajoelhado.

viver 87 anos, morreu no ano da nossa redenção, 1280, em *Colônia*, no dia 15 de novembro; seu corpo jaz no coral intermediário do convento dos *Dominicanos*, e suas entranhas foram levadas para *Ratisbona*; seu corpo ainda estava inteiro na época do *imperador Carlos V*, e foi levado sob seu comando, e depois recolocado no seu primeiro monumento. Ele escreveu um número tão vasto de livros que chegavam a 21 volumes em fólio, na edição de *Lyons*, 1651.

ROGER BACON, COMUMENTE CHAMADO DE FRADE BACON

ROGER BACON, UM inglês e frade *Franciscano*, viveu no século XIII. Ele era um grande *Astrólogo, Químico, Matemático e Magista.* Há uma tradição nos anais ingleses que narra que esse frade fabricou uma cabeça de bronze, tendo o planeta Saturno como ascendente, que falava com uma voz de homem e respondia a todas as suas perguntas. *Francis Picus* diz: "que havia lido em um livro escrito por Bacon, que um homem poderia prever coisas vindouras por meio do espelho *Almuchesi*, composto de acordo com as regras da perspectiva; contanto que ele fizesse uso dele sob uma constelação favorável, e primeiro conduzisse seu corpo a um estado equilibrado e temperado pela química". Isso está de acordo com a opinião de *John Picus*, de que Bacon só se dedicava ao estudo da *Magia Natural*. Esse frade enviou vários instrumentos de sua própria invenção ao papa Clemente IV. Vários dos seus livros foram publicados (mas agora são muito raros), a saber, *Specula Mathematica & Perspectiva, Speculum Alchymiæ, De Mirabili Potestate Artis & Naturæ, Epistolæ, cum Notis*, etc. É absolutamente provável que ele não executou coisa alguma por meio de pactos com demônios, mas apenas atribuía às coisas uma eficácia surpreendente que elas não poderiam ter naturalmente. Ele era bastante capaz na astrologia judiciária. Seu *Speculum Astrologiæ* foi condenado por Gerson e Agrippa. Francis Picus e muitos outros o condenaram só porque o autor sustenta nele *que, com submissão a melhores julgamentos, livros de magia devem ser cuidadosamente preservados, porque se aproxima o tempo em que, por certas causas não especificadas, pode ser necessário o seu estudo, bem como utilização em algumas ocasiões.* Naudé acrescenta: "que *Bacon* estava tão obcecado com a astrologia judiciária, que *Henry de Hassia, William de Paris* e *Nicholas Oresmius* foram obrigados a ofender rispidamente seus escritos". *Bacon* era membro do colégio *Brasenose* em *Oxford* no ano de 1226. Ele era mais capaz do que todos os seus companheiros, sendo o renome da época em que viveu, e talvez pudesse competir com os maiores que apareceriam desde então. Considerando a era em que viveu, é fantástico como ele chegou a uma profundidade de conhecimento em todos os assuntos. Seus tratados foram compostos com elegância, concisão e força, e abundam com observações tão justas e precisas sobre a natureza que, entre toda a linhagem dos químicos, não conhecemos nenhum que possa ser comparado a ele. A reputação da sua incomum erudição ainda sobrevive na *Inglaterra*. Sua acomodação é mostrada em *Oxford* até hoje; e há uma tradição que diz que ela ruirá quando um homem maior do que *Bacon* adentrar nela. Ele escreveu muitos tratados, entre os quais, que ainda sobreviveram, há raridades o bastante para lamentarmos a perda do resto. Relacionadas à química, há duas pequenas obras, escritas em *Oxford*, que agora estão impressas, e os manuscritos a serem vistos na biblioteca pública em *Leiden*, que foram levados da *Inglaterra* junto aos manuscritos de *Vossius*. Nesses tratados ele claramente demostra como metais imperfeitos podem ser amadurecidos até se tornarem perfeitos. Ele adota completamente a noção de *Geber* de que o mercúrio é a base comum a todos os metais, sendo o enxofre a argamassa, e mostra que isso ocorre por causa de uma depuração gradual da matéria mercurial pela sublimação, e é pela acessão de um enxofre sutil pelo fogo que a natureza fabrica o seu ouro; e que, se durante o processo, qualquer outra terceira matéria intervier, além do mercúrio e enxofre, surge algum metal inferior: de modo que, se ao imitarmos suas operações nós aperfeiçoássemos o chumbo, facilmente poderíamos transformá-lo em bom ouro.

Várias das operações utilizadas por *Bacon* foram comparadas com os experimentos de *monsieur Homberg*, realizados por aquele curioso príncipe, o duque de *Orleans*, pelos quais foi descoberto que *Bacon* havia descrito algumas das coisas que *Homberg* publicara como suas próprias descobertas. Por exemplo, *Bacon* ensina expressamente que, se um enxofre puro for unido ao mercúrio, isso dará origem ao ouro: seguindo o mesmo princípio, *monsieur* Homberg realizou vários experimentos para a produção de ouro, descritos em *Memoire de l'Academie Royale des Sciences*. Seus outros escritos sobre Física mostram o mesmo gênio e força de pensamento. Em um tratado,[50] *Of the Secrets Works of Nature*, ele mostra que, se uma pessoa estiver perfeitamente familiarizada com a maneira como a natureza age nas suas operações, é capaz não só de rivalizar, como também de ultrapassar a própria natureza.

As obras desse autor estão impressas em in-oitavo e in-duodécimo, sob o título de *Frater Rogerius Baco de Secretis Artis & Naturæ*, mas se tornaram bastante raras. Por meio de uma leitura repetida delas, podemos perceber que *Bacon* não desconhecia muitas das principais descobertas das eras passadas e presente. Certamente conhecia a pólvora; o trovão e o relâmpago, ele nos diz, podem ser produzidos pela arte e que o enxofre, nitrato de potássio e carvão, que separadamente não têm efeito sensível, quando misturados juntos na devida proporção, e bem confinados, fornecem uma horrível explosão. Uma descrição mais precisa da pólvora não pode ser dada em palavras: e, ainda assim, um jesuíta, *Barthol Schwartz*, algum tempo depois, teve a honra da descoberta. Bacon, do mesmo modo, menciona um tipo de fogo inextinguível, preparado pela arte, que indica que ele sabia algo sobre o fósforo. E que teve a noção da rarefação do ar, e a estrutura da bomba de ar, é indiscutível. Uma carruagem, ele observa, poderia ser estruturada de acordo com os princípios da mecânica, a qual, sendo sustentada por imensos globos, especificamente mais leves do que o ar comum, poderia transportar um homem pela atmosfera; isso prova que ele, igualmente, tinha uma ideia competente da aerostática.

Há muitas especulações curiosas obre esse nobre autor que causarão a admiração do leitor: mas nenhuma delas irá afetá-lo com tanto espanto do que ver uma pessoa de tão sublime mérito ser sacrificada pelo zelo injustificado de intolerantes obcecados.

---

50. *De Secretis Naturæ Operibus.*

RAIMUNDO LÚLIO,
UM FAMOSO ALQUIMISTA

Raimundo Lúlio, ou *Raymon Lull*, é o próximo na sequência. Ele nasceu na ilha de Maiorca, no ano de 1225, de uma família da maior distinção, embora não assumisse sua reputação de químico até a parte mais avançada de sua vida.

Ao se dedicar à química, ele logo começou a pregar outro tipo de doutrina, visto que, ao falar daquela arte, diz que só pode ser adquirida pelo experimento e prática, e não pode ser transmitida ao entendimento por intermédio de palavras e sons vãos. Ele foi o primeiro autor que pude encontrar que considera a alquimia expressamente voltada para a panaceia universal: porém, depois dele, esse se tornou um conceito bem popular e as bibliotecas estão cheias de livros dentro desse contexto.

O próprio *Lúlio*, além do que escreveu do modo escolástico, possuía muitos volumes escritos depois dessa sua conversão: é difícil dizer quantos, pois é uma prática comum dos seus discípulos e seguidores produzirem suas obras sob o nome do seu mestre. "Li atentamente (diz *Boerhaave*) a maior parte das suas obras, e as considero, além da expectativa, excelentes: a tal ponto que sou quase tentado a duvidar que tenham sido o trabalho daquela época, já que são tão cheias de experimentos e observações que ocorrem em nossos escritores posteriores, que ou os livros são cheios de suposições, ou então os antigos químicos deviam estar familiarizados com um mundo de coisas que passam pelas descobertas da prática moderna. Ele fornece intimações bastante claras sobre o fósforo, que ele chama de *Fogo Vestal*, o *Offa Helmontii*, etc., e, contudo, é certo que escreveu 200 anos antes de *Helmont*, ou do Lorde *Bacon*".

Ele viajou à *Mauritânia*, onde supostamente teve seu primeiro contato com a química e teria aprendido os princípios de sua arte dos escritos de *Geber*, cuja opinião é justificada pela conformidade observada entre os dois. Os autores *espanhóis* referem-se a um amor, quando da ocasião dessa jornada: ele havia se apaixonado, parece, por uma donzela daquele país, que obstinadamente recusava seus galanteios. Ao indagar pelo motivo, ela lhe mostrou um seio tomado pelo câncer. *Lúlio*, como um galante generoso, imediatamente resolveu viajar para a *Mauritânia*, onde *Geber* vivera, para procurar algum tipo de alívio para sua amada. Ele terminou seus dias na *África*, onde, depois de ter assumido o papel de missionário e de ter pregado o Evangelho entre os infiéis, foi apedrejado até a morte.[51]

GEORGE RIPLEY

GEORGE RIPLEY, DE nacionalidade *inglesa*, era, por profissão, um sacerdote ou monge de *Bridlington*. Dentro dos mesmos tipos de escrito, os seus eram todos muito bons, sendo produzidos exatamente no estilo de *Bacon*, só que mais alegóricos. Como não era médico, ele não se intrometeu com qualquer prática dessa disciplina; porém, tratava muito da cura pelos metais, a qual, conforme sua linguagem, se dá pela purificação e o amadurecimento destes. Ele seguia rigorosamente os princípios de *Geber* e de *Bacon*, e sustentava, por exemplo, com novas evidências, que o mercúrio é a matéria universal de todos os metais; e que, quando este é disposto sobre o fogo, com o mais puro enxofre, se transforma em ouro, mas que, se qualquer um deles estiver doente ou leproso, ou seja, infectado com qualquer impureza, no lugar do ouro algum outro metal será produzido. Ele acrescenta que assim como o mercúrio e o enxofre são suficientes para fazer todos os metais, também destes pode ser produzida uma panaceia universal, ou metálica, para curar todos os doentes; o que alguns erradamente compreenderam como um metal universal, eficaz contra todas as doenças do corpo humano.

JOHN E ISAAC HOLLANDUS

ELES ERAM DOIS irmãos, e ambos eram homens de muitos talentos e engenho, e escreveram sobre os áridos tópicos da química.

---

51. A história deste eminente adepto é muito confusa. *Mutius*, um autor, afirma que esse bom homem, sendo totalmente voltado para a religião, nunca se dedicou à química ou à pedra filosofal: ainda assim, temos vários relatos de que teria feito ouro. Entre uma variedade de autores, *Gregório de Thoulouse* assevera: "*Lúlio ofereceu a* EDUARDO III, *rei da Inglaterra, um suprimento de 6 milhões para guerrear contra os infiéis*". Além dos manuscritos, as seguintes peças impressas trazem o nome de Lúlio, a saber, *A Teoria da Pedra Filosofal; A Prática; A Transmutação dos Metais; O Codicilo; O Vade Mecum; O Livro dos Experimentos; A Explanação deste Testamento; As Condensações, ou Acusação;: e O Poder das Riquezas*.

Viveram no século XIII, mas isso não é tido como certo. A arte da *esmaltação* é sua invenção, assim como a arte de *colorir vidro* e pedras preciosas pela aplicação de finas lâminas metálicas. Seus escritos têm a forma de processos, e eles descrevem todas as suas operações nas mais detalhadas circunstâncias. O tratado de *esmaltação* é estimado como a melhor e mais elaborada parte das suas obras: tudo que está relacionado à fusão, à separação e à preparação de metais é fornecido nele. Eles escrevem de modo excelente sobre a *destilação, fermentação, putrefação* e seus efeitos; e parecem ter compreendido, pelo menos, tanto sobre esses assuntos quanto muitos dos modernos. Eles fizeram muitos experimentos com o sangue humano, a partir dos quais *Van Helmont* e *Mr. Boyle* têm conduzido novas descobertas. Tenho uma grande obra em fólio, escrita por eles, sobre a construção de fornos químicos e instrumentos. Seus escritos são fáceis de obter e dignos de estudo, em razão dos valiosos segredos neles contidos, que podem pavimentar o caminho para maiores descobertas.

PHILIPPUS AUREOLUS THEOPHRASTUS PARACELSUS
BOMBAST DE HOENHEYM,
PRÍNCIPE DOS MÉDICOS E FILÓSOFOS PELO FOGO;
GRANDE MÉDICO PARADOXAL;
O TRISMEGISTUS DA SUÍÇA;
PRIMEIRO REFORMADOR DA FILOSOFIA QUÍMICA;
ADEPTO DA ALQUIMIA, DA CABALA E DA MAGIA;
FIEL SECRETÁRIO DA NATUREZA;
MESTRE DO ELIXIR DA VIDA E DA PEDRA FILOSOFAL;
E O
GRANDE MONARCA DOS SEGREDOS QUÍMICOS,
Agora vivendo em seu Sepulcro, para onde se retirou, indignado com os Vícios
e as Loucuras da Humanidade, sustentando-se por meio de sua própria
QUINTESSENTIA VITÆ

PARACELSO NASCEU, COMO ele mesmo escreve, no ano de 1494, em uma vila na *Suíça* chamada Hoenheym (q. d. *ab alto nido*), a duas milhas de distância de *Zurique*. Seu pai era um filho natural de um grande mestre da ordem *Teutônica*, e havia aprendido medicina, que ele praticou naquele recanto obscuro. Era proprietário de uma excelente e grande biblioteca, e dizem que se tornou eminente na sua arte, de modo que *Paracelso* sempre falava dele com a maior deferência, chamando-o de *laudatissimus medicus in eo vico*. De tal pai, *Paracelso* recebeu sua primeira educação. Depois de um curto período de estudo em casa, ele foi deixado aos cuidados de *Tritêmio*, o celebrado abade de *Spanheim*, que tinha a reputação de ser um adepto e escrevia sobre a *Cabala*, sendo naquela época um conceituado *magista*. Com ele aprendeu, principalmente, idiomas e escrita; depois disso, foi levado a *Sigismund Fugger* para aprender medicina, cirurgia e química; de todos esses mestres, especialmente deste último, *Paracelso* fala com grande veneração, de modo que ele não era tão rude e sem polidez, como é geralmente imaginado. Sobre essa questão, informamo-nos por meio de seus próprios escritos, especialmente o prefácio para seu *Cirurgia Menor*, em que ele se defende contra seus acusadores. Aos 20 anos de idade, ele viajou pela *Alemanha* e *Hungria*, visitando todas as minas mais importantes e estabelecendo conhecimento com os mineiros e operários, por meio dos quais ele aprendeu tudo que fosse relacionado com os metais e sua arte: nessa investigação, mostrou uma assiduidade e resolução incomuns. Ele nos fornece um relato dos muitos perigos dos quais escapara: terremotos, desabamentos, enchentes, cataratas, vapores, umidade, calor, fome e sede; e, em toda parte, aproveitava para insistir no valor de uma arte adquirida sob condições tão ásperas. A mesma inclinação o levou tão longe quanto a *Moscóvia*, onde estava à procura de minas próximas das fronteiras da *Tartária,* na qual foi feito prisioneiro por aquele povo e carregado até estar diante do grande *Cã*; durante seu cativeiro ali, ele aprendeu vários segredos, até que, quando o Cã enviou uma embaixada até o Grão-Senhor, encabeçada pelo seu próprio filho, *Paracelso* foi enviado com ele na qualidade de companheiro. Nessa ocasião, chegou a *Constantinopla* com 28 anos de idade, e foi lá que aprendeu o segredo da *pedra filosofal* com um generoso *árabe*, que lhe deu esse nobre presente, o *Azoth*, como ele o chamava. Esse incidente é contado apenas por *Helmont*; pois o próprio *Paracelso*, que fala bastante sobre suas outras viagens, nada diz sobre seu cativeiro. Ao voltar da *Turquia,* ele trabalhou como cirurgião no exército imperial, onde obteve muitas curas excelentes; de fato, não pode ser negado que ele era excelente naquela arte, da qual seu livro, *Cirurgia Maior*, impresso em fólio, será sempre um monumento. Ao retornar para sua terra natal, ele assumiu o título de *utriusque medicinæ doctor*, ou doutor de medicina ou de cirurgia externa e interna; e ganhou fama em ambas, tendo um desempenho muito além do que a prática do seu tempo poderia pretender; o que não surpreende, porque a medicina estava então em más condições; a prática e a própria linguagem eram totalmente *galênicas* e *árabes*; nada era inculcado, exceto *Aristóteles*, *Galeno* e os *árabes*; Hipócrates não era lido; não havia nem mesmo uma edição dos seus escritos, e ele mal era mencionado. Sua teoria consistia no conhecimento dos quatro graus, dos temperamentos, etc., e toda sua prática estava limitada à flebotomia, purgação, vómitos, clister, etc. Ora, naquela época, um novo tipo de doença havia se disseminado e espalhado por toda a *Europa*, ou seja, *a doença venérea*; as medicinas *galênicas* comuns haviam demonstrado ser ineficazes; tratamentos de sangria, purgação e limpeza eram vãos; e os médicos já não sabiam o que fazer. *Jac Carpus*, um celebrado anatomista e cirurgião de *Bolonha*, foi o único a dominar a cura, que era pelo mercúrio administrado para aumentar a salivação; ele havia obtido esse segredo nas suas viagens pela *Espanha* e *Itália*, e praticado isso por alguns anos, e com tal sucesso e aplauso, que era incrível a imensa riqueza que esse único *nostrum* havia lhe trazido (é dito por fonte segura que em um ano apenas ele havia obtido 6 mil pistolas); ele mesmo reconhecia que não sabia a quantidade da sua própria riqueza; pois os capitães, mercadores, governadores, comandantes, etc., que tinham trazido essa doença imunda da *América*, estavam contentes em pagar a quantia que ele desejasse para se livrarem do mal. *Paracelso* também descobriu nesse período as propriedades do mercúrio, provavelmente de *Carpus*, que aplicava a mesma cura, mas de maneira diferente; pois, enquanto *Carpus* o fazia pela salivação, Paracelso fazia seu preparado em pílulas e obtinha os mesmos fins de modo mais suave. Por esses meios, ele nos informa ter curado a coceira, lepra, úlceras, a doença de *Nápoles* e até a gota, todas essas doenças incuráveis pela prática popular, e assim foi estabelecida a grande base para toda a sua futura fama e fortuna.

Paracelso, assim provido pelas artes e tendo alcançado um grau de eminência além de qualquer um dos seus irmãos de profissão, foi convidado pelos tutores da universidade de *Basileia* para a cadeira de professor de Medicina e Filosofia naquela universidade. A arte de impressão era então algo novo, e o gosto pelo aprendizado e pela arte estava em voga[52] e a magistratura de *Basileia* se esforçava para contratar professores de reputação de todas as partes do mundo. Eles já haviam obtido *Desidério Erasmo*, professor de *Teologia*, e *J. Oporinus*, professor da Língua Grega; e, agora em 1527, *Paracelso* se associou a eles ao completar 33 anos de idade. Em sua primeira aula naquela província, tendo feito um discurso público diante da universidade, ele afixou um anúncio muito elegante nas portas, convidando a todos para sua doutrina. Em sua primeira palestra, ele fez com que um vaso de latão fosse levado ao meio da escola, onde depois lançou enxofre e nitrato de potássio, e queimou, de modo solene, os livros de *Galeno* e *Avicena*, alegando que disputara com eles nos portões do inferno, e que os derrotara e sobrepujara. Então proclamou que os médicos deviam todos segui-lo; e não mais se denominarem *galenistas*, mas *paracelsistas*. "Saibam", disse ele, "médicos, meu chapéu tem mais erudição do que em todas as vossas cabeças, minha barba tem mais experiência do que vossas academias inteiras: gregos, latinos, franceses, alemães, italianos, eu serei vosso rei".

Enquanto foi professor, ali ele leu seus livros *De Tartaro, de Gradibus* e *De Compsitionibus* em palestras públicas, nas quais incluiu um comentário sobre o livro *De Gradibus*; todos esses ele depois imprimiu na *Basileia* para o uso dos seus discípulos, de modo que esses devem ser reconhecidos como escritos genuínos; na mesma época ele escreveu *De Calculo*, de cujo desempenho *Helmont* fala com grande aprovação.

Apesar de ser professor de uma universidade tão douta, ele sabia muito pouco *latim*; suas longas viagens e atividades no comércio,

---

52. Estamos felizes em poder dizer que o gosto pelo aprendizado e pelas artes (independentemente das tolices desta era) nunca foram mais prevalentes do que no tempo presente; o ano 1801 inicia uma era de ciência florescente, na qual até mesmo nossas mulheres parecem querer tomar parte – por exemplo, uma dama de boa índole, que foi na sua carruagem outro dia para Foster Lane, Cheapside, comprou uma forja portátil de ferreiro para seu entretenimento privado; seu aspecto era forte e atlético, sendo ela bastante apta para a prática manual do manuseio de ferro e para trabalhar com outros experimentos metálicos.

além do desuso da linguagem, desqualificaram-no para escrever e falar nela, e sua natural vivacidade o tornava inadequado para lecionar. Assim, embora seus ouvintes e discípulos fossem, inicialmente, muito numerosos, eles o abandonaram e o deixaram pregando para as paredes. Nesse meio-tempo, em diversos momentos, Paracelsus se entregou à bebida; *Oporinus*, que estava sempre perto dele, teve a boa índole de dizer que ele nunca estava sóbrio; mas que bebericava da manhã à noite, e da noite à aurora, continuamente. Enfim, cansou-se do magistério e depois de três anos o abandonou, dizendo que nenhuma outra linguagem além da *alemã* era apropriada para revelar os segredos da química.

Depois disso ele, mais uma vez, valeu-se de uma vida itinerante, viajando e bebendo, vivendo em estalagens e tavernas, continuamente enrubescido pela bebida, mas ainda assim realizando muitas curas admiráveis no seu caminho. Desse modo Paracelsus passou quatro anos de sua vida, dos 43 aos 47, até morrer em uma estalagem em *Salzburgo*, denominada Cavalo Branco, em um banco no canto da chaminé. *Oporinus* relata que depois de Paracelsus vestir qualquer roupa nova, ela nunca era retirada, até que estivesse em farrapos; ele acrescenta que, apesar do seu excesso na questão da bebida, Paracelsus nunca foi viciado nos prazeres lascivos. Porém, havia uma razão para isso: quando era criança, por causa do descuido de sua ama, uma *velha bruxa* o castrou naquele lugar onde os três membros se encontram, tornando-o um eunuco; consequentemente, nos seus escritos, ele não perde oportunidade de atacar as mulheres. Assim foi a vida de Paracelso; este é o homem imortal, que, cansado da vida, retirou-se para um canto do mundo sustentando-se ali com sua própria *Quintessência da Vida*.

Enquanto vivo, ele publicou três ou quatro livros, mas, depois da sua morte, sua obra se tornou prodigiosamente volumosa, e um ano não se passava sem que um livro ou outro fosse publicado sob seu nome, título supostamente encontrado em alguma velha parede, teto ou em algo semelhante. Todas as obras publicadas sob seu nome foram impressas conjuntamente em *Estrasburgo* no ano de 1603, em um *fólio* de três volumes, e de novo em 1616. *J. Oporinus*, aquele excelente professor e editor, já mencionado, que constantemente cuidou de *Paracelso* por três anos como criado doméstico na esperança de aprender algum dos seus segredos, e que publicou as obras de *Vesalius*, foi quem supostamente as verteu na linguagem elegante em que agora elas aparecem: esse *Oporinus*, em uma epístola para *Monavius*, sobre a vida de *Paracelso*, declara-se surpreso por encontrar tantas obras de seu mestre; pois, em todo o tempo em que esteve com ele, este nunca escreveu uma única palavra, nem pegou na pena, mas forçou *Oporinus* a escrever o que ele ditava; e *Oporinus* se perguntava como tais palavras coerentes e discursos dignos das pessoas mais sábias teriam vindo da boca de um homem bêbado. Sua obra chamada *Archidoxa Medicinæ*, que continha os princípios e máximas da arte, consistia em nove livros, os quais foram publicados de início; e o autor, nos prolegômenos desses, disse o seguinte: "*Pretendia publicar meus dez livros da* Archidoxa; *mas, considerando a humanidade indigna de um tesouro como o décimo, mantê-lo-ei guardado, e minha firme resolução é nunca o revelar, até que todos vós tenhais renunciado a* ARISTÓTELES, AVICENA *e* GALENO, *e tenham jurado lealdade apenas a* PARACELSO".

Todavia, o livro eventualmente chegou a vir a público, ainda que por meios desconhecidos; e é, indubitavelmente, uma excelente peça e pode ser considerado entre as principais produções na área da química que já apareceram; se é ou não de *Paracelso*, não podemos afirmar, mas há um indício favorável, a saber, ele contém várias coisas que desde então foram usadas como grandes *nostrums*; por exemplo, o *Lithonthriptic* e o *Alcahest* de *Van Helmont* foram aparentemente tirados dali; entre os escritos genuínos de *Paracelso* são igualmente incluídos *De Ortu Rerum Naturalium*, *De Transformatione Rerum Naturalium* e *De Vita Rerunt Naturalium*. O restante são obras espúrias ou muito duvidosas, em particular suas obras teológicas.

A grande fama e o sucesso desse homem, a quem podemos atribuir a posse de uma *panaceia universal,* podem ser justificados por outros princípios. É certo que ele estava familiarizado com o uso e a virtude do *ópio*, que os *galenistas* daqueles tempos rejeitaram como frio no quarto grau. *Oporinus* relata que ele compôs certas pílulas de cor, forma e tamanho de excremento de ratos, que não eram nada além de *ópio*. Essas ele chamou por um nome bárbaro, seu *láudano*, como se dissesse remédio louvável; ele sempre as levava consigo e as receitava para disenterias e em todos os casos relacionados com dores intensas, ansiedades, delírios e despertares insistentes; mas só por ser possuidor do uso de um medicamento tão nobre e extraordinário quanto o *ópio* foi o suficiente para torná-lo famoso.

Outro excelente remédio de Paracelso era o *turbito mineral*; ele foi mencionado pela primeira vez no seu *Clein Spital Boeck* ou *Chirurgia Minor*, em que ele fornece a fórmula de seu preparo. Em relação à pedra filosofal, *Oporinus* diz que frequentemente se espantava ao vê-lo um dia sem um tostão no bolso e, no dia seguinte, cheio de dinheiro; e também dizia que ele não levava nada consigo quando viajava. Oporinus acrescenta que Paracelso sempre pedia dinheiro emprestado aos seus companheiros, aos cocheiros e aos porteiros, pagando-os de volta em 24 horas com juros extravagantes, mas que ninguém além dele sabia a origem desses fundos. No *Theatrum Alchemiæ*, ele menciona um tesouro, oculto sob uma certa árvore; e, por causa de tais acontecimentos, supunha-se que conhecesse a arte de se fazer ouro; mas que seria difícil, se tais nobres nostrums que ele tivesse lhe serviriam de subsistência sem o *lapis philosophorum*.

JOHN RUDOLPH GLAUBER

R. GLAUBER, UM célebre químico de *Amsterdã*, era tido como o *Paracelso* de sua época: ele havia viajado muito e, assim, obtido muitos segredos. Escreveu mais de 30 tratados, em alguns dos quais agia como médico; em outros, como adepto; em outros, ainda, como metalista. Destacava-se, principalmente, nesta última competência e na alquimia.

Ele era uma pessoa de fala tranquila e gentil e, além de qualquer dúvida, grande conhecedor da química, sendo o inventor do sal, ainda usado em lojas, chamado de *Sal Glauberi*; assim como de vários outros sais, por meio do azeite de vitríolo, etc. Era conhecido por louvar seus arcanos e preparações, e é dito que comerciou de modo desonesto seus segredos: os melhores deles, vendia a preços elevados para químicos e outros; e, depois, vendia-os novamente ou os tornava públicos, para aumentar sua fama, daí estar em contínua disputa com seus colegas.

Seus principais escritos são *De Furnis* e *De Metallis*, os quais, embora escritos em *holandês*, também foram traduzidos em *latim e inglês*. Foi *Glauber* quem mostrou, diante dos Estados da *Holanda*, que existe ouro na areia; e realizou um experimento a respeito disso, para

total satisfação deles: mas era tanto chumbo, fogo e labuta empregados para obter o prêmio que a arte não pagava seus custos.[53] Contudo, ele claramente demonstrou que não há terra, areia, enxofre, sal
ou outra matéria que não contenha ouro em uma maior ou menor
quantidade. Em suma, Glauber possuía muitos grandes segredos, que
atualmente estão nas mãos de alguns dos nossos químicos modernos.

DOUTOR DEE E *SIR* EDWARD KELLY

A HISTÓRIA DO DOUTOR JOHN DEE e de SIR EDWARD KELLY, cavaleiro, por serem parceiros devotados, será contada ao mesmo tempo. Eles têm alguma fama popular por causa da pedra filosofal. *Dee*,
além de seu profundo saber na química, também era bem versado na
matemática, particularmente em geometria e em astrologia: mas *sir
Edward Kelly* parece ter sido o agente principal quando da alquimia.
Em alguns dos livros de *Dee* são encontrados breves registros de eventos das suas operações: como *Donum Dei*, cinco onças. E, em outro
lugar: *"Neste dia* Edward Kelly *descobriu o grande segredo comigo, sit
nomen Domini benedictum"*. *Ashmole* diz, de forma absoluta, que eles
eram mestres do pó de projeção e, com um pedaço não maior do que
o menor grão de areia, transformavam uma onça e um quarto de mercúrio em puro ouro: porém, aqui há um equívoco, pois, ainda que eles
tivessem o pó de projeção, não parece que eles possuíam o segredo
de como fazê-lo. A história é que eles encontraram uma quantidade
considerável dele nas ruínas da *Abadia de Glastonbury*, onde executa-
ram várias transmutações notáveis para a satisfação de várias pessoas.
Diz-se de *Kelly*, em particular, que teria dado no casamento da sua
criada anéis de fio de ouro que somavam um total de 4 mil libras.
E que um pedaço de uma frigideira de latão, cortada por ordem da
rainha *Elizabeth*, e enviada para eles durante sua viagem, foi devol-
vida transmutada em puro ouro. Do mesmo modo, *Dee* presenteou
o landgrave de *Hesse* com 12 cavalos *húngaros,* o que nunca poderia
ter sido esperado de um homem na sua situação financeira, sem o
uso de alguns meios extraordinários.

---

53. Foi asseverado por diversos químicos eminentes que isso pode ser realizado de modo
vantajoso, já que o processo é muito simples e toma muito pouco tempo: tudo de que se
precisa é prata, areia e litargírio.

No ano de 1591, eles viajaram até a *Alemanha* e passaram algum tempo em *Trebona*, na *Boêmia*; o propósito dessa jornada é um mistério. Alguns dizem que pretendiam visitar os alquimistas desses locais, para adquirir alguma luz na arte de fabricar o pó. Com esse intuito, eles viajaram pela *Polônia*, etc.; nessa busca, alguns dizem que tiveram sucesso e outros dizem que não. Outros, ainda, acreditam que foram enviados pela rainha como espiões, e que a alquimia era só um disfarce, ou meio, para conquistar a confiança das pessoas. Todavia, o que melhor esclarecerá esse assunto é um livro, atualmente disponível, escrito por *Dee*, intitulado *As Conferências de Dee com os Espíritos*, mas alguns conjecturam que esse livro era apenas a mera Criptografia de *Tritêmio*; essa é a interpretação aceita pelo doutor *Hook*. Contudo, essa obra é verdadeiramente curiosa pelas várias operações mágicas exibidas, tendo sido escrita na forma de diário pela mão do próprio dr. Dee e relata, circunstancialmente, as conferências que teve com alguns espíritos (bons ou malignos) na companhia de *sir Edward Kelly*.

Mal eles haviam saído da *Inglaterra* quando a biblioteca de *Dee* foi aberta por ordem da rainha, e 4 mil livros e 700 manuscritos selecionados foram levados sob alegação de que ele era um feiticeiro. Aquela princesa logo depois usou meios para trazê-lo de volta, algo que uma querela com *Kelly* ajudou a adiantar; assim, Dee retornou em 1596 e em 1598 se tornou diretor do colégio de *Manchester*, onde faleceu.[54]

Alguns manuscritos bastante peculiares e o cristal que ele usou para invocar os espíritos, atualmente, estão guardados no *Museu Britânico*.[55]

Quanto a *sir Edward Kelly*, o imperador, suspeitando de que ele possuía o segredo dos filósofos, jogou-o na prisão, com a esperança de ele compartilhar os lucros da transmutação: contudo, *Kelly* frustrou suas intenções. Depois de ter sido preso duas vezes, na última em que foi aprisionado, ao tentar fugir por meio dos lençóis de sua cama que estavam amarrados um ao outro, os nós se desfizeram, deixando-o cair, de modo que ele quebrou a perna e, logo depois, perdeu sua vida.

---

54. Autores discordam quanto ao local onde o dr. Dee deixou este mundo: os historiadores mais eminentes acreditam que ele morreu em sua casa, em Mortlake.

55. Embora os manuscritos de Dee e seu Cristal Mágico possam ver vistos no museu, há seis ou sete indivíduos em Londres que afirmam ter a pedra em seu poder, desejando, assim, iludir os crédulos e tentá-los à compra por uma grande soma.

A CONCLUSÃO

TENDO COLETADO os relatos mais interessantes e curiosos das vidas desses grandes homens, famosos por suas especulações no aprendizado filosófico, chegamos à conclusão. Devo apenas acrescentar que, nesse bosquejo biográfico, revelamos o suficiente para provar a autenticidade da *Nossa Arte*, a qual oferecemos de modo fiel e imparcial, notando, ao mesmo tempo, as várias opiniões de diversos homens em diferentes eras. Do mesmo modo, esforçamo-nos bastante para explicar o que significa a palavra *Magia*, para livrar o termo da imputação de qualquer associação diabólica com espíritos malignos, etc. Além disso, para tratar de quão compatível ela é com nossos deveres religiosos, dirigimos o leitor às anotações presentes no artigo *Zoroastro*, em que falamos dos *Magos*, ou homens sábios, provando que os primeiros a adorar o Cristo foram, na verdade, magistas. É suficiente o que falamos sobre os principais personagens célebres das eras passadas, graças à sua laboriosa inquirição pelo labirinto da filosofia oculta e natural; há também muitos outros filósofos registrados em relatos antigos e modernos. Uma biografia copiosa e geral não cabe nos limites de nossa obra. Apresentamos alguns personagens (relacionados com nosso tema) renomados pela erudição da filosofia oculta; de qual tipo de ciência, seja por uma influência particular de uma configuração planetária, que pode ter direcionado e impelido minha mente e intelecto à observação e ao estudo da natureza e de suas operações simples, assim como as mais ocultas, deixo ao julgamento dos astrólogos, à cuja inspeção submeto uma imagem de minha carta natal, que anexarei a um esboço da minha própria história, que pretendo tornar o tema de uma futura publicação, incluindo um vasto número de curiosos experimentos em operações ocultas e químicas, que caíram sob minha própria observação ou que me foram transmitidos por outros. Quanto à arte astrológica (como já havíamos observado), ela tem tamanha afinidade com experimentos talismânicos, etc., que ninguém pode levar qualquer operação a um efeito completo sem o devido conhecimento e observação de qualidades e efeitos das constelações (o que nos levaram a dar a ela o título de Arte Constelatória). Do mesmo modo, um homem deve estar bem familiarizado com a natureza, qualidades e efeitos, dos quatro elementos e dos reinos animal, vegetal e mineral. Tal conhecimento não pode ser obtido de melhor maneira do que pela experiência química, pois, como posso dizer, ele abre as câmaras secretas da natureza e apresenta ao estudante um mundo de conhecimento, que não poderia ser obtido a não ser pela análise química, pela qual decompomos corpos misturados, reduzindo-os às suas naturezas simples, e chegamos a uma familiaridade completa com esses poderosos e ativos princípios, causando as maravilhosas transmutações de um corpo composto em outro de uma espécie diferente, como pode ser visto durante nossas operações sobre os sais e metais, dando-nos ideias claras e abrangentes dos princípios da vida ou geração, e putrefação ou morte.

Finalmente, para concluir, o mais importante é considerar uma coisa a ser obtida como o fundamento à perfeição no resto: ou seja, a grande *Causa Primeira*, a *Sabedoria Eterna*, para conhecer o Criador pela contemplação da criatura. Esse é o grande segredo dos filósofos e a chave-mestra de todas as ciências humanas e divinas, pois sem isso nós ainda estaremos perambulando em um labirinto de perplexidade e erros, de escuridão e obscuridade: pois esse é o somatório e a perfeição de todo aprendizado, viver no temor a Deus, e no amor e na caridade com todos os homens.

FINIS

CADASTRO/MALA DIRETA

Envie este cadastro preenchido e passará a receber informações dos nossos lançamentos, nas áreas que determinar.

Nome_____

RG_____ CPF_____

Endereço Residencial _____

Bairro _____ Cidade_____ Estado_____

CEP _____ Fone_____

E-mail _____

Sexo ❑ Fem. ❑ Masc.　　Nascimento_____

Profissão _____ Escolaridade (Nível/Curso) _____

Você compra livros:

❑ livrarias　❑ feiras　❑ telefone　❑ Sedex livro (reembolso postal mais rápido)

❑ outros:_____

Quais os tipos de literatura que você lê:

❑ Jurídicos　❑ Pedagogia　❑ Business　❑ Romances/espíritas

❑ Esoterismo　❑ Psicologia　❑ Saúde　❑ Espíritas/doutrinas

❑ Bruxaria　❑ Autoajuda　❑ Maçonaria　❑ Outros:

Qual a sua opinião a respeito desta obra?_____

_____

Indique amigos que gostariam de receber MALA DIRETA:

Nome_____

Endereço Residencial _____

Bairro _____Cidade_____ CEP _____

Nome do livro adquirido: ***O Mago***

Para receber catálogos, lista de preços e outras informações, escreva para:

MADRAS EDITORA LTDA.
Rua Paulo Gonçalves, 88 – Santana – 02403-020 – São Paulo/SP
Caixa Postal 12183 – CEP 02013-970 – SP
Tel.: (11) 2281-5555 – Fax.:(11) 2959-3090
www.madras.com.br

Para mais informações sobre a Madras Editora,
sua história no mercado editorial
e seu catálogo de títulos publicados:

Entre e cadastre-se no site:

 **www.madras.com.br**

Para mensagens, parcerias, sugestões e dúvidas, mande-nos um e-mail:

 **marketing@madras.com.br**

SAIBA MAIS

Saiba mais sobre nossos lançamentos,
autores e eventos seguindo-nos no facebook e twitter:

 **@madrased**

 **/madraseditora**